JN412001

국제경제법

International Economic Law

—— 성재호 · 이길원 ——

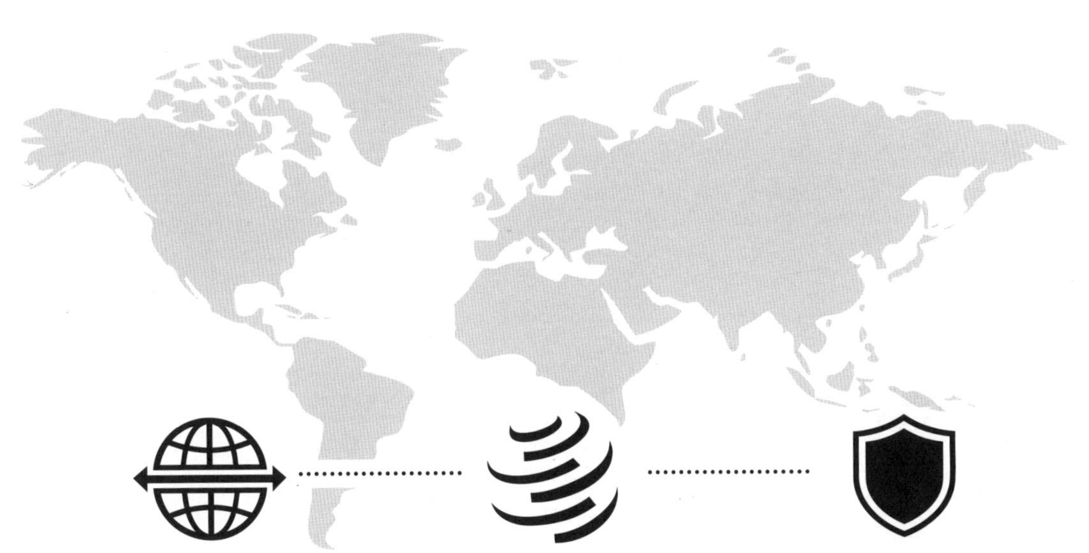

박영사

머 리 말

국제경제법은 오늘날 국제법의 주요 전문 영역 중 하나로 확고히 자리 잡았다. 특히 국가 경제의 주요 축이 국제교역을 통해 형성되는 우리나라의 경우, 국제경제법에 대한 치밀한 고민과 지속적인 연구는 선택의 문제가 아니라 필수적 과제가 되었다. 국내 산업이 각고의 연구 · 개발을 통해 경쟁력 있는 상품을 생산·수출하더라도, 수입국이 교역 장벽을 설정할 경우 해당 산업은 심각한 피해를 입을 수밖에 없다. 이러한 조치의 불공정성을 다툴 수 있는 규범적 이해가 부족하거나 이를 뒷받침할 인적 역량이 충분하지 않다면, 그 영향은 개별 산업을 넘어 국가 경제 전반에 막대한 손실로 이어질 수 있다. 이러한 이유에서 세계 각국은 기존 통상규범의 해석과 적용뿐만 아니라 새로운 규범 형성에 국가적 역량을 집중하고 있다.

국제경제법에 대한 연구와 교육은 개별 법률가의 전문성 제고를 넘어, 국제사회 속에서 대한민국의 생존과 발전이라는 국가적 과제와도 직결된다. 그럼에도 불구하고 국내 법학 교육은 이러한 목표를 충분히 반영하지 못한 채, 여전히 개인의 관심과 선택에 상당 부분 의존하고 있다. 다양한 직역의 법률가 양성을 목표로 출범한 로스쿨 제도가 본래의 입법취지를 충실히 실현하고 있는지에 대해서는 비판적 성찰이 필요하다. 이러한 문제의식 속에서 저자 역시 국제경제법 교재의 출간을 두고 오랜 고민을 거듭하였다. 다행히 많은 학생이 국제경제법 과목에 지속적인 관심을 보여주었고, 저자는 이러한 학생들에 대한 책임과 교육의 가치를 바탕으로 본서의 출간을 결정하게 되었다. 본서는 時山 성재호 선생님과 저자가 공저한 저술로서, 時山 선생님께서 그동안 축적해 오신 국제경제법 연구와 저술의 성과를 바탕으로 이를 더욱 발전시킨 것이다.

이미 국내에는 국제경제법을 다룬 여러 저술이 존재하지만, 본서를 집필하게 된 데에는 두 가지 이유가 있다. 첫째, 국제경제법의 전반적 구조와 흐름을 비교적 쉽게 파악할 수 있는 입문서가 필요하다고 느꼈다. 둘째, 이론적 설명에 그치지 않고 주요 사례분석을 결합한 보다 입체적인 교재가 필요하다고 판단하였다. 이에 본서는 전 세계 대학의 국제경제법 교육과정과 유사한 체계로 구성하고, 통상법의 핵심 쟁점과 주요 사례를 함께 제시하여 이론과 실제를 종합적으로 이해할 수 있도록 하였다. 여전히 부족한 점이 남아 있음을 부인할 수 없으나, 본서가 국제경제법이라는 학문 분야에 관심을 가진 미래 세대에게 학습의 출발점이 되기를 기대한다.

본서 집필을 마무리하면서 두 분의 스승님께 감사의 마음을 전하고자 한다. 먼저 時山 선생님께서는 저자를 국제법학이라는 학문의 세계로 이끌어 주시고, 교육자 그리고 연구자로서 나아가야 할 방향을 제시해 주셨다. 아울러 박사학위 지도교수로서 WTO 협정문을 읽는 방법을 가르쳐 주신 미국 일리노이 대학교 William J. Davey 교수님께도 감사드린다. 끝으로 본서 간행을 맡아준 박영사 관계자분께 감사드린다. 특히 편집을 맡아주신 김선민 이사님과 기획을 담당하신 조성호 이사님께 감사드린다.

2026. 3.

공저자 이 길 원

목 차

제 1 장 국제경제법의 의의

제 2 장 WTO의 기본구조

제 3 장 WTO의 기본원칙

제4장 통상규칙

제 6 장 새로운 통상의제

제 7 장　WTO 분쟁해결제도

사례연구 목차

제 1 장 국제경제법의 의의

제 1 절 국제경제법의 성질

1. 국제경제법의 의의

(1) 국제경제법의 개념

국제경제법(International Economic Law)은 어떠한 대상을 연구하는 학문인가? 이를 알기 위해서는 국제경제법의 개념정의부터 명확히 할 필요가 있다. 그러나, 무엇이 국제경제법인지에 관해서는 국내에서뿐 아니라 국제적으로도 뚜렷이 합의된 바가 없다. 학자들에 따라 그 개념과 범위에 대하여 다양한 견해가 있기 때문에, 분명하게 그 기준을 제시하기에는 어려움이 적지 않다. 다만 국제경제법의 개념에 관하여 '국제경제에 관한 법'이라고 하는 견해와, '경제에 관한 국제법'이라고 보는 견해의 두 가지 입장이 대립되고 있다.

전자는 국제경제법이란 국제공법·국제사법·국내법규칙의 규범들로 구성된 복합적 법 분야라고 말한다.[1] 이는 경제문제의 불가분성에 기초하여, 경제분야에

---

1) Petersmann은 상인법과 국제상법(transnational commercial law)을 포함하는 私法, 섭외사법을 포함하는 국내법, 매우 다양한 다자간 및 양자간 조약·행정협정·국제기구가 제정한 2차법(secondary law)·신사협정·중앙은행간 협정·원칙선언·결의·권고·관습법·법의 일반원칙·사실상의 법칙·의회제정법·정부의 법령·사법판결·사인간의 계약 및 상사관행 등과, EEC와 같은 초국가적 통합을 포함하는 국제공법의 복합체가 국제경제법이라고 밝히고 있다. E. U. Petersmann, International Economic Theory and International Economic Law: On the Tasks of a Legal Theory of International Economic Order, p. 251, recited from Sergei A. Voitovich, International Economic Organizations in the International Legal Process (Martinus Nijhoff, 1995), pp. 6-7.

있어 국제법과 국내법이 상호 밀접하게 연계되어 있음을 부인할 수 없다는 점에서 그 논거를 찾고 있다. 그러나 이 견해는 하나의 법 영역이기 위해서는 단일체제의 규범이어야 한다는 완전성(totality) 면에서 문제가 있다. 즉 국제법과 국내법체제는 그 성질 · 창설형식 · 주체 · 객체 · 규제방법 등에 있어 서로 상이한 것이라는 점을 간과해서는 아니 된다.[2] 따라서 국제경제법을 국제법과 국내법을 하나로 묶어 복합적 법 분야로 이해하는 것은 방법론적으로 잘못된 것이다.[3]

후자의 견해에 따르면 국제경제법이란 모든 종류의 경제사항에 관계되는 국제법으로 이해하는 것이다. 혹자는 국제경제법이란 국제법의 주체간에 행해지는 경제적 교환에 직접 관련되는 국제공법규칙을 가리키는 것이라 하고,[4] 또 다른 견해는 국제적 경제관계에 관련된 국제공법의 전 범위에 걸친 규범이라고 설명하기도 한다.[5] 이러한 관점에서 보면, 국제경제법은 해양법이나 외교관계법과 같이 국제법의 한 분야에 불과한 것이다.[6] 환언하면, 국제경제법은 독립된 영역으로서 존재하지 않고, 전체 국제법규칙의 일부에 지나지 않는다는 것이다.[7] 이렇게 볼 때 국제경제법은 공법적 규제에 속하는 것으로, 사기업간의 상품 · 자본 · 기술의 이동과 서비스제공 등의 국제거래에 관한 사법적 규제인 국제거래법과는 구별되는 것이다.[8]

이와 같이 국제경제법의 개념에 관해서는 유권적 판단이 내려져 있지 않기 때문에, 각 연구자의 가치관이나 이념, 판단 등에 따라 달라질 수밖에 없다. 그러나 국제경제법에 관련되는 활동이나 사례는 국제법의 일반원칙 특히 조약법이나

---

2) S. A. Voitovich, International Economic Organizations in the International Legal Process (Martinus Nijhoff, 1995), p. 7.

3) Georg Schwarzenberger, The Principles and Standards of International Economic Law, 117 Recueil des Cours (1966), p. 7.

4) D. Carreau-P, Juillard-Th, Flory, Droit international economique (LGDJ, 1990), p. 45, recited from Iganz Seidl-Hohenveldern, International Economic Law, 2nd ed. (Martinus Nijhoff, 1992), p. 1.

5) Pieter VerLoren van Themaat, The Changing Structure of International Economic Law (Martinus Nijhoff, 1981), p. 9.

6) Georg Schwarzenberger, Economic World Order (Manchester University Press, 1970), p. 4.

7) Seidl-Hohenveldern, *op. cit.*, p. 1.

8) 이와는 달리 국제거래법은 국경을 넘어 이루어지는 행위를 규제하는 모든 법이라고 주장하여, 국제통상법을 포함하는 국제경제법을 국제거래법의 한 부분으로 보려는 극단적 견해도 있다. 서헌제, "국제경제법질서의 변화와 국제경제법의 새로운 개념," 통상법률 제 7 호(1996. 2). 이에 대한 비판은 박노형, "국제경제법의 개념에 관한 고찰," 통상법률 제 8 호(1996. 4), pp. 38-56.

조약관행에 관련되는 사항을 많이 포함하고 있으므로, 국제경제법은 일반국제법 또는 국제공법과 분리되거나 구별되어서는 아니 된다.[9] 이와 같은 논거에 기초하여, 국제경제법은 국제법의 한 분야로 이해하여야 한다는 것이 저자의 입장이다.

(2) 국제경제법의 범위

국제경제법을 국제법의 한 분야로 파악하는 경우에도, 이를 광의로 보는 입장과 협의로 보려는 입장이 갈라지고 있다. 광의로 보면 거의 모든 국제법은 국제경제법이라 볼 수 있다.[10] 그 이유는 국제관계의 거의 모든 측면은 이런저런 방법으로 경제와 관련되기 때문이다.[11] 이에 대하여 협의로 이해하는 입장은 국제적 거래에 포함된 무역, 투자, 서비스를 대상으로 하는 것이라 파악한다.[12] 생각건대 국제경제법은 경제적 거래 · 경제적 사항에 대한 정부규제 · 소송이나 경제관계를 다루는 국제적 기관에 관한 사항을 포함하는 매우 광범한 주제를 다루는 것이므로, 국제법의 상당 부분은 국제경제법과 직접 간접으로 관계된다. 따라서 국제경제법은 국제통상법 · 국제통화법 · 경쟁법 · 반독점법 · 지식재산권법 · 개발법 등을 포함한다.[13] 1970년대 신국제경제질서란 명목으로 논의되어 온 개발법과관련하여, 근자에 들어 개발법은 인권에서 없어서는 안 될 논의이며, 국제경제법의 관행 내에서 통합되어야 한다는 주장도 제기되고 있다. 개발법은 외국 원조를 증대시키고, 부채의 구제를 확대시키며, 가혹한 구조조정정책을 종료시키며, 기업체의 책임을 강화하고, 일방적 제재를 종료시키며, 노동자를 보호할 수 있는 사회보장규정 내에서 통상규칙의 채택을 증대시키기 때문이라는 것이다. 실제로 국제통상법의 중심에 서 있는 '세계무역기구(World Trade Organization: WTO)'에서도 이에 대한 관심이 나타나고 있다.[14]

---

9) John H. Jackson, Reflections of International Economic Law, 17 University of Pennsylvania Journal of International Economic Law (1996), p. 18 [이하 'Jackson Ⅰ'].

10) 실증법론자의 입장에서는 모든 국제법 영역이 국제경제법의 목적과 연구의 대상이 된다고 주장한다. Franck J. Garcia, Trade and Justice: Linking the trade and Linking Debate, 19 University of Pennsylvania Journal of International Economic Law (1998), p. 409.

11) John H. Jackson, The World Trading System (The MIT Press, 1997), p. 25 [이하 'Jackson Ⅱ'].

12) *Ibid.*

13) Jeffrey Atik, From International Trade to International Trade Law, 15 American University International Law Review (2000), pp. 1278-1279.

14) Isabella Bunn, The Right to Development: Implications for International Economic Law, 15

국제경제법 구성의 중심이 되는 규제대상은 국제적으로 자유로운 거래시장의 확립과, 공정경쟁 또는 자유로운 경쟁질서유지를 목표로 하는 것이다. 결국 넓게 보거나 좁게 보거나 간에 국제통상문제는 국제경제법의 핵심에 해당한다.[15] 국제경제법의 핵심적 사항인 국제통상법을 살피기 위해서는 '통상'의 개념을 정확히 파악할 필요가 있다. 통상이란 용어는 영어의 'trade'를 우리말로 옮긴 것으로, 이 용어는 경우에 따라 '무역' 또는 '교역'이란 용어로 옮겨지기도 한다.[16] 어떠한 용어를 선택하건 간에 'trade'에 해당하는 우리말 표현은 국제상거래(international business transaction 또는 international commercial transaction)란 용어와는 구별되어야 한다. 그 이유는 통상이란 표현은 개개의 거래행위가 아닌 '국가에 미치는 영향'에 초점을 맞춘 것이고, 국제상거래란 '거래행위 자체'에 초점이 맞추어진 표현이기 때문이다. 바꾸어 말하면 통상이란 사인간의 거래활동 자체를 의미하는 것이 아니라, 이를 거시적으로 파악하여 사인의 거래활동 또는 그 총합이 '국가'적으로 인식될 때 사용하는 의미로 보아야 한다. 일국의 개인이 타국의 개인이나 기업에게 어떤 물품을 판매하였을 경우를 보자. 어떠한 조건으로 인도하고, 그 대금은 어느 국가의 화폐로 지불할 것이며, 물품상의 하자나 계약불이행에 따른 책임문제는 어떻게 하는가 등의 문제를 당사자간의 차원에서 다룰 때에는 통상이란 용어를 사용하지 않는다. 이 경우는 국제상거래라고 부르는 것이 일반적이다. 그러나 일국 기업이 타국 기업에 물품을 판매하면서 생산가격보다 낮게 판매한다든지, 또는 수출업체가 자국 정부로부터 보조금을 지급받아 수입국의 동종상품 생산기업에 비하여 낮은 가격으로 수출하는 경우는 그 성질이 다르다. 거래행위 자체는 개인이 행하였으나 그 행위로 인한 결과가 국가에 미침으로써 국가적 차원의 대응이 필요한 경우로서, 이러한 법적 상황에는 통상이란 표현을 사용하게 된다. 이와 같이 통상이란 용어는 사적 거래행위 자체에 초점을 맞춘 것이 아니라, 국가에 미치는 행위의 효과에 초점이 맞추어진 것으로 보아야 한다. 요컨대 국제적 거래의 결과에 대하여 국가적 조치가 필요한 경우를 통상이라 하는 것이다.

국제적 거래의 규제에 대하여는 전형적으로 3가지 유형이 존재한다. 첫째는

American University International Law Review (2000), p. 1465.

15) *Ibid.*

16) 심지어는 일국 내에서 개인 간에 이루어지는 물물교환도 'trade'란 표현을 사용하기도 하지만, 여기서 통상이란 의미는 국가 간의 거래를 의미하는 것으로 국한하여 사용한다.

계약조건 · 대금지급방법 · 중재사항 등 계약당사자간에 사적 자치가 허용되는 경우로서, 보통 '국제사법'(private international law)으로 알려져 있는 부분이다. 둘째로는 거래사항을 규제하는 수입국, 수출국, 또는 제 3국의 국내법적 규제가 있다. 셋째는 '관세 및 무역에 관한 일반협정(General Agreement on Tariffs and Trade: GATT)', '유럽공동체(European Community)', '경제협력개발기구(Organization for Economic Cooperation and Development)', '국제연합(United Nations: UN)' 등 국제기구에 의한 국제적 조절에 해당하는 것이다.[17] 이들 세 가지를 놓고 볼 때 엄격한 의미에서 국제통상법(International Trade Law)은 세 번째 유형을 가리키는 것이다. 그러나 개별 국가의 통상법도 경우에 따라서는 국제통상법과 밀접한 관계를 가지고 있음을 간과해서는 아니 된다. 미국의 통상법 제301조는 일국의 국내법이지만, 그 발전은 국제통상법에 적지 않은 영향을 끼쳐 왔다. 국제통상법이든 국내법으로서의 통상법이든 공정한 무역을 추구한다는 점에서도 양자를 함께 고찰할 필요가 있는 것이다.

국제경제법은 경제에 관한 국제법 전반의 내용을 연구대상으로 하는 것이다. 특히 국제통상법은 국가간의 공정한 무역을 담보함으로써 국제법의 이념인 국제평화와 안전을 유지하는 데 기여하게 되는 것이다.

(3) 국제경제법의 연원

전통적으로 국제법은 국가간의 관계를 규율하는 법질서로 존재하여 왔다. 그러나 국가간 상호의존성의 증대와 인간의 생활관계가 발전함에 따라 국제법은 국제기구와 개인의 법적 문제에 대하여도 적용되기에 이르렀다. 다만 국제기구는 그 헌장의 기초 위에서만 활동할 수 있기 때문에 헌장상의 목적 범위 내에서 국제법의 적용을 받게 되고, 개인의 경우에는 전반적인 사항이 국제법의 적용을 받는 단계까지 나아가지 못하여 그 권리와 의무에 제한이 있다.[18]

국제법의 존재형식은 주로 국제조약과 국제관습에서 찾을 수 있는데,[19] 이들 국제조약과 국제관습을 통하여 국가 · 국제기구 · 개인의 상호관계에서 발생한 국제법적 사항을 규제하고 조정하게 된다. 이러한 측면에서 보면, 국가간의 경제관계

17) John A. Barton and Bart S. Fisher, International Trade and Investment (Little, Brown and Company, 1986), pp. 4-5.

18) 자세한 사항은 졸저, 국제법(박영사, 2006, 제 5 개정판), pp. 7-14 참조.

19) 국제사법법원규정 제38조 제 1 항.

는 당연히 국제법의 규제대상이 되어야 한다. 국제경제법은 국제기구를 통해 작성된 법규를 통해 규제되는 경우가 대부분이라는 점에서도 국제법의 한 영역일 수밖에 없다. 따라서 국제경제법의 연원도 국제조약과 국제관습에서 찾아야 한다. 특히 WTO 등의 국제경제기구의 관행은 국제경제법의 형성과 발전에 중요한 영향을 끼치고 있다.

그러나 국제법이 개인간의 문제 모두를 규제대상으로 하는 것은 아니므로, 국제경제법도 개인간의 모든 경제적 문제를 규율대상으로 하는 것은 아니다. 즉 일국의 개인이 타국의 개인과 물품매매계약을 체결하고, 물품운송과 대금지급, 보험처리 등과 관련된 사항을 처리하는 것은 국제경제법이 직접 규제하지 않는다. 그와 같은 사인간의 국제상거래가 자국의 산업에 영향을 끼치거나, 국가적 문제를 야기하는 경우에만 국제경제법이 적용되는 것이다. 사인간의 국제상거래행위와 직접 관련되는 사항을 규제하는 법질서는 국제거래법(International Business Transactional Law)이라고 하여, 국제경제법과는 구별하고 있다. 국제경제법과 국제거래법의 비교에서 전자는 공공정책과 상업주의 또는 보호주의의 문제인 데 반해, 후자는 사인간의 관계에서 문제가 된다. 이러한 차이는 분석단계에서 나타나는 것으로, 개인이나 기업 단계에서의 분석은 거래이고, 국가나 그 이상의 단계에서의 분석은 경제로 보는 것이다. 왜냐하면 개인을 규율하는 법규칙은 여전히 국내법이기 때문이다. 결국 거래(business)와 경제(economics), 국제거래법과 국제경제법의 차이는 사적·공적이라는 점에서 차이가 있다.[20] 즉 국제거래법은 사인간의 국제적 상거래활동에 직결된 법률문제를 다루는 사법적 영역인 데 반하여, 국제경제법은 사인의 거래활동으로 인해 발생하는 국가적 문제를 공법적으로 접근하는 국제법의 한 영역인 것이다.

(4) 국제경제법의 특성

국제경제법은 경제학, 정치학, 문화인류학, 지리학 등 여러 분야와 관련이 있다. 제 3 세계나 페미니스트적 관점에서 보면, 부나 정의의 배분, 문화·환경·평화의 보존 등을 포함하는 학제적 접근이 필수적인 과제가 된다. 그 중에서 경제학은

20) Joel P. Trachtman, The International Law Revolution, 17 University of Pennsylvania Journal of International Economic Law (1996), pp. 39-40.

특히 중요하고 유용한 것으로, 국제경제법과 밀접한 관련이 있다. 경제학은 해당 주제에 대한 국제적 국내적 규칙의 정책동기를 이해하는 데 필수적일 뿐만 아니라, 경제학적 분석에 대한 비판을 이해하고 경제학적 모델에 대한 의구심을 이해하는 것은 국제경제법의 중요한 부분이 된다.[21)]

국제경제학은 국제교역이나 투자, 재정거래 등에 관한 국제법의 형성과 발전에 지대한 영향을 끼쳐 왔다. 국제경제법의 핵심적 내용을 구성하는 '관세 및 무역에 관한 일반협정(GATT)'은 국제경제학의 기본 논리에 기반하고 있다. 즉 외국과의 경쟁에 의해 발생하는 개인의 실보다 무역으로부터 얻는 사회의 득이 크다거나, 그러한 가치는 공개시장에서의 전문화와 교환을 통해 창조된다는 것과 같이, 국제경제학은 국제적 교역의 유익성에 대한 인식에 기초하고 있다. 이러한 인식은 정부가 교역을 방해하는 장벽을 만들 경우 국제적 규제를 받아야 된다거나, 그러한 장벽을 제거하거나 감축하는 표준적 절차가 설정되어야 한다는 등 GATT/WTO체제의 핵심적 원칙을 도출하는 기반이 된다.[22)] 이러한 점에서 국제경제법과 국제경제학은 밀접한 관련이 있다.

통상분야와 관련하여 경제학의 기본적 논의는 산업상의 비교우위이론에 따른 국가간 교역을 전제로 하지만, 비교우위론이 모든 점에서 완전한 것은 아니다. 비교우위론에 따를 경우 비슷한 경제발전단계에 있는 국가 간에는 교역이 거의 발생하지 않는 것으로 생각하게 되나, 실제로는 산업국가간 동일 분야나 동일 상품에 있어 상당한 규모의 교역이 이루어지고 있다. 이것은 교역을 담당하는 주체가 국가가 아닌 기업이기 때문에 나타나는 현상이다. 각각의 기업마다 산업의 전통적 요소인 노동 · 토지 · 자본 등에서 차이가 있을 뿐 아니라, 경영 · 마케팅 · 기술혁신 · 경제규모 등에 있어서도 차이가 있기 때문이다. 다국적기업의 등장은 여러 국가에 산재한 자회사간의 대규모 거래를 발생시켰고, 국가간 교역이론을 개발 발전시킨 경제학자들이 전혀 예견하지 못한 수준으로 교역의 대체수단이나 보완수단으로서 국제적 투자를 유발시켜 왔던 것도 비교우위론이 설명하지 못한다. 그 외에도 비교우위론은 상품과 서비스의 교역확대를 통하여 복지향상을 이룩할 것이라 예측하였으나, 개별 국가에 대하여 이를 완전히 보장하여 주지 못하였다. 이에

21) Jackson I, *op. cit.*, p. 19.
22) Andreas F. Lowenfeld, International Economic Law (Oxford, 2002), p. 3.

대한 해결책은 결국 조절의 문제로서, 항구적 왜곡을 만들지 않고 어떠한 방법으로 조절할 수 있는 시간을 줄 것인가 하는 문제는 국제통상법의 주제가 되는 것이다.[23] 또 다른 관심사는 정부의 개입을 통하여 비교우위를 만들 수 있는 요소가 변경되는 경우는 어떻게 할 것인가 하는 점이다. 기술혁신이 중요한 요소인 경우 정부 후원의 연구 개발이 특정 산업을 대상으로 하는 경우, 대학교육을 무상으로 하는 경우 등은 어떻게 할 것인가 하는 점이다. 다른 국가들은 일국 정부에 의한 이런 요소의 변화를 허락하여야만 하는가 하는 점이 문제가 되기도 한다. 자유무역이 공정무역의 이상에 의해 제한되어야 하는가 하는 것도 문제가 된다. 이와 같이 경제학상의 기본원리는 국제교역의 기본구조를 이해하는 데 필수적 요인이긴 하나, 이를 뛰어넘어 정책적 접근이 필요한 경우는 국제경제법의 논리적 접근으로 해결하는 것이 필요한 것이다.[24]

국제경제법의 연구방법과 관련하여서는 여타의 국제법 분야에 비해 더 많은 경험적 연구가 필요하다. 경험적 연구라고 하여 정책연구에서 사용된 것과 같은 관점에서의 통계적 검토가 필요하다는 것은 아니다. 국제법 주제와 관련하여서는 통계에 기초하여 결론을 도출할 수 있는 사례가 매우 적으므로, 드러나지 않은 배경을 검토하거나 사례를 분석하는 것이 적절한 방법이 될 것이다.[25] 이러한 방식의 경험주의적 접근은 특정사례나 사례집단의 연구를 필요로 하는 것이 되어, 국제경제관계나 그러한 관계에 영향을 끼치는 법의 상호작용을 이해하는 데 필수적인 것이 된다.

이와 같이 다분야적 접근이나 경험주의적 접근은 국제경제법을 이해하고, 이론의 확립과 일반화를 위해 매우 필수적인 방법이 될 것이다.

2. 국제경제법의 태동

(1) 통상문제와 국가의 개입

사람들간의 거래는 물물교환시대를 거치면서 자연스러운 현상으로 자리잡아왔다. 처음에는 서로의 필요를 충족시키기 위한 소규모의 교환차원이었던 것이,

23) *Ibid.*, p. 8.

24) *Ibid.*, pp. 4-8.

25) Jackson Ⅱ, *op. cit.*, p. 20.

차츰 그 규모가 커지게 되었다. 이에 따라 개인간의 거래행위라 할지라도 국가에 영향을 끼치는 경우에는 정부가 개입하게 되었다. 경제적 이론에 따라 자유무역을 추구하는 국가나 비교우위의 토대 위에서 상품과 서비스를 거래하는 국가라 할지라도 실제로는 국제무역에 간섭하게 된다.[26)]

이와 같이 국가가 무역관계에 관여하게 된 것은 인류의 역사와 함께 시작된 것으로, 중세 도시국가와 한자동맹의 발전은 국제통상규제가 오랜 역사를 가진 것임을 보여주는 대표적인 사례에 해당한다.[27)] 특히 17세기와 18세기에 발전된 양자간 우호통상항해조약은 상품무역에 관한 사항을 다루고 있을 뿐만 아니라, 향후 GATT의 중심축이 되는 최혜국대우나 내국민대우에 관한 규정을 두고 있다는 점에서 매우 중요한 의의를 가진다.[28)] 그러나, 당시의 각국 정책은 외환보유고를 축적하기 위하여 수출을 극대화하고 수입을 최소화시키는 중상주의적 입장이었다. 중상주의정책에 따라 수출의 직접적인 촉진을 추구하고, 관세 · 세금쿼터 · 통상정지 · 국가독점 등을 통하여 수입을 제한하였다. 아담 스미스(Adam Smith)나 데이빗 리카르도(David Ricardo) 같은 경제학자들이 중상주의의 어리석음을 지적하였으나, 자유무역이 국가복지를 위하여 훨씬 좋은 대안이 된다는 생각을 따르는 국가는 극히 소수에 불과하였다. 19세기 후반에 들면서 많은 국가들이 양자간 무역협상을 진행하게 되면서, 상황은 조금씩 변화되기 시작하였다. 그 주요한 변화의 계기가 된 것은 1860년 영국과 프랑스간의 Cobden-Chevalier조약으로, 이 조약에서 양국은 무역자유화를 규정하고 있었다. 이 조약의 뒤를 이어 수많은 양자조약이 채택됨으로써, 무역에 관한 양허가 일반적인 것으로 되었다.[29)]

(2) 다자간 무역체제의 전개

무역을 규제하는 다자간 체제가 발전한 것은 주로 19세기 후반부터 등장하였는데, 그 대표적인 것으로 1890년의 국제관세동맹(International Union for the Publication of Customs Tariffs)을 들 수 있다. 20세기 초반에 들어서는 관세문제와 관련

26) Bernard M. Hoekman and Michael M. Kostechi, The Political Economy of the World Trading System: From GATT to WTO (Oxford University, 1995), p. 9.

27) Jackson Ⅱ, *op. cit.*, p. 35.

28) *Ibid.*

29) Hoekman and Kostechi, *op. cit.*, p. 2.

하여 수많은 회합이 이루어졌는데, 1923년 국제연맹의 후원으로 개최된 국제관세형식회의에서는 관세형식단일화협약(International Convention Relating to the Simplification of Customs Formalities)이 완성되었다. 국제연맹도 국제무역에 관련되는 연구를 계속하였고, 그 성과는 향후 국제무역관계에 상당한 영향을 끼치게 되었다.[30]

제 2 차 세계대전을 거치면서 국제사회는 새로운 무역체제를 갈구하게 되었고, 미국의 주도하에 GATT가 만들어지게 되었다. GATT를 기초한 사람들은 국가간 협력을 용이하게 하는 다자간 체제는 경제적 이유를 위해서뿐 아니라, 국가간 상호 의존성의 확대를 통하여 전쟁의 위험을 줄이는 데에도 도움이 된다고 생각하였다.[31] 그러나 GATT는 국가간에 체결된 국제조약에 불과한 것으로, 국제기구의 설치에 관한 규정을 갖고 있지 못하였다. GATT 사무국도 법적 근거를 갖고 있지 못한 사실상의 기관으로서 활동하는 데 지나지 않았다. 이에 따라 우루과이라운드(Uruguay Round: UR)를 통해 GATT와 여타 무역협정의 실효성을 확보할 수 있도록 국제기구인 WTO를 설립하게 되었다.

(3) 국제통화금융제도의 배경

국가간 상품교역시 수출국과 수입국의 화폐가 동일하지 않은 경우 양국 화폐의 가치를 결정하여야만 상품대금지급이 이루어질 수 있다. 이 경우 개별 국가에 의한 가치평가를 그대로 인정하는 것이 여의치 않게 되면 국제적 협력을 통한 양국 화폐의 교환비율에 대한 결정이 필요하게 된다. 이를 위한 국제적 협력제도로 등장한 것이 바로 '국제통화기금(International Monetary Fund: IMF)'이다. 국제통화기금의 기원은 1930년대의 경제불황기로 거슬러 올라간다. 그 당시 각국은 제 1 차 세계대전 이후 부활된 금본위제도에 종속되어 있었으나, 곧바로 이에 대한 비현실성이 지적되었다. 특히 영국 화폐가 과대평가되어 1931년 영국 파운드화가 금본위제도에서 떨어져 나가자, 각국은 자국 화폐가치를 경쟁적으로 평가절하하기 시작하였다. 대부분의 국가들이 보호조치를 취함으로써, 국제교역은 붕괴되기 시작하였다. 다양한 국제통화회의가 개최되었으나, 국가간의 이견으로 협조체계를 이룩하지 못하고 실패하고 말았다. 제 2 차세계대전 중이던 1940년대 초반 영국 재무장

30) *Ibid.*
31) *Ibid.*, p. 12.

관 케인즈(John Maynard Keynes)와 미국 재무장관 화이트(Harry Dexter White)가 거의 동시에 환율을 안정시키고 국제교역을 증대시키는 혁신적 통화제도를 성안하였다. 이 체제를 위하여 상설적이고 안정된 기구를 창설할 것을 주장하였고, 이 논의를 바탕으로 1944년 뉴 햄프셔 브레튼우즈에서 최종협상이 마무리되었다.[32] 협상의 결과를 토대로 1944년 7월 IMF와 '국제부흥개발은행(International Bank for Reconstruction and Development: IBRD, 일명 세계은행(World Bank))'이 설립되었다. IMF는 상설적 기구를 통한 통화협력의 촉진, 국제무역의 확장과 균형 촉진, 환율의 안정성 조성과 경쟁적 환율인하 방지, 다자간 외환수지체제의 확립 지원 및 세계무역의 성장을 방해하는 외환규제의 철폐, 회원국에게 기금을 사용하게 함으로써 수지균형의 조절불량 시정, 회원국 국제수지 불균형 기간의 단축 등을 목적으로 한다.[33] IBRD의 목적은 자본투자를 용이하게 함으로써 전쟁에 의해 파괴된 선진국 경제의 부흥원조와 개발도상국의 개발원조를 도모하는 데 있다. 국제부흥개발은행은 이 목적을 위하여 장기자금의 대부 · 대부참가 · 민간투자에 대한 보증 등의 업무를 수행하며, 이러한 업무에 부수되는 조사 및 기술원조 등의 활동을 행한다.[34]

제 2 절 국제경제법의 발전

1. 국제통화금융제도의 등장

(1) 국제통화제도

(가) 브레튼우즈체제

제 1 차 세계대전 이전에는 금본위제가 국제적으로 확립되어 다자조약 및 양자조약에 의해 관세인하와 최혜국대우 등이 규정되어 국제적 경제교류가 활발히 전개되었다. 이 시대에는 이들 조약 이외에는 국제기구나 강대국에 의한 무역간섭이 없었던 까닭에 세계경제는 자유무역에 의한 자정작용에 의존하였다. 그러나 제 2 차 세계대전까지의 경제적 불황으로 말미암아 고관세, 수입제한, 반덤핑 등의 규

32) F. P. Bakker, International Financial Institutions (Longman, 1996), p. 12.

33) IMF 협정 제 1 조.

34) IBRD 협정 제 1 조.

제조치가 빈발하여 국제경제는 자국 이익 위주의 양상으로 바뀌게 되었다.

이러한 상황에서 1944년 7월 미국의 주도하에 전후 국제경제조직의 구축을 위한 연합국통화금융회의가 44개국의 참가하에 브레튼우즈에서 개최되어, 전후 세계경제제도를 위한 논의 끝에 국제통화기금(IMF)과 국제부흥개발은행(IBRD)에 관한 브레튼우즈협정이 체결되었다. 이 협정에 의하여 발족한 국제통화금융체제를 일반적으로 '브레튼우즈체제'라고 부른다. 브레튼우즈체제는 제 2 차 세계대전 후의 세계경제의 기본질서를 정하기 위한 것으로, 전후 세계경제에서 완전고용의 달성을 위해 자유무역을 확보하는 국제적 환율체제를 창설하고, 각국의 부흥을 도모하기 위한 국제적 장기금융제도의 창설을 시도하였다. 현재는 이 체제가 전면적으로 재검토되고 있는 시점이나, 제 2 차 세계대전 후의 세계경제질서 재구축을 위한 출발점으로 브레튼우즈체제는 매우 중요한 의미를 지닌다.

국제통화기금은 그 목적을 위하여 회원국에 대하여 금 또는 미국 달러화(1944년 7월 현재의 중량과 순정량)에 의하여 표시된 자국 통화의 환율 유지(단, 상하 1% 이내의 변동폭은 인정된다)와 외환의 자유화(경상지불에 대한 제한의 철폐, 차별적 통화조치의 철폐, 외국이 보유하고 있는 자국통화의 교환성유지)를 의무로 부과하였다. 본래 자국통화가치의 결정 및 외환거래의 규제는 국가의 주권사항에 속하는 것이지만, 국제통화기금회원국은 1930년대의 자국화폐의 평가절하경쟁, 세계경제의 블록화가 무역의 축소와 경제혼란을 격화시켰으며, 제 2 차 세계대전의 중요한 원인이 되었다는 것을 반성하여 환율유지와 외환의 자유화를 국제협정상의 의무로 받아들인 것이다.

(나) 스미소니언체제

브레튼우즈체제는 전후 20년간 세계경제를 안정시켰고, 각국 경제발전에 커다란 기여를 하였지만, 미국의 만성적인 적자와 국제수지적자에서 연유하는 달러가치의 불안정으로 인해 60년대에 들어와서는 수차례의 국제통화위기를 맞기도 하였다. 이러한 통화위기를 해소하기 위하여 각국은 협력을 하지 않을 수 없었으며, 1962년의 '일반차입협정(General Arrangements to Borrow: GAB)', 1970년의 '특별인출권(Special Drawing Rights: SDR)' 창출, 그리고 정기적인 국제통화기금 '쿼터' 증액 조치가 이루어졌다. 그러나 이러한 다각적인 협력에도 불구하고 국제통화위기는 근본적으로 해결되지 못하였고, 이에 따라 1970년대에 들어와 브레튼우즈체제는 붕괴위기에 빠지게 되었다.

그동안 미국의 금 보유고는 1960년 180억 달러에서 1970년 110억 달러로 감소되었으며, 미국에 대한 외국의 청구권은 1970년을 기준으로 할 때 미국 금 보유고의 2배에 달하였다. 더욱이 1970년부터 미국이 저금리 정책을 취하자 대량의 달러가 유럽시장으로 유출되기도 하였다. 미국은 스워프 발동, 국제통화기금인출, SDR 매각 등 달러의 가치를 방어하기 위하여 온갖 노력을 기울였지만, 만성적인 국제수지적자와 달러 가치하락을 막을 수 없었고, 마침내 미국은 1971년 8월 15일자로 달러의 금태환을 정지시켜 버렸다. 기축통화인 미국달러화의 금태환이 정지됨에 따라 국제통화질서는 일시에 혼란에 빠지게 되었고, 이를 수습하기 위하여 1971년 12월 17~18일 선진 10개국 대표(G 10)들은 스미소니언협정을 체결하였다. 그 골자는 금에 대한 미국달러의 평가를 7.9% 절하하고(금 1온스당 38달러), 각국간의 환율평가를 재조정하여 환율의 변동폭을 기준율 상하 2.25%로 확대시켰다. 이것을 '스미소니언체제'라고 부른다. 그러나 스미소니언체제도 국제통화제도의 불안정을 근본적으로 진정시키지는 못하였다. 독일 마르크화와 일본 엔화의 강세 속에서 미국 달러화의 가치가 계속 하락하자, 미국은 국제수지의 개선을 위하여 1973년 2월 달러를 10% 평가절하 하였다. 그럼에도 불구하고 달러 투매가 계속되어 유럽 각국이 변동환율제를 채택하자, 브레튼우즈체제의 근간이었던 고정환율제는 사실상 종말을 고하게 되었다.

(다) 킹스턴체제

이러한 상황하에서 국제통화기금은 국제통화제도의 개혁을 위해 1972년 20개국위원회를 설치하였고, 이 위원회는 1974년 잠정위원회로 대체되었다. 1976년 자메이카의 킹스턴에서 개최된 제 5 차 잠정위원회에서는 당시 논의결과와 선진 10개국의 합의내용을 토대로 국제통화제도의 개혁과 관련한 현안문제가 타결되었다. 이 합의에 따라 국제통화기금의 협정 개정안이 마련되었으며, 1978년 4월 1일 발효하게 되었다. 이것을 이른바 '킹스턴체제'라고 부른다. 킹스턴체제는 스미소니언체제 붕괴 이후 주요국가들이 변동환율제로 이행한 현실을 인정하고, 모든 국제통화기금 회원국은 자국 여건에 적합한 환율체제를 자유로이 선택할 수 있도록 하였다. 다만 환율문제에 대한 국제통화기금의 감독기능을 강화시켰다. 또한 미국의 금태환 정지 이후 금의 역할감소를 인정하였다. 즉 금의 공정가격을 폐지함으로써 공동화폐 단위 및 국제통화기금에서 권리의무를 표시하는 기준으로서의 금의 기능을 폐지하였다. 금 대신 SDR을 주요준비자산으로 격상시키고 국제통화기금에서의 권리의무를 표시하는 가치기준으로 채택하였다. 그리고 킹스턴체제는 회원국의 국제수지불균형이 국제통화체제의 안정을 저해하는 큰 요인 중의 하나임을 인식하고 국제통화기금의 국제수지기능을 제고시켰다.

킹스턴체제의 출범으로 국제통화제도 개편작업은 일단락되었지만, 그 후 세계경제의 변화는 아직도 여러 가지 불씨가 남아 있음을 보여주고 있다. 변동환율제는 석유파동 등의 위기를 수월하게 넘기는 역할을 하였지만, 그것이 기대한 만큼의 국제수지조정기능을 수행하지 못한다는 사실이 입증되었고, 단기적으로는 오히려 국제수지의 불균형을 확대시키는 경우도 있었다. 또한 석유위기 이후 비산유 개발도상국의 국제수지적자가 급격히 확대되어 오늘날 이들의 외채가 국제금융질서에 큰 위협을 가하고 있다. 또한 미국의 무역적자확대와 이에 따른 보호무역주의도 자유무역주의에 대한 새로운 위협이 되고 있다.

(2) 국제통화기금의 구성

(가) 회 원 국

국제통화기금에의 가입은 이사회의 심의를 거쳐 가입조건을 결정하게 되고, 총회가 다수결로 이를 승인함으로써 회원국이 될 수 있다. 국제통화기금협정 제 8 조는 회원국에 대하여 i) 경상지급제한에 대한 철폐, ii) 차별적 통화제도철폐, iii) 외국보유의 자국통화 상시교환수락, iv) 국제통화기금활동에 필요한 각종의 경제정보제공, v) 예외조치시 협의의무, vi) 준비자산정책의 협조의무 등을 요구하고 있다. 그러나 국제통화기금 출범 당시에는 제 2 차 세계대전의 상처에 따른 경제피폐로 인하여 미국을 비롯한 모든 국가가 이러한 의무를 전부 감당할 수 없었다. 그리하여 국제통화기금협정 제14조는 5년간의 과도기간 중(1947. 3.~1952. 2.)에는 외환자유화의무를 유예받을 수 있도록 허용하였다. 그러나 과도기간 이후에도 빈곤한 신생국들의 가입으로 제14조의 적용 필요성은 계속되었고, 이에 따라 제14조는 경과규정의 형태로 존속하고 있다. 외환제한의 철폐를 요구하는 제 8 조의 의무를 수락한 국가를 「제 8 조국」, 제14조에 의하여 유예를 허용받은 국가를 「제14조국」이라 부른다. 국제통화기금은 제14조국이 가능한 빠른 시일 내에 제 8 조국으로 이전하기를 권고하고 있으며, 일단 제 8 조국으로 이전하게 되면 그 후의 경제사정변경을 이유로 제14조국으로 복귀할 수 없다. 우리나라의 외환거래는 1988년 11월 국제통화기금 제 8 조국으로의 이전을 계기로 무역거래의 대부분을 자유화하였다. 이에 따라 바스켓통화 방식의 환율제도도 환율결정을 시장기능에 맡긴다는 전제하에 시장평균환율제도로 변경되었다.

회원국은 자국에 할당된 쿼터를 배정받게 된다. 1945년 12월 31일 이전에 UN통화재정회의에 참석한 국가는 IMF협정 스케줄 A에 따라 쿼터를 할당받고, 그 이외의 회원국은 대표회의에서 결정되는 쿼터를 할당받게 된다.[35] 회원국은 자국에 할당된 쿼터량만큼 IMF에 납입하여야 하는데, 25%의 금과 75%에 해당하는 자국 화폐로 지불하도록 하였다. 1968년에는 IMF협정이 수정되어 특별인출권(Special Drawing Rights: SDR)이 신설되었는데, 이는 회원국이 수지균형의 곤란을 극복하고 그들의 지분을 유지하도록 하기 위한 목적으로 창안된 것이다. 이러한 SDR은 통상적인 인출권에 추가되어, 회원국간 재정거래에 통용되기도 한다. 특별인출권의 신설에 따라 금으로 납입하던 25%는 IMF가 특정한 준비자산(SDR 또는 이용가능통화)으로 지불하도록 하였다. 2003년 1월 말 파라우 310만 SDR에서부터 미국의 371억 1,490만 SDR에 이르기까지 각국은 자국 경제규모에 따른 쿼터를 가지게 된다.

쿼터는 회원국의 투표권 수를 결정하게 되는데, 각국은 250표의 기본 투표권에 더하여 10만 SDR당 1표씩 추가로 배정받는다. 그 외에 쿼터는 회원국이 IMF로부터 융자받을 수 있는 총액을 결정하는 기준이 된다. 쿼터를 납입한 회원국은 인출권(drawing rights)을 갖게 되고, 이에 기반하여 자국이 필요로 하는 외국 화폐를 IMF로부터 매입할 수 있게 된다. 여기서 매입이라고 표현한 이유는 수지불균형 때문에 IMF로부터 자금을 인출하는 국가는 자국이 필요로 하는 국가의 화폐를 인출하는 대신, 그에 상응하는 자국 화폐를 납입하여야 하기 때문이다. 각국 화폐의 액면가치는 고정되어 있고, 회원국과 IMF의 협의에 의해서만 변경될 수 있다. 1959년 인출권은 50% 증액되었고, 다시 1966년에 25% 증액되었다.

35) IMF협정 제 3 조.

(나) 기 관

IMF의 기관은 대표회의(Board of Governor), 집행위원회(Executive Board), 총재(Managing Director), 대표회의의 결정으로 설치되는 이사회(Council)로 이루어진다.[36] 대표회의는 각국의 대표 1인과 교체대표로 구성되는데, 협정상 집행위원회와 총재에게 직접 부여된 것 이외의 모든 권한을 가진다.[37] 예컨대 기금의 증액문제, 신규 가입국의 결정, 특별인출권의 할당 등이 대표회의의 결정으로 이루어진다. 대표는 각국의 재무장관이나 중앙은행장이 파견되는 것이 일반적이다. 미국과 영국이 전자의 경우이고, 독일과 스웨덴 등이 후자의 경우이다. 대표회의는 1년에 1차례 IBRD와 공동으로, 또는 15개국 이상이나 전체 투표권 수의 4분의 1 이상 요청에 의해 개최된다.

집행이사는 IMF의 일반적 운용을 책임지고, 이를 위하여 대표회의가 위임한 모든 권한을 행사한다. 최대 쿼터국인 미국, 영국, 독일, 프랑스, 일본 5개국에서 각 1인씩의 이사를 지명하고, 나머지 국가들이 임기 2년의 이사 15인을 선출하는 것을 원칙으로 하되 대표회의가 그 수를 증감시킬 수 있도록 하였다.[38] 현재는 24명의 집행이사로 구성되는데, 중국, 러시아, 사우디아라비아도 자국 이사를 지명할 수 있게 되었다. 집행이사회는 1주일에 최소한 3차례 회합하게 되는데, 지명직 이사는 지명국의 쿼터에 해당하는 만큼의 투표권을 가지고, 선출직 이사는 그가 선출될 당시의 투표수만큼 투표권을 가진다. IMF의 투표권은 각국의 재정분담금액과 비례한다. 일반적인 의결정족수는 단순다수결을 취하도록 되어 있으나,[39] 보통은 컨센서스로 결정이 이루어지고 투표로 결정되는 경우는 매우 드물게 발생한다. 집행이사들은 대표회의의 정책과 결정을 집행하게 된다.[40]

총재는 5년 임기로 집행위원회에서 선출되는데, 대표도 집행이사도 아닌 지위에 있다. 집행위원회의 의장이 되나, 일반적인 투표권은 인정되지 않고 가부동수인 경우 결정투표권만을 가진다.[41] IMF 직원의 수장으로서 직원의 임면권을 가

36) IMF협정 제12조 제 1 항.
37) IMF협정 제12조 제 2 항.
38) IMF협정 제12조 제 3 항.
39) IMF협정 제12조 제 3 항, 제 5 항.
40) IMF협정 제12조 제 3 항.
41) IMF협정 제12조 제 5 항.

진다. IMF의 통상적 활동을 수행하고, 기구를 대표한다.

(다) 기 금

IMF의 기금은 회원국이 출연하는 쿼터의 총합으로 구성된다. 쿼터는 정기적으로 증액되어 왔는데, 2003년 1월 말 쿼터 총액은 2,130억 SDR이다. 쿼터의 75%는 회원국이 자국 화폐로 납입하고 나머지는 SDR이나 일반적으로 통용되는 준비자산으로 지불하게 되므로, IMF의 자산은 각국의 다양한 화폐와 SDR로 구성되어 있다.

IMF는 주로 달러에 의존함으로써 발생하였던 국제유동성 부족을 극복하기 위하여 금과 달러 등의 준비자산을 보완할 목적으로 1969년 7월의 IMF협정 제 1 차 개정을 통해 SDR을 창출하였다. SDR은 스톡홀름협정[42]으로 등장한 IMF의 중요한 혁신에 해당하는 것이다. 각국의 쿼터에 따라 SDR구좌를 설정하고, 이 구좌에 가입한 국가간에 서로 상대방구좌에 특정된 금액을 불입함으로써 상호 결제하는 수단이다. SDR은 일련의 통화에 의해 정의된 가치를 부여받고, IMF 회원국에 대하여 그들의 쿼터에 따라 할당된다. 각 국가는 타국의 SDR에 대한 대가로 자국의 화폐를 제공하여야 하므로, 각각의 SDR은 타국 화폐를 특정된 양만큼 획득할 수 있는 권리가 되는 것이다. 회원국의 쿼터는 투표권의 결정, SDR의 할당량, 기금으로부터 획득할 수 있는 재정지원 등 IMF와의 관계에서 기본적인 자료가 된다. 원래 SDR의 가치는 순금중량과의 대비로 고정되어 「온스당 35달러」로 결정되었으나, 1974년 바스켓 방식에 의한 새로운 평가방법이 채택된 후, SDR의 가치는 1981년 이후 주요 5개국 통화(미국 달러, 독일 마르크, 프랑스 프랑, 영국 파운드, 일본 엔)의 환율을 참고하여 결정하게 되었다. 그 후 유로화의 중대성이 증가함에 따라 2001년 1월부터 미국 달러, 유로, 일본 엔, 영국의 파운드-스털링을 기준으로 하고 있다.

SDR에 태환성을 인정하기 위하여 IMF는 지정된 참여자가 SDR의 특정량만큼 통화를 제공하도록 함으로써 참여자가 그의 특별인출권을 사용할 수 있도록 확보하여야 한다고 규정하였다.[43] 지정된 국가는 거부할 수 없으나, IMF는 참여자의

42) 1968년 채택, 1969년 7월 28일 발효.

43) IMF협정 제19조 제 5 항 (a).

SDR자산이 순누적할당량의 300%를 초과하는 경우에는 지정해서는 안 되는 것으로 하였다. 지정된 참여자는 그가 수령한 SDR과의 교환으로 자유로이 이용될 수 있는 통화, 즉 유효하게 사용할 수 있는 통화를 제공하여야 한다. 이에 관하여 국제거래에서 사실상 지불수단으로 광범위하게 사용되고 있는 것, 주요 외환시장에서 광범하게 거래될 수 있는 것이라고 정의하고 있다.[44] 실제로는 SDR 가치결정에 통용되는 주요 5개국 통화만이 이 조건을 충족시키는 것으로 인정되고 있다.

그리고 IMF는 국제통화제도의 위험에 대처하기 위해 필요한 경우 2개의 상설협정을 통해 자금을 융통할 수 있다. 1962년 체결된 '일반차입협정(General Arrangements to Borrow: GAB)'은 선진 10개국과 스위스는 무역의 훼손을 저지하기 위하여 필요한 경우 170억 SDR을 IMF에 대여하기로 하였다. 1988년에는 '신규차입협정(New Arrangement to Borrow: NAB)'이 발효되었는데, 이 협정은 25개국과 국제기구가 참가하여 IMF에 340억 SDR을 대출하도록 허가하는 것이었다.[45]

(3) 국제통화기금의 목적

IMF는 상설적 기구를 통한 통화협력의 촉진, 국제무역의 확장과 균형 촉진, 환율의 안정성 조성과 경쟁적 환율인하 방지, 다자간 외환수지체제의 확립 지원 및 세계무역의 성장을 방해하는 외환규제의 철폐, 회원국에게 기금을 사용하게 함으로써 수지균형의 조절불량 시정, 회원국 국제수지 불균형 기간의 단축 등을 목적으로 한다.[46]

이러한 목적을 달성하기 위하여 IMF는 회원국과 다양한 형태의 협정을 체결하게 된다. 단기차관과 관련된 것으로 거시경제정책에 초점을 맞추어 수지균형의 곤란을 극복하도록 하기 위한 대기성협정(Stand-by Arrangement), 장기신용을 위한 확대기금제도(Extended Fund Facility), 저소득 국가에게 거시경제조절정책과 구조조정을 위한 대출제공과 관련된 강화구조조정제도(Enhanced Structural Adjustment Facility: ESAF) 등이 있다. 대기성협정은 IMF 재정지원의 핵심적 형태로 국제수지문제의 단기적 과제를 대상으로 한다. 1952년 처음 도입되었는데, 통상 12개월에서

---

44) IMF협정 제30조 (f).

45) NAB는 명칭과는 달리 GAB를 대체하는 것이 아니다. 다만 IMF의 일차적 주요 자원은 NAB가 되는 것으로, GAB와 합쳐서 340억 SDR을 초과할 수 없게 되어 있다.

46) IMF협정 제 1 조.

18개월을 기준으로 하고, 연장이 승인되지 않는 한 2년 3개월에서 4년 사이에 상환하여야 한다. 확대기금제도는 경제의 구조적 문제와 관련하여 수지문제를 겪는 국가를 대상으로 1974년 설치되었다. 3년의 기간으로 지원되며, 4년 6개월에서 7년 사이에 상환하여야 한다. 강화구조조정제도는 1999년 빈곤감소 및 발전제도(Poverty Reduction and Growth Facility)로 대체되었는데, 낮은 이자율의 특혜를 허용하고 있다.

그 외에도 특정한 곤란을 겪고 있는 국가를 지원하기 위하여 한정한 기간 동안만 기능하는 것도 있다. 보상적 융자제도(Compensatory Financing Facility: CFF), 체제이전제도(Systematic Transformation Facility: STF), 추가보존제도(Supplementary Reserve Facility: SRF), 부수적 신용제도(Contingent Credit Lines: CCL) 등이 그것이다. 보상적 융자제도는 1960년 설치된 것으로, 수출입의 곤란이나 국제시장가격 변동으로 인한 식량수입의 비용증가에 따른 재정지원을 목적으로 하는 것이다. 이것은 주로 1차산품 생산국에서 작황이 나쁘거나 국제교역상의 일시적 침체 등과 같은 자신의 능력 이외의 사유로 발생되는 수출결함을 겪는 경우를 지원하기 위한 것이다. 체제이전제도는 통제경제국가가 시장경제국가로 이전하는 것을 지원하기 위하여 1993년 설치되었고, 추가보존제도는 1997년 아시아 외환위기에 대응하기 위하여 설치된 것이다. 부수적 신용제도는 타국의 재정적 곤란으로 인한 재정적 전염(financial contagion)에 대처하기 위한 것으로, 사전주의적(precautionary) 또는 예방적(preventive)이라는 점에서 다른 것과 구별된다.

1970년 이후 IMF는 차입을 원하는 국가에게 경제적, 재정적 구조조정을 요구하는 융자조건(conditionality) 정책을 확립하였다.[47] IMF가 자신의 신용제도에 첨부하는 융자조건은 수지균형의 곤란 사유가 다르기 때문에 표준적 구제를 구성하는 것이 아니다. 융자조건은 항상 국내외적 균형과 가격안정성을 회복하기 위한 것이다. 프로그램은 재정 및 통화 정책 수단, 환율정책, 공공분야의 개혁, 무역자유화, 재정분야 및 노동시장의 개혁을 주된 내용으로 포함하는 것이 일반적이다. 경우에 따라서는 환율절하가 포함되기도 한다.[48] 문제의 원인이 정부재정결손에

47) Philippe Sands and Pierre Klein, Bowett's Law of International Institutions, (Sweet & Maxwell, 2001), p. 93.

48) Bakker, *op. cit.*, p. 25.

기인하는 경우 세율인상과 지출삭감 등의 조치를 포함시키기도 한다. 어떤 경우이든 대부분 프로그램의 공통 개념은 경제개방과 시장자유화 허용이 경제개발을 위해 최선의 기회가 된다는 것이다.

IMF 융자의 기초가 되는 것은 신용지분정책(credit tranche policy)이다.[49] 각국은 자국에 할당된 쿼터의 75%를 이미 자국 화폐로 납입하여 놓았기 때문에, 나머지 25%의 쿼터만큼 자금을 인출(매입)할 수 있다. 이에 더하여 쿼터의 100%에 해당되는 추가자금을 인출할 수 있는데, 이를 신용지분이라고 한다. 신용지분은 다시 4개 부분으로 분할되는데, 첫 번째 25%의 신용지분은 각국이 수지균형문제가 발생할 경우 자유롭게 인출할 수 있다. 그 이상의 신용지분을 인출하기 위해서는 IMF와 협의한 정책프로그램에 동의할 것을 전제로 한다. 이들을 인출하기 위해서는 일정한 조건 및 프로그램의 진행추이를 점검하는데, 사용되는 이행기준에 따라야 한다. 이러한 신용제도는 쿼터의 100%로 한정되고, 대기성협정에 따라 이루어진다.

(4) 국제금융기구

(가) 국제부흥개발은행

(a) **목 적** 국제부흥개발은행(IBRD: 일명 세계은행(World Bank))은 1944년 7월 브레튼우즈 회의를 통해 설립되어, 1946년 6월 25일에 업무를 개시하였고, 1947년 이후 국제연합의 전문기관이 되었다. IBRD의 목적은 자본투자를 용이하게 함으로써 전쟁에 의해 파괴된 선진국 경제의 부흥원조와 개발도상국의 개발원조를 도모하는 데 있다. 국제부흥개발은행은 이 목적을 위하여 장기자금의 대부 · 대부참가 · 민간투자에 대한 보증 등의 업무를 수행하며, 이러한 업무에 부수되는 조사 및 기술원조 등의 활동을 행한다.[50] IBRD의 융자는 경제발전에 직접적으로 기여하게 되는 대규모 프로젝트나 계획의 경우에 적용되는 것으로, 원칙적으로 회원국 또는 회원국이 보증하는 민간기업만을 대상으로 한다.[51] 원칙상 해당 프로젝트를 위해 외화를 제공하고, 해당국 정부는 임금이나 국내 물자 등의 프로젝트 국내

---

49) *Ibid.*, p. 22.

50) IBRD협정 제 1 조.

51) Bakker, *op. cit.*, p. 46.

부분을 자체 조달하여야 한다. 물론 이러한 조건이 절대적인 것은 아니나, 자국에서 일정 부분을 조달해야 하는 이유 때문에 IBRD로부터 대출받는 데 적절한 프로젝트를 찾는 것은 매우 어려운 상황이다. 대출을 위해 자금사용계획이나 자금차입금의 경제상태를 심사하는 등 대출조건은 비교적 엄격하고, 대출 또는 보증에 관한 협정은 국제법의 규율을 받는다. 융자를 위한 자금은 회원국에 의한 출자 이외에 채권발행, 회원국 중앙은행으로부터의 차입, 변제금, 대출증서의 매각 등에 의해 조성된다. IBRD도 IMF와 유사하게 1980년대 이후 은행으로부터 차입을 원하는 국가에게 경제적, 재정적 구조조정을 요구하는 융자조건(conditionality) 정책을 확립하였다. 이러한 구조조정프로그램과 함께 IBRD는 기초적 사회수요를 위하여 상당한 비용을 지불하여 왔다. 1990년대 이후에는 환경문제와 원주민문제를 재정문제와 연관시키는 정책을 펼쳐 왔다. IMF와 다른 점은 IMF가 회원국 정부의 출연금으로 자본을 구성하는 데 비해, IBRD의 경우는 사적 자본으로 구성된다는 점이다. 이런 이유 때문에 행정직원들은 각국이 지명한 집행이사들로부터 훨씬 독립된 지위를 가진다는 장점이 있다.[52] IBRD는 다른 기관이나 민간은행이 공동대여를 할 수 있도록 조장함으로써 다른 기관으로부터 자금을 대출받을 수 있도록 노력하기도 한다.

IBRD가 재정적으로 지원하는 모든 프로젝트는 전체적 필요라는 관점과 해당 국가의 지불능력이라는 관점에서 평가된다. 이러한 과정을 거쳐 자국의 효율적 운영을 도모하게 된다. 가장 먼저 해당 국가의 포괄적 경제 보고서가 제출되어야 하는데, 여기에는 투자분야에 대한 면밀한 평가서가 포함되어야 한다. 보고서의 검토과정에서 IMF와 긴밀한 협조를 갖게 되고, 보고서에 기반하여 IBRD의 5개년 활동계획이 성안된다. 이때 해당 개발도상국의 상환능력에 대한 고려가 가장 중요하게 반영된다. 신용가치를 평가하는 경우에는 10년의 장기평가를 갖게 되는데, 가장 먼저 해당 프로젝트의 수지균형과 예상발전경로를 검토하게 된다. 다음으로 경기하락의 위험가능성을 검토하게 된다. 경기하락의 위험성은 국제경기 등과 같은 외부적 결함, 경기조절정책의 위험요인, 재정운용가능성, 채무이행으로 인한 부채의 악화 등 4가지를 대상으로 한다. 그러나 어떤 국가가 민간은행으로부터 차관을 받을 수 있는 재정적 요건을 충족하게 되면 IBRD로부터 대출자격을 얻지 못하게

52) *Ibid.*

된다.[53)]

(b) **구 성** IBRD의 회원국이 되기 위해서는 먼저 IMF의 회원국이 되어야 한다.[54)] IBRD의 기구구조도 IMF와 대동소이한 모습을 갖고 있는데, 대표회의(Board of Governor), 집행이사회(Board of Executive Directors), 총재(president)의 3개 주요 기관으로 구성된다. 대표회의는 IBRD의 모든 권한을 부여받은 전권기관으로, 각국은 1인의 대표와 대체대표를 지명할 수 있다. 동 위원회는 1년에 1회 개최를 원칙으로 하며, 신규회원국의 가입 · 자본시장의 변경 · 은행 순수입의 배분 등을 결정한다. 그 외에 은행업무를 수행하기 위하여 필요적절한 법규를 채택하는 권능을 갖는다.[55)] 집행이사회는 은행의 일반활동에 대한 책임을 지게 되며, 대표회의가 위임한 사항을 처리한다.[56)] 미국, 일본, 영국, 독일, 프랑스의 5개국은 1인의 이사를 지명하며, 나머지 이사는 투표로 선임하게 된다. IMF와 마찬가지로 투표권은 자본납입분에 따라 정해진다. 집행이사회는 임기 5년의 총재가 주재하며, 총재는 모든 직원의 수장으로서 통상적 은행업무를 수행한다.[57)] 집행이사회는 보통 1주일에 두 차례씩 회합을 갖는다.

각 회원국은 IBRD에 재정 분담금을 갖게 되는데, 그 분담금은 일반적 자본증가에 따라 정기적으로 증대되도록 하고 있다. 실제 출자액은 그 중의 극히 일부만 납입하면 되는데, 실납입자본은 분담금의 6%로 되어 있다. 그러나 IBRD가 필요하다고 생각하는 경우 언제든지 유보분담금의 납입을 요청할 수 있다. 이러한 분담금의 요청을 담보하는 것은 IBRD의 신용가치를 확정하는 데 필수적인 요소이며, 그러한 신용가치는 미납 채무의 합이 출자자본과 유보자본의 합을 넘지 않도록 함으로써 보장된다. 회원국의 자본금 출자는 IBRD가 회원국에게 대여하는 실제 재정의 일부에 지나지 않고, 주로 국제재정시장에서 중장기채권이나 정부 · 중앙은행 · 민간은행과 어음발행을 통해 85%에 가까운 자본을 조달하고 있다. 이러한 자본금을 이용하여 매년 150억 달러에서 200억 달러의 대출을 행하고 있다. 대부분의 대출기간은 15년에서 20년 사이로 되어 있다.

53) *Ibid.*, p. 49.
54) *Ibid.*, p. 44.
55) IBRD협정 제 5 조 2.
56) IBRD협정 제 5 조 4(a).
57) IBRD협정 제 5 조 5.

(나) 세계은행그룹

IBRD는 자신의 권한 범위 내에서 수행할 수 없는 활동을 보완하기 위하여 국제금융공사(International Finance Corporation: IFC) 및 국제개발협회(International Development Association: IDA), 다자간투자보장기구(Multilateral Investment Guarantee Agency: MIGA)를 설립하였다. 그러한 배경에서 IBRD와 IFC, IDA, MIGA를 합해서 '세계은행그룹'(World Bank Group)이라고 부른다.[58] 그 외에도 투자분쟁의 조정과 중재를 위해 시설을 제공하는 국제투자분쟁해결센터(International Center for the Settlement of Investment Disputes: ICSID)도 세계은행그룹에 포함된다. IBRD와 이들 기구간에는 긴밀한 관계가 이루어져 있는데, IBRD 총재는 IDA의 총재를 겸하고, IFC와 MIGA의 이사장이며, 나아가 ICSID의 집행위원장이기도 하다.[59] IFC는 1955년 IBRD의 제휴기관으로 설립된 것으로, 주된 목적은 특히 저개발 회원국의 사기업 발전을 지원함으로써 경제개발을 촉진하는 데 있다. 이러한 목적을 위하여 관련 회원국 정부의 보증 없이 투자를 통해 사기업의 재정을 지원한다. 그 한도는 해당 프로젝트 경비의 25%로 하는 것을 원칙으로 하고, 아프리카 사하라 이남의 빈국의 경우에만 35%까지 대여하여 준다.[60] 그 외에도 투자기회와 경영경험을 제공하여 사적 자본을 생산적 투자로 유인하는 역할을 하며, 사기업이나 정부에 기술지원이나 자문서비스를 행하기도 한다. 이런 면에서 IFC는 대여기관이 아니라, 투자기관이라고 보아야 한다.[61]

IDA는 1960년에 설립된 IBRD의 제휴기관으로서, 세계 저개발지역의 생활수준을 향상시키는 것을 목적으로 한다. 이를 위하여 통상의 대출에 비해 수지균형을 엄격하게 요구하지 않고 신축성 있는 조건으로 개발도상국에 융자한다.[62] 현재 IDA의 정책방향은 대부분 과도한 채무를 가진 빈국의 채무부담을 줄여나가는 데 두고 있다. 이를 달성하기 위하여 서비스 요금만 받고 정부보증 없이 무이자 장기대여인 연성대출(soft loan)을 제공하고 있다.[63] IDA는 스스로의 자본으로 움직이

58) Sands and Klein, *op. cit.*, p. 87.

59) IFC협정 제 4 조 5(a), IDA협정 제 6 조 5(a), MIGA협정 제32조 b, ICSID협정 제 5 조.

60) Bakker, *op. cit.*, p. 58.

61) Sands and Klein, *op. cit.*, p. 90.

62) IDA협정 제 1 조.

63) Sands and Klein, *op. cit.*, p. 91.

는 것이 아니라, 대출을 위해 선진국으로부터 개발협력의 일환으로 기증이나 IBRD의 순수입 등으로 활동한다.[64] IDA는 두 그룹의 국가로 분류하는데, 그룹 I 은 선진국 및 산유국 22개국이 포함되고, 그룹 II에는 나머지 국가들이 포함된다. 그룹 I 의 국가는 IBRD의 출자금 비율에 따라 일정한 금액을 태환화폐로 기증하여야 하고, 그룹 II의 국가는 기증금액의 10%를 태화화폐로 지불하고 나머지는 자국 화폐로 지불하도록 한다. IBRD 대출과 IDA 신용은 상이한 융자조건하에서 이루어지지만, 해당 프로젝트에 대한 평가는 동일한 기준 위에서 이루어진다. 따라서 IBRD와 IDA의 융자는 해당 프로젝트의 특성에 따라 정해지는 것이 아니라, 해당국의 경제규모나 신용상태 등에 따라 결정된다.

MIGA는 1985년에 설립된 기관으로, 주로 보증이나 공동보험·재보험의 방법을 통하여 개발도상국에 대한 외국의 투자를 촉진하는 것을 목적으로 한다. 이러한 목적을 위하여 개발도상국에 대한 외국인 민간투자가 상업적 요인 이외의 위험에 처하는 것을 방지하도록 보장한다.

상업 외적 요인의 가장 대표적인 것으로 국유화나 외환제한 같은 것이 있다. 회원자격은 IBRD 회원국 모두에게 인정되며, 자본수출국과 자본수입국의 두 그룹으로 구분된다. 의사결정 구조는 가중투표제와 두 그룹간 동등대표제의 혼합적 방식을 취하고 있다.[65] 자본금은 회원국이 자국의 경제에 맞게 출연한 10억 SDR로 출발하였는데, 자본수출국이 60%를 분담하고, 나머지를 자본수입국이 분담하도록 하였다.

2. 국제통상질서의 등장

(1) GATT

(가) ITO 설립을 위한 노력

제2차 세계대전 직후 국제사회는 세계경제회복을 촉진하기 위하여 기존의 브레튼우즈 기구인 국제통화기금(IMF)과 세계은행(IBRD)을 보완하는 국제무역기구(International Trade Organization: ITO)를 설치하려 하였다.[66] 그 단초가 되는 계기는

64) Bakker, *op. cit.*, p. 61.

65) Bakker, *op. cit.*, p. 48.

66) Judith H. Bello and Mary E. Footer, Uruguay Round: GATT/WTO, 29 The International Lawyer (1995), p. 335.

1943년 9월 미국과 영국간에 개최된 세미나였다.[67] 전후의 경제정책에 대한 아이디어를 비교하기 위하여 개최되었던 이 세미나에서 양국은 수량제한, 보조금, 수출세, 국가교역, 차별, 관세인하 등을 내용으로 하는 양자간 협정들을 다자간 체제로 네트워크화하는 것이 필요하다는 데 공감하게 되었다.[68] 1945년 11월에는 미국이 '세계무역 및 고용확대에 관한 제안'을 제출하였는데, 이 제안은 국제연합 아래에 국제무역기구를 설립하여 자유무역을 지향하는 국가들이 참가하여 관세 및 기타 무역장벽을 경감하고 철폐하기 위한 교섭을 행할 것을 내용으로 하는 것이었다. 이 제안은 1946년 2월 UN경제사회이사회에 의해 채택되었고, ITO헌장을 기초하기 위하여 UN무역고용회의(United Nations Conference on Trade and Employment)가 소집되었다. UN무역고용회의에서 지명된 준비위원회[69]는 관세, 무역제한, 보조금, 경제발전 등 국제무역에 관한 모든 분야를 검토하여, 이에 관한 기준을 작성하는 것을 목표로 하였다. 초안작업은 미국이 제출한 'UN국제무역기구를 위한 제안헌장(Suggested Charter for and International Trade Organization of the United Nations)'을 기초로 하여 진행되었다. 1947년 8월 최종초안이 작성되어, 1947년 11월 하바나에서 개최된 전체회의에 제출되었고, 1948년 3월 24일에는 ITO헌장 문안을 확립하는 최종의정서가 서명되기에 이르렀다.[70]

이와 같이 ITO헌장을 채택하는 단계까지는 성공적으로 진행되었으나, ITO의 실질적 설립으로 현실화되지는 못하고 말았다. 그 이유는 ITO헌장의 제안에서부터 채택에 이르기까지 주도적 역할을 담당하였던 미국이 초국가적 힘을 가진 ITO의 출범을 반대하는 상원에 의해 비준이 거부되었고, 미국의 비준을 지켜보던 다른 국가들이 전후 부흥 등의 이유에서 비준을 거부하였던 데 있다. 이로써 ITO를 설립하려던 국제사회의 노력은 결실을 맺지 못하게 되어, ITO헌장을 채택하는 과정에서 보여준 국제사회의 노력은 수포로 돌아가고 말았다.

---

67) Robert E. Hudec, The GATT Legal System and World Trade Diplomacy (Butterworth Legal Publishers, 1989), pp. 9-10.

68) 1943년의 세미나에서는 모든 유형의 관세장벽이 완전히 금지되어야 하며, 收支상의 위기가 발생한 경우에만 수량제한이 인정될 수 있도록 하는 등 매우 엄격한 내용으로 되어 있었다. *Ibid.*, p. 15.

69) 준비위원회는 18개 핵심국으로 구성되었는데, 그 18개국 중 소련은 참여하지 아니하였다. *Ibid.*, p. 12.

70) *Ibid.*

(나) GATT의 탄생

'관세 및 무역에 관한 일반협정(GATT)'은 국제무역기구를 창설하기 위한 논의 과정에서 성립된 것으로, 독자적으로 체결된 여타의 조약과는 달리 ITO헌장을 보완하는 보조협정으로 의도된 것이다.[71]

ITO 설립을 위한 검토와 병행하여 UN무역고용회의에서는 관세인하와 특혜 제거 등의 긴급과제에 대한 신속한 협상이 필요하다고 인정되었다. 협상을 진행하기로 합의가 이루어짐으로써, 1947년 4월 제네바에서 개최된 회의에서는 ITO헌장 초안작업과 함께 관세인하를 위한 협상이 시작되었다. 원래 GATT 협상의 기본적 착상은 관세인하협상의 결과를 협정으로 작성한다는 것이었으나, 이에 더하여 관세이행의 장애를 방지하는 몇 가지 일반적 보호조항들도 포함하게 되었다. 그리고 관세인하협상에 참가한 국가들이 협상결과의 이행이 ITO 협상의 종결을 조건부로 하는 것이어서는 아니 된다고 우려함에 따라, GATT는 잠정협정으로 체결되었다.[72] 대부분의 GATT규정은 ITO를 위해 초안된 조항들에서 도출된 것으로, ITO헌장이 채택되면 그에 맞게 변경될 수 있는 것으로 이해되었다.[73]

1948년까지 ITO헌장이 발효되지 못할 것이 분명해지자, 협상에 참여한 국가들은 GATT가 가능한 한 빨리 이행되기를 기대하였다. 그러나 GATT는 제 1 부에서 관세교섭결과와 최혜국대우를 규정하였고, 제 2 부에서는 무역제한의 제거를, 그리고 제 3 부에서는 가입과 탈퇴 등의 절차사항을 주로 다루고 있었는데, 제 2 부 규정을 실현하기 위해서는 체약국 국내법의 개정이 전제되었기 때문에, GATT 자체도 곧바로 적용될 수 없는 상태였다. 1947년 GATT 작성협상에 참가한 국가들은 제 1 부와 제 3 부는 조건 없이 적용하되, 제 2 부의 규정들은 각국 현행법의 범위 내에서 최대한 적용할 것을 내용으로 하는 '잠정적용에 관한 의정서(Protocol of Provisional Application)'를 채택하였다. 잠정적용에 관한 의정서에 따라 각국은 GATT 제 2 부에 모순되는 국내법이 있더라도, 이를 개정하지 않고도 GATT에 가입할 수 있게 되었다. 그러나 GATT 가입 후 국내법을 개정하는 경우에는 원칙적으로 GATT에 합치되도록 하여야 하며, 가입 후 새로운 국내법을 제정하는 경우에

71) John H. Jackson, William J. Davey, and Alan O. Sykes, Legal Problems of International Economic Relations (West Publishing, 1995), p. 295.

72) Hoekman and Kostechi, *op. cit.*, p. 13.

73) Jackson, Davey, and Sykes, *op. cit.*, p. 295.

도 GATT에 부합하도록 하여야 한다. 이러한 이유 때문에 잠정적용에 관한 의정서의 규정을 '조부조항(grandfather clause)'이라 부른다. 이 조항의 목적은 1947년 10월 30일까지의 기존 입법이 GATT규정과 일치하지 않더라도 이를 인정함으로써 GATT를 시행가능하게 만들기 위한 것이었다.74) 기존법률의 의미와 관련하여 체약당사국이 잠정적용에 관한 의정서를 서명한 날 이전의 법률인가 아니면 동 의정서가 작성된 날짜에 이미 존재하는 법률인가에 관한 의문이 제기되었으나, 1949년 8월 11일 내려진 체약국단의 결정은 동 의정서의 작성일자인 1947년 10월 30일에 이미 존재하는 법률이라고 확인하였다.75) 그리하여 1948년 1월 1일 동 의정서가 발효되어 GATT는 이 의정서를 통하여 잠정적으로 적용될 수 있게 되었다. 그리고 앞으로 ITO헌장이 발효되면 잠정적용에 관한 의정서는 중단되고, GATT가 적용되는 것으로 하였다.

그러나 1950년 12월 미국 행정부는 ITO헌장 비준안이 상원에서 계속 거부되자, 더 이상 비준을 요청하지 않겠다고 밝힘으로써 ITO는 잉태만 된 채 햇빛을 보지 못하고 말았다. 그 결과 GATT는 ITO에 갈음하여 국제교역에 관한 국가정책을 조정하는 중심적 기능을 수행하게 되었다. 1947년 이래 무역정책을 집행하고 국제무역관계를 규제하는 권리의무간의 복잡한 조직망을 창조하는 데 주요한 역할을 수행하게 된 것이다. 그와 같은 국제기구적 기능에도 불구하고, GATT는 공식적으로는 국제기구가 아니라 정부간에 체결된 국제조약에 불과한 것이었다. 이와 같은 이유에서 GATT는 회원국(member state)이 아닌 체약국(contracting party)만을 가지고 있을 뿐이었다. 그럼에도 GATT는 국제무역시스템에서 수많은 역할을 수행하여 왔다. 관세의 상호적 인하를 위한 협상방법을 제공하여 왔고, 교역에 관한 비관세장벽을 제거하거나 감축시켜 왔으며, 체약국간의 정기적인 다자간 교역협상의 장으로서 기능하였으며, GATT 의무와 관련된 교역분쟁의 해결을 위한 방법을 제공하여 왔다.76)

---

74) Wolfgang Benedeck, GATT-The Uruguay Round-WTO, United Nations: Law, Policies and Practices, Rudiger Wolfrum et al. eds. (Nijhoff, 1995), p. 532.

75) GATT/CP.3/SR.40. 그러나 파키스탄 등과 같은 신생독립국의 경우에는 '예외적 특별상황(special and exceptional circumstances)'에 주의를 기울이도록 요청하고 있다.

76) Lindia C. Rief, History of the Uruguay Round, Law and Practice of the World Trade Organization Release 95-3 (Oceana Publications, 1995), pp. 1-2.

(다) GATT의 구조

GATT는 많은 ITO 규정을 수용하고 있었지만, 임시적인 무역협정으로만 인정되었기 때문에 국제기구는 아니었다. 사실상의 기구적 특성조차도 매우 복잡하고 정돈되지 못한 것이었고, 심지어 체약국간에는 GATT가 무엇이 되어야 하는지 컨센서스조차 없는 실정이었다.[77] 이와 같이 GATT가 기구적으로나 법적으로 정돈되어 있지 못했던 까닭은 GATT 기초자들이 GATT를 독립된 것으로 의도한 것이 아닌 데 있었다. 실제로 GATT의 초기에는 체약국단의 공식회의가 개최되었던 한두 차례를 제외하고는 실체로서 존재하지 않았다. 물론 체약국단 회의에서 주요한 결정이 내려지기는 하였으나, 상설기관이 필요하다는 인식이 계속 커지게 됨으로써 점진적으로 그 기구적 구조가 나타나기 시작하였다.

잠정적용에 관한 의정서를 통하여 적용되기 시작한 후 많은 국가들이 신규가입함으로써 GATT가 확대되었지만, 체약국들은 GATT가 자신에게 맡겨진 역할을 수행하기 위하여 부적절하게 적응된 것이라고 인식하고 있다.[78] 그 결과 GATT를 운영할 수 있는 '무역협력기구(Organization for Trade Cooperation: OTC)'를 설치하기로 결정하였으나, OTC헌장도 ITO헌장과 마찬가지로 미국상원의 비준을 얻지 못함으로써 무산되고 말았다. 1951년에는 국제수지문제를 이유로 행하는 수입제한문제를 다루기 위하여 '회기간위원회(Intersessional Committee)'가 구성되었다. 동 위원회는 1960년에 들어 일반적 감독과 조정기능을 가진 '이사회(Council)'로 대체되었다.[79]

GATT체제하의 모든 규제권과 관할권은 체약국의 합의에 기초하여 파생된다. 매년 한 차례 개최되는 체약국단(CONTRACTING PARTIES)[80]의 일반회의는 단순다수결을 원칙으로 하고 있으나, 면제나 가입의 경우를 제외하고는 관행상 컨센서스

77) Gardner Patterson and Eliza Patterson, The Road from GATT to MTO, 3 Minnesota Journal of Global Trade (1994), p. 35.

78) Jackson, Davey, and Sykes, *op. cit.*, p. 295.

79) GATT상에는 이사회에 관한 규정이 없고, 1969년 6월 4일 체약국단의 결정으로 이사회가 설치되었다. Oliver Lang, Law and Its Limitations in the GATT Multilateral Trade System (1987), p. 47.

80) 「CONTRACTING PARTIES」 또는 「Contracting Parties」는 GATT의 결정권한에 따라 합동으로 행동하는 당사국들을 나타내는 것인 반면, 「contracting party/parties」는 개별적으로 행동하는 당사국을 말하는 것이다. Rief, *op. cit.*, p. 1.

로 결정이 이루어져 왔다. GATT의 최고위 기관에 해당하는 체약국단은 모든 공식 결정과 기능을 수행하여 왔으나, 체약국의 증가와 결정의 빈도가 높아짐에 따라 이사회를 설치하여 대부분의 권한을 이사회에 위임하였다. 모든 체약국의 대표로 구성되는 이사회는 분쟁해결을 위한 패널을 지명하고, 패널에 대한 위임조건 등을 결정하는 등, GATT 전반에 걸친 기능을 수행하게 되었다.[81] 그 외에 GATT는 교역정책의 감시를 위한 권한과 협의 · 협상 · 중개 · 분쟁해결을 지원하는 사무국을 두고 있다.[82] GATT사무국의 공식명칭은 'ITO를 위한 중간위원회(Interim Commission for the International Trade Organization: ICITO)'로서, ITO 협상과정에서 설치된 중간위원회는 ITO협상이 UN의 후원하에 이루어졌던 까닭에 기술적으로는 UN의 기관이었다. 그러나, ITO가 설립되지 못함으로써 GATT와 UN의 관계는 항상 연계되는 관계는 아니었다.[83]

이와 같이 GATT는 태생적으로 조약에 지나지 않음에도 국제기구적인 구조를 발전시킴으로써, 다자조약으로서뿐 아니라 기능적 법인격을 가지는 정부간 기구로서의 이분법적 성격을 갖게 되었다.[84] 요컨대 GATT는 관습적 방법으로 발전된 국제기구의 일례를 보여 주는 것으로,[85] GATT체제는 40년이 넘는 활동기간 동안 사실상의(de facto) 세계무역기구로 발전하였다.[86]

(라) GATT의 발전

① 개 관

ITO를 포기함에 따라 GATT 체약국단에게는 수많은 법률적 · 기구적 사항을 실용적 · 사실적 토대 위에서 다룰 임무가 부여되었다.[87] 실용주의는 GATT의 실질적 기능에 깊숙이 스며들게 되었는데, 시간이 경과함에 따라 등장하는 특정의

81) Jack J. Chen, Going Bananas: How the WTO Heal the Split in the Global Banana Trade Dispute, 63 Fordham Law Review (1995), p. 1289.

82) 그와 같은 다양한 활동에 비해 그 규모는 매우 작은 것으로서, 1995년에는 약 450명의 직원만으로 유지되었다.

83) Hoekman and Kostechi, *op. cit.*, pp. 14-15.

84) Benedeck, *op. cit.*, p. 534.

85) Jackson, Davey, and Sykes, *op. cit.*, p. 289.

86) Hoekman and Kostechi, *op. cit.*, p. 15.

87) Patterson and Patterson, *op. cit.*, p. 37.

문제들에 대하여 체약국단은 GATT에게 국제기구로서의 특성을 부여하는 일련의 결정과 보고서, 새로운 보조기관, 그들의 임무를 수행함에 있어 발전된 관행과 규칙을 승인하였다. 이것은 계속해서 GATT의 기구적 · 법적 구조를 연약하게 하려는 목적을 가진 것이었고, GATT가 법적으로 공식적인 기구구조를 갖게 되는 것을 꺼려하는 것이었다.[88)]

초기에는 GATT는 가입협상과 1950년대 중반 협정개정을 위한 재검토회의, 1957년 유럽공동체의 설립 등이 주된 사안이었다. 그러나 1961년 면직에 관한 단기협정이 서명됨으로써 주요한 헌장적 문제들이 전면으로 부상하기 시작하였다. 이 협정에 이어서 일련의 섬유 및 의류협정이 뒤따르게 되었는데, 이들 협정은 차별금지나 쿼터금지에 관한 GATT 규정과 완전히 상치되는 것이었다.[89)] 그 외에도 1960년대 중반에 들어 다자간 협상이 계속되어 수많은 비관세정책에까지 GATT의 범위를 확대하였고, 급기야 WTO의 출범으로 연결되었다. 이에 더하여 1960년대에는 체약국의 수가 두 배 이상으로 증가하였는데, 대부분의 신규가입국은 원체약국과는 달리 개발도상국이었다. 이들이 직면하고 있던 경제적 문제나 국가적 전통은 원체약국들과는 많은 점에서 다른 것이었기 때문에, GATT를 어떻게 관리할 것인가의 문제는 새로운 국면을 맞이하게 되었다.[90)]

GATT의 후원하에 1947년의 Geneva, 1949년의 Annecy, 1950～1951년의 Torquay, 1955～1956년의 Geneva, 1960～1961년의 Geneva(Dillon Round), 1964～1967년의 Geneva(Kennedy Round), 1973～1979년의 Geneva (Tokyo Round), 1986～1993년의 Punta del Este(Uruguay Round) 등 8차례의 다자간 무역협상이 개최되었다.

'라운드'라고 불리는 다자간 협상은 1960년대까지는 관세인하에 초점이 맞추어졌으나, 1970년대와 1980년대 GATT의 다자간협상은 교역에 관한 비관세장벽과 국제경제체제의 새로운 교역관련 측면을 다루어 왔다.[91)]

---

88) *Ibid*.

89) *Ibid*., p. 38.

90) Patterson and Patterson, *op. cit*., p. 38.

91) Rief, *op. cit*., p. 2.

[표 1-1] GATT 다자간 무역협상

회	연 도	개최장소	주요과제	참가국
1	1947	Geneva	관세	23
2	1949	Annecy	관세	13
3	1951	Torquay	관세	38
4	1956	Geneva	관세	26
5	1960~1961	Geneva (Dillon Round)	관세	26
6	1964~1967	Geneva (Kennedy Round)	관세 및 반덤핑조치	62
7	1973~1979	Geneva (Tokyo Round)	관세, 비관세조치, framework협정	102
8	1986~1993	Geneva (Uruguay Round)	관세, 비관세조치, 규칙, 서비스, 지식재산권, 분쟁해결, 섬유 및 의류, 농업, WTO설립 등	123

여섯 번째까지의 무역협상에서는 전세계에 걸쳐 관세를 성공적으로 인하할 수 있었다. 그러나 관세인하분야의 성공과는 달리 무역에 대한 비관세장벽이 발생하기 시작하였다. 보조금, 덤핑, 자국상품구매요구, 투명하지 못한 규칙들, 관세를 보다 많이 부과하기 위한 수입평가제도, 건강과 안전에 관련되는 기준 등이 새롭게 등장하기 시작하였다. 관세인하로 얻게 된 성과는 GATT가 이들 비관세장벽을 해결하는 데 실패함으로써 심각하게 잠식되었다.[92] 7번째인 동경라운드는 비록 주춤거리는 것이기는 하였으나, 무역에 대한 새로운 비관세장벽에 관하여 규칙을 세우는 첫출발이 되었다. 다양한 코드(Code)들이 공산품교역에 관한 GATT의 기본규칙을 보완하기 위하여 협상되었으나, 그 코드들은 강제적인 것이 아니었기 때문에 모든 GATT 체약국이 가입하지는 않는 실정이었다. 더욱이 그 규정들은 무역자유화를 위한 점진적인 단계였을 뿐, 최종적 마무리에 해당하는 것은 아니었다.[93] 1982년 초 제네바에서 미국은 동경라운드의 효과를 검토하려 하였고, 동경라운드에서 남겨둔 과제들을 심의하기 위하여 새로운 다자협상을 출범시킬 것을 강력하게 요구하였으나, 관철되지 못하였다. 1985년 미국의 무역적자가 치솟고 보호주의

92) Bello and Footer, *op. cit.*, p. 335.
93) *Ibid.*, p. 336.

적 법안들이 수없이 제출됨에 따라 미국정부는 새로운 다자간무역협상을 출범시킬 것을 제창하였고, 1986년 9월 우루과이의 푼타 델 에스테에서 각료회의가 개최됨으로써 새로운 무역협상이 시작되었다. 케네디라운드를 기점으로 시작된 비관세무역장벽과 농산물교역문제에 대한 관심은 우루과이라운드(UR)에도 이어졌으며, UR에서는 서비스교역, 지식재산권, 원산지규정 등을 포함하여 종래 GATT에서는 거의 언급되지 않았던 모든 사항들을 다루게 되었다.[94]

② GATT 다자간 무역협상

(a) **초기 라운드** 첫 번째 다자간 협상은 1947년 제네바에서 개최되었는데, 이 협상에서 GATT가 창출되었다. 23개국이 참가하여 전 세계교역의 절반에 가까운 45,000품목의 관세양허가 이루어졌다. 프랑스의 Annecy에서 개최된 두 번째와 1951년 영국의 Torquay에서 열린 세 번째 협상의 주된 논제는 신규가입문제였는데, Annecy에서는 9개국이 신규 가입하였고, Torquay에서는 4개국이 추가로 가입하였다. 1955년 제네바에서 개최된 네 번째 협상에서는 일본이 가입하였는데, 이 때까지는 그다지 큰 성과를 거두지는 못하였다.

(b) **딜런라운드** 1957년 유럽경제공동체의 설립에 뒤이어 GATT의 후원하에 34개국이 참가하는 다자간 관세협상이 개최되었다. GATT는 어떠한 관세동맹이나 자유무역지대에서도 다른 GATT 체약국에 대하여 보다 높은 관세를 부과하여서는 아니 되도록 하여야 할 것임을 규정하였다. '딜런라운드'라고 별칭이 붙게 된 이유는 이를 제안한 미국의 국무차관 이름을 따온 데서 연유하는 것이다.

딜런라운드에서는 비교적 만족할 만한 결과가 도출되었는데, 4,400품목에 대하여 관세가 인하되었다. 다만 농산물이나 기타 민감한 공산품분야에는 어떠한 양허도 이루어지지 않았다는 아쉬움을 남기고 있다.

(c) **케네디라운드** 1963년 여섯 번째로 개최된 다자간 협상은 미국의 케네디대통령의 이름을 따서 '케네디라운드'라고 부른다. 이 협상에는 총 46개국이 참가하였는데, 협상의 말미에는 체약국이 74개국으로 확대되었다.

케네디라운드에서는 공산품에 대한 새로운 관세협상방법(across-the-board formula method)이 채택되었다. 동 협상을 통하여 평균 35%의 관세가 인하되었으나,

94) Hoekman and Kostechi, *op. cit.*, p. 15.

농산품에 대한 품목별 협상은 큰 성공을 거두지 못하였다. 중요한 것은 관세인하와 함께 비관세장벽에 관한 협상을 이룩한 첫 번째 협상이라는 점이다. 그 결과 반덤핑규정, 특정 상품에 대한 관세평가절차 등을 채택할 수 있었다. 더욱이 케네디라운드에서는 개발도상국에 대한 특혜제도를 공식적으로 도입하였고, 1965년에는 이를 GATT 제 4 부로 성립시키게 되었다.

(d) **동경라운드** 1973년 일본의 동경에서 전세계 무역의 90%를 차지하는 99개국이 회합하여 일곱 번째 다자간 협상이 개최되었다. '동경라운드'를 통해 수천 개의 공산품과 농산품에 대하여 약 34%의 관세가 인하되었다.

관세의 괄목할 만한 관세인하와 함께 동경라운드에서 특기할 만한 점은 비관세장벽이나 특정 공산품의 규제를 내용으로 하는 일련의 코드들이 채택되었다는 것이다. GATT 제Ⅵ · XVI조 · XXIII조의 해석 및 적용에 관한 협정(보조금 및 상계조치코드),[95] GATT 제Ⅵ조 이행협정(반덤핑코드), GATT 제Ⅶ조 이행협정(관세평가코드), 무역에 대한 기술장벽협정(스탠다드코드), 정부조달협정, 수입허가절차협정, 민간항공교역협정, 국제낙농협정 및 우육협정이 그것이다.[96] 이들 코드는 일부 국가만이 서명하였을 뿐, 모든 GATT 당사국이 서명하지는 않았다. 이러한 까닭에 코드 비서명국과의 관계에서 최혜국대우와 관련한 무임승차자(free rider)의 문제가 발생하게 되었다. GATT는 일체약국이 부여하는 모든 무역상의 특권은 모든 서명국에게 인정되도록 하는 최혜국대우조항을 두고 있는데,[97] 새로운 규정으로 인하여 발생한 이익을 규정 비서명국에도 인정할 것인가 하는 점이 문제되었다. 더욱이 각 코드는 분쟁해결을 위하여 제각각 규칙을 두고 있었는데, 상이한 내용으로 되어 있는 경우가 적지 않았다. 이와 같이 GATT의 규정과 새로운 코드간 모순과 충돌은 GATT의 골칫거리로 등장하게 되었다.[98]

이 9개의 규정 외에도 골격협정(Framework Convention)이라 불리는 4개의 협정이 채택되었다. 개발목적의 세이프가드조치, 차별적 우대 · 상호성과 개발도상국의 완전참가, 수지목적으로 취해진 교역조치에 관한 선언, 고지 · 협의 · 분쟁해결 ·

95) 이 협정은 케네디라운드에서 협상되었던 것을 개정한 것이다.
96) Rief, *op. cit.*, p. 2.
97) GATT 제 I 조.
98) Patterson and Patterson, *op. cit.*, p. 39.

감시에 관한 선언의 4가지가 그것이다.[99] 코드와 골격협정은 그 성격이 상이한 것으로, 코드가 선택적인 데 비하여 골격협정은 모든 체약당사국을 구속한다는 점에서 차이가 있다. 골격협정은 특히 개발도상국에 대한 차별대우와 분쟁해결을 위한 GATT체제의 법적 기초로서 기능한다는 점에서 중요한 의의를 가진다.[100]

(마) GATT의 의의

GATT의 목적은 상품과 서비스의 국제교역을 더욱 자유롭게 하고 확장하는 데 있다. 관세 · 수량제한 · 비관세장벽을 감축함으로써 시장접근을 더욱 용이하게 하고, GATT의 역할을 강화함으로써 합의된 원칙에 따라 세계교역을 확대하며, 발전과 성장에 영향을 끼치는 경제정책 등의 국제협력을 증진시키기 위한 것이다.

GATT는 4개의 부분으로 구성되는데, 제 1 부는 최혜국대우와 양허계획에 관한 규정을 다루고 있고,[101] 제 2 부는 양허의 가치를 확보하기 위한 추가의무 · 예외 · 자문 및 분쟁해결을 위한 구속력 있는 행동준칙에 관한 것이다.[102] 제 3 부는 영역적 적용과 일반 기구적 규정이며,[103] 제 4 부는 무역과 개발에 관한 것이다.[104] 특히 제 4 부는 1965년에 추가된 것으로, 개발도상국에 대한 특혜 등을 주된 내용으로 한다. 이와 같은 구조의 본협정에 더하여, 반덤핑협정, 섬유협정, 보조금 및 상계관세협정, 관세평가협정, 정부조달협정, 수입허가절차협정, 무역에 대한 기술장벽협정, 민간항공기무역협정, 국제낙농협정, 국제우육협정 등의 '코드(Code)'가 차례로 채택되었다.

GATT에 대한 가입은 당사국에게 관세감축과 최혜국대우 · 내국민대우 등의 이행을 전제로 하고 있다.[105] 문제는 GATT 규정이 직접적 효력을 갖는가 하는 점이다. 즉 GATT 규정이 개인에게 권리를 부여하는지 혹은 개인이 이 권리를 국내법원에서 원용할 수 있는지 하는 점이 문제된다. 일부 학자들은 GATT의 법적 중요성을 높이기 위해 직접적 효력을 가져야 한다고 주장한다. 그러나 대부분의 학자

---

99) Rief, *op. cit.*, p. 2.
100) Benedeck, *op. cit.*, p. 536.
101) GATT 제Ⅰ조 및 제Ⅱ조.
102) GATT 제Ⅲ조-제XXⅢ조.
103) GATT 제XXⅣ조-제XXXV조.
104) GATT 제XXXⅥ조-제XXXVⅢ조.
105) GATT 제XXXⅢ조.

들은 GATT 내에서 제한적 제재만을 가지고, 특히 그 애매한 GATT 문장으로 인해 자동집행적이 아니라고 한다. 유럽사법법원은 GATT 규정의 신축성, 허다한 예외, GATT상 분쟁처리의 강제성 결여 등을 들어 GATT 규정의 직접적 효과를 부정하고 있다.[106] 그러나 우리나라의 경우 헌법 제 6 조 제 1 항에 따라 GATT 가입과 동시에 GATT 규정의 국내법적 효력이 자동적으로 인정되며, 이는 대법원 판결을 통해서 재차 확인된 바 있다.[107] 실제로 전북 의회의 학교급식에 관한 조례안과 GATT 1994의 충돌과 관련하여 대법원은 후자에 위반되는 동 조례안은 무효라고 판시한 바 있다. GATT는 국회 동의와 대통령의 비준을 거쳐 공포·시행된 WTO협정의 부속협정으로서 헌법 제 6 조 1 항에 의해 국내법령과 동일한 효력을 가지므로, 지방자치단체가 제정한 조례가 GATT에 위반되는 경우 그 효력이 없다고 하였다.[108]

GATT와 코드의 관계에 관해서는 GATT가 코드에 비하여 우월한 것으로 여기는 학자도 있고, 코드 또한 완전한 조약으로서 GATT에 우월한 것으로 간주하는 학자도 있다. 또 다른 일부는 국제법상 조약간에는 아무런 상하관계가 없으므로, 이 경우 GATT와 코드는 동등한 효력을 갖는다고 보기도 한다. 다양한 코드가 채택된 배경에는 개발도상국들이 GATT의 확장에 반대함에 따라 GATT 개정을 위해 요구되는 4분의 3 이상의 찬성을 확보하기가 어려웠다는 점이 있다. 코드는 유사한 인식을 가진 국가간에는 모든 체약국의 협력 없이도 그들끼리만 협력할 수 있음을 보여주는 것이 된다. 다만 개별 코드는 GATT 체약국이라도 선택적으로 수락할 수 있음으로써, GATT체제를 약화시키는 원인으로 지적되기도 한다.

(2) WTO의 출범

(가) 우루과이라운드의 경과

① 우루과이라운드의 배경

1980년대 들어 경기침체가 계속된 반면, 국제적 투자의 급속한 팽창과 서비스무역의 증대로 국제무역이 한층 복잡해지게 되었다. 이에 따라 많은 분야에서 새로운 통상규칙의 필요성이 대두되었으며, GATT의 분쟁해결제도 또한 효과적

106) Hans Van Houtte, The Law of International Trade (Sweet & Maxwell, 1995), pp. 54-55.

107) 대법원 85누448, 91누10763.

108) 대법원 2004추10.

으로 기능하지 못하고 있다는 지적이 제기되었다.[109] 이와 같은 국제무역의 현실에 대응하기 위하여 GATT는 새로운 다자간 협상을 착상하였는데, 이것이 바로 '우루과이라운드'이다. GATT의 8번째 다자간 무역협상인 우루과이라운드는 GATT 역사상 가장 큰 규모의 협상으로, 1986년 9월 우루과이의 푼타 델 에스테에서 발표된 각료선언에 의해 발족되었다.

1982년 미국은 달러화의 강세와 실업률의 증가에 따른 보호주의압력을 극복하고, 농업 및 기타 보조금을 줄이기 위한 노력을 강화하며, 미국상품의 해외시장 접근을 더욱 용이하게 하기 위하여 새로운 GATT 협상을 제안하였다. 이와 같은 미국의 노력은 1982년의 GATT 각료회의에서 폭넓은 지지를 받았으나, 개발도상국들은 미국의 제안에 반대하는 입장이었다. 그 이유는 GATT가 새로운 일정을 추진하게 되면, 그들이 희망하는 상품교역의 장벽에 대한 개혁이 늦추어질 것을 우려하였기 때문이었다. 그러나 미국과 유럽의 일방적 조치와 특혜적 무역협상이 증가하고 있는 경향을 타파하기 위하여는 다자간 무역자유화협상이 필요하다는 데 공감하게 됨으로써, 우루과이라운드가 발족될 수 있었다.[110] 우루과이라운드의 구체적 정지작업은 1986년 푼타 델 에스테에서의 회합 전에 이미 마련되었다. 1985년 11월의 체약국단회의는 준비위원회(Preparation Committee)에 대하여 1986년 9월의 각료회의에서 채택될 수 있도록 협상테이블에 올려질 수 있는 새로운 다자간 무역협상의 목적과 주제에 관한 권고를 작성하도록 요청하였다. GATT 사무총장 아더 던켈(Arthur Dunkel)을 의장으로 하는 준비위원회는 1982년의 각료회의에서 제기되었던 사안과 문제들을 중심으로 1986년 1월에 작업에 돌입하였다.[111] 1986년 9월 15일 우루과이의 푼타 델 에스테에서 GATT 체약국단회의가 개최되었고, 닷새 후인 9월 20일 '우루과이라운드에 관한 각료선언(Ministerial Declaration on the Uruguay Round)'을 만장일치로 채택하였다.[112] 이에 따라 GATT 우

109) USTR, The GATT Uruguay Round: Report on Environmental Issues (1994), pp. 9-10.

110) Jeffery J. Schott, The Uruguay Round: An Assessment (Institute for International Economics, 1994), pp. 4-5.

111) GATT, GATT Activities 1986(June 1987), pp. 5-7, recited from 25 International Legal Materials (1987), p. 1619; 준비위원회는 체약국들의 다양한 비공식 그룹으로부터 많은 도움을 받았는데, 가장 대표적인 것이 케언즈그룹(Cairns Group)이다. 케언즈그룹은 1986년 호주의 케언즈에서 14개 농업국이 구성한 것으로, 그들의 농산물교역량은 전세계 교역량의 약 25%를 차지한다.

112) GATT, Basic Instruments and Selected Documents(BISD), 33rd Supplement (1987), p. 26.

루과이라운드가 공식적으로 출범하게 되었다.

② **전반기 협상**

우선 협상과정을 전반적으로 감독하기 위하여 무역협상위원회(Trade Negotiations Committee: TNC)가 설치되었다. TNC 산하에는 상품협상그룹(Group of Negotiations on Goods: GNG)과 서비스협상그룹(Group of Negotiations on Services: GNS)을 두고, 이 두 개의 그룹은 TNC에 보고하도록 하였다. 1987년 1월 28일 우루과이라운드의 구조에 관한 3개의 결정이 이루어졌고,[113] 1988년 2월에는 그동안의 경과를 평가하고 협상을 신속히 진행하도록 지원하기 위하여 중간검토회의를 갖도록 결정하였다.[114] 1988년 몬트리올에서 개최된 중간검토회의에서는 GATT 분쟁해결절차의 개정, 무역정책검토제도의 잠정적 도입, 평균 3분의 1에 달하는 관세감축, 서비스교역 등에 관한 협정이 채택되었다. 다만 농산물교역, 섬유 및 의류, 세이프가드, 지식재산권 부문은 여전히 미결인 채로 남게 되었다. 1989년 4월 5일부터 개최된 TNC에서는 이들 4개 분야에 대하여도 공감대가 형성되어, 4월 8일에는 이들 모두를 잠정적이나마 즉각 적용하자고 결정하였다.[115] 그 직후 TNC는 UR의 최종회의를 1990년 12월 3일 브뤼셀에서 개최하기로 결정하였다. 브뤼셀 각료회의에서는 던켈에 의해 최종초안이 제출되었으나, 농업분야·교역관련투자조치분야·반덤핑조치에 관해서는 아무런 내용도 담겨 있지 않았고, 특히 농업분야의 개혁에 관한 합의가 어려워짐으로써 우루과이라운드는 예정대로 종결되지 못하고 말았다.[116]

③ **후반기 협상**

1991년 2월 26일 협상의 재개가 합의되어 새로운 작업계획이 가동되었고,[117] 1991년 12월 20일 사무총장 던켈이 지난 5년간의 협상을 통하여 합의된 내용을

---

113) Decisions on Negotiating Structure and Plans for Uruguay Round, 26 International Legal Materials (1987), p. 85.

114) GATT, GATT Activities 1988 (1989), p. 22.

115) *Ibid.*, p. 24.

116) GATT, GATT Activities 1990 (Geneva, 1991), pp. 23-26.

117) GATT, GATT Activities 1991 (Geneva, 1992), p. 19.

토대로 최종의정서초안(Dunkel Draft)을 제출하였으며, 농업분야를 포함하여 당시까지 합의되지 못한 분야에 관하여 예정타협안을 제출하였다. 1992년 초에는 모든 것이 합의되기 전에는 어떠한 것도 마무리하지 않는다(Nothing is final until everything is agreed)는 철학하에 4단계 협상전략(fourtrack negotiating strategy)이 수립되었다.[118] 그러나 미국과 유럽공동체간 농업 분야를 둘러싼 대립이 심각해짐으로써 UR의 원활한 진행이 방해되었고, 종래의 GATT 협상과는 달리 다른 국가들도 미국과 유럽공동체간의 농업무역 분쟁 때문에 협상이 서둘러 마무리되는 것을 허용하지 않았다.[119] 지지부진하던 유럽공동체와 미국간의 농업협상이 1992년 11월 20일 블레어하우스협정의 체결로 농업분야의 이견이 해소됨에 따라 협상이 급진전될 수 있었다.[120]

1993년 봄 미국 대통령 빌 클린턴은 의회에 대하여 1993년 12월까지만 속진협상권('fast-track' negotiating authority)을 요청함으로써 우루과이라운드의 최종기한이 설정되었다. 이와 함께 APEC 회합을 통해 GATT에 갈음하는 선택으로서 지역적 기구를 추구할 수 있다는 움직임에 유럽이 자극받게 됨으로써 우루과이라운드는 신속히 진행되었다. 1993년 6월 GATT의 새로운 사무총장으로 피터 서덜랜드가 임명되었고, 그해 12월 그의 새로운 제안을 계기로 미국과 유럽연합은 강력한 협상에 착수하게 되었다. 그 결과 농업과 반덤핑분야에 관해 타협하게 되었고, 던켈의 섬유협정초안을 받아들임으로써, UR협정을 일괄해서 수락할 수 있는 기초를 마련하기에 이르렀다.[121]

④ 협상의 종결

1993년 12월 15일 UR이 최종적으로 마무리되어, UR 다자간 무역협상의 결과

---

118) GATT, GATT Activities 1992 (Geneva, 1993), p. 15. 4단계 협상전략은 다음과 같다. 제1단계는 농업무역분야의 특정 이행을 포함하는 양자간·복수국간·다자간 시장접근협상이고, 2단계는 서비스교역분야의 첫 번째 국가이행, 3단계는 모든 협정초안에 대한 법적 일치성과 내부적 일관성, 4단계는 최종초안의 잠정적 조정에 대한 TNC의 검토이다.

119) UR협상은 어려운 과정의 연속이었는데, 특히 농업분야에 있어 심각하였다. 미국은 보조금의 전면철폐를 요구하고 유럽공동체는 그들의 공동농업정책을 그대로 두려고 함으로써 서로 대립하였다. 이에 대해 Cairns Group은 UR이 농업보조금의 실질적 감축을 이룩해야 한다고 주장하였고, 농업분야와 서비스 등의 분야를 연계시키려 하였다. Schott, *op. cit.*, p. 6.

120) GATT, *op. cit.*, pp. 18-19.

121) Schott, *op. cit.*, pp. 6-7.

를 담은 최종의정서가 컨센서스로 채택되었다.[122] 이렇게 하여 7년간을 끌어 온 UR이 마감되어 많은 분야의 개혁이 이루어졌고, 새로운 정부간 기구인 '세계무역기구(WTO)'를 창설할 수 있게 되었다. 이에 따라 TNC는 1994년 4월의 마라케쉬회의에 앞서 WTO의 설립, WTO 원회원국의 결정, 마라케쉬각료선언 및 결정의 초안 등을 준비하였다.[123] 그리고 문서에 나와 있는 정부간 기구의 명칭이 다자간 무역기구(Multilateral Trade Organization: MTO)[124]에서 세계무역기구로 변경되는 등, 최종의정서문안의 법적 개정을 위한 절차를 마무리하였다.[125]

1994년 4월 12일 모로코의 마라케쉬에서 TNC의 각료회의가 개최되었고, 4월 14일에는 4개의 결정이 이루어졌다. 4월 15일에는 124국 및 EU의 각료에 의해 마라케쉬선언이 채택되었으며, UR 최종의정서가 서명을 위해 개방되었다.[126] 이와는 별개로 정부조달협정, 국제우육협정, 국제낙농협정의 3개 복수국간 무역협정(Plurilateral Trade Agreement)도 서명을 위해 개방되었다. 1994년 12월 8일 개최된 WTO 이행회의에서는 1995년 1월 1일부로 WTO를 출범시킬 것에 합의하였고, 과도기 동안의 문제를 해결하기 위하여 'GATT 1947'과 WTO가 1년 동안 과도적으로 공존할 것도 결정하였다.[127]

그러나 WTO가 실제로 발족할 수 있기 위해서는 비준과 이행입법의 제정 등 각 당사국의 국내법적 절차가 뒤따라야 한다. 우리나라는 1994년 12월 16일 국회의 동의를 받았고, 동년 12월 23일 대통령의 비준을 거쳐 12월 30일자로 공표되었다. 미국은 1994년 1월 1일 의회의 비준과 이행입법을 통과시켰다.

---

122) GATT, GATT Activities 1993 (1994), p. 24.

123) GATT, Focus No. 104 (December 1993), p. 2.

124) UR을 통하여 제안된 새로운 국제기구의 명칭은 미국이 'world'를 사용하는 데 반대함으로써 Multilateral Trade Organization으로 명명될 예정이었으나, 최종 순간에 'multilateral' 대신에 'world'를 사용하는 데 합의하여 World Trade Organization으로 명명되었다. Andreas F. Lowenfeld, Remedies Along with Rights: Institutional Reform in the New GATT, 88 American Journal of International Law (1994), p. 478.

125) Rief, *op. cit.*, p. 10.

126) 7년간의 어려운 협상 끝에 400페이지가 넘는 상세한 무역협정을 창출하였고, 이에 부속하여 회원국의 특정 상품과 시장접근에 관한 22,000여 페이지의 구체적 이행계획서가 포함되어 있다.

127) Gabriell Marceau, Transition from GATT to WTO, 29 Journal of World Trade (1995), pp. 147-163. 1995년 당시 GATT 체약국은 128개국이었고, 13개국이 GATT의 공식 회원은 아니면서 GATT 규칙을 적용하고 있었으며, 35개국이 GATT 옵저버로 참여하고 있었다.

(나) 우루과이라운드의 의의

UR이 시작되었을 때 GATT가 직면하고 있는 많은 문제점들이 나열되었는데, 그 대부분이 의무면제로 점철된 역사에서 유래하는 태생적 결점에서 기인하는 것들이었다.[128] 그런 이유에서 GATT는 허점투성이라고 평가되기도 하였는데, 면제가 많을 수밖에 없었던 까닭은 GATT가 수행하여야 할 역할의 복잡성 때문이었다. 그 역할이란 실질적인 관세의 인하와 기타 무역장벽에 대한 그리고 차별적 대우의 제거를 위한 상호적이고 서로 도움이 되는 협정을 발전시킨다는 것이었다.[129] 그러한 태생적 결점들을 근원적으로 치유하기 위하여 UR에서는 종래의 주된 논의대상이었던 상품무역에 영향을 주는 정책을 논의하는 데 그치지 않고, 투자에 영향을 주는 조치, 서비스, 지식재산권 등이 협상의 장으로 인도되었다.[130] 더불어 체약국들은 기승을 부리는 보호주의에 대해서나 GATT 의무에 반하는 일방적 무역관행에 대하여 점차 많은 관심을 기울이게 되었다.[131] 그 결과 UR에서는 국제무역에 대한 보다 강력한 자유를 추구하게 되었고, 관세인하와 특정품목에 대한 무관세, 농업 · 섬유 및 의류분야의 과제를 GATT로 수렴하는 등 모든 통상현안을 포괄적으로 다루게 되었다.

WTO의 창설은 GATT 체약국으로 하여금 GATT 1947을 공식적으로 개정하지 않고 우회할 수 있도록 한 것임과 동시에, 협상결과를 모두에게 적용하는 일괄채택방식(single undertakings)[132]을 확보하기 위한 것이었다는 점에서도 매우 큰 의미를 갖는 것이라고 할 수 있을 것이다.

---

128) Marceau, *op. cit.*, pp. 147-163.

129) GATT 서문.

130) 서비스교역 문제는 인도와 브라질을 포함하는 후진국들의 강한 반대로 협상 대상에 포함시킬 것인가에 관하여 많은 논란이 있었으나, 결국 UR의 협상 대상에 포함되었다.

131) Rief, *op. cit.*, p. 2.

132) 일괄채택방식이란 UR협상의 결과를 전부 수락하든지, 아니면 전부를 거부하든지, 한 방법만을 취하여야 함을 의미한다. Patterson and Patterson, *op. cit.*, p. 40.

제 2 장 WTO의 기본구조

제 1 절 WTO의 특성

1. GATT와의 비교

(1) 법적 지위

1994년 4월 모로코의 마라케쉬에서 최종의정서(Final Act)가 채택됨에 따라, 1995년 1월 1일 '세계무역기구(WTO)'가 설립되었다. WTO는 우루과이라운드(UR)의 결과를 구체화한 것으로, '관세 및 무역에 관한 일반협정(GATT)'의 계승자로 등장한 것이다.[1] WTO의 설립은 국제사회가 종래의 GATT에 대하여 어떠한 태도를 보여왔는가를 보여 주는 것이다. 그동안 GATT가 사실상의 국제기구로서 기능하고 있음을 부정하지는 않았으나, 그 존재를 국제기구라고 보지 않았음을 반증하는 것이다. 이는 단순한 국제협정에 불과하던 GATT가 국제기구로서의 WTO로 대체되었음을 의미한다.

이와 같이 UR은 WTO협정을 총괄 시행하며, 앞으로 이를 다듬어갈 수 있는 개선된 기구구조를 제공한다는 점에서 큰 의미를 갖는다.[2] 'WTO설립을 위한 마라케쉬협정(Marrakesh Agreement Establishing the World Trade Organization: 이하 WTO설립협정)'은 WTO의 법인격을 명규하고 있고, 회원국은 WTO가 그 기능을 수행하는 데 필요한 법적 능력과 특권 및 면제를 허용할 것을 규정하고 있다.[3] WTO가

1) World Trade Organization: Trading into the Future (WTO Information and Media Relations Division, 1995), p. 4.

2) Susan M. Collins and Barry P. Bosworth, The New GATT: Implications for the United States (Brookings Institute, 1994), p. 15.

3) WTO설립협정 제 8 조 제 1 항, 제 2 항, The Law of the WTO: Final Text of the GATT Uruguay

누리는 특권과 면제는 기구 자체뿐 아니라 직원과 회원국 대표에게도 부여되는 것으로, 1947년 11월 21일 UN 총회에서 승인된 전문기관의 특권과 면제에 관한 협정과 유사한 것이다.[4)]

(2) 규제대상

GATT는 상품무역에만 적용되었으나, WTO는 상품무역에 더하여, 서비스무역과 지식재산권의 무역관련 측면까지도 규제대상으로 한다.

WTO설립협정에 따르면, WTO는 이 협정에 포함되는 협정 및 부속서와 관련된 사항에 있어 회원국간의 무역관련행동을 위한 공통의 기구적 구조를 제공하여야 한다고 규정하고 있다.[5)] WTO협정의 구성을 보면, 그 중에는 상품무역에 관한 다자협정뿐만 아니라 서비스무역에 관한 일반협정, 무역관련지식재산권협정이 부속서로 포함되어 있다. 따라서 WTO는 GATT가 규제대상으로 하지 않았던 서비스와 지식재산권에 관계되는 사항을 규제한다는 점에서 GATT와 대비되는 것이다.

이와 더불어 GATT는 잠정적 기초 위에서 적용되었던 반면, WTO상의 책임은 완전한 것이며 항구적인 것이라는 점에서도 차이가 있다.[6)]

(3) 가입방식

WTO가 종래의 GATT와 다른 결정적인 요소는 바로 일괄채택방식(single undertaking)을 취하였다는 점이다. GATT는 1980년까지 채택된 많은 무역협정에 대하여 가입을 강제하지 않았으나, WTO는 가입을 위하여 WTO협정을 일괄적으로 수락하여야 하며, 유보나 조건부의 가입은 인정하고 있지 않다.[7)] 이와 같이 WTO협정의 수락이나 가입여부는 일괄채택방식을 취함으로써, 특히 개발도상국을 포함한 많은 국가들이 과거 무임승차를 누려왔던 분야에서 새로운 의무를 즉시 이행하여야 한다.[8)]

Round Agreements, Summary (Oceana Publications, 1995), p. 178.

4) WTO설립협정 제 8 조 제 4 항.

5) WTO설립협정 제 2 조.

6) World Trade Organization: Trading into the Future, *op. cit.*, p. 11.

7) WTO설립협정 제16조 제 5 항.

8) Jeffery Schott, The Uruguay Round (Institute for International Economics, 1994), p. 15.

일괄채택방식은 우루과이라운드협정과 GATT를 단일화된 법적 구조로 통합하는 것으로, 종래 GATT가 지니고 있던 몇 가지 문제점을 해결하게 되었다.[9] 첫째, 대부분의 협정을 하나로 통합함으로써, 현재까지 존재하던 GATT상의 권리와 책임이 분할되던 것을 제거하게 되었다. 이러한 통합체제에 따라 모든 회원국은 단일화된 분쟁해결체제와 무역검토제도상의 감시를 포함하여 다자간 협정을 준수하여야 한다. 둘째, 이러한 통합을 통하여 소위 '무임승차자'(free riders)의 문제를 많이 줄일 수 있게 되었다. WTO에 있어서도 개발도상국은 새로운 의무에 관하여 장기의 과도기간이 허용되었으나, 종국적으로는 선진국과 같이 그러한 의무를 수행하도록 요구하고 있다. 더욱이 저개발국에 대한 의무면제가 인정되는 경우에도 엄격한 요건하에 일정한 기간 동안만 인정된다. 셋째, 우루과이라운드의 무역자유화를 위한 노력은 세계경제가 점차 하나로 통합되는 것과 함께 더욱 많은 국가들이 GATT에 참여하게 되었다. 따라서 WTO는 GATT에 비하여 훨씬 더 보편적인 것이 되었다. 넷째, GATT는 잠정적 기초 위에서 적용되던 것이었지만, 잠정적 적용은 우루과이라운드 최종의정서에 의하여 완전히 적용되기에 이르렀다. 그러나, 제 4 부속서상의 복수국간무역협정(Plurilateral Trade Agreement: PTA)은 일괄채택방식을 따르지 않고, 서명국에만 적용된다.

이와 더불어 GATT에서 인정되던 '잠정적용에 관한 의정서'는 GATT 1994에 포함되어 있지 않음으로써, 소위 말하는 祖父條項은 인정되지 않게 되었다. 이에 따라 모든 회원국은 자국의 국내법규 및 행정절차를 부속서상의 다자협정에 규정되어 있는 의무에 합치시켜야 함으로써,[10] WTO에서 인정되지 않는 일방적 보복조치나 무역상의 장벽은 금지되고 있다.

(4) 분쟁해결

WTO의 분쟁해결절차는 GATT에 비해 신속성을 요구하고 있고, 기계적으로 적용되는 차이를 갖고 있다. 따라서 GATT체제상의 분쟁해결절차에 비하여 방해를 덜 받게 된다. 뿐만 아니라, WTO 분쟁해결절차에서 채택된 결정은 GATT에

9) Judith H. Bello and Mary E. Footer, Uruguay Round: GATT/WTO, 29 The International Lawyer (1995), pp. 340-341.

10) WTO설립협정 제16조 제 4 항.

비해 그 이행이 쉽게 확보될 수 있다는 장점이 있다. 분쟁해결절차에 관한 자세한 설명은 제 7 장에서 상론한다.

2. WTO의 역할

(1) 목 적

WTO의 설립으로 국제통상체제는 국제법인격을 가진 완전한 형태의 국제기구 위에 굳건히 설 수 있게 됨으로써, 견고한 구조를 갖추게 되었다. WTO는 주목할 만한 국제기구의 창설을 상징하는 데 그치지 않고, 국제사회가 완전히 기능할 수 있는 통상체제를 만들었다는 데 더욱 중요한 의미가 있는 것이다.[11] 즉 WTO는 협정문과 부속문서에 관련된 사항에 관하여 회원국간 통상관계의 수행을 위한 공통의 기구적 틀을 제공하는 것이다.

WTO의 기초가 되는 철학은 시장개방, 비차별, 국제무역상의 세계적 경쟁이 모든 국가의 복지에 도움이 되는 것이어야 한다는 것이다.[12] 이를 위하여 WTO설립협정은 WTO의 목표와 목적을 설정하고 있다. WTO는 회원국들간의 관계에서 무역과 경제분야의 노력을 행함에 있어, 생활수준의 향상·완전고용·실질소득과 유효수요의 충분하고 꾸준한 성장·상품과 서비스의 생산·무역의 확대를 목표로 하고 있다.[13] 이러한 목표를 달성하기 위한 수단으로써 WTO는 두 가지 목적을 제시하고 있다. 하나는 실질적인 관세인하와 무역상의 비관세장벽을 감축할 수 있도록 하는 것이고, 다른 하나는 국제무역관계에 있어 차별적 대우를 제거하는 것이다.[14] 이들 목적을 달성하기 위하여는 세 가지 전제가 있다. 첫째, 세계의 자원에 대한 최적의 이용과 일치되는 방법으로 이들 목적이 추구되어야 한다. 둘째, 지속적 개발의 수요와 환경의 보존 및 보호에 대하여 유의가 이루어져야 한다. 셋째, 개발도상국이 그들의 경제적 개발에 대한 수요를 반영하는 국제교역의 발전에 있어 동참할 수 있는 수준을 취할 수 있도록 확보하여야 한다.[15]

---

11) Ashif H. Qureshi, The World Trade Organization (Manchester, 1996), p. 3.

12) Bernald M. Hoekman and Michel. M. Kostechi, The Political Economy of the World Trading System (Oxford, 1995), p. 1.

13) WTO설립협정 서문; The Law of the WTO: Final Text of the GATT Uruguay Round Agreements, Summary, p. 175.

14) *Ibid.*, p. 177.

15) *Ibid.*, p. 175.

(2) 기 능

무역정책에 있어 가장 최선의 방법은 자유무역이다. WTO는 GATT나 서비스 무역에 관한 일반협정 등을 통하여 무역장벽의 감축과 관세의 단계적 감소를 통하여 이러한 목적을 달성할 수 있도록 하는 것이다.[16] 그러나 WTO는 흔히 알려진 바와 같이 자유무역을 위한 기관이 아니라, 공정한 무역을 위한 기관에 지나지 않는다.[17] 이러한 모습은 GATT에 있어서와 동일한 것으로, GATT는 어디에서도 궁극적 목적을 자유무역이라고 언급한 적이 없다. 그 대신 무역장벽의 감축을 촉진하고, 체약당사국들에게 시장접근의 조건과 관련하여 평등성을 확대하도록 함으로써,[18] 공정한 무역을 확보하기 위한 노력을 전개하여 온 것이다.

이러한 취지에 따라 WTO는 다음과 같은 기능을 가진다. 첫째, 관세인하와 무역상의 비관세장벽을 감축하고, 국제무역관계의 차별철폐를 위한 실질적인 행동규범을 제공한다. 둘째, WTO는 실질적 규범집행을 위한 기구적 구조를 제공하는 것으로, 과거의 모든 무역협정과 모든 UR협정의 집행과 운용을 위한 통합적 구조를 갖고 있다.[19] 셋째, WTO는 실질적 규범의 이행을 확보한다. 이를 위하여 무역관련사항의 분쟁해결을 위한 장을 제공하고,[20] 국가의 무역정책 및 관행을 감시하게 된다.[21] 넷째, WTO는 회원국간 국제무역관계에 관한 매개물로서 행동하게 된다. 특히 향후의 무역자유화협상과 국제무역체제의 개선을 위한 장으로서 기능하게 된다.[22] 마지막으로, WTO는 세계경제정책의 강력한 통합을 위하여 국제통화기금(IMF)이나 국제부흥개발은행(IBRD) 및 그 부속기관들과 협력하게 된다.[23]

WTO가 규율하는 다양한 조약들은 주권국가나 관세지역간에 적용되는 것으로, 정부정책을 다루는 것이다. 환언하면, WTO는 사인간의 거래행위에는 직접 관계하지 않고 정부의 조치만을 다루는 것으로, 관세 · 쿼터 · 보조금 · 국가무역과 같

16) Bernard M. Hoekman, Trade Laws and Institutions: Good Practices and the World Trade Organization (The World Bank, 1995), p. xv.
17) World Trade Organization, *op. cit.*, p. 6.
18) Hoekman and Kostechi, *op. cit.*, p. 13.
19) WTO설립협정 제 3 조 제 1 항.
20) WTO설립협정 제 3 조 제 3 항.
21) WTO설립협정 제 3 조 제 4 항.
22) WTO설립협정 제 3 조 제 2 항.
23) WTO설립협정 제 3 조 제 5 항.

은 무역정책수단에 관한 규율을 확립하는 것을 목적으로 한다. 이와 같이 WTO는 교역이나 국내시장으로 수입된 상품이 직면하고 있는 경쟁조건에 영향을 주는 정부의 규제적 행동을 규율하는 국제기구로 존재한다.[24] 기능적 측면에서 보면, WTO는 과거의 GATT와 전혀 차이가 없는 것이나, 앞서 언급한 바와 같이 그 법적 지위에 있어서는 종래의 GATT와 현격한 차이가 있음을 알 수 있다.

(3) WTO의 한계

이상에서 보는 바와 같이 WTO의 기구적 구조는 완벽한 것은 아니지만, 국제통상체제의 기초적인 헌장적 구조를 제공하는 것이라고 할 수 있다. 즉 국제무역분야의 입법메커니즘을 제공하고, 분쟁해결기구를 제공하며, 감시장치와 집행구조를 제공하는 것이다. 뿐만 아니라, 그 헌장적 구조는 국제무역관계의 긴박성이 가지는 한계를 대응할 수 있도록 탄력성을 갖고 있다. 이에 따라 WTO의 입지는 종래보다 광범해진 국제경제질서 상황에서도 매우 안정되어 있다.

그러나 WTO에도 몇 가지 단점이 발견되고 있다. 첫째, WTO의 목적과 목표는 그 범위가 매우 제한되어 있다는 점이다. 둘째, WTO는 미래의 국제통상규제가 객관적으로 결정된 국제통상체제의 필요에 대응하도록 하는 효과적 장치라기보다, 국제로비스트의 영향력에 따라 제한될 수 있는 한계를 가지고 있다. 셋째, WTO가 회원국의 의지와 다르게 행동할 때 그 국제적 법인격은 매우 초보적인 것일 수밖에 없다. 넷째, WTO의 창설은 완전히 새로운 협상에서 비롯된 것이 아니고, GATT로부터 나온 것이라는 점이다. 그런 까닭에 WTO는 GATT의 단점 중 일부를 이어 받았다. 실제로 종래 GATT의 관행은 향후 WTO 행동의 중심축이 되고 있다. 나아가 기술적인 측면에서 보면, WTO 구조하의 실체법은 아직 성문화되어 있지 않고, 여전히 상이한 국제협정의 모자이크로 구성되어 있다. 이것은 복잡성을 보여줄 뿐만 아니라, 협정간의 불일치나 충돌을 야기할 가능성이 있음을 보여준다. 이러한 이유에서 앞으로 WTO의 기구적 변화가 나타날 것이라는 것은 명약관화한 것이다.[25]

24) Hoekman and Kostechi, *op. cit.*, p. 9.

25) Qureshi, *op. cit.*, p. 9.

제 2 절 WTO의 구성

1. 회 원 국

(1) 가입자격

회원국은 원회원국과 신규가입국으로 구분된다. 원회원국의 자격은 WTO설립협정 발효시에 GATT 1947의 체약당사국으로서, WTO설립협정과 제 1 부속서상의 다자간무역협정을 받아들이고, 서비스무역협정에 부속된 이행계획서를 수락한 국가에 국한된다.[26] 유럽공동체도 원회원국의 자격을 가진다. 그러나, UN이 최빈국이라고 인정하는 경우에는 그 국가의 발전과 재정·무역상의 필요 또는 자국의 행정적·제도적 능력에 맞는 범위 내에서 이행하고 양허하면 원회원국의 지위를 가진다.[27]

신규가입의 자격은 WTO설립협정과 다자간무역협정, 서비스무역협정상의 이행계획서를 수락한 국가에 인정되는데, 가입희망국과 WTO 간에 합의된 조건에 따라 가입이 허용된다. 가입을 원하는 국가는 기존 회원국과 양자적 기반 위에서 시장접근을 포함하는 양허에 관한 합의를 도출하는 협상을 행하여야 한다. 실제로는 가입희망국과 주요 무역이해를 가진 국가간의 상호적 합의에 달려 있는 경우가 대부분이다. 가입희망국은 필요한 WTO의무 모두를 수락하여야 하며, 자국의 법과 규칙을 WTO의무에 합치하도록 하는 것이 요구된다. 신규회원국에 대한 가입결정은 각료회의의 결정으로 이루어진다. 그리고, 대외무역관계와 WTO설립협정 및 다자간무역협정상의 사항을 수행하는 데 완전한 자치능력을 갖춘 독립된 관세지역도 이상의 조건을 구비하면 가입이 허용된다.[28] 이 규정에 따라 홍콩과 마카오는 1995년 1월 1일 WTO 설립시부터 회원 지위를 갖고 있고, 2001년 도하각료회의에서 대만이 독립된 관세지역으로서 가입이 허용되었다.

GATT 제XV조상의 규정에 따른 의무의 면제는 WTO설립협정 제 9 조에 의하여 연장되지 않는 한, WTO발족 후 2년 내에 종료되어야 한다.[29] 회원국은 다른

---

26) WTO설립협정 제11조 제 1 항.

27) WTO설립협정 제11조 제 2 항.

28) WTO설립협정 제12조 제 1 항.

29) GATT 1994하의 의무면제에 관한 양해각서 제 2 조.

회원국과의 관계에서 WTO협정과 다자간무역협정을 적용하지 않음을 밝힐 수 있다. 동 조항은 쌍방이 모두 WTO회원국이 되는 시점에만 적용되며,[30] 원용하는 국가가 가입승인 전에 각료회의에 그 뜻을 고지한 경우에만 적용된다.[31] 원회원국 간에도 이미 GATT 제XXXV조에 따라 적용되어 효력을 유지하고 있는 경우에는 이러한 '비적용조항(Non-Application Clause)'이 적용될 수 있다.[32] 회원국의 WTO 경비에 대한 분담금은 당해 회원국의 국제통상에서의 점유지분에 따른다.[33]

(2) 탈 퇴

탈퇴의 자유가 인정되고 있으나, 탈퇴의 고지가 WTO 사무총장에게 접수된 후 6개월이 지나야 그 효력이 발생하도록 하였다. 탈퇴의 효과는 WTO설립협정과 다자간무역협정 모두에 나타난다.[34] 이는 GATT에서와 같이 탈퇴의 자유를 인정하되, 일정기간의 과도기간을 둠으로써 WTO체제의 안정성을 유지하려는 목적을 가진 것이다.

2. WTO의 기관

WTO의 기구적 구조를 개관하면 그 기본구조는 간결하고 단순한 형태의 전형이라 할 수 있다.[35]

WTO는 국제기구로서의 法人格을 보유하며, 그 기능수행을 위한 특권과 면제가 인정된다. 특권과 면제는 국가의 사법적 관할권으로부터의 면제, 집행조치로부터의 면제, 토지 및 재산, 문서의 불가침, 통화 및 재정특권의 향유, 공적 통신의 자유 등 5가지 측면에서 향유되는 것이다. 사무국과 사무총장을 두고, 예산조치나 다른 국제기구와의 관계를 발전시키기 위한 권한을 인정받는 등 전통적인 기구규정도 갖추고 있다.[36] 이와 같이 WTO설립협정은 세계무역기구의 기구적 측면을

30) WTO설립협정 제13조 제 1 항.
31) WTO설립협정 제13조 제 3 항.
32) WTO설립협정 제13조 제 2 항.
33) WTO설립협정 제 7 조 제 4 항.
34) WTO설립협정 제15조 제 1 항.
35) Mary E. Footer, An Institutional and Normative Analysis of the World Trade Organization (Martinus Nijihoff, 2006), p. 3.
36) J. Jackson, W. Davey, and A. Sykes, Legal Problems of International Economic Relations

강화시켰다는 점에서 좋은 평가를 받을 수 있다. 그러나, IMF나 IBRD의 집행위원회에 견줄 수 있는 운영위원회가 없음으로써, WTO의 운영은 일반이사회에 의해 이루어지게 되어, 효율성이 떨어질 수 있다는 점이 문제점으로 지적될 수 있다.[37]

WTO는 단계적 구조를 갖고 있는데, 피라미드형 구조를 갖추고 있다. 최고 정점에는 각료회의가 있고, 그 다음 단계에는 일반이사회가 있다. 다음 단계로는 상품무역이사회, 서비스무역이사회, 무역관련지식재산권이사회와 같은 전문화된 이사회가 있으며, 일련의 수평적 위원회[38]가 있다. 그 아래에는 독립된 다자간무역협정에 따라 설치되는 위원회가 있는데, 이 위원회들은 각각의 전문화된 위원회에 보고하게 된다. 전체로는 약 70개의 기관이 있는데, 그 중 34개는 상설기관이다.[39]

(1) 각료회의

각료회의(Ministerial Conference)는 모든 회원국의 고위급 대표로 구성되는 WTO 최고의 기관으로, GATT의 체약국단에 견줄 수 있는 것이다.[40] 매 2년마다 1차례 이상 회합하도록 되어 있는데, 주로 회원국의 통상장관들이 참석하게 된다. 각료회의는 WTO의 기능을 수행하게 되며, 그 기능을 수행하기 위한 범위 내에서 필요한 조치를 취하게 된다. 그 외에도 다자간 무역협정의 모든 사항에 관하여 결정권을 가지는 최고의 권위를 가진다.[41]

각료회의의 중요성은 회원국이 각료 차원에서 만나는 유일한 장소라는 점과, 최고위의 결정기관이라는 점에 있다. 각료회의는 결정권한 외에 WTO협정에 규정되어 있는 다양한 권한을 갖고 있다. 사무총장의 지명권과 사무총장의 권한과 의무, 근무조건 및 임기에 관해 규칙을 채택할 수 있다.[42] 그러나 실제로 사무총장의 지명은 일반이사회에서 이루어져 왔는데, 그 이유는 각료회의가 2년의 기한마

(West Publishing, 1995), p. 304.

37) Schott, *op. cit.*, p. 16.

38) 상설위원회, 가입에 관한 작업단, 복수국간무역협정에 따른 위원회.

39) Footer, *op. cit.*, p. 36.

40) Jack J. Chen, Going Bananas: How the WTO Can Heal the Split in the Global Banana Trade Dispute, 63 Fordham Law Review (1995), p. 1291.

41) WTO설립협정 제 4 조 제 1 항.

42) WTO설립협정 제 6 조 제 2 항.

다 개최되는데 있다. 그 외에도 사무국 직원의 의무와 근무조건을 규율하는 규정,[43] WTO협정의 유권적 해석을 채택할 배타적 권한,[44] 회원국에게 부과되는 의무의 면제 부여,[45] WTO협정의 개정 채택권,[46] WTO가입 승인권[47] 등이 있다.

각료회의 산하에는 무역개발위원회, 무역수지위원회, 예산 · 재정 · 행정위원회의 3개 위원회를 설치하도록 규정하였고, 그 외에도 필요한 위원회를 더 둘 수 있도록 하였다. 이에 따라 1994년 4월 마라케쉬에서 개최된 각료회의의 결정에 따라 첫 번째 일반이사회에서 무역환경위원회를 설치하도록 하였다. 그 중 무역개발위원회는 후진국에 관한 다자협정상의 특별규정을 정기적으로 검토하고, 적절한 조치를 위하여 일반이사회에 이를 보고한다. WTO의 모든 회원국은 이들 위원회의 구성원이 될 수 있다.[48]

(2) 일반이사회

일반이사회(General Council)는 회원국의 대표로 구성되는데, 필요하다고 생각하는 시기마다 개최할 수 있다. 보통 제네바에 있는 각국 대표들이 참여하게 되는데, 각료회의가 열리지 않는 동안 각료회의의 모든 기능을 수행하게 된다. 그 외에도 WTO설립협정에서 부과된 기능을 수행한다.[49] 일반이사회는 일반적 결정권한, WTO설립협정에 기반한 특정 권한, 하위 기관에 대한 감독권한 등 3가지 다른 차원의 집행 권한을 갖고 있다. 이러한 의미에서, 일반이사회는 WTO의 기관차에 해당하는 것이라고 할 수 있다.[50] 일반이사회는 종래 GATT와 비교할 때, GATT이사회(GATT Council)에 해당하는 것이다.[51]

일반이사회는 분쟁해결에 관한 양해각서에 따라 설치되는 분쟁해결기구와, 무역정책검토제도에 따라 설치되는 무역정책검토기구에 임무를 부과하기 위하여 적절한 때 회합하게 된다. 분쟁해결기구와 무역정책검토기구는 독자적인 의장을

43) WTO설립협정 제 6 조 제 3 항.
44) WTO설립협정 제 9 조 제 2 항.
45) WTO설립협정 제 9 조 제 3 항.
46) WTO설립협정 제10조.
47) WTO설립협정 제12조.
48) WTO설립협정 제 4 조 제 7 항.
49) WTO설립협정 제 4 조 제 2 항.
50) Qureshi, *op. cit.*, p. 6.
51) Chen, *op. cit.*, p. 1291.

선출하고, 부과된 임무를 수행하기 위해 필요한 독립된 절차규칙을 가진다.52)

일반이사회 산하에는 상품무역이사회, 서비스무역이사회, 무역관련지식재산권이사회를 설치하게 된다. 이들 이사회는 모든 회원국의 대표들로 구성되는데, 각각 상품무역에 관한 다자협정, 서비스무역에 관한 일반협정, 무역관련지식재산권협정상의 임무와 일반이사회가 부과한 기능을 수행하게 된다. 이를 위하여 독자적인 절차규칙을 제정할 수 있는데, 그 절차규칙은 일반이사회의 승인을 받도록 하고 있다. 세 이사회는 필요하다고 생각될 때마다 회합할 수 있고,53) 각 이사회는 그들이 필요하다고 인정하는 보조기관을 설치할 수도 있다.54)

그 외에도 복수국간 무역협정상의 기능을 수행할 기관을 설치하게 되는데, 이들 복수국간 무역협정상의 기관은 WTO의 기구구조 내에서 운영되며, 그 활동상황을 일반이사회에 고지하여야 한다.55)

(3) 무역정책검토기구

무역정책검토기구는 본질상 다른 구조하에서 활동하는 WTO 일반이사회로서,56) 무역정책검토기구의 설립은 WTO의 기구구조상 가장 큰 특징이라 할 수 있다. 본 기구의 목적은 회원국이 WTO의 규칙과 규율, 양허를 잘 따르도록 하기 위하여,57) 그리고 다자간 무역체제에 대한 회원국의 무역정책과 관행의 영향을 검토하기 위하여,58) 국내법과 관행의 투명성을 더욱더 강하게 확보하기 위한 것이다. 즉 무역정책검토기구는 UR을 통해 채택된 다자간 무역규칙을 강화하고, 세계무역체제를 안정되게 하는 중요한 요소이다.

무역정책검토기구는 회원국의 무역정책과 관련제도 및 관행을 정기적으로 검토하여, 회원국이 무역상의 의무를 어떻게 준수하는지를 검토하고, 상품과 서비스의 무역을 방해하는 장벽을 작성한다.59) 이를 통하여 회원국의 무역정책과 관행의

52) WTO설립협정 제 4 조 제 3 항과 제 4 항.
53) WTO설립협정 제 4 조 제 5 항.
54) WTO설립협정 제 4 조 제 6 항.
55) WTO설립협정 제 4 조 제 7 항.
56) WTO설립협정 제 4 조.
57) WTO설립협정 제3부속서 A (i).
58) WTO설립협정 부속서 A (ii).
59) Schott, *op. cit.*, p. 16.

투명성을 확보함으로써, 회원국으로 하여금 다자협정하의 규칙이나 내용의 이행을 독려하고, 다자간 무역체제의 기능을 더욱 원활히 하는 것이다. 이와 같이 무역정책검토기관은 회원국 무역정책의 투명성을 요청하는 것이기는 하나, 협정상의 의

[그림 2-1] WTO기구 구성

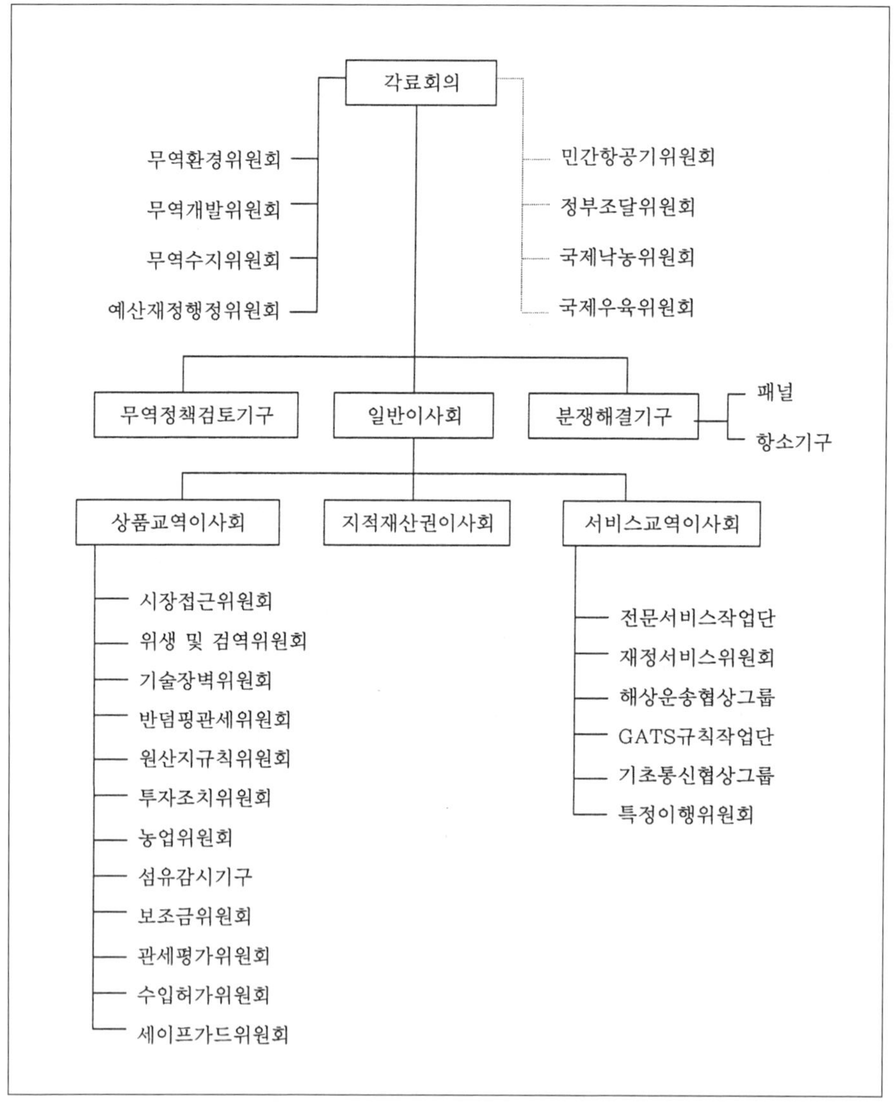

무 시행이나 분쟁해결절차를 위한 토대로서 기능하기 위한 것이 아니며, 회원국에 새로운 정책이행을 부과하기 위한 것도 아니다.[60] 또한 무역정책검토기구의 검토는 회원국의 관행이 세계무역규칙에 부합 혹은 일치하는가의 여부를 판단하는 것이 아니라, 단순한 협의의 형식을 취하게 된다.[61]

무역정책검토기구는 무역정책검토제도를 운영하고 세계무역체제의 발전에 관한 연례보고서를 제출할 책임이 있는데, 검토결과는 일반이사회에 보고한다. 검토방법은 대상국이 규정에 따라 제출한 보고서 및 사무국이 작성한 보고서에 기초한 토의와, 회원국 무역정책에 관한 세미나의 형식으로 진행된다. 각 회원국에 대한 검토 정도는 다자간 무역체제의 기능에 미치는 개별 회원국의 영향에 따라 결정된다. 미국 · 일본 · EU · 캐나다 등 최대 교역국 4국은 2년마다, 5위에서 20위까지의 16개국은 4년마다, 여타 국가들은 6년마다 행하되, 최빈국은 그 기간을 연장할 수 있게 하였다.[62]

(4) 분쟁해결기구

분쟁해결기구와 무역정책검토기구는 일반이사회와는 구별되는 별도의 기관으로, 그 자신만의 권한을 가진다. 1996년 분쟁해결기구는 수행규칙(Rules of Conduct)을 채택한 바 있는데, 동 규칙은 패널위원과 패널을 지원하는 사무국 직원의 임무수행을 위한 내용을 담고 있다. 이는 분쟁해결기구에 내재된 권한을 행사한 것으로 볼 수 있는 것이다. 2000년 10월 분쟁해결기구의 권고 이행을 위해 부여된 합리적 기간을 한 달 연장하는 결정도 내재된 권한에 따라 행한 것이다. 이행을 위한 합리적 기간을 연장한 것은 미국-해외판매법인 사건[63]에서 미국 의회가 미국 세법에 규정된 외국판매회사 관련 규정을 개정하는데 시간이 더 필요하였기 때문이었다. 분쟁해결기구는 '분쟁해결규칙 및 절차에 관한 양해각서' 제21조 제 3 항에 근거하여 회원국의 요청에 따라 분쟁해결기구의 결정 이행을 위한 합리적 기간을 부여할 권한이 있다. 이러한 권한에는 제21조 제 3 항 (c)에 따라 합리적 기간에

60) WTO설립협정 제3부속서 A(i).
61) Schott, *op. cit.*, p. 141.
62) WTO설립협정 제3부속서 C(i).
63) Panel Report, United States-Tax Treatment for Foreign Sales Corporations, WT/DS108/R (Oct. 8, 1999).

관한 기속적 중재에의 회부 및 내재된 권한의 확대에 의해 이러한 합리적 기간을 수정하는 권한을 포함하는 것이다.[64)]

분쟁해결기구는 패널과 상설항소기구(Standing Appellate Body)로 구성되는데, 자세한 내용은 제 7 장 WTO분쟁해결제도에서 논하기로 한다.

(5) 전문이사회

전문이사회인 상품무역이사회, 무역관련서비스이사회, 무역관련지식재산권이사회는 일반이사회의 바로 아래 단계에서 각료회의와 일반이사회가 그 기능을 수행하는 것을 돕는다. 예컨대 다자간무역협정의 유권적 해석과 관련하여 해당 전문이사회의 권한은 권고적일 뿐이며, 그 권한도 해당 협정에 실질적 감독권한을 가진 경우에만 가능하다.

WTO설립협정 제 4 조 제 5 항에 근거하여 상품무역이사회는 부속서 1가의 다자간 무역협정의 운영을 감독하고, 서비스무역이사회는 서비스무역에 관한 일반협정의 운영을 감독하며, 무역관련 지식재산권이사회는 무역관련 지식재산권에 관한 협정의 운영을 감독한다. 이들 이사회는 각각의 협정과 일반이사회에 의하여 부여된 기능을 수행하게 되는데, 일반이사회의 승인에 따라 각각의 의사규칙을 제정하게 된다. 이사회는 자신의 기능을 수행하기 위하여 필요할 때마다 회합하게 되며, 각 이사회는 WTO설립협정 제 4 조 제 6 항에 따라 필요한 보조기관을 추가로 둘 수 있다. 예컨대 상품무역이사회는 GATT 제XVII조 해석에 관한 양해각서 제 5 항에 따라 회원국 국가무역기업의 통고 및 상호통고를 검토하기 위해 국가무역기업에 관한 작업단을 설치한 바 있다.

서비스무역에 관한 일반협정에 따라 서비스무역이사회는 서비스무역에 관한 일반협정의 운용을 촉진하고 그 목적을 증진하기 위하여 자신에게 부여될 수 있는 기능을 수행한다.[65)] 이 규정을 통해 볼 때 서비스무역이사회는 일정한 대외적 권한을 갖는 것으로 볼 수 있다. 예컨대 서비스 분야에 관해 UN이나 UN의 전문기관과 협의하고 협력하는 것은 일반이사회의 권한이지만, 일반이사회는 이를 서비스무역위원회에 이양할 수 있다.

---

64) Footer, *op. cit.*, p. 51.

65) 서비스무역에 관한 일반협정 제24조 제 1 항.

무역관련 지식재산권이사회는 TRIPS협정의 기능을 감독하는데, 그 감독권한은 매우 광범한 것이다. 지식재산권 보호에 관한 회원국 국내법을 검토하는 프로그램의 설치 및 운용, TRIPS협정 운용과 회원국의 준수에 대한 모니터링, 지리적 표시의 보호에 관한 향후 협상의 검토, 경과기간의 만료에 따라 개발도상국의 TRIPS협정 이행에 관한 2년 주기의 검토 등을 수행한다. 그 외에도 무역관련 지식재산권이사회는 최빈개발도상국에 부여된 10년의 경과기간을 연장할 수 있는데, 이를 소위 mini-waiver라 부르기도 한다.[66] 그리고 비위반제소 및 상황적 제소의 경우 WTO설립협정의 발효일로부터 5년간 TRIPS협정에 따른 분쟁해결에는 적용되지 아니한다고 규정하고 있는데, 무역관련 지식재산권이사회는 TRIPS협정 제64조에 따라 소위 비위반제소 및 상황적 제소의 비적용관행을 유지하는 범위 및 방식을 검토하는 권한과 각료회의의 승인을 위해 권고를 제출하는 권한을 부여받고 있다.[67]

(6) 위 원 회

모든 회원국이 참여하는 일련의 위원회, 작업당사국, 작업단도 3단계에서 활동한다. 이들 기관은 일반이사회에 곧바로 보고하는 것으로, 3개의 전문이사회에 보고하지 않기 때문에 WTO의 전체 기구구조에서 수평적인 것으로 표현된다.

WTO는 무역개발위원회, 무역수지위원회, 예산 재정 행정위원회의 3개의 상설위원회를 두고 있다. 이 세 위원회는 종래의 GATT체제하에서도 존재하였는데, WTO에서는 각료회의의 결정에 의해 설치되도록 하였다. 실제로는 각료회의 중간에 그 기능을 수행하는 일반이사회에서 설치결정이 이루어졌다.

일반이사회는 동일한 근거에서 무역환경위원회와 지역무역협정위원회를 추가로 설치하였다. 이와 유사하게 신규 회원국의 가입에 관한 작업당사국이 있는데, 작업당사국은 모든 회원국이 참여하고, 일반이사회의 직접적이고 배타적인 권한 하에서 활동하고 일반이사회에 보고한다. 이들 기관은 임시적인 것으로 협상의 종료에 따라 가입의정서가 발효되며 그 임무는 종료된다. 그 외에도 각료회의에서 무역과 여타 경제적 활동 분야와의 연결 주제를 검토하는 다양한 작업

66) Footer, *op. cit.*, p. 61.

67) 무역관련 지식재산권협정 제64조.

단이 설치되는데, 1996년 싱가폴 각료회의에서 무역과 환경의 관계에 관한 작업단, 무역과 경쟁정책에 상호작용에 관한 작업단, 정부조달에 있어 투명성에 관한 작업단이 설치되었다. 2001년 제4회 도하 각료회의에서는 무역 부채 및 재정에 관한 작업단과 기술이전에 관한 작업단이, 그리고 2003년 제5회 캔쿤 각료회의 후 1년이 지난 2004년 10월에는 무역촉진에 관한 협상단이 설치되었다.

(7) 사 무 국

WTO 사무국은 사무총장과 사무국 직원으로 구성된다. 사무총장은 각료회의에서 지명하는데, 각료회의에서 사무총장의 권한과 의무, 근무조건 및 임기를 정하게 된다.[68] 사무국 직원의 임명과 그들의 의무 및 근무조건은 각료회의에서 정한 규칙에 따라 사무총장이 임명한다.

사무총장과 사무국 직원은 국제공무원으로서, 어떠한 정부나 WTO 외부의 당국으로부터도 지시를 받아서는 아니 된다. 국제공무원으로서의 신분에 반하는 어떠한 행동도 삼가야 한다. 회원국도 사무총장이나 사무국 직원의 책임이 가지는 국제적 성격을 존중하여야 하며, 그들의 의무수행에 영향을 끼치려고 하여서는 아니 된다.[69] 뿐만 아니라, 사무국 직원은 그 기능을 독자적으로 수행하는 데 있어서 필요한 특권과 면제를 향유한다.[70]

제 3 절 WTO의 의사결정

1. 국제기구의 의결방식

어떠한 국제기구이든 결정을 도출하는 방법은 매우 중요한 문제이다. 일단 협상을 통하여 초안이 마련되면, 해당 사안을 처리할 권한을 갖춘 기관에서 투표를 행하는 것이 일반적이다. 이 때 만장일치나 다수결원칙의 양자간에 어떤 쪽을 취할 것인가의 문제에 봉착하게 된다. 특히 국제경제기구와 관련하여 국제사회의

68) WTO설립협정 제 6 조 제 1 항과 제 2 항.
69) WTO설립협정 제 6 조 제 4 항.
70) WTO설립협정 제 8 조 제 3 항.

경향을 보면, 양자간 어느 방법을 취할 것인가에 대한 대립된 모습을 보게 된다. 1940년대에서 1950년대에 설치된 IMF나 IBRD, FAO 등의 국제경제기구를 보면, 다수결방식이 주조를 이루고 있다.[71]

반면에, 1960년대 이후 등장한 국제경제기구에서는 만장일치나 컨센서스(consensus)방식이 주된 경향으로 나타나고 있다. 이러한 경향은 식민지국가들의 독립이라는 배경도 작용하는 것이지만, 다수결제도가 가지는 결점을 보완하기 위하여 등장한 측면도 강하다. 다수결에 따라 결정이 이루어진 경우 적절한 이행상의 문제점이 등장하였기 때문에, 유효한 규칙을 산출할 수 있도록 하기 위하여 만장일치나 컨센서스방식을 도입한 것이다. 즉 소수의 이익을 보호할 수 있는 장치로서 만장일치 또는 컨센서스가 회원국간 이익과 기회를 균형잡기 위한 대안으로 등장한 것이다. 1966년 유럽경제공동체(EEC)에서 이루어진 '룩셈부르크의 타협'은 만장일치제가 승기를 잡게 된 중요한 계기가 되었다.[72] 특히 1990년대까지 설립된 경제협력개발기구(OECD), 유럽자유무역기구(EFTA), 석유수출국기구(OPEC) 등의 많은 국제경제기구들은 만장일치나 컨센서스를 추구하는 경향이 두드러진다.[73] 그러나 근자에 설립된 일부 국제경제기구에서는 일반적으로 컨센서스방식을 취하되, 컨센서스가 어려우면 다수결방식을 따르도록 하고 있다.[74] 1960년에 설치된 GATT 이사회도 컨센서스에 의한 결정방식을 취하고 있고, GATT 체약국단회의도 협정상 컨센서스가 규정되어 있지 않음에도 불구하고 대부분의 경우 투표보다는 컨센서스를 선호하는 경향을 보여 왔다.[75]

71) 그러나 이 기간 동안에도 다수결방식이 절대적인 것이 아니라, 유럽이사회(Council of Europe)와 같이 일부 지역적 국제경제기구는 만장일치와 다수결을 결합하는 방식을 취하고 있다. Sergei A. Voitovich, International Economic Organizations in the International Legal Process (Martinus Nijhoff, 1995), pp. 73-74.

72) *Ibid.*, p. 74.

73) Voitovich, *op. cit.*, p. 74

74) 아프리카산유국기구(APPA) 이사회, 주석생산국기구(ATPC)의 각료위원회 및 집행위원회, 아프리카경제공동체(AEC)의 총회 및 이사회가 그 대표적인 경우이다. *Ibid.*, p. 75.

75) *Ibid.*

2. WTO의 의결방식

(1) 컨센서스

WTO는 컨센서스와 투표를 결합한 의사결정 방식을 사용한다. 기본적으로 GATT에서 이어져 온 컨센서스 방식을 유지하되, 만약 컨센서스로 결정을 내리지 못할 경우 투표를 통해 결정하게 된다.[76)]

컨센서스의 개념과 관련하여, WTO설립협정 제 9 조 제 1 항의 주석에서는 회의에 참석한 회원국 중 공식적으로 반대하는 국가가 없는 경우 해당 안건이 채택되는 방식이라고 설명하고 있다. 즉 WTO는 소극적 접근법을 취하는데, 이는 반대가 없으면 동의한 것으로 간주하는 것을 의미한다. 특정 안건에 대해 별도의 찬성 의사를 밝히지 않더라도 반대가 없는 한 합의된 것으로 본다. 이에 따라, 회의에 참석하지 않은 국가나 기권한 국가는 컨센서스의 성립에 영향을 미치지 않는다.

한편, 일반이사회가 분쟁해결기구로서 소집되었을 경우 분쟁해결규칙 및 절차에 관한 양해각서 제 2 조 제 4 항에 따라 컨센서스로 결정하도록 하고 있다.[77)] 다만, 패널 설치, 패널과 항소기구 보고서 채택, 그리고 WTO협정에 따른 양허 또는 그 밖의 의무의 적용 정지와 관련하여, 이를 요청한 회원국을 포함한 모든 WTO 회원국이 그 요청을 기각하기로 결정하지 않는 한, DSB는 해당 요청을 승인해야 한다.[78)] 이를 '역컨센서스(reverse consensus)'라고 한다.[79)]

또 다른 경우로는 회원국의 면제 부여와 관련하여 각료회의 3/4 다수결로 정하도록 하고 있으나, 과도기간이나 단계별 이행 기간을 조건으로 하는 의무로서 의무면제 요청회원국이 관련 기간의 종료 시까지 이행하지 못한 의무에 대한 면제 부여는 컨센서스에 의하여서만 결정된다고 하고 있다.[80)]

---

76) WTO설립협정 제 9 조 제 1 항.

77) WTO설립협정 제 9 조 제 1 항의 주 3).

78) DSU 제 6 조 제 1 항, 제16조 제 4 항, 제17조 제14항 그리고 제22조 제 6 항.

79) Footer, *op. cit.*, p. 137.

80) WTO설립협정 제 9 조 제 3 항의 주 4).

(2) 투표

컨센서스가 도출되지 못하여 투표를 하게 될 경우 별도의 규정이 없으면 단순과반수를 원칙으로 한다.[81] 각료회의나 일반이사회에서 투표가 이루어질 때에는 거수방식에 의하고, 모든 회원국은 하나의 투표권만 가진다. 즉 1국 1표주의에 따라 유럽연합의 경우에도 회원국 숫자만큼의 투표권을 가지게 된다. IMF나 IBRD와는 달리 가중투표제도를 두고 있지 않다는 점에서, 모든 회원국에게 평등한 참여를 보장하는 매우 민주적인 방법이라 할 수도 있다.[82]

유권적인 해석 결정, 가입, 특정 상황에서 의무의 개별적 면제를 허용하는 규정, UR 협상에서 이룩한 협정 조항의 개정을 허용하는 규정 그리고 연간 예산 및 재정 규정에 대한 결정 등에서는 특별한 투표 절차가 필요하다.

(가) 회원국 가입

회원국 가입은 각료회의가 결정하는데, 각료회의는 회원국 2/3의 다수결에 의하여 가입 조건에 관한 합의를 승인한다.[83] 그러나 1995년 11월 일반이사회는 가입 승인 결정 시 컨센서스를 우선적으로 추구하기로 합의했다. 컨센서스로 결정을 내릴 수 없는 경우에만 2/3 다수결 투표로 결정하도록 했다.[84] 1995년 에콰도르의 WTO 가입 승인이 다수결로 결정된 바 있다.

(나) 해석 결정

WTO설립협정과 제1부속서의 다자간무역협정에 관한 해석결정은 회원국 3/4의 다수결로 결정된다. 각료회의와 일반이사회의 배타적 권한에 속하는 사항이나, 해당 협정의 운용에 책임이 있는 관련 이사회의 권고를 토대로 결정을 내리게 된다.[85]

---

81) WTO설립협정 제 9 조 제 1 항.

82) 이와 반대로, 경제력이 우월한 국가들의 영향력으로 인해 실질적으로 가중투표제와 유사한 효과가 발생할 수 있다는 우려가 있다. EU는 회원국 수에 비례해 다수의 투표권을 행사할 수 있어, 결과적으로 EU의 영향력이 반영되는 구조를 형성할 수 있기 때문이다. Qureshi, *op. cit.*, pp. 6-7.

83) WTO설립협정 제12조 제 2 항.

84) General Council, Decision-Making Procedures under Articles IX and XII of the WTO Agreement, WT/L/93 (Nov. 24, 1995).

85) WTO설립협정 제 9 조 제 2 항.

협정의 해석 권한이 정치적 기관에 주어진 이유는 회원국들의 의견을 조율하여 그들이 대체로 동의할 수 있는 해석을 내릴 수 있기 때문이다. 이를 통해 협정을 해석할 때, 단순히 글자 그대로가 아니라 그 목적과 취지를 반영하는 방향으로 해석하는 것이 가능해진다. 이러한 방법을 통하여 해석 결정을 준수할 것이란 기대가 증진될 수 있다는 점에서 매우 큰 의의가 있다.[86)]

(다) 의무면제

각료회의는 WTO설립협정과 제 1 부속서의 다자간무역협정상의 의무를 면제시켜 줄 수 있다. 각료회의에서 컨센서스가 이루어지지 않는 경우, 면제를 부여하기 위한 결정은 3/4 다수결에 의한다.[87)] 그러나 과도기간이나 단계적 이행을 위한 기간이 정해진 의무와 관련하여 해당 국가가 동 기간 내에 의무를 이행하지 아니한 경우, 그 의무를 면제하기 위한 결정은 컨센서스로만 행할 수 있다.[88)] 의무면제의 요청은 상품무역이사회나 서비스무역이사회, 지식재산권이사회 등 관련이사회에 제출되어야 하며, 해당 이사회는 각료회의에 보고서를 제출하게 되어 있다. 다만 의무면제는 국제통상체제의 변화와 국제무역관계의 긴급성에 따른 것인 만큼, 지속적인 재검토를 전제로 예외적인 상황하에서 제한된 기간에만 허용된다. 이러한 방법으로 국제통상체제는 엄격성을 회피하면서도 그 통합성을 보장받게 된다.

(라) 협정 개정

모든 회원국은 각료회의와 일반이사회에서 협정을 개정하기 위한 안을 제시할 수 있다. 정해진 기간에 컨센서스가 불가능한 경우 개정을 위한 결정은 2/3 다수결에 의하는 것이 일반적이다.[89)] 그러나 WTO설립협정 제 9 조(의사결정), GATT 제 I 조(최혜국대우) 및 제 II 조(관세양허), 서비스무역에 관한 일반협정 제 2 조 제 1 항(최혜국대우), 무역관련지식재산권협정 제 4 조(최혜국대우)는 모든 회원국이 수락한 경우에만 개정될 수 있다.[90)] 각료회의가 정한 기간 내에 개정 사항을 수락하지

86) Qureshi, *op. cit.*, pp. 7-8.
87) WTO설립협정 제 9 조 제 3 항.
88) WTO설립협정 제 9 조 제 3 항의 주 4).
89) WTO설립협정 제10조 제 1 항.
90) WTO설립협정 제10조 제 2 항.

아니한 국가에게 WTO로부터 탈퇴할 자유를 줄 것인지 또는 회원국의 지위를 유지할 수 있는 자유를 줄 것인지에 대해 3/4 다수결에 의한다.[91)]

WTO협정에 대한 첫 번째 개정은 2005년 12월 일반이사회에서 채택되었으며, TRIPS협정의 개정과 관련된 것이었다.[92)] 이 개정 결정으로 TRIPS협정 제31조 이후에 제31*bis*조가 추가되었으며, 제73조 이후에 부속서(Annex)가 삽입되었다. 이는 강제실시권(compulsory licence) 하에 생산된 의약품을 특정 개발도상국에 수출할 경우 회원국의 의무를 완화하는 내용을 담고 있다. WTO협정 제10조 제 3 항에 따라, 이 개정은 WTO 회원국 2/3가 이를 승인한 2017년 1월 23일에 발효되었다. 또한, WTO협정 부속서 1A(Annex 1A)에 무역원활화협정(Trade Facilitation Agreement: TFA)이 추가되면서 WTO협정이 개정되었다. 이 협정은 2013년 12월 발리 각료회의(Bali Ministerial Conference)에서 합의되었으며, 개정의정서는 2014년 11월 27일에 채택되었다.[93)] TFA는 2017년 2월 22일에 발효되었다.

(마) 연간 예산 및 재정

연간 예산 및 재정 규정에 대한 결정과 관련하여, WTO 일반이사회는 WTO 회원국 과반수를 포함한 2/3 다수결로 연간 예산과 재정 규정을 채택하도록 규정하고 있다.[94)]

(3) 그린룸 회의

앞서 언급한 바와 같이, WTO는 일반적으로 컨센서스로 의사결정을 내린다. 이러한 방식은 모든 회원국, 특히 개발도상국 회원들의 참여를 보장하는 것처럼 보인다. 그러나 논란이 되는 사안과 관련하여 협상을 진행할 때, 166개의 모든 회원국이 직접 참여하는 것은 현실적으로 비효율적이다. 따라서 WTO에서는 협상과 의사결정을 원활히 진행하기 위해 여러 가지 메커니즘을 발전시켜 왔으며, 그중

91) WTO설립협정 제10조 제 3 항.

92) General Council, Decision of 6 December 2005 on the Amendment of the TRIPS Agreement, WT/L/641 (Dec. 8, 2005).

93) Ministerial Conference, Ministerial Decision of 7 December 2013 on the Agreement on Trade Facilitation, Ministerial Decision of 7 December 2013, WT/MIN(13)/36 - WT/L/911 (Dec. 11, 2013).

94) WTO설립협정 제12조 제 3 항.

빈번하게 사용되는 것이 바로 '그린룸 회의(Green Room Meeting)'이다.[95]

'그린룸 회의'는 EU, 미국, 중국, 브라질, 인도 등 WTO 내 주요 강대국과 일부 특정 회원국으로 구성된다. 특정 회원국들은 대개 일부 국가들(예: 최빈개도국 그룹)의 대표이거나, 논의 중인 특정 사안에 특별한 관심을 가지는 국가들이다. 최근 몇 년 동안 '그린룸 회의'는 점점 더 개방적이고 포용적인 형태로 발전하여, 개발도상국 회원들의 적극적인 참여가 증가하고 있다. 회의는 WTO 사무총장 또는 WTO 이사회 및 위원회 의장이 주재하며, 약 20개 회원국의 장관, 대사, 고위 관계자들이 참석한다. 이들은 주요 의제에 대한 접근 방식을 논의하고, 가능한 경우 '예비 합의(preliminary agreement)'를 도출한다. 이러한 예비 합의는 이후 전체 WTO 회원국에게 회람되며, 최종 채택 여부는 모든 회원국의 협의를 거쳐 결정된다.

그린룸 회의는 일부 회원국만이 참여하는 협상이기에 모든 WTO 회원국의 진정한 합의를 이루기 위해서는 ① 일부 회원국이 비공식 협상을 진행한다는 사실을 모든 회원국에게 알리고, ② 관심 있는 모든 회원국이 의견을 개진할 수 있도록 해야 하며, ③ 특정 회원국이 다른 회원국을 대표한다고 가정해서도 안 되고, ④ 협상 결과를 모든 회원국에게 신속하게 보고하여야 한다.[96]

WTO는 의사결정 과정에서 포용성, 투명성, 효율성 간 균형을 유지하려 노력하지만, 회원국 간 경제적 · 정치적 격차는 여전히 중요한 변수로 작용한다. 과거 GATT체제에서는 부유한 국가들이 압도적인 영향력을 행사하였으며, WTO 초기에도 이러한 경향이 이어졌다. 그러나 최근 20년 동안 신흥 경제국의 성장으로 브라질, 중국, 인도 등 주요 개발도상국이 핵심 결정 과정에 참여하고 있으며, 아르헨티나, 인도네시아, 멕시코 등도 독자적으로 또는 연합체를 구성해 영향력을 확대하고 있다. 반면, 최빈개도국을 포함한 일부 개발도상국은 협상 참여에 필요한 자원과 전문성이 부족해 어려움을 겪지만, 무역 관련 기술 지원과 교

95) '그린룸 회의는 특정한 장소를 의미하지 않는다. 대개 WTO 사무총장의 회의실에서 열리지만, 필요에 따라 어디서든 개최될 수 있다. '그린룸(Green Room)'이라는 용어는 원래 영국의 극장에서 유래한 것으로, 배우들이 무대에 오르기 전 대기하는 공간을 의미한다. 한편, GATT 사무총장의 회의실 벽지가 녹색이었기 때문에 이러한 명칭이 사용되었다는 설도 있다. Peter Van den Bossche & Werner Zdouc, The Law and Policy of the World Trade Organization (Cambridge, 2022), p. 162 fn. 451.

96) General Council, Minutes of Meeting on 17 and 19 July 2000, WT/GC/M/57 (Sept. 14, 2000), para. 134.

육 프로그램을 통해 협상력을 최대한 높이고 있다. 회원국들의 경제적 · 무역적 이해관계가 점점 더 복잡해지면서 합의에 이르는 시간이 길어지고 있지만, 그린룸 회의가 이 과정에서 핵심적인 역할을 수행하고 있다는 점은 분명하다.[97]

제 4 절 WTO협정의 체계

1. WTO협정의 구성

WTO협정은 최종의정서, WTO설립협정, 각료결정 및 선언으로 구성된다. 최종의정서는 우루과이라운드의 결과 및 향후 절차에 대한 포괄적인 선언을 담고 있다. WTO설립협정은 최종협정의 본문에 해당하는 것으로, WTO의 구조 · 기능 · 조직 · 의결방법 등에 관한 본 협정과, 각 분야별 부속서를 두고 있다. 각료결정 및 선언은 WTO설립협정과 다자간무역협정을 보완하고, 우루과이라운드 타결 전의 중요한 결정사항을 담고 있는 것이다.

WTO설립협정은 4개의 부속서로 이루어진다. 제 1 부속서는 상품무역에 관한 다자협정(MTA), 서비스무역에 관한 일반협정(GATS), 무역관련지식재산권협정(TRIPS)로 구성된다. 제 2 부속서는 분쟁해결규칙 및 양해각서(DSU)이며, 제 3 부속서는 무역정책검토제도(TPRM), 제 4 부속서는 복수국간 무역협정(PTA)이다.

제 1 부속서의 상품무역에 관한 다자협정은 13개의 개별협정으로 구성된다. 여기에는 GATT 1994, 농업협정, 위생검역조치협정, 섬유 및 의류협정, 무역에 관한 기술장벽협정, 무역관련투자조치협정, 반덤핑협정,[98] 관세평가협정,[99] 선적전검사협정, 원산지규정협정, 수입허가절차협정, 보조금 및 상계조치협정, 긴급수입제한조치협정이 포함되어 있다.

GATT 1994는 ⓐ WTO협정 발효시까지 개정되거나 수정된 GATT규정, ⓑ GATT 1947하에서 발효된 관세양허와 관련된 의정서 · GATT 가입에 관한 의정

97) Peter Van den Bossche & Werner Zdouc, *op. cit.*, pp. 162-165.

98) GATT 1994 제 6 조 이행협정.

99) GATT 1994 제 7 조 이행협정.

[그림 2-2] WTO협정의 구성

최종의정서

WTO설립협정

- 제 1 부속서
  - A: 상품무역에 관한 다자협정(MTA)
    - GATT 1994
    - 농업협정
    - 위생검역조치협정
    - 섬유 및 의류협정
    - 무역에 관한 기술장벽협정
    - 무역관련투자조치협정
    - 반덤핑협정
    - 관세평가협정
    - 선적전 검사협정
    - 원산지규정협정
    - 수입허가절차협정
    - 보조금 및 상계관세조치협정
    - 긴급수입제한조치협정
  - B: 서비스무역에 관한 일반협정(GATS)
  - C: 무역관련지식재산권협정(TRIPS)
- 제 2 부속서: 분쟁해결규칙및절차에 관한 양해각서(DSU)
- 제 3 부속서: 무역정책검토제도(TPRM)
- 제 4 부속서: 복수국간무역협정(PTA)
  - 민간항공기협정
  - 정부조달협정
  - 국제낙농협정
  - 국제우육협정

각료결정 및 선언

서 · GATT 제25조하에서 부여된 면제에 관한 결정 · 기타 GATT 체약국과 관련된 결정들, ⓒ GATT 1994의 일부규정 해석에 관한 7개의 양해각서, ⓓ GATT 1994에 대한 마라케쉬의정서로 구성된다. WTO설립협정의 채택으로 GATT 1994가 등장함에 따라, 1947년 10월 30일 채택되어 WTO협정 발효시까지 개정 또는 수정된 GATT를 GATT 1947이라 하여, GATT 1994와 구별한다. GATT 1994는 GATT 1947을 하나의 구성부분으로 포함하고 있으므로, WTO는 GATT를 흡수한 것으로 볼 수도 있다.[100] 그러나, 그 법적 성질에 있어서는 GATT 1947과 GATT 1994는 분명히 구별되는 것이다.[101] GATT 1994의 일부규정 해석에 관한 양해각서는 GATT 제Ⅱ조 제 1 항 b의 해석에 관한 양해각서, GATT 제XVII조 해석에 관한 양해각서, GATT 수지균형에 관한 양해각서, GATT 제XXIV조 해석에 관한 양해각서, GATT 의무면제에 관한 양해각서, GATT 제XXVIII조 해석에 관한 양해각서, GATT 제XXXV조 해석에 관한 양해각서가 포함된다. GATT 1994에 대한 마라케쉬의정서는 의정서에 첨부된 양허표가 GATT 1994상의 양허표임을 규정하여, 각국의 시장개방협상으로 도출된 관세, 비관세장벽의 완화 및 철폐 약속이 WTO협정상 불가분의 일부임을 규정하고 있는 것이다.

제 4 부속서인 복수국간 무역협정은 WTO설립협정의 부속서 형식으로 되어 있으나, 실질적인 면에 있어서는 완전히 독립된 무역협정이다. 왜냐하면, 제 1 부속서의 다자간무역협정에 대한 가입은 WTO 가입시 일괄채택이 반드시 필요한 선결요건에 해당하나, 제 4 부속서의 복수국간 무역협정은 가입이 강제되지 아니하고, 가입에 대한 회원국의 재량이 인정되기 때문이다. 복수국간무역협정은 민간항공기협정, 정부조달협정, 국제낙농협정, 국제우육협정의 4종이 있었으나, 1997년 낙농협정과 우육협정은 종료되었다.

2. 협정간의 관계

WTO협정과 다자간무역협정간에 저촉이 있을 경우에는 WTO설립협정이 우선한다.[102] 이것은 다자간 무역협정이 WTO설립협정의 부속서인 까닭에, 논리적인 측면에서 보더라도 당연한 것이다. WTO설립협정이나 다자간무역협정에 규정이 없는 경우에는, GATT 1947의 체약당사국단과 GATT 1947에 의해 설치된 기관이 행한 결정 · 절차 · 관행을 따른다.[103]

---

100) Chen, *op. cit.*, p. 1289.

101) WTO설립협정 제 2 조 제 4 항.

102) WTO설립협정 제16조 제 3 항.

103) WTO설립협정 제16조 제 1 항.

GATT와 WTO의 다자간무역협정의 관계는 또 다른 관계에 있다. GATT와 GATT체제하에서 채택된 개별협정의 관계는 주종의 관계에 있었다. 즉 개별협정은 GATT를 보완하거나 해석하는 기준, 또는 별도의 예외적 사항을 규정한 것으로 인정되었기 때문에 GATT가 우선하여 적용되었다. 그러나 WTO협정하에서GATT는 제 1 부속서의 13개 다자간 무역협정의 하나에 포함된 내용에 불과한 것이다. 그런 까닭에 종래의 GATT와 WTO협정 제 1 부속서의 다자간무역협정이 저촉되는 경우에는, 그 범위 내에서 다자간무역협정이 우선하는 신법우선의 원칙이 적용된다.

제3장 WTO의 기본원칙

제1절 비 차 별

일반적으로 시장에서 차별이 조장될 경우, 소비자는 상대적으로 가격이 비싸고 질이 낮은 상품과 서비스를 제공받게 된다. 이러한 비효율을 방지하기 위하여 WTO는 차별의 금지를 무역 질서의 기본 원칙 중 하나로 설정하였으며, 이를 '비차별원칙'이라고 한다. 비차별원칙은 크게 두 가지 축으로 이루어져 있는데, 하나는 '최혜국대우(most favoured nation treatment)'의무이고, 다른 하나는 '내국민대우(national treatment)'의무이다. 이 두 가지 의무의 공통된 핵심은 외국인을 불리하게 대우하지 않는 것이며, 이는 GATT 1947 체제 이전부터 국제통상질서의 기본 축으로 발달해 왔다.

WTO체제에서 제기되는 다수의 분쟁이 이 두 가지 의무 위반 여부와 관련되어 있다는 점을 고려할 때, 비차별원칙에 대한 이해의 정도는 곧 WTO체제 전반에 대한 이해의 정도를 좌우한다고 할 수 있다. 최혜국대우는 외국 상품 상호 간의 대우 균형을 의미하는 반면, 내국민대우는 외국산 상품과 국내산 상품 간의 대우 균형을 의미한다. 전자는 어느 특정국 상품에만 특혜를 주지 않고 모든 체약국의 상품을 동일하게 대우할 것을 요구하고, 후자는 외국산 상품을 국내산 상품에 비해 불리하게 취급하지 말 것을 요구한다. 다시 말해, 최혜국대우와 내국민대우 각각 외국 상품 간의 횡적 균형(horizontal balance)과 내·외국 상품 간 종적 균형(vertical balance)을 지향한다. WTO협정이라는 저울은 이러한 횡적 균형과 종적 균형을 동시에 유지할 것을 회원국들에게 요구하고 있으며, 이 두 균형이 조화를 이

루어야 비차별원칙이 실현된다.1)

비차별원칙은 원산지를 기준으로 한 '법률상(de jure) 차별'뿐만 아니라, 법문상 중립적으로 보이지만 실질적으로 특정 원산지에 불리하게 작용하는 '사실상(de facto) 차별'까지 규제한다. 전자는 조문에 명시적으로 원산지를 기준으로 한 차별을 두는 경우를 의미하며, 후자는 표면적으로(또는 법문상) 중립적인 규정이 실제 효과에 있어 외국 상품을 불리하게 대우하는 경우를 의미한다. 실제로 많은 국가들은 법률상 차별을 회피하기 위해 정교한 제도를 설계하는 경향이 있으므로, 분쟁에서는 '사실상 차별' 여부가 핵심 쟁점으로 드러나는 경우가 많다.2)

비차별원칙을 올바르게 이해하기 위해서는 '차별(discrimination)'과 '차등(differentiation)'의 개념을 구별할 필요가 있다. 차별이란 동일한 대상을 다르게 대우하는 것이고, 차등이란 서로 다른 대상을 다르게 대우하는 것을 의미한다. WTO협정은 차별을 금지하지만 차등은 원칙적으로 허용한다. 다시 말해, WTO협정은 같은 것을 다르게 취급하는 것을 금지할 뿐, 다른 것을 다르게 취급하는 것은 허용한다. 차등은 주권국가가 자율적으로 결정할 수 있는 영역으로 WTO협정이 간섭하지 않는 부분이다. 따라서 비차별원칙의 적용에서는 무엇이 같은 것인지 그리고 무엇이 다른 것인지를 구별하는 것이 중요하며, 이와 관련하여 '동종상품(like products)'의 정의 문제가 핵심적 쟁점으로 부상한다.3)

결국, 비차별원칙은 국제무역에서 공정한 경쟁을 보장하고 무역자유화를 실질적으로 구현하기 위한 핵심 규범이다. 최혜국대우와 내국민대우는 각각 외국 상품 간, 그리고 내·외국 상품 간의 균형을 유지하도록 요구하며, 이를 통해 국제무역질서에서 차별 없는 시장 환경을 구축하고자 한다. 아래 비차별원칙의 두 축인 최혜국대우 의무와 내국민대우 의무를 구체적으로 살펴본다.

1) 박노형 외 27인, 신국제경제법, 박영사(2013), p. 124.
2) Peter Van den Bossche & Werner Zdouc, The Law and Policy of the World Trade Organization (Cambridge, 2022), p. 341.
3) 박노형 외 27인, *op. cit.*, p. 88.

1. 최혜국대우 의무

(1) 개념과 효과

국제통상질서에서 가장 중요하고 보편적인 원칙 중 하나가 바로 최혜국대우이다. 최혜국대우란 통상조약 등에 의거하여 한 국가가 특정 상대국에 부여한 최선의 교역조건을 다른 모든 교역 상대국에도 동등하게 부여해야 한다는 의미를 가진다. 이는 특정 교역국에만 특별한 혜택을 주지 않고, 모든 국가에게 동일한 조건을 적용해야 한다는 비차별의 원칙을 구현하는 것이다.

역사적으로 살펴보면, 한 국가의 수출품이 타국의 세관을 통과할 때 경쟁 수출국의 상품보다 더 높은 관세를 부과받는 것은 받아들이기 어려운 일이었다. 이러한 불공정성을 해소하기 위하여 교역 상대국들 사이에서는 최혜국대우에 근거하여 관세를 부과하는 관행이 생겨났고, 19세기 무역 규모가 급격히 확대되면서 각국은 보다 많은 수출량을 확보하기 위해 최혜국대우에 기초한 동등한 대우를 보장받을 필요가 더욱 커졌다. 결국 최혜국대우는 수입국이 경쟁 수출국들 사이에 평등한 대우를 보장하고, 상품의 국적에 따른 차별을 하지 말라는 요구로 자리 잡게 되었다.

여기서 'Most-Favoured'라는 표현은 특정 수출국에 부여한 가장 유리한 대우를 다른 모든 경쟁 수출국에게도 그대로 적용해야 한다는 것을 의미한다. 예컨대, 한 국가가 특정국 상품에 가장 낮은 관세율을 적용했다면, 동일한 품목에 대해서는 다른 모든 국가에도 그 최저 세율을 똑같이 적용해야 한다는 것이다. 따라서 한 수출국에 부여된 가장 유리한 대우가 일반화되어 다른 국가에도 적용되면, 결과적으로 세계 전체적으로 관세가 점진적으로 인하되는 효과를 가져오게 된다. 다시 말해, 최혜국대우는 관세 감축이나 인하의 효과를 특정국에만 국한하지 않고 다자적으로 확산시키는 기능을 함으로써 무역자유화 촉진에 기여한다.

최혜국대우는 여러 측면에서 중요한 기능을 수행한다. 첫째, 최혜국대우는 한 나라의 수입이 가장 효율적인 국제 생산자에 의해 공급되도록 일반화하는 효과를 가진다. 모든 생산자들이 동등한 조건 하에서 경쟁하게 되므로, 결국 가장 질이 좋고 효율적인 상품이 국제시장에서 경쟁력을 획득하게 된다. 이는 특정국의 상품을 정치적 이유로 선호하거나 유통을 제한하는 것이 아니라, 경제적 효율성에 따라

시장에서 선택이 이루어지도록 보장하는 것이다. 둘째, 최혜국대우는 관세양허의 가치를 보호하고 그 효과를 다자무역체제 전반에 일반화시키는 기능을 수행한다. 전반적인 관세 수준을 낮추고 무역장벽을 허물어 수출 확대에 기여하게 되므로 전체적으로 무역자유화를 촉진하는 결과를 가져오게 된다. 셋째, 최혜국대우는 교역체제의 안정성을 제고한다. 국가 간 경제적 혜택이 정치적 흥정의 도구로 사용되는 가능성을 줄이고, 차별적 정책이 국제적으로 적용되면서 발생할 수 있는 갈등을 완화한다. 다시 말해, 최혜국대우는 국가 간 차별적 대우로 인한 긴장과 반감을 예방하고, 상호 우호적인 국제관계를 수립하는 데 기여한다. 이는 단순히 경제적 차원을 넘어 정치적 안정성 확보에도 중요한 역할을 수행한다.

(2) GATT 제 I 조 제 1 항의 해석

GATT 제I조 제 1 항은 체약당사국 상호 간에 최혜국대우를 부여할 것을 의무화하고 있다. 이는 자유무역과 비차별원칙에 기초하여 세계무역의 균형적 발전을 도모하기 위한 기본 규정으로서, GATT체제 전체의 근간을 이루는 조항이다. 조문은 매우 포괄적이고 추상적인 형태로 규정되어 있으며, 그 적용범위 또한 광범위하게 해석되고 있다. WTO 항소기구는 EC-Tariff Preferences 사건에서 제 I 조 제 1 항을 'GATT의 초석(cornerstone)'이자 'WTO 무역체제의 기둥 중 하나(one of the pillars of the WTO trading system)'라고 평가하였다.[4] 이는 최혜국대우 의무가 다자무역체제의 법적 구조 속에서 가지는 근본적 의미를 명확히 보여주는 표현이다.

다자무역체제 하에서 최혜국대우의 중요성은 전통적으로 의문의 여지가 없었으나, 최근 자유무역협정(Free Trade Agreement, FTA)과 지역무역협정의 확산은 최혜국대우 의무의 실효성에 대한 새로운 논쟁을 촉발시켰다. 2004년 Sutherland 보고서는 FTA의 만연 속에서 최혜국대우 의무가 'WTO의 기본 의무가 아닌 예외적 조치(exceptional treatment)'로 전락하였다고 지적한 바 있다.[5] 그러나 다수의 국제경제법학자들은 이러한 환경 변화에도 불구하고 최혜국대우 의무가 여전히 다자통상질서의 핵심적 의무로 기능하고 있다고 평가한다.

---

4) Appellate Body Report, European Comuunities-Conditions for the Granting of Tariff Preferences to Developing Countries, WT/DS246/AB/R (Apr. 7, 2004), para. 101.

5) The Future of the WTO: Addressing Institutional Challenges in the New Millennium, World Trade Organization (2004), para. 60.

제I조 제1항은 다음과 같이 규정되어 있다.

> "수입 또는 수출에 대하여 또는 수입 또는 수출과 관련하여 부과되거나 수입 또는 수출에 대한 지급의 국제적 이전에 대하여 부과되는 관세 및 모든 종류의 과징금에 관하여, 동 관세 및 과징금의 부과방법에 관하여, 수입 또는 수출과 관련된 모든 규칙 및 절차에 관하여, 그리고 제3조 제2항 및 제4항에 언급된 모든 사항에 관하여 체약당사자가 타국을 원산지로 하거나 행선지로 하는 상품에 대하여 부여하는 제반 편의, 호의, 특권 또는 면제는 다른 모든 체약당사자의 영토를 원산지로 하거나 행선지로 하는 동종 상품에 대하여 즉시 그리고 무조건적으로 부여되어야 한다."

이 규정은 특정 국가의 상품에 대하여 부여된 특혜나 면제가 있을 경우, 동일한 조건을 모든 다른 체약당사국의 상품에도 즉시 적용해야 함을 의미한다. 다시 말해, 최혜국대우 의무는 관세 · 과징금, 수출입 절차, 규칙 등 통상 관계 전반에서 제3국에 부여한 대우보다 불리하지 않은 대우를 모든 국가에 균등하게 부여하여야 한다.

GATT 제I조 제1항의 위반 여부를 판단하기 위해서는 다음의 네 단계 검토가 이루어진다. 구체적으로 ① 문제된 조치가 제I조 제1항의 적용 대상에 포함되는지, ② 해당 조치가 '편의, 호의, 특권 또는 면제'를 제공하는지, ③ 문제된 상품이 '동종상품(like products)'인지, ④ 부여된 편의 등이 원산지와 무관하게 즉시 그리고 무조건적으로 제공되었는지 여부이다.

첫째, 제I조 제1항의 적용 대상은 매우 폭넓게 해석된다. 조항은 수출입시 부과되는 관세 및 부과금, 수출입대금 지급에 대한 과징금, 징수 방법, 수출입과 관련된 모든 규칙 및 절차를 포함한다. 또한, 제III조 제2항과 제4항에 언급된 내국세, 국내 판매 · 운송 · 배포 · 사용에 관한 법률 등 역시 포괄한다. 최혜국대우 의무는 단순히 수입영역에 국한되지 않으며, 수출영역에도 동일하게 적용된다. 예컨대, 한국이 특정 상품에 대하여 일본으로의 수출에만 특혜를 부여한다면, 이는 최혜국대우 의무 위반이 된다.

둘째, '편의, 호의, 특권 또는 면제'라는 표현에 대한 주석이나 보충규정은 존재하지 않는다. 다만, EC-Bananas III 사건에서 패널은 편의(advantage)를 '더 유리한 경쟁기회를 부여하거나, 원산지가 다른 동종상품 간의 상업 관계에 영향을 미치는 조치'로 해석하였다.6) 따라서 경쟁 조건의 유불리에 영향을 주는 모든 조치가 최혜국대우 의무 위반 판단의 대상이 된다.

셋째, '동종상품(like products)'의 판단은 최혜국대우 의무의 적용에서 가장 핵심적인 요소이다. 일국이 특정 수입품이나 특정국으로의 수출품에 부여한 혜택은 모든 다른 회원국으로부터의 수입품 또는 다른 회원국으로의 수출품 중 동종상품에 동일하게 부여되어야 한다. 반면, 서로 다른 상품에 대해 상이한 관세율을 적용하는 것은 차별이 아니다. 결국, 동종성(likeness)을 어떻게 판단하느냐가 차별 판단의 핵심이 된다.

GATT에는 '동종상품'의 정의가 규정되어 있지 않다. 따라서 WTO 분쟁해결기구의 해석을 통해 그 의미를 확인할 수밖에 없다. 항소기구는 동종상품인지 여부의 판단은 본질적으로 상품들 간의 경쟁 관계의 성격과 범위(nature and extent of a competitive relationship)에 관한 판단이라고 보았다. 이러한 판단을 위해 패널은 사안별(case-by-case)로 모든 관련 기준과 요소를 검토하는데, 여기에는 다음 사항들이 포함된다. ① 상품의 속성, 성질, 품질 등 물리적 특성, ② 상품의 최종 용도(end use) – 즉 상품이 동일하거나 유사한 기능을 수행할 수 있는 정도, ③ 소비자의 기호와 습관 – 즉 소비자가 상품을 대체 가능하다고 인식하거나 동일한 기능 수행을 위해 사용할 의향이 있는 정도, ④ 상품의 관세분류(tariff classification) 등이 이에 해당한다. 아울러, 이러한 제III조와 관련된 판례법(case law)은 제 I 조 제 1 항에서의 '동종상품' 개념을 해석하는 데에도 참고될 수 있다고 보았다.

【 캐나다 – 규격목재 사건 】

캐나다는 일본이 수입 SPF 규격목재에 대해서는 8%의 관세를 부과하고, 다른 종류의 나무로 만든 규격목재는 무관세로 수입하는 것은 동종상품에 대해 동등대우를 규정한 GATT 제 I 조 제 1 항에 반한다고 하였다. 이는 SPF로 만들어진 규격목재와 다른 종류의 나무로 생산된 규격목재는 제I조 제 1 항에서 말하는 동종상품이라는데 기반을 둔 것이다. 반면 일본의 경우 규격목재는 반

6) Panel Report, European Communities–Regime for the Importation, Sale and Distribution of Bananas, WT/DS27/R/USA (May 22, 1997), para. 7.239 [이하 ' EC-Bananas Ⅲ 사건'].

가공된 제품으로 제재된 목재와 다르지 않다고 하면서, 제품이라는 것은 크기나 명목상 치수, 강도 등에서 속성이 변한다고 하였다. 뿐만 아니라 미국과 캐나다 규격목재가 여타 국가에서도 동일하게 적용되고 있지 않다고 하였다. 이러한 배경에서 일본은 관세율이라는 것이 수입의 필요성이나 관련 국내산업의 보호를 포함하는 해당 제품의 특별한 속성을 반영하여 설정된다고 하였다.

패널은 통일관세시스템과 다른 관세분류를 행하는 것이 각 체약당사국의 무역정책상의 이익, 보호적 필요나 관세협상의 필요 등에서 정당화될 수 있다고 보았다. 다만 그러한 차별이 남용될 수 있는 점과, 여러 국가에서 수입되는 동종상품간의 차별을 초래하여 관세혜택을 우회하는데 남용될 수 있는 점은 유의하여야 한다고 하였다. 캐나다가 주장하는 규격목재의 정의는 일본의 관세와는 무관한 것으로, 규격목재는 GATT 제 I 조 제 1 항에서 말하는 동종성 확인을 위한 적절한 기반이 되지 않는다고 보았다. 캐나다가 제품의 형태에 초점을 맞추었을 뿐, 다른 수종의 목재라도 동종상품으로 간주되어야 한다는 주장을 펼치지 않은 점도 고려되었다.

넷째, 부여된 편의가 원산지와 무관하게 즉시 그리고 무조건적으로 제공되었는지와 관련하여, '즉시'란 용어는 일 회원국 상품에 대한 혜택 부여와 다른 회원국의 동종상품에 대한 혜택 부여 간에 시간적 경과가 없어야 함을 의미한다. '무조건적'이란 용어의 의미는 '조건에 종속되지 않음(not subject to conditions)'을 의미하는 것으로,[7] 이익이나 혜택 등이 부여되는 경우 어떠한 조건도 부가되어서는 아니 된다.[8] GATT체제하에서 최혜국대우 의무는 자동적인 것이며, 조건 없이 적용되어야 한다.[9]

패널과 항소기구는 최혜국대우 의무 위반을 판단함에 있어 차별의 실질적 존재만을 입증하면 충분하다고 보았다. 즉 두 개의 수입 동종상품 간에 부여된 대우가 차별적임을 보여주는 것으로 족하며, 그 조치의 주관적 의도나 무역에 미친 실

7) Panel Report, Canada-Certain Measures Affecting the Automotove Industry, WT/DS139/R (Feb. 11, 2000), para. 10.29.

8) Petros C. Mavroidis, The General Agreement on Tariffs and Trade (Oxford, 2005), p. 120.

9) Claire Moore Dickson, GATT 1994: Fool's Goal?, St. John's Journal of Legal Community, Vol. 11 (1996), p. 263.

제 효과(trade effect)를 입증할 필요는 없다. EC-Bananas Ⅲ 사건에서 유럽공동체는 과거 식민지였던 일부 아프리카 국가의 바나나에 특혜를 부여하였고, 이에 미국과 에콰도르 등이 제소하였다. 패널과 항소기구는 EC가 특정국 상품에만 유리한 대우를 제공하여 다른 회원국의 동종상품에 불리한 경쟁 기회를 부여한 것만으로 제 I 조의 최혜국대우 의무에 위반된다고 판정하였다.[10)]

【 EC – 바나나 사건 】

에콰도르, 과테말라, 온두라스, 멕시코, 미국은 EC의 바나나 수입 · 판매 · 분배 제도가 ACP국가(아프리카, 카리브해 연안 및 태평양 지역 국가) 및 BFA국가(EC와 협정을 체결한 콜롬비아, 코스타리카, 베네주엘라, 니카라과)에 대해 특혜를 주는 것이라는 이유로 EC를 상대로 WTO에 제소하였다. ACP국이 아닌 국가들에 대해 상대적으로 높은 관세를 부과하고, 이들에 대해서만 바나나 수출확인서 발행을 요구하는 것은 GATT 제 I 조 제 1 항 등에 위반된다는 것이다.

패널은 ACP국산과 비ACP국산 바나나는 동종상품이고 비ACP국산 바나나에 낮은 관세가 동등한 조건으로 부과되지 않았으므로, ACP국 수입 바나나에 대한 관세특혜는 제 I 조 제 1 항에 반하는 것이라고 하였다. 패널은 중개업자 유형 규칙과 같은 EC의 수입허가절차는 GATT 제I조 제 1 항의 "수입과 관련된 규칙과 절차(rules and formalities in connection with importation)"에 해당한다는 입장이었다. 일부 국가로부터의 수입에 대해 규제적 이익을 주면서 다른 국가에는 허용하지 않는 것은 제 I 조 제 1 항 위반이라고 본 것이다. 제3국이나 비ACP국에 대해 허가절차를 요구하는 것은 실질적으로 더 많은 데이터를 요구하는 것이 되므로, 수출확인서 발행 같은 절차적 행정적 요건은 ACP국 생산자들에게만 이익이 주어졌을 수 있다고 보았다. 즉 수출발행서를 요구함으로써 ACP국과 다른 국가의 바나나 수입시 경쟁관계에 영향을 끼쳤다 할 수 있는 것으로, 이는 GATT 제 I 조 제 1 항에 위반된다고 하였다.

---

10) EC-Bananas Ⅲ 사건, para. 7.239.

【 인도네시아 – 자동차 사건 】

인도네시아는 설비소유, 상표권 사용, 기술과 관련하여 특정 기준을 충족한 모험기업 또는 국민자동차 회사에 관세와 내국세 면제를 부여하는 국민차프로그램을 법제화하였다. 이와 함께 인도네시아 정부가 규정한 일정 비율의 국산 부품을 사용하거나, 인도네시아인이 외국에서 생산한 국민차에 대해서도 관세 및 내국세를 면제하였다.

일본, EC, 미국은 인도네시아가 동 프로그램에 따라 자동차 및 부품에 대해 관세 및 내국세를 면제하는 것은 GATT 제 I 조 제 1 항 등을 위반한 것이라 주장하였다. 또한 해외 국민차 생산회사가 수입차 가격 대비 운송비 포함 인도조건(C&F) 기준으로 25% 이상 인도네시아산 부품을 구매하는 경우 20% 이상의 국산 부품을 사용하도록 하는 프로그램상의 요건을 충족하는 것으로 하였다. 25% 상응구매 요건을 둔 것은 조건을 단 것으로, 이는 사실상(de facto) 한국 자동차에만 적용되고 여타 WTO 회원국의 동종상품에는 적용되지 않은 것이므로, 제 I 조 제 1 항이 규정하는 이익(advantage)을 특정국에만 부여하는 것이라 하였다.

항소기구는 한국산 자동차와 자동차 부품은 여타 WTO 회원국의 자동차 자동차부품과 물리적 특성 및 최종용도에서 동종상품으로 인정하였고, 인도네시아 스스로 국민차에 사용되는 수입 부품이 특이한 것은 아니라 하였을 뿐 아니라 관세와 내국세 면제가 부품의 물리적 특징에 기반한 것도 아니다. 이런 관점에서 어떤 법률이 동일한 상품에 불리한 대우를 부여한다면 해당 법률은 GATT 제 I 조를 위반한 것이다.

국민차프로그램의 목적과 구조는 다른 회원국의 동종상품에 대해 높은 내국세와 관세를 부과하도록 하는 것이다. 수입되는 국민차의 경우 관세와 내국세가 없는 반면, 여타 완성차에 대해서는 200%의 관세와 부과되고 여타 회원국으로부터 수입되는 동종자동차에는 35%의 내국세가 부과된다. 그런 차이가 발생하는 이유는 국민차를 생산하는 수출회사와의 거래가 PT TPN에 의해 이루어졌는가 하는 점이다. 그리고 국민차프로그램의 인증이 한국에서 생산된 기아자동차의 규격과 동등하게 규정되고 있다는 점이다. WTO체제하에서 회원국의 권리는 사적 계약상 의무에 따라 달라지거나 조건이 붙거나 영향받아서는 아니된다. 이러한 조건이 있다면 일국의 상품에 부여되는 관세나 내국세상의 혜택은 다른 회원국 동종상품에 즉시 무조건적으로 부여되어야 한다는 GATT 제Ⅰ조에 반하는 것이다. 부품에 대한 것도 동일한 논리가 적용된다. 이러한 이유에서 완성차 수입과 부품 수입에서 국민차에 대한 관세나 내국세의 혜택이 차별적으로 적용되는 것은 GATT 제Ⅰ조 위반이다.

항소기구는 EC-바나나Ⅲ 사건을 인용하여, GATT 제Ⅰ조 위반이 되기 위해서는 동 조가 규정하고 있는 형태의 이익이 존재하고, 그러한 이익이 모든 WTO회원국의 동종상품에 무조건적으로 부여되지 않았음이 확인되어야 한다고 하였다. 이런 관점에서 항소기구는 해당 내국세와 관세가 제Ⅰ조가 규정하고 있는 이익에 해당하는지 여부, 그 이익이 모든 동종상품에 무조건적으로 적용되었는지를 검토하였다. 인도네시아 국민차프로그램은 법제에 해당하는 것으로, 이에 따른 세금 혜택은 GATT 제Ⅰ조 제1항에서 언급한 GATT 제Ⅲ조 제2항과 제4항에 관한 것이 되어 GATT 제Ⅰ조 적용 대상에 해당한다. 즉 법제에 따른 세금 차별은 GATT 제Ⅲ조 제2항에 해당되는 사항이므로, GATT 제Ⅰ조에 위반된다.

(3) 예외

최혜국대우를 지지하는 정책과 법적 의무가 있음에도 불구하고, 국제적 무역관행은 최혜국대우와 다른 경우가 많이 있다. 실제로 전세계 무역량의 25%가 최혜국대우와는 달리 차별적 형태로 이루어지고 있다고 추산된다.[11]

첫 번째로 들 수 있는 것은 Commonwealth국가 간의 특혜제도이다. GATT는 영연합지역, 프랑스동맹지역, 베네룩스관세동맹지역, 미국과 관련된 지역, 칠레와 그 인접지역, 레바논 및 시리아와 그 인접지역에 대하여는 특혜관세가 적용됨을 인정하고 있다.[12] 이것은 GATT 성립 이전부터 구 종주국과 식민지간, 특정국 또는 지역간에 적용된 특별히 유리한 관세제도나 기존의 경제블록의 내부에 적용되는 것은 폐지하기 어려운 까닭에 예외적으로 인정한 것이다.

두 번째 예외는 관세동맹, 자유무역지대, 국경무역에 관한 경우이다.[13] 이러

11) John H. Jackson, The World Trading System (The MIT Press, 1998), p. 163.

12) GATT 제Ⅰ조 제2항.

13) GATT 제XXⅣ조.

한 예외가 인정되는 이유는 일부 국가간 무역에 대한 제한을 완전히 제거하는 무역체제를 통하여 전세계의 복지를 향상시킬 수 있다는 정책과, 인접국간의 국경무역에 대한 특별한 제도라는 역사적 선례에 따른 것이다. 이것은 실질적 무역자유화에 대한 대가로서 그러한 특혜를 인정해 주는 것이다.[14] 관세동맹의 경우 구성국간의 무역관계에서는 관세나 기타 제한을 폐지하고, 외부 국가와의 관계에서는 구성국들이 동일한 관세나 기타 제한을 적용하는 것이다. 자유무역지대는 역내 국가간에 관세나 기타 제한을 폐지한다는 점에서는 관세동맹과 동일하나, 대외적 관계에서는 보조를 맞추지 아니하고 독자적 관세나 기타 제한을 적용한다는 점에서 차이가 있다. 국경무역은 국경지역의 주민이 국경을 넘어 일상생활에 필요한 소규모 거래를 행하는 경우를 말한다. 이들 3가지 경우에는 최혜국대우를 적용하지 않고, 그들간의 특수한 상황을 인정하게 된다. 예컨대 자유무역지대를 구성하는 국가에 대하여 외부의 제 3 국이 최혜국대우를 이유로 구성국 간에 적용되는 무관세를 요구하는 것은 인정되지 아니한다.

세 번째로는 개발도상국에 대한 특혜제도를 들 수 있다. 개발도상국의 경제개발을 돕기 위하여 선진국이 개발도상국 물품에 대하여 최혜국대우에 따른 관세율보다 낮은 관세율을 적용하는 경우가 있다. 처음에는 품목별로 특혜를 부여하였으나, 차츰 일반특혜제도(Generalized System of Preferences: GSP)로 발전하였다. 1964년 UN무역개발회의에서 일반특혜제도가 제안된 이후, 1971년 6월에 들어 GATT 제XXV조 제 5 항에 기초한 의무면제로서 10년간 일반특혜제도가 채택되었다. 그 후 1977년의 동경라운드에서는 소위 授權條項(또는 合法化條項; enabling clause)[15]을 채택하여, GSP를 상설적 제도로 변경하였다. 일반특혜제도는 일반적으로 개발도상국이나 경제적 수단이 부족한 국가에게 그들이 언제 어느 때 협상을 하건 가장 좋은 무역상태에서 자유롭게 그 이익을 받을 수 있도록 담보해 주는 것이다. 이와 같은 수권조항은 그 지위가 명백하지 않음에도 불구하고, WTO에서도 계속되는 것으로 추정된다.[16]

---

14) John H. Jackson, *op. cit.*, p. 165.

15) 정식 명칭은 '차별적 특혜대우, 호혜주의, 개발도상국의 더 완전한 참여에 관한 양해각서(Understanding on Differential and More Favorable Treatment, Reciprocity, and Fuller Participation of Developing Countries)'이다.

16) John H. Jackson, *op. cit.*, p. 164.

그 외에도 GATT 제XIX조 특정상품에 대한 긴급조치, GATT 제XX조 일반적 예외규정, GATT 제XXXV조 특정 체약국간의 비적용조항도 최혜국대우의 예외가 될 수 있다. 그리고 WTO체제하에서 분쟁해결규칙에 따라 인정되는 대응조치도 최혜국대우와 무관하게 적용될 수 있다.

서비스무역에 관한 일반협정(GATS)은 회원국이 부속서에 명시한 경우 최혜국대우에 관한 일정한 예외와 면제를 인정하고 있다.17) 동 협정은 예외가 인정될 수 있는 여건에 대하여 아무런 제한도 두고 있지 않다. 이러한 예외를 인정한 것은 협상 이전에 이미 회원국 상호 간 존중하기로 약속한 특별한 권리가 존재하고 있었기 때문이다. 무역관련지식재산권협정(TRIPS)의 경우에도 WTO 설립 전에 발효된 지식재산권 관련 조약으로부터 발생하는 대우와, 세계지식재산권기구(WIPO)의 주관하에 체결되는 다자조약에서 규정된 절차에는 최혜국대우원칙이 적용되지 않는다.

2. 내국민대우 의무

(1) 개념

GATT 제Ⅲ조에 규정되어 있는 내국민대우도 최혜국대우와 같이 비차별을 확보하기 위한 제도로서 외국상품이 자국 내로 수입되면 동종의 국내상품보다 불리한 대우를 받지 아니하도록 요구한다.

최혜국대우가 다른 국가들 간에 동등한 대우를 요구하는 것인 반면, 내국민대우는 일단 관세를 납부하고 반입절차를 마친 수입상품과 국내상품의 동등한 대우를 요구하는 것이다. 이와 같이 내국민대우는 최혜국대우와 결합하여 모든 회원국에게 혜택을 공정하게 확산시키는 것이다.18) 국가에 따라서는 WTO체제하에서 인정되는 관세나 과징금 이외에, 내국세나 기타 국내 법규를 통하여 국내상품을 보호하고 국내상품을 우선적으로 사용하도록 하는 정책을 시행하기도 한다. 이러한 차별적 대우를 배제하여 수입상품과 국내상품을 평등하게 대우함으로써, 양자간 경쟁조건을 동등하게 확보하려는 것이 내국민대우 의무이다. 환언하면, 보호주의적 목적에서 취하는 내국세나 규제정책을 방지하기 위한 것이 내국민대우 의무이다.

---

17) GATS 제 2 조 제 2 항.

18) Claire Moore Dickson, *op. cit.*, p. 263.

(2) GATT 제Ⅲ조의 해석

GATT 제Ⅲ조는 내국민대우 의무를 규정한 조항으로, 수입상품이 국내상품보다 불리한 대우를 받지 않도록 보장하는 핵심 규범이다. 이 조항은 내국세를 포함한 국내조치(internal measures)에만 적용되며, 국경조치(border measures)에는 적용되지 않는다.[19] 제Ⅲ조는 총 10개의 항으로 구성되어 있으나, 그중에서도 제 1 항, 제 2 항, 제 4 항이 내국민대우 의무의 해석과 적용에 있어 중심적 역할을 한다.

나머지 조항들은 특정 조치에 대한 내국민대우의 세부사항을 규정하고 있다. 예를 들어, 제 5 항은 국내산 상품의 수량적 제한, 제 7 항은 수입산 상품 간의 수량적 제한을 금지하고 있다. 상품의 혼합, 가공, 사용과 관련하여 국내산을 일정량이나 일정 비율로 사용하도록 요구하는 수량제한을 유지하거나 확립할 수 없고,[20] 이는 국외 공급원 간에도 적용되어 물량이나 비율에 제한을 두어서는 아니된다.[21] 제 8 항은 정부용 상품조달을 위한 법규나 요건, 국내생산자에게만 사용되는 보조금 지급의 경우 제Ⅲ조의 내국민대우 규정이 적용되지 않음을 밝히고 있다. 내국민대우 규정은 상업적 재판매나 상업적 판매를 위한 상품 생산에 사용하지 않는 정부용 목적으로 정부기관이 구매하는 상품의 조달을 규제하는 법률, 규칙, 요건에는 적용되지 아니한다. 이에 합치하여 부과하는 내국세 또는 내국과징금에 의한 수입과 국내상품의 정부구매에 의하여 생기는 보조를 포함하여 국내 생산자에게만 사용되는 보조금 지불에는 적용되지 않는다. 제10항은 인화된 영화 필름에 관한 예외를 규정하고 있다. 인화된 영화필름에 관한 것으로 GATT 제Ⅳ조에서 정한 요건을 충족하는 국내 수량적 규칙을 설정 유지하는 경우는 내국민대우 규정이 적용되지 않는다.

제Ⅲ조 제 1 항은 내국민대우의 기본원칙을 선언하고, 제 2 항은 재정적 조치와 관련된 내국민대우 의무를, 제 4 항은 비재정적 조치와 관련된 내국민대우 의무를 규정하고 있다. 아래 구체적으로 살펴보기로 한다.

---

19) 앞서 살펴본 바와 같이, 최혜국대우를 규정하고 있는 GATT 제Ⅰ조는 국내조치와 국경조치에 모두 적용된다.

20) GATT 제Ⅲ조 제 5 항.

21) GATT 제Ⅲ조 제 7 항.

(가) 제1항: 내국민대우 의무의 기본 원칙

제1항은 다음과 같이 규정되어 있다.

"체약국은 내국세, 기타 내국부과금과 상품의 국내판매, 판매를 위한 제공, 구매, 수송, 분배 또는 사용에 영향을 끼치는 법률, 규칙 및 요건 그리고 특정한 수량 또는 비율에 의한 상품의 혼합, 가공 또는 사용을 요구하는 내국의 수량규제가 국내생산을 보호하기 위하여(so as to afford protection) 수입상품 및 국내상품에 대하여 적용하여서는 안 된다(should not)는 것을 인정한다(recognize)."

즉 제1항은 WTO 회원국이 수입품에 대해 부과하는 국내조치가 자국 산업을 보호하는 방향으로 적용되어서는 안 된다는 점을 '인정(recognize)'하고 있다. 그러나 제1항은 법적 구속력을 가지는 규정이라기보다는, 내국민대우의 기본 원칙을 선언한 조항으로 이해된다. 이는 조문 상 'shall'이 아닌 'should'라는 어구를 사용하고 있고, '인정한다(recognize)'라는 표현 또한 도덕적 의무를 의미하기 때문이다. 제Ⅲ조 제2항 제2문에서 제1항을 '원칙(principle)'이라 지칭하고 있는 점 역시 이를 뒷받침한다. 따라서 제1항은 법적 구속력을 가지는 의무 조항이라기보다는, 내국민대우의 해석과 적용에 있어 지침적 성격을 가지는 기본 원칙에 해당한다.

(나) 제2항: 재정적 조치와 관련한 내국민대우 의무

제2항은 내국세 및 재정적 조치와 관련된 내국민대우 의무를 구체적으로 규정한다. 제2항은 두 개의 문장으로 구성되어 있으며, 그 내용은 다음과 같다.

"다른 체약국의 영역 내에 수입된 체약국 영역의 상품에 대하여는 동종의 내국상품에 직접 또는 간접으로 부과되는 내국세 또는 기타 모든 종류의 내국부과금을 초과하는(in excess of) 내국세 또는 기타 모든 종류의 내국부과금을 직접 또는 간접으로 부과하여서는 아니된다(shall not). 또한, 체약국은 본조 제1항에 규정된 원칙에 위배되는 방법으로 내국세 또는 기타 내국부과금을 수입상품 또는 국내상품에 부과하여서는 아니된다."

즉 제2항은 수입상품에 대하여 동종의 내국상품보다 높은 내국세나 부과금을 적용해서는 안 된다는 점을 명시한다. 이는 내국세나 기타 내국부과금과 같은 재정적 조치를 대상으로 하는 조항으로, 제 1 항과 달리 "shall"이라는 표현을 사용함으로써 법적 구속력을 명확히 가진다.

제 2 항과 관련하여 GATT 부속서 Ⅰ의 주해(Ad Article Ⅲ, Paragraph 2)는 다음과 같이 규정하고 있다.

> "제 2 항 첫 번째 문장의 요건에 합치되는 조세는 과세된 상품을 일방으로 하고 유사하게 과세되지 아니한 직접적으로 경쟁적이거나 대체가능한 상품을 타방으로 하여 양자 간에 경쟁이 수반된 경우에만 두 번째 문장의 규정에 불합치되는 것으로 간주된다."

이는 과세된 상품과 직접적으로 경쟁하거나 대체가능한 상품 간에 유사하게 과세되지 않은 경우, 제 2 항 제 2 문 위반이 성립할 수 있음을 의미한다. 즉 제 2 항은 동종상품뿐만 아니라 직접경쟁 또는 대체가능한 상품(directly competitive or substitutable products)에 대한 차별적 과세도 내국민대우 의무 위반으로 본다.

정리하면, 제 2 항 제 1 문은 '동종상품(like products)' 간의 과세 차이를, 제 2 항 제 2 문은 '직접경쟁 또는 대체가능한 상품' 간의 과세 차이를 각각 문제 삼는 규정이다. 제 2 항 제 1 문은 어떠한 조세율 차이도 허용하지 않는 반면, 제 2 항 제 2 문은 최소허용기준(de minimis level)을 넘지 않는 미소한 과세율 차이는 허용한다. 다만, 제 2 항 제 2 문에서는 제 1 항에 제시된 '이러한 조세 차이가 국내산업을 보호하기 위한 것인지 여부'가 추가적인 판단 요소로 작용한다.

'조세의 차이가 국내산업을 보호하기 위한 것인지 여부'와 관련하여, Japan-Alcoholic Beverages 사건에서 항소기구는 '보호주의적 목적'의 존재는 조치의 구도(design), 구성(architecture), 드러난 구조(revealing structure)를 통해 식별할 수 있다고 판시하였다.[22] 특히, 세액의 현저한 차이 자체가 국내 산업 보호 목적을 드러내는 지표로 작용할 수 있다고 판단하였다.

'직접경쟁 또는 대체가능한 상품'의 개념은 '동종상품'보다 더 넓은 범위를 포함한다. 비교가 되는 상품간에 완전한 동일성에 이르지 않더라도 일정한 정도의 호환성과 대체성을 가지는 상품을 의미한다고 볼 수 있다.

---

22) Appellate Body Report, Japan-Taxes on Alcoholic Beverages, WT/DS11/AB/R (Oct. 4, 1996), p. 29 [이하 'Appellate Body Report on Japan-Alcoholic Beverages'].

물론, 해당 개념은 GATT에 규정되어 있지 않아 WTO 분쟁해결기구의 해석을 통해 그 의미를 확인할 수밖에 없다. 첫째, Canada-Periodicals 사건에서 항소기구는 '직접경쟁 또는 대체가능'이란 '완전한 대체가능성(perfect substitutability)'을 의미하지 않는다고 판시하였다.[23] 완전한 대체가능성이 존재한다면 오히려 이는 동종상품에 해당한다는 것이다. 둘째, Korea-Alcoholic Beverages 사건과 Philippines-Distilled Spirits 사건에서 패널과 항소기구는 '직접경쟁 또는 대체가능한 상품'에는 '현재의 경쟁 관계'뿐 아니라 '소비자의 수요에 의한 잠재된 경쟁 관계'도 포함된다고 보았다.[24] 셋째, 소비자의 기호와 인식 또한 중요한 참고 요소로 작용한다. 두 상품이 소비자의 특별한 기호나 수요를 충족시키며 대체될 수 있다고 소비자가 인식한다면, 비교되는 상품은 직접경쟁 또는 대체가능한 관계에 있다고 볼 수 있다. 이러한 판단은 상품의 물리적 특성, 최종용도, 소비자 기호, 유통경로, 판매지점, 가격 등을 종합적으로 고려하여 이루어진다. 다만, 소비자 인식이 결정적 판단기준이 되는 것은 아니다. 넷째, 시장 여건 역시 고려 대상이다. Japan-Alcoholic Beverages 사건에서 패널은 늘 사용하던 제품의 가격 인상으로 다른 상품으로 대체가 가능한지 등 교차가격탄력성(cross-price elasticity)을 검토하였다.[25] 다섯째, 관련이 있다면 다른 시장에서의 경쟁 상황도 고려할 수 있다고 보았다.

동종상품은 직접경쟁 또는 대체가능 상품의 부분집합이므로, 모든 동종상품은 개념상 직접경쟁 또는 대체가능 상품이 된다. 동종상품의 의미는 좁게, 직접경쟁 또는 대체가능 상품은 보다 넓게 해석한 것이다. 완전히 대체가능한 상품은 제Ⅲ조 제 2 항 제 1 문의 범위에 속하지만, 완전성이 떨어지는 대체가능 상품은 제Ⅲ조 제 2 항 제 2 문에서 다루어져야 한다.

'동종성'은 내국민대우의 핵심적 잣대로, 이를 판단하는 기준과 관련하여서는 두 가지 입장이 있다. 그 하나는 두 상품의 동종성 여부는 물리적 유사성, 관세 분

23) Appellate Body Report, Canada-Certain Measures Concerning Periodicals, WT/DS31/R (June 30, 1997), p. 28.

24) Appellate Body Report, Korea-Taxes on Alcoholic Beverages, WT/DS75/AB/R (Jan. 18, 1999), para. 115 [이하 'Appellate Body Report on Korea-Taxes on Alcoholic Beverages']; Appellate Body Report, Philippines-Taxes on Distilled Spirits, WT/DS403/AB/R (Dec. 21, 2011), para. 226.

25) Appellate Body Report on Japan-Alcoholic Beverages, p. 25.

류, 소비자의 기호, 최종용도 등과 같은 네 가지 요소에 의해 판단되어야 한다는 입장이다. 다른 입장은 소위 '의도효과기준(aims-and-effects test)'을 따르는 것으로, 동종성의 결정은 해당 조치의 규제적 목적을 고려하여야 한다는 견해이다.[26] 전통적으로 GATT 패널은 동종성 문제를 상기 네 가지 요소를 통해 사례별로 검토하여 왔다. 해당 시장에서 상품의 최종용도, 국가마다 다를 수 있는 소비자의 기호나 습관, 상품의 특성이나 본질 및 품질, 상품의 관세 분류의 4가지를 판단 요소로 삼아 왔다. 이러한 기준은 1970년 국경과세조정보고서(Working Party Report in Border Tax Adjustment)에서 시사된 것이다.[27]

1990년대 초반에는 의도효과기준이 주류로서, 일부 GATT 패널의 결정도 이를 따르는 경향이었다.[28] 의도효과기준은 미국의 알코올음료와 몰트음료에 대한 조치와 관련한 1992년의 GATT 패널 결정에서 채택되었다. 이 사건에서 패널은 차별받는 두 상품이 동종상품인가를 결정하기 위해서는 해당 차별이 국내상품을 보호하기 위하여 부여된 것인가를 검토하는 것이 필요하다고 함으로써, 의도효과기준의 기초를 제공하였다.[29] 그러나 근자에 들어서는 의도효과기준을 취하지 않는 경향에 있고, 이러한 입장은 Japan-Alcoholic Beverages 사건에서 나타나게 되었다. 이 사건의 패널은 의도효과기준은 GATT 제Ⅲ조 제 2 항의 문구와 일치하지 않는다고 하여 배척하였고, 이러한 입장은 항소기구에 의해서도 지지되었다. 항소기구는 패널의 동종성 결정은 항상 개별 사안에 따른 재량적 판단이 불가피하며, 한 가지 판단 방법이 모든 사례에 적용될 수 없다고 하였다. 즉 무엇이 동종인가에 대하여 명확하고 절대적인 정의를 내릴 수 없다는 것이다.

【 일본 - 주세법 사건 】

1. 사실관계

1995년 9월 27일 EC는 동년 6월 21일 요청한 일본과의 협의가 실패하자,

26) Gaetan Verhoosel, National Treatment an WTO Dispute Settlement (Oxford, 2002), p. 23.
27) *Ibid.*, p. 24.
28) *Ibid.*, p. 23.
29) Panel Report (GATT), United States-Measures Affecting Alcoholic and Malt Beverages, DS23/R-39S/206 (June 19, 1992), para. 5.25.

WTO 분쟁해결기구에 패널설치를 요청하였다. EC는 보드카 · 진 · 럼 · 제네버(genever) 등의 화주(spirits)와 위스키 및 브랜디가 일본의 소주와 동종상품이라는 것과, 이 4가지 상품에 대하여 일본이 소주에 대한 세금을 초과하여 부과한 것은 GATT 제Ⅲ조 제 2 항 1문 위반이라고 주장하였다. 캐나다도 위스키 · 브랜디 · 기타 증류주 · 리큐르와 소주는 직접경쟁 관계에 있고, 일본이 이들에 대해 소주보다 고율 과세하는 것은 GATT 제Ⅲ조 제 2 항 2문의 의무를 위반한 것이라고 하였다. 미국은 백색과 갈색 화주는 GATT 제Ⅲ조 제 2 항 1문상 동종상품이므로, 일본이 소주와 화주에 대하여 차등 과세하는 것은 GATT 제Ⅲ조 제 2 항 1문에 위반한다고 주장하였다. EC는 1986년에 이미 일본 주세법이 내국민대우원칙 위반을 이유로 GATT에 제소한 바 있고, 1987년 GATT 패널 보고서는 일본 주세법이 GATT 제Ⅲ조 내국민대우원칙을 위반한 것이라고 결정하였다. 이에 따라 일본은 1989년과 1994년 주세법을 개정하였으나, EC와 캐나다 및 미국은 개정된 일본 주세법에 의해서도 차별적 과세가 있다고 주장한 것이다.

이에 대하여 일본은 이러한 과세체계가 GATT 제Ⅲ조 위반이 아니라고 주장하였다. 일본은 주세법상 조세를 분류하는 것은 국내 생산품을 보호하려는 것이 아니며, 그러한 효과가 발생하지도 않는다고 주장하였다.

2. 패널의 결정

제Ⅲ조 제 2 항 1문의 동종상품과 2문 주의 직접경쟁 또는 대체가능 상품은 구별되는 것으로, 동종상품은 좁게 해석하여야 한다고 하였다. 동종상품의 정의에 비추어 볼 때, 동종상품은 모두 직접경쟁 또는 대체가능 상품이 되나, 직접경쟁 또는 대체가능 상품은 반드시 동종상품이 되는 것은 아니라는 것이다. 따라서 어떤 상품이 동종상품인가 아니면 직접경쟁 또는 대체가능 상품인가의 결정은 사안별로 판단하여야 한다고 하였다. 직접경쟁 또는 대체가능 여부를 판단하기 위한 결정적인 기준은 대체탄력성에 의해 나타나는 공통의 최종용도에서 구하고, 동종상품의 판단에 있어서는 공통의 최종용도 외에 동일한 물리적 특성 여부도 보아야 한다고 하였다. 그러나, 동종상품과 직접경쟁 또는 대체가능 상품을 확연하게 구별하는 것은 자의적인 결정이라고 하였다.

이러한 논거에서 소주와 보드카는 알콜 도수에 차이가 있으나, 제조상 거의 동일한 물리적 특성을 가지고 있으므로 동종상품으로 보아야 한다고 하였다. 그 외에 1987년 일본 알콜 패널의 보고서가 소주와 보드카는 동일한 원료를 사용하고 최종용도가 사실상 동일하므로 동종상품으로 분류될 수 있다고 한 결정을 감안하였다. 1996년의 HS분류(Harmonized System of Tariff Classification; 통일관세분류)에 소주와 보드카가 다른 항목으로 분류되어 있는 것과는 별개로 일본은 관세양허표에서 소주와 보드카에 동일한 관세를 적용하는 것으로 되어 있으므로, 소주와 보드카는 동종상품으로 판단하였다. 그리고 소주와 위스키 · 브랜디 · 럼 · 진 · 리큐르는 직접경쟁 또는 대체가능 상품으로, 일본은 이들에 대해 유사하게 과세하지 않음으로써 GATT 제III조 제 2 항 2문을 위반하였다고 평결하였다. 이에 따라 분쟁해결기구는 주세법을 GATT 1994상의 의무에 합치시킬 것을 요청하였다.

3. 항소기구의 결정

(1) 제 3 조 제 2 항 1문

(가) 동종상품성 여부

제Ⅲ조 제 2 항 2문은 제 1 문에서 규정된 동종상품이 아닌 보다 넓은 카테고리의 상품, 즉 직접경쟁 또는 대체가능 상품을 규정한 것이다. 특히 국내상품을 보호하기 위하여 직접경쟁 또는 대체가능 상품에 유사하게 과세되지 않은 경우, 동 조 위반임을 강조하고 있는 것이다. 따라서 제 3 조 제 2 항 1문의 동종상품을 좁게 해석하여야 하고, 얼마나 좁게 해석할 것인가는 개별 사안의 각 과세조치를 별도로 검토하여 결정하여야 한다.

동종 또는 유사 상품(like or similar products)의 개념에 관하여는 1970년 국경세조정(Border Tax Adjustment)에 대한 GATT 작업단의 보고서에 나와 있는 기준이 대부분의 사례에서 되풀이되었다. 동종상품이란 주어진 시장에서 상품의 최종용도, 소비자의 기호와 습관, 상품의 특질 · 본질 · 품질이 기준이 된다고 하였다. 그러나 무엇이 동종인가에 대한 명확하고 절대적인 유일의 정의가 없으므로, 각 사안에서 동종성을 결정함에 있어 패널은 그들의 최선의 판단을 적용하여 결정할 수 있다. 항상 개별적 재량적 판단을 행하게 되는 것이다. 따라서 패널이 밝힌 바와 같이 동종상품과 직접경쟁 또는 대체가능 상품의 차이를 구별한 것은 자의적 결정이라는 판단은 잘못된 것으로 보았다. 오히려 개별 사안에서 상품의 다양한 특성을 고려하는 데 재량적 결정이 이루어져야 한다고 하였다. 패널은 이 사안에서 소주와 보드카가 제Ⅲ조 제2항 1문의 목적상 동종상품이라고 결정하였는데, 항소기구는 보드카가 1문에 따른 동종상품이든 2문에 의한 직접경쟁 또는 대체가능 상품이든 이 사안의 실질적 결과에 영향을 끼치는 것은 없다고 하였다.

관세 분류는 이전에 채택된 패널보고서에서 동종상품을 결정하는 기준으로 사용되어 왔는데, HS(Harmonized System)에 기초를 둔 통일관세품목분류는 GATT 1947 관행상 상품의 동종성을 확인하는 유용한 근거를 제공하는 것으로서 인정되어 왔다. 그러나 관세품목분류와 GATT 1994 제Ⅱ조하의 WTO 회원국이 만든 관세양허간에는 주요한 차이가 있다. 관세양허는 매우 넓은 것이어서 상품의 동종성에 대한 판단기준으로 사용하는 것은 위험하다고 본 것이다. 관세양허는 상품의 유사성을 의미하는 것이 아니라 WTO 회원국간 협상된 양허의 결과를 표시할 뿐이므로, 관세양허는 제Ⅲ조 제2항 상품의 동종성을 판단하는 결정적 기준이 아니라고 하였다.

이와 같이 항소기구는 패널보고서의 법적 근거에 대하여 이러한 수정을 덧붙여 동종상품의 나머지 모든 측면과 관련하여 패널의 법적 결론과 결정을 인정하였다.

(나) 초과 과세 여부

수입품에 대한 과세가 국내 동종상품의 과세를 초과하여 부과된 경우는 제Ⅲ조를 위반한 것이다. 그 초과분이 아주 적은 양이라도 문제가 된다. 제Ⅲ조 제2항 1문에 규정된 차별적 과세의 금지는 무역효과의 평가에 대한 조건부가 아니며, 최소기준에 의해 합치되는 것도 아니다. 요컨대 주세법은 소주에 대하여 부과하는 세금을 초과하여 보드카에 세금을 부과하였음이 명백한 것으로, 제Ⅲ조 제2항 1문을 위반하였다.

(2) 제Ⅲ조 제2항 2문

(가) 직접경쟁 또는 대체가능 여부

수입상품과 국내상품이 제Ⅲ조 제2항 1문의 해석상 동종상품이 아니라 할지라도, 그 본질상 관련된 시장에서의 경쟁조건에 따라 제Ⅲ조 제2항의 보다 넓은 카테고리인 직접경쟁 또는 대체가능 상품에 속할 수 있다고 하였다. 직접경쟁 또는 대체가능 상품의 범위에 대한 해석은 해당 사례에서 패널이 모든 관련 사실에 기초하여 결정하게 된다. 동종상품에서와 같이 직접경쟁 또는 대체가능 상품의 적절한 범위의 문제는 사안별 토대(case-by-case basis) 위에서 행하여져야 한다.

항소기구는 패널이 직접경쟁 또는 대체가능 상품 여부와 관련하여 물리적 특성·최종용도의 공통성·관세분류·시장여건(market place)을 볼 필요가 있다고 한 점과, 대체탄력성에 의한 최종 용도의 공통성을 결정적 기준으로 본 점을 수용하였다.

(나) 과세의 유사성 여부

제Ⅲ조 제2항 2문 주의 '유사하게 과세되지 않은(not similarly taxed)'이라는 것과 1문에 규정된 '초과하여(in excess of)'라는 구문은 동일한 것이 아니라고 하였다. 즉 제Ⅲ조 제2항 1문은 동종상품에 대한 과세를 초과하는 것을 문제 삼는 것이고, 2문 주해는 직접경쟁 또는 대체가능 상품에 대하여 유사하게 과세하지 않는 것을 대상으로 하는 것이다. 따라서 어떤 사례에서 국내 동종상품에 대한 과세를 초과하지만, 직접경쟁 또는 대체가능 수입품과 국내상품이 유사하게 과세된 것으로는 볼 수 있는 과세가 있을 수 있다. 이러한 상이한 과세가 유사하게 과세되지 않은 것으로 간주되기 위해서는 최소허용기준(de minimis) 이상이어야 하고, 그 충족 여부는 사안별로 검토하여야 한다고 하였다.

(다) 보호적 목적 여부

직접경쟁 또는 대체가능 상품이 보호를 부여하기 위하여 유사하게 과세되지 않았는가를 결정하여야 한다. 이것은 의도의 문제가 아니라 적용의 문제라고 하였다. 1987년 일본 알콜사건의 패널은 양주보다 소주에 낮은 세율을 적용한 것은 국내상품에 보호를 부여하는 무역왜곡 효과를 가진다고 결정하였다. 해당 조치의 의도를 확인하는 것은 쉽지 않지만, 보호적 적용 여부는 디자인, 구성, 해당 조치의 표출구조 등으로부터 식별될 수 있다. 패널은 직접경쟁 또는 대체가능 상품이 유사하게 과세되지 않았다면, 그리고 과세가 국내상품에 유리한 것이 확인된다면, 보호주의가 해당 상품에 부여된 것으로서 제Ⅲ조 제2항 2문에 위반되는 것이라고 하였다. 이는 유사하지 아니한 과세가 보호적인 것인가를 결정하기 위하여 과세의 비유사성이 최소치 이상임을 확인하는 것으로 족하다고 본 것이다.

이와 같이 항소기구는 보호적 목적과 유사하지 않은 과세라는 요건을 별도로 분석하지 않은 패널의 해석은 잘못이라 지적하면서도, 일본 주세법이 제Ⅲ조 제 2 항을 위반하였다는 결론에는 동의하였다.

(다) 제 4 항: 비재정적 조치와 관련한 내국민대우 의무

비재정적조치와 관련한 내국민대우 의무는 GATT 제Ⅲ조 제 4 항에서 규정하고 있는데, 이는 다음과 같다.

> "다른 체약당사자의 영토내로 수입되는 체약당사자 영토의 상품은 그 국내판매, 판매를 위한 제공, 구매, 운송, 유통 또는 사용에 영향을 주는 모든 법률, 규정, 요건에 관하여 국내원산의 동종 상품에 부여되는 대우보다 불리하지 않은 대우를 부여받아야 한다…"

즉 상품이 수입되어 세관을 통과한 이후 최종적으로 소비자에게 도달하기까지의 거의 모든 거래 단계인 국내 판매, 수송, 분배 등의 제반 단계에서 내국민대우 의무가 적용된다. 수입 상품은 그 국내판매, 판매를 위한 제공, 구매, 운송, 유통 또는 사용에 영향을 주는 모든 법률, 규정, 요건에 관하여 동종의 국내상품에 부여하는 대우보다 불리하지 않은 대우를 부여받아야 한다.

제Ⅲ조 제 4 항의 의무 위반이 성립하기 위해서는 ① 문제의 조치가 국내판매 등에 영향을 주는 법률, 규정 또는 요건에 해당하여야 하고, ② 문제가 되는 수입 상품과 동종의 국내상품이 동종상품이어야 하며, ③ 수입 상품에 동종의 국내상품에 비해 불리한 대우를 부여하여야 한다.

제 4 항의 의무 위반을 검토하는 과정에서 제 1 항이 주는 규정의 중요성이 있긴 하나 재정적 조치와 관련한 내국민대우의무를 규정하고 있는 제Ⅲ조 제 2 항과 달리, '국내생산을 보호하기 위한 것'이었는지 등 제 1 항 상의 요건에 대한 검토를 필요로 하지 않는다.[30] 앞서 언급한 세 가지의 제 4 항 의무 위반 판단기준에 대해

30) Appellate Body Report, European Communities-Measures Affecting Asbestos and Asbestos-Containing Products, WT/DS135/AB/R (Mar. 12, 2001), para. 93 [이하 'Appellate Body Report on EC-Asbestos']; Appellate Body Report, European Communities-Regime for the

좀 더 자세히 알아보기로 한다.

① 국내판매 등에 영향을 주는 법률, 규정 또는 요건에 해당하는지

먼저 문제의 조치가 국내판매, 판매를 위한 제공, 구매, 운송, 유통 또는 사용에 영향을 주는 모든 법률, 규정, 요건에 해당하는지 여부를 검토하여야 한다. 즉 제Ⅲ조 제4항은 상품의 판매와 사용에 영향을 주는 국내 규제에 적용된다. US-Renewable Energy 사건에서의 패널은 문제의 조치가 국내판매 등에 '영향을 주는' 조치인지를 확인하기 위해서는 수입 상품과 동종의 국내상품 사이 경쟁의 조건에 영향을 주었는지를 검토하여야 한다고 하였다.[31]

GATT체제하 분쟁 사례인 US-Section 337 Tariff Act 사건에서 패널은 실체법 뿐만 아니라 절차법 등도 수입 상품의 국내 판매에 영향을 주는 것으로 간주될 수 있다고 보았다.[32] '법, 규정 그리고 요건'과 관련하여, Japan-Film 사건에서의 패널은 넓은 의미의 정부 행위와 정부 행위에 준하는 사인의 행위가 포함된다고 하였다.[33] 구체적으로 Canada-Auto 사건에서 패널은 사인의 자발적 행위와 정부 행위 사이 밀접한 관계가 존재하고, 정부가 사인의 행위에 대해 책임이 있는 경우 그 사인의 행위는 제Ⅲ조 제4항에서 의미하는 '요건'에 해당한다고 보았다.[34]

② 수입 상품과 동종의 국내상품이 동종상품인지

다음 제Ⅲ조 제4항의 의무 위반이 성립하기 위해서는 문제가 되는 수입 상품과 동종의 국내상품이 동종상품이어야 한다. EC-Asbestos 사건에서의 항소기구는 제Ⅲ조 제4항에 규정된 '동종상품'은 동조 제1항에 규정된 반보호주의 원칙에 대한 의미를 고려하여 해석되어야 한다고 하였다. 그리고 동종성 여부에 대

Importation, Sale and Distribution of Bananas, WT/DS27/AB/R (Sept. 9, 1997), para. 216.

31) Panel Report, United States-Certain Measures Relating to the Renewable Energy Sector, WT/DS510/R (June 27, 2019), para. 7.161.

32) Report of the Panel, United States-Section 337 of the Tariff Act of 1930, L/6439 (Nov. 7, 1989), para. 5.10 [이하 'Panel Report on United States-Section 337 of the Tariff Act'].

33) Panel Report, Japan-Measures Affecting Consumer Photographic Film and Paper, WT/DS44/R (Mar. 31, 1998), para. 10.376.

34) Panel Report, Canada-Certain Measures Affecting the Automotive Industry, WT/DS139/R & WT/DS142/R (Feb. 11, 2000), para. 10.107.

한 결정은 근본적으로 국내상품과 수입 상품 간 경쟁 관계의 본질과 범위에 대한 결정이라고 하였다.[35] 이를 바탕으로 동 사건에서의 항소기구는 제Ⅲ조 제 4 항에서 의미하는 동종 상품을 어떻게 확인하는지에 대해 살펴보았는데, 동종성을 판단하는 방법 하나가 모든 사안에 적용되기는 어려우며, 개별적 그리고 임의적 판단이라는 불가피한 요소를 활용한 평가가 사안별로 이루어져야 한다고 하였다.[36]

이어 항소기구는 그동안 패널과 항소기구가 1970년 국경과세조정보고서에 제시된 동종성 여부 판단기준을 받아들인 점을 상기시키며, 상품의 물리적 특성, 최종 용도, 소비자 기호 및 습관, 관세 분류 등이 그 기준이 될 수 있다는 점을 확인하였다.[37] 물론, 이러한 기준들이 동종성 여부를 판단하는 과정에서 관련 증거를 검토하는데 있어 단순히 도움을 주는 도구일 뿐, 조약상의 의무로서 이들이 적용되는 것은 아니라고 하였다.[38]

이러한 기준들과 관련이 있는지 여부와 무관하게 문제의 수입 상품과 국내상품이 해당 시장에서 경쟁 관계를 형성하는지 등 동종성 여부를 결정하기 위한 모든 적절한 증거들이 검토되어야 한다고도 하였다.[39] 즉 하나의 검토 기준에 따른 증거가 상품의 동종성을 판단하는데 있어 결정적일 수 없으며, 패널은 항상 관련 증거를 모두 검토하여야 한다.

③ 수입 상품에 불리한 대우를 부여하였는지

마지막으로 수입 상품에 동종의 국내상품에 비해 불리한 대우를 부여하여야 한다. US-Section 337 Tariff Act 사건에서 패널은 '불리하지 않은 대우'란 '기회의 효과적 동등성(effective equality of opportunities)'을 의미한다고 하였다.[40] US-Gasoline 사건에서 패널은 US-Section 337 Tariff Act 사건에서의 패널 해석을 상기시키며, 제Ⅲ조 제 4 항에서 의미하는 '불리하지 않은 대우'는 수입 상품에 대한 경쟁 기회의 효과적 동등성을 요구하는 것으로 보고, 해당 사건과 관련하여 수입

35) Appellate Body Report on EC-Asbestos, paras. 98-99.

36) *Ibid.*, para. 101.

37) *Ibid.*

38) *Ibid.*, para. 102.

39) *Ibid.*, para. 103.

40) Panel Report on United States-Section 337 of the Tariff Act, para. 5.11.

산 휘발유가 국내산 가솔린에 부여된 유리한 판매 조건의 혜택을 받지 못했다는 점에서 전자가 후자에 비해 불리한 대우를 받았다고 판단하였다.[41]

특정 상점에서 수입육을 판매하거나 슈퍼마켓의 별도 코너에서 판매하도록 한 이중소매제도(dual retail system)와 관련한 문제를 다룬 Korea-Various Measures on Beef 사건에서 패널은 상품의 원산지나 국적에 기인한 규제적 구분은 제Ⅲ조 제4항에 합치하지 않는다고 하였다.[42] 하지만, 항소기구는 이러한 패널의 입장에 동의하지 않았다. 양 상품의 대우에 있어 단순한 차이는 제Ⅲ조 제4항에서 의미하는 '불리한 대우'가 아니라고 하였다. 수입 상품에 대한 대우가 동종의 국내상품에 대한 대우와 다르다고 하더라도 수입 상품에게 '불리한 대우'를 부여하지 않는 한 제Ⅲ조 제4항의 의무를 위반하는 것이 아니라고 하며, 수입 상품과 국내상품의 '경쟁 조건(conditions of competition)'에 있어서의 불리한 대우가 제Ⅲ조 제4항에서 의미하는 '불리한 대우'에 해당한다고 하였다.[43] 결론적으로 동 사건에서 항소기구는 수입 상품이 동종의 국내상품에 비해 불리한 대우를 받았는지 여부는 문제의 조치가 관련 시장에서 수입 상품에 유해한 방향으로 경쟁 조건을 변경하였는지(whether a measure modifies the conditions of competition in the relevant market to the detriment of imported products)에 대한 검토를 통해 확인할 수 있다고 하였다.[44]

한편, Dominican Republic-Cigarettes 사건에서 항소기구는 수입상품에 대한 유해한 효과의 존재는 "만약 그 유해한 효과가 외국을 원산으로 하는 상품과 무관한 요소 혹은 상황에 의한 것이라면, 동 조치가 수입상품에 대하여 '불리한 대우'를 하였다는 것을 반드시 의미하지는 않는다"고 하면서, 유해한 효과가 원산지에 따른 차별에서 비롯된 것인지를 판단하였다.[45] 그러나 이는 아주 예외적인 경우로 오늘날에 이르기까지 이 같은 해석방법을 따른 경우는 매우 드물다.[46]

---

41) Panel Report, United States-Standards for Reformulated and Conventional Gasoline, WT/DS2/R (Jan. 29, 1996), para. 6.10.

42) Panel Report on Korea-Various Measures on Beef, para. 627.

43) *Ibid.*, paras. 135-136.

44) *Ibid.*, para. 137.

45) Appellate Body Report, Dominican Republic-Measures Affecting the Importation and Internal Sale of Cigarettes, WT/DS302/AB/R (Apr. 25, 2005), para. 96.

46) 한 가지 예로 Panel Report, European Communities-Measures Affecting the Approval and

이후 Thailand-Cigarettes (Philippines) 사건에서 항소기구는 '문제된 조치'와 '수입 상품과 동종의 국내상품간 경쟁기회의 부정적 영향' 사이의 진정한 관련(a genuine relationship between the measure at issue and its adverse impact on competitive opportunities for imported versus like domestic products)이 있어야 한다고 하였다.47) 즉 '불리한 대우'가 있었는지를 확인하기 위해서 그 유해한 효과가 외국을 원산으로 하는 상품과 관련이 있는지를 요구하는 것이 아니라 그 문제의 조치와 유해한 효과 사이의 진정한 관련성을 요구하고 있는 것으로 볼 수 있다.48)

종합적으로 GATT 제Ⅲ조 제 4 항은 내국민대우의무의 적용 범위가 방대함을 표현하고 있다. 앞서 언급한 대로 국내 판매, 구매, 운송, 소비를 위한 분배 등 상품이 수입되어 세관을 통과한 이후 최종적으로 소비자에게 도달하기까지의 거의 모든 거래 단계에서 내국민대우의무가 적용되는 것이다. 그리고 내국민대우의무는 이러한 단계에 '영향을 미치는' 모든 '법규 및 요건'이라는 광범위한 대상을 포괄하고 있는 것이다.49)

제 2 절 시장접근

1. 관세의 인하 및 양허

(1) 개관

다자간 무역체제는 값싸고 질 좋은 상품을 선택할 수 있도록 하고, 무역을 장려하는 거래환경을 제공하기 위한 것이다. 그러기 위해서는 시장접근이 豫測可能하고, 그 安定性이 확보되어야 한다. 시장접근에 대한 안정성과 예측가능성은 주로 관세를 통하여 결정된다.50)

전통적으로 관세는 국내문제로 인정되어, 개별국가가 자신의 판단에 따라 부

Marketing of Biotech Products, WT/DS291/R (Sept. 29, 2006), para. 7.2514 참조.

47) Appellate Body Report, Thailand-Customs and Fiscal Measures on Cigarettes from the Philippines, WT/DS371/AB/R (June 17, 2011), para. 134.

48) Peter Van den Bossche & Werner Zdouc, *op. cit.*, p. 435.

49) 박노형 외 27인, *op. cit.*, pp. 126-127.

50) World Trade Organization: Trading into the Future (WTO Information and Media Relations Division, 1995), p. 5.

과할 수 있는 것으로 받아들여졌다. 이에 따라 각국은 수입상품에 대하여 자국산 동종상품이나 경쟁상품을 보호할 목적으로 관세를 부과하여 왔다. GATT체제하에서도 비차별적 방법으로 관세가 부과된다는 전제하에, 체약국은 원칙적으로 관세를 부과할 자유를 가진다.[51] GATT체제가 출범하면서 관세가 심각한 무역장벽이 될 수 있음을 인식하여, 서로 도움이 되는 방법으로 수출입관세의 일반적 수준을 실질적으로 감축할 수 있도록 협상하도록 하였다.[52] 그 결과 수입품간에 차별을 한다든지, 협상에서 양허된 관세율 이상으로 관세를 부과하는 것은 GATT체제하에서 인정되지 아니한다. 이러한 관세인하는 상호주의에 따라 이루어지는 바, 회원국간 호혜적(reciprocal and mutually advantageous) 방법으로 행할 것이 기대된다. 주의하여야 할 것은 상호주의와 GATT의 기본원칙인 최혜국대우원칙이 동일한 것이 아니라는 점이다. 상호주의는 호혜를 구하는 것인 반면, 최혜국대우는 시계처럼 일방으로만 가는 것으로 혜택이 주어지면 돌아오지 않는다.[53] 그러나 보통 호혜적인 관계를 확보할 수 있을 것이라는 기대를 가지고 상대국에게 최혜국대우를 주는 것이 일반적인 까닭에, 상호주의와 최혜국대우가 혼동될 수 있다.

(2) 관세인하

1948년 GATT가 발효된 후 8차례의 무역협상을 통하여 평균관세율은 획기적으로 낮추어졌다. 다섯 번째의 딜런라운드까지는 품목별 협상을 통하여 개별 체약국은 계획된 양허표를 준비하고, 이 리스트를 중심으로 협상이 진행되었다.[54] 그러나 품목별 감축방식은 절차가 번잡하고, 협상국간의 균형을 중시한 까닭에 인하폭이 낮을 수밖에 없었고, 주요 무역국의 관심대상만이 협상의 장으로 나오게 되는 등 여러 가지 문제점이 지적되었다. 이러한 지적에 따라 케네디라운드에서는 케네디대통령의 제안에 따라 일괄적 감축방식을 채택하였다. 다만 일괄적 감축방식의 적용에서 제외되는 네거티브리스트는 별도로 협상하였는데, 약 35%의 관세

51) Bernard M Hoekman, Trade Laws and Institutions: Good Practices and the World Trade Organization (The World Bank, 1995), p. 9.

52) GATT 제XXVIII조 제 1 항.

53) Claire Moore Dickson, *op. cit.*, p. 265.

54) Hans Van Houtte, The Law of International Trade (Sweet & Maxwell, 1995), p. 63.

가 인하되었다.[55] 동경라운드는 최고관세의 조화를 위해 케네디라운드에서 사용된 방식의 변형을 통하여 평균 34%의 관세를 인하하였다.[56]

UR에서는 모든 상품에 대한 일괄적인 관세감축방식이 아니라, 분야별 관세감축방식을 적용하였다.[57] 이러한 방식을 통하여 관세적용범위의 확장, 최고관세의 인하, 특정 분야의 무관세화, 여타 분야에 대한 낮은 수준으로의 관세조화를 달성하였다. 그 결과 선진국 상품 중 관세대상이 된 것은 종전 78%에서 99%로 늘었고, 개발도상국의 경우에는 21%에서 73%로 늘었으며, 과도경제국의 경우는 73%에서 98%로 늘어나게 되었다. UR을 통하여 전체적으로는 평균 약 40%의 관세가 감축되었는데, 공산품에 대한 관세는 약 33%, 농산품은 약 36% 감축되었다. 철강 · 의약품 · 의료장비 · 농업장비 · 건설장비 분야는 관세가 철폐되었으며, 화학분야는 관세조화의 대상이 되었다. 각 회원국은 자국에 적용될 양허표를 반드시 첨부하여야 하며,[58] 인하율은 6년간 균등한 폭으로 감축하도록 하였다. 일단 양허표에 기재된 관세율은 구속력을 가지는 것으로, GATT가 설정한 특정의 조건을 충족시키지 않는 한 이후에 다시 인상될 수 없다.[59] UR 협상의 결과 평균 6.4%였던 선진국의 관세율은 39%까지 감축되어, 평균관세율은 4% 수준으로 인하되었다.[60] 이에 따라 관세인하의 효과는 전세계적으로 약 7,000억 달러에 이르는 것으로 평가된다.[61] 이러한 관세대상품목의 확대와 관세인하를 통하여, 높은 수준의 시장안정성을 제공할 수 있게 되었다. 나아가 종래 관세대상에서 제외되어 있었던 농산품을 관세화한 것은 농산품분야의 시장접근가능성을 한 차원 끌어올리게 되었다.[62]

---

55) Jeffery J. Schott, The Uruguay Round: An Assessment (Institute for International Economics, 1994), p. 60.

56) *Ibid*.

57) *Ibid*.

58) WTO설립협정 제11조; UR 이전에는 GATT체약국이 양허표를 반드시 첨부하여야 하는 것은 아니었다. 그 이유는 체약국 중 이미 GATT 서명국인 식민지를 보유하고 있어서 상호적 협상을 하지 않아도 되었기 때문이다. Hoekman, *op. cit.*, p. 9.

59) *Ibid*.

60) Susan M. Collins and Barry P. Bosworth, The New GATT: Implications for the United States (Brookings Institute, 1994), p. 3.

61) Leonard Bierman, Donald R. Fraser, and James W. Kolari, The General Agreement on Trade and Tariff from a Market Perspective, 17 University Pennsylvania Journal of International Econmic Law (1996), p. 821.

62) World Trade Organization: Trading into the Future, *op. cit.*, p. 6.

(3) 관세양허

관세양허(tariff concessions 또는 tariff bindings)란 GATT/WTO 회원국이 가입 시 무역상대국과의 협상을 통해 특정 품목별로 관세율의 상한선을 설정하고, 이를 자국의 관세양허표(schedule of concessions)에 기재하여 GATT 제Ⅱ조에 첨부하는 절차를 말한다. 이러한 협상 과정과 결과를 통틀어 관세양허라 하며, 양허표상에 기재된 관세율의 상한선을 '양허세율(bound rate)'이라 한다. 즉 관세양허란 특정 상품에 대한 자국의 관세를 일정한 최고세율 이하로 제한하기로 한 약속으로, 관세약속(tariff commitments)이라고도 불린다.

양허표에 명시된 세율(양허세율)은 실제 부과되는 '실행세율(applied rate)'이 아니라 최고세율에 해당하므로, 회원국은 그 한도를 초과하여 관세를 부과할 수는 없지만, 그 이하의 세율을 적용하는 것은 가능하다. 따라서 관세양허의무를 규정하고 있는 GATT 제Ⅱ조의 의무 위반은 양허세율을 초과하여 관세를 부과하는 경우에 발생한다. 반면, 여러 국가의 수입품 간에 실행세율을 달리 적용하여 차별하는 경우에는 비록 양허세율을 초과하지 않았더라도 최혜국대우 의무를 규정하고 있는 GATT 제Ⅰ조 위반이 될 수 있다. 즉 제Ⅱ조는 세율의 상한을, 제Ⅰ조는 세율의 비차별적 적용을 각각 보장하는 규정이라 할 수 있다. GATT 제Ⅱ조 제7항은 "이 협정에 부속된 양허표는 이 협정 제Ⅰ부의 불가분의 일부가 된다"고 규정하고 있으며, 이에 따라 관세양허표는 GATT체제에서 구속력을 갖는다.[63)]

각국의 관세양허표는 제Ⅰ부와 제Ⅱ부로 구성된다. 제Ⅰ부에는 일반적으로 적용되는 양허관세율이 기재되며(GATT 제Ⅱ조 제1항 (b)), 제Ⅱ부에는 최혜국대우 의무의 예외로 인정되는 여러 특혜제도에 적용되는 특혜관세율(preferential rate)이 기재된다(GATT 제Ⅱ조 제1항 (c)). 관세양허표에는 통상적인 명목상의 관세(ordinary customs duties)뿐 아니라 사실상 관세의 성격을 가지는 모든 종류의 부과금(other duties or charges of any kind)도 함께 명시되어야 한다.[64)]

GATT 제Ⅱ조 제1항 (a)는 회원국이 다른 회원국의 상거래에 대하여, 즉 수입된 상품이 자국의 양허표(Schedule)에 규정된 대우보다 불리한 대우를 받아서는

63) Appellate Body Report, European Communities-Customs Classification of Certain Computer Equipment WT/DS62/AB/R (June 5, 1998), para. 84 참조.

64) GATT 제Ⅱ조 제1항 (b)와 (c).

안 된다고 규정하고 있다.

그리고 제Ⅱ조 제1항 (b) 첫 문장에서는 어느 회원국의 양허표 제Ⅰ부에 기재된 상품은 수입 시 양허표에 명시된 세율을 초과하는 일반관세(ordinary customs duties)를 부과받지 않아야 한다고 규정한다. 이는 상품에 대해 양허표상 관세양허를 초과하는 수준의 관세를 부과할 수 없음을 의미한다. 이와 같은 '양허세율을 초과하는 관세 부과의 금지'에는 de minimis 예외, 즉 '미소한 초과는 허용된다'는 예외가 인정되지 않는다. 극히 미세한 초과라도 제Ⅱ조 제1항 (b) 첫 문장의 위반으로 간주된다. 또한, 비록 특정 시점이나 이후 시점에 동일한 상품에 대해 양허세율보다 낮은 관세를 부과하여 결과적으로 균형이 맞춰진다고 하더라도, 일시적으로 양허세율을 초과하는 관세를 부과하는 행위는 허용되지 않는다.[65]

GATT 제Ⅱ조 제1항 (b) 후문은 일반적인 관세 이외의 과징금(other duties and charges on imports)에 관한 규정을 두고 있다. 이에 따르면, (1) 이러한 부과금은 협정일자 당시 이미 부과된 수준을 초과할 수 없으며, (2) 협정일자에 유효한 법령에 의거한 수준을 초과해서도 안 된다. 그러나 '협정일자(date of this Agreement)'의 개념이 모호하다는 문제가 제기되어, 우루과이라운드에서는 이에 대해 명확히 하기 위해 양해(Understanding on the Interpretation of Article II:1(b) of GATT)가 채택되었다. 이에 따르면, 회원국은 모든 관세와 부과금의 종류 및 비율을 양허표에 명시해야 하며, 기재된 양허세율을 넘는 관세부과나 새로운 부과금의 신설은 허용되지 않는다.

한편, GATT 제Ⅱ조 제2항은 일정한 경우 회원국이 양허세율을 초과하여 부과할 수 있는 부과금의 유형을 명시하고 있다. 이는 양허의무의 적용범위를 한정하는 조항이다. 첫째, 제2항 (a)는 내국세와 상당한 과징금의 부과를 허용한다. 이는 동종의 국내상품에 대해 부과되는 조세와 동일한 수준의 세금이 수입품에 부과되는 경우를 의미하며, 내국민대우를 규정하고 있는 GATT 제Ⅲ조 제2항에 합치되는 한, 이러한 조세는 관세가 아니라 내국세로서 제Ⅱ조의 적용대상에서 제외된다. 실무상 이러한 조세는 수입 시점에서 통관절차를 통해 부과되는 경우가 있으나, 이는 본질적으로 내국세의 징수 편의를 위한 것에 불과하다. 둘째, 제2항

65) Panel Report, Russia-Tariff Treatment of Certain Agricultural and Manufacturing Products, WT/DS485/R (Aug. 12, 2016), para. 7.33.

(b)는 GATT 제Ⅵ조에 합치되는 반덤핑관세 및 상계관세의 부과를 허용한다. 이러한 조치는 단순한 수입 관세가 아니라 불공정무역행위에 대한 구제조치로 양허세율 초과 여부를 판단할 때 포함되지 않는다. 셋째, 제 2 항 (c)는 실제 제공된 용역의 비용에 상응하는 수수료 및 그 밖의 과징금(fees and charges commensurate with services rendered)의 부과를 인정한다. 통관수수료나 검사 비용 등 정당한 행정서비스 대가로서의 부과금은 수입 관세로 간주되지 않으며, 양허관세율과 무관하게 부과될 수 있다. 다만, 부과금은 반드시 제공된 용역의 가치에 상응해야 하며, 과도한 수준은 제Ⅱ조 위반에 해당할 수 있다.

(4) 관세양허의 재협상

GATT체제는 3가지 방법으로 관세양허를 재협상하도록 예정하고 있다. 매 3년마다 이행되는 정기적 재협상(open season renegotiation), 회원국이 승인한 경우에 행할 수 있는 특별 재협상(specially authorized renegotiation), 3년의 정기적 재협상 사이에 행할 수 있는 재협상 유보권(reserved right renegotiation)이 그것이다.[66]

보상이 요구되는 재협상의 경우 양허가 원래 협상되었던 국가의 이해와 실질적 이해관계가 있는 국가 및 주요 공급이익을 가지는 국가의 이해를 고려하여야 한다. 초기협상권(initial negotiating rights: INRs)을 가진 국가와 주요 공급이익을 가진 국가는 협상권을 가지지만, 실질적 이해관계가 있는 국가는 협의권만을 가진다. 보상에 관한 합의가 이루어지지 못하면 피해를 입은 국가는 동등한 양허(equivalent concession)를 철회할 수 있다.[67] UR에서 채택된 'GATT 제XXⅧ조 해석에 관한 양해각서'는 피해수출국이 재협상에 참가할 기회를 확대시켜 놓았다. 관세가 최고로 증가된 상품의 수출에 상대적으로 중요성을 가진 회원국은 이미 존재하고 있던 GATT 제XXⅧ조 제 1 항의 절차상 주요공급이익을 가진 국가가 아니라 할지라도, 주요 공급국가로 간주된다. 상대적으로 중요성을 가지는 국가인가를 판단하는 기준은 WTO 설립으로부터 5년 후 상품무역위원회가 재검토하게 된다.[68]

그동안 재협상은 매년 약 100개 품목에 대하여 이루어졌고, 1953년에서 1986

66) GATT 제XXVⅢ조.

67) GATT 제XXVⅢ조 제 3 항.

68) Hoekman, *op. cit.*, p. 11.

년까지 34개의 GATT 체약국이 250차례의 재협상을 이용하였다. 그 가운데에는 74번의 정기재협상, 64번의 특별재협상, 112번의 협상유보권행사가 포함되어 있다.[69)]

UR에서는 양허표에 적시된 법적 권리의무의 투명성을 확보하기 위하여 관세대상품목에 부과되는 기타 세금이나 부과금의 성질이나 수준을 자국의 양허표에 기재하도록 하고 있다.[70)]

2. 수량제한의 금지

(1) 개관

1940년대 이후 수차례의 다자협상(Round)을 통해 제도적으로 관세장벽을 낮출 수 있었던 반면, 비관세장벽은 최근까지 보호무역주의의 가장 현저한 수단으로 자리매김하고 있다. 비관세장벽은 아주 넓은 개념의 정부조치이며, 상품뿐만 아니라 서비스 영역에서의 비관세장벽조치가 형성될 수 있다. 상품무역과 관련한 비관세장벽은 크게 '수량제한'과 '기술장벽조치'와 '위생검역조치' 등 상품무역과 관련한 '기타 비관세장벽'으로 나눌 수 있다.

수량제한은 GATT/WTO체제에서 규정하고 있는 가장 전형적인 비관세장벽이라 할 수 있다. 이는 문자 그대로 수출·입되는 상품의 수량을 제한하는 조치이다. 보통 수량, 중량 또는 규모 등을 기준으로 수량이 제한되지만, 예를 들어 장미꽃 1억원에 상당하는 수준 등 상품의 가치를 기준으로 수량이 제한되는 경우도 있다. 물론, 물량을 일정량으로 제한하는 등의 수출·입 쿼터를 설정하는 것뿐만 아니라 일정한 요건을 충족하지 못하는 경우에 있어 상품의 수출·입을 금지하는 것도 수량제한금지의무의 대상이 된다.[71)] 이러한 수량제한은 관세 조치보다 훨씬 강한 보호무역 조치에 해당하는 것으로, 자유무역을 왜곡할 우려가 크다.

---

69) *Ibid.*

70) *Ibid.* p. 10.

71) 수입품의 일정량까지 저율의 관세를 부과하고, 그 이상의 수입량에 대해서는 고율의 관세를 부과하는 방식인 '관세쿼터(tariff rate quota)'는 '수량제한조치'에 해당하지 않음을 유의할 필요가 있다. Peter Van den Bossche & Werner Zdouc, *op. cit.*, p. 524.

(2) 제XI조 제 1 항의 해석

GATT 제XI조 제 1 항은 수량제한의 일반적 철폐라는 제목 아래 수량제한에 대한 일반적 금지를 규정하고 있는데, 이는 다음과 같다.

> 체약국은 다른 체약국 영역의 상품 수입에 대하여 또는 다른 체약국 영역으로 향하는 상품의 수출 또는 수출을 위한 판매에 대하여, 할당제나 수입허가 또는 수출허가 또는 기타 조치에 의거하거나를 불문하고 관세, 조세 또는 기타 과징금을 제외한 금지 또는 제한을 설정하거나 유지하여서는 아니된다.

이 규정은 수입 또는 수출 제한의 일반적 금지를 규정하는 것으로, 법이나 규칙에 국한되지 않고 정부가 취하는 모든 조치를 대상으로 하는 포괄적인 것이다.[72] 정부의 조치로 인정되기 위해서는 해당 조치의 정부 귀속성 여부를 기준으로 한다. 사인의 행위에 정부가 일정 정도 참여하고 있는 경우도 이에 포함된다. 중국 원료물질 사건에서 중국 금속 미네랄 화공제품 수출입상공회의소(China Chamber of Commerce of Metals Minerals & Chemicals Importers & Exporters, CCCMC)가 취한 수출가격 조정 조치는 중국 정부가 수출가격에 대한 조정 권한을 CCCMC에 위임한 것으로, CCCMC의 조치는 중국 정부에 귀속시킬 수 있는 조치에 해당하는 것으로 보았다.[73]

체약국이 취하거나 유지하는 어떤 조치라도 수출이나 상품수출을 위한 판매를 제한하는 경우라면 그 법적 지위와 무관하게 제XI조 제 1 항의 적용 대상이 된다. 따라서 제XI조 제 1 항의 규제 대상이 되는 조치는 매우 방대하다고 볼 수 있다. Japan-Semi Conductors 사건에서 패널은 제XI조 제 1 항이 관세, 조세, 그 밖의 과징금 이외의 어떠한 방법으로 수출·입을 금지하거나 제한하는 조치 모두에 적용된다는 점에서 매우 포괄적이라고 하였다.[74] 법이나 규칙에 따른 수량제한 또는 금지만을 의미하지 않는다. 좀 더 광범위한 조치에 따른 제한이나 금지도 포함

72) Japan-Trade in Semi Conductors, L/6309-35S/116 (May 4, 1988), para. 104.

73) Panel Report, China-Measure Related to the Exportation of Various Raw Materials, WT/DS394/R, WT/DS395/R & WT/DS398/R (Jul. 5, 2011), para. 7.1096.

74) Panel Report(GATT), Japan-Trade in Semi-Conductors, L/6309-35S/116 (May 4, 1988), para. 104 (“it applies to all measures instituted or maintained by a contracting party prohibiting or restricting the importation, exportation … other than measures that take the form of duties, taxes or other charges”).

하고 있다. 즉 문제가 되는 수출·입 제한 또는 금지조치의 법적 지위와 관계없이 제XI조의 적용 대상이 된다고 볼 수 있다. Japan-Semi Conductors 사건에서 일본은 반도체 생산업체에 대한 일본정부의 '행정지도(administrative giudance)'가 법적 구속력이 없기 때문에, 그 행정지도에 따른 조치가 제XI조의 규제 대상이 되지 않는다는 주장하였으나 패널은 수출을 효과적으로 제한하는 조치는 법적 구속력이 있는지와 관계없이 금지된다고 하였다.[75)]

앞서 언급한 바와 같이, 수출·입 쿼터의 설정 등 물량을 일정량으로 제한하는 조치뿐만 아니라 일정한 요건을 충족하지 못하는 경우에 있어 상품의 수출·입을 금지하는 조치도 제XI조 제 1 항의 규제 대상이 된다. Canada-Periodicals 사건에서의 패널은 특정 상품의 완전한 수입금지는 제XI조 제 1 항에 합치되지 아니한다고 결정한 바 있다.[76)]

무역을 실질적으로 제한하거나 방해하지 않은 수량제한조치도 제XI조 제 1항에 따라 금지된다. EEC-Oilseeds 사건에서 패널은 수입쿼터가 다른 국가로부터의 수입을 실질적으로 방해하고 있는지 여부와 관계없이 제XI조 제 1 항에서 의미하는 수입제한에 해당한다고 결정하였다.[77)] 즉 쿼터 설정 자체만으로 제XI조 제 1 항에서 금지하고 있는 수량제한조치에 해당한다는 것이다.

제XI조 제 1 항은 법률상의 수량제한조치를 금지할 뿐만 아니라 사실상의 수량제한조치도 금지하고 있다. Argentina-Hides and Leather 사건에서 아르헨티나가 수출용 소가죽의 통관절차에 국내피혁업계 대표의 입회를 의무적으로 한 것이 제XI조 제 1 항을 위반하였는지가 문제되었다. 제소국인 유럽공동체에 따르면, 아르헨티나가 소가죽 수출에 대한 사실상의 제한을 부과하였다는 것이다. 동 사건의 패널은 제XI조 제 1 항이 '사실상의 제한조치'에도 적용된다는 점을 분명히 하였다.[78)]

---

75) *Ibid*., paras. 106-117.

76) Panel Report, Canada—Certain Measures Concerning Periodicals, WT/DS31/R (Mar. 14, 1997), para. 5.5 ("Since the importation of certain foreign products into Canada is completely denied under Tariff Code 9958, it appears that this provision by its terms is inconsistent with Article XI:1 of GATT 1994").

77) Report of the Panel, European Economic Community-Payments and Subsidies Paid to Processors and Producers of Oilseeds and Related Animal-Feed Proteins, L/6627-37S/86 (Jan. 25, 1990), para. 150.

78) Panel Report, Argentina-Measures Affecting the Export of Bovine Hides and the Import of Finished Leather, WT/DS155/R (Dec. 19, 2000), para. 11.17.

다만, 수출통관절차에서 국내피혁업계 대표의 입회를 의무적으로 한 아르헨티나의 조치가 제XI조 제 1 항에 합치되지 않는 수출제한으로서 실제 작용하였다는 증거가 충분하지 않다고 하였다.[79)]

수출·입의 제한이 어떻게 입증되어야 하는지와 관련하여 Argentina-Import Measures 사건에서의 항소기구는 문제된 조치의 효과를 수량화하여 증명하는 것이 필요하지는 않고, 그 조치의 구도, 구성, 드러난 구조를 통해 그 제한 효과가 확인될 수 있다고 하였다.[80)]

한편, 제XI조는 수량제한금지에 대한 예외를 인정하고 있다. 대표적으로 제XI조 제 2 항 (a)호에서는 식품 또는 수출회원국에게 불가결한 상품의 중대한 부족을 방지 또는 완화하기 위하여 일시적으로 적용되는 수출의 금지 또는 제한을 허용하고 있다.[81)]

[표 3-1] GATT상 비차별 원칙과 시장접근 원칙의 구분

	비차별 원칙			시장접근	
의무 내용	최혜국대우의무	내국민대우의무		관세양허의무	수량제한금지의무
관련 규정	제 I 조	제 III 조 제 2 항	제 III 조 제 4 항	제 II 조	제XI조
조치 성격	국내 규제 / 국경조치	국내 규제	국내 규제	국경조치	국경조치
조치 형태	재정적 / 비재정적 조치	재정적 조치	비재정적 조치	재정적 조치	비재정적 조치

79) *Ibid.*, para. 11.55.

80) Appellate Body Report, Argentina-Measures Affecting the Importation of Goods, WT/DS438/AB/R, WT/DS444/AB/R & WT/DS445/AB/R (Jan. 15, 2015), para. 5.217.

81) 이와 관련한 WTO 판례로는 Appellate Body Report, China-Measure Related to the Exportation of Various Raw Materials, WT/DS394/AB/R, WT/DS395/AB/R & WT/DS398/ AB/R (Jan. 30, 2012), paras. 318-328 참조.

【 일본 – 반도체 사건 】

1981년을 기점으로 일본 반도체의 세계시장 점유율이 미국을 능가하면서, 일본 정부를 상대로 미국 통상법 제301조에 따른 미국 반도체 기업의 제소가 이어지면서 양국 정부는 반도체협정을 체결하였다. 이 협정에 따라 일본 정부는 일본 반도체 기업이 EC 시장으로 수출할 경우 가격을 인상하도록 하는 일련의 인센티브 조치를 취한 바 있다. 당시 유럽의 경우 역내에서 반도체 생산이 없었기 때문에, 가격 인상으로 상당한 피해를 입게 되었다. EC는 일본측 인센티브 제도로 인해 수출이 상당량 감소하였음을 문제삼았다. 일본 정부의 인센티브 제도가 없었다면 일본 반도체 기업이 단가를 인상하지 않았을 것이라는 주장이었다.

이 사건은 EEC가 제기한 것으로, 미국 이외의 체약국으로 수출되는 반도체에 대한 비용과 수출가격 모니터링으로 인한 수출허가로 3개월의 지연이 발생한 것을 문제삼았다. 패널은 일본 정부의 조치가 제11조 제 1 항의 범위에 포함되는 수출 또는 수출을 위한 판매의 제한이 되는가를 검토하였다. EEC는 제3국 시장 모니터링 시스템은 수출제한과 관련된 제11조 위반이라고 하였다.

3. 투명성

(1) 개　념

시장접근은 회원국이 유지하고 있는 무역 관련 제도의 투명성을 증대함으로써 촉진될 수 있다.[82] 무역에 관한 회원국의 법규나 관행이 투명하지 아니할 경우, 시장접근에 대한 예측가능성이나 안정성은 기대할 수 없기 때문이다. WTO 회원국은 그들의 무역제도가 더욱 투명해지도록 장려하고 촉진하여야 하며, 그 이행여부는 WTO가 검토하게 된다.[83] 이러한 투명성원칙은 불을 비추면 문제는 사라진다는 소위 '드라큐라원칙'에 의해 감을 받은 것이다.[84]

다자간 또는 국내적 차원에서 투명성을 요구하는 것은 국내의 보호주의적 압력을 줄이고, 협정을 이행하는 데 필수적인 것이다. WTO협정상에는 WTO의 행동

82) Bernald M. Hoekman and Michel. M. Kostechi, The Political Economy of the World Trading System (Oxford, 1995), p. 31.

83) Ashif H. Qureshi, The World Trade Organization (Manchester, 1996), p. 111.

84) Hoekman and Kostechi, *op. cit.*, p. 43.

과 회원국의 행동 모두에 관하여 투명성규정을 두고 있다.[85] 회원국은 그들의 무역법규를 공표하고, 무역에 영향을 주는 행정결정의 검토를 행하는 기관을 설립하고 유지하여야 한다. 다른 회원국의 정보요청에도 응하여야 하며, 보조금지급에 관한 관행은 WTO에 고지하여야 한다. 무역정책검토제도를 통한 국가의 무역정책에 대한 정기적 감시는 국내적 또는 다자적 차원에서 투명성을 장려하는 직접적 수단에 해당하는 것이다. 이와 함께 WTO 자체의 투명성을 확보하기 위하여, WTO 사무국은 WTO의 결정이나 패널결정 · WTO 기관의 주요 문서를 Basic Instruments and Selected Documents에 공표하고, 정기적 뉴스레터인 WTO Focus와 다자간 무역제도의 특정 측면에 관한 사실상의 연구서[86]를 간행하기도 한다.

(2) WTO협정상의 적용

GATT 제X조, 서비스무역에 관한 일반협정 제 3 조, 무역관련지식재산권협정 제63조는 투명성과 관련된 가장 대표적인 조항이다. 이들 조항에는 관련되는 법, 규칙, 사법적 판결, 행정결정을 공표하도록 규정하고 있다. 그 외에도 다자간무역협정이나 복수국간무역협정에서 고지(notification)를 요건화하고 있으며, 고지를 담당할 적절한 책임기관이나 조직을 설치하도록 요구하고 있다. 모든 회원국은 자국의 변경된 법이나 규칙, 정책선언, 공공고지를 통합하여 매년 사무국에 제공하여야 한다. 이와 함께 문의에 회답하고 관련자료를 제공하는 문의처(enquiry point)도 설치하여야 한다.

서비스무역에 관한 일반협정은 동 협정의 운용에 관련되거나 영향을 미치는 모든 관련조치나 국제협정을 신속히 공표할 것을 규정하고 있다.[87] 또한 서비스무역에 중대한 영향을 주는 법의 제정이나 기존의 법 · 규칙 · 행정지침의 개정이 있는 경우, 1년에 1회 이상 신속하게 서비스무역이사회에 보고하도록 하고 있다.[88]

---

85) *Ibid.*

86) Staff Working Paper RD-96-003: A User's Guide to Uruguay Round Assessment, Staff Working Paper TPRD9701. WPF: WTO Rules and Good Practice on Export Policy 등이 그것이다.

87) 서비스무역협정 제 3 조 제 1 항.

88) 서비스무역협정 제 3 조 제 3 항.

회원국은 일반적으로 적용되는 자국의 조치나 국제협정에 관하여 다른 회원국이 정보요청을 해 오는 경우 이에 신속하게 응답할 의무를 지며, WTO협정 발효 후 2년 이내에 이러한 정보를 제공하기 위하여 한 곳 이상의 문의처를 설치하여야 한다. 다만 개발도상국에 대하여는 적절한 유연성을 발휘하여, 2년의 시간제한을 적용하지 않을 수 있다.89) 그러나 회원국이 공개할 경우 법집행을 방해하거나 공익에 반하는 경우, 또는 특정기업의 상업적 이익을 손상시키는 비밀정보는 공개하지 않을 수 있다.90)

무역관련지식재산권협정은 동 협정과 관련되는 회원국의 법규 · 최종 사법판결 · 일반적으로 적용되는 행정결정을 회원국 정부나 권리자가 그 내용을 알 수 있는 방법으로 공표하도록 규정하고, 그러한 공표가 불가능한 경우에는 공개적으로 취득할 수 있도록 요구하고 있다.91) 이러한 법규는 지식재산권이사회에 통보되어야 하며,92) 회원국은 다른 회원국이 서면으로 요청하는 경우 그러한 법규를 제공하여야 한다.93) 이 경우 또한 서비스무역협정과 같이 비밀정보는 공개의무로부터 면제된다.

제 3 절 공정무역

WTO체제는 자유무역을 근간으로 하지만, 단순한 시장개방만으로는 무역의 형평성과 균형을 확보하기 어렵다. 이에 따라 WTO는 자유무역의 원칙과 함께 공정무역(fair trade)의 원칙을 핵심 가치로 두고 있다.

공정무역 원칙이란 회원국이 시장개방의 혜택을 누리되, 불공정한 무역관행으로부터 자국 산업이 부당한 피해를 입지 않도록 보호받을 권리를 의미한다. 이러한 원칙은 WTO 반덤핑협정, 보조금 및 상계조치에 관한 협정, 세이프가드협정

89) 서비스무역에 관한 일반협정 제 3 조 제 4 항.
90) 서비스무역에 관한 일반협정 제 3 조 bis.
91) 무역관련지식재산권협정 제63조 제 1 항.
92) 무역관련지식재산권협정 제63조 제 2 항.
93) 무역관련지식재산권협정 제63조 제 3 항; 동 조항의 영문은 'shall be prepared to supply'라고 되어 있다.

등에 구체적으로 구현되어 있다.

덤핑은 정상가격보다 낮은 가격으로 수출하여 상대국 산업에 피해를 초래하는 행위를 말하며, 이에 대한 시정조치로서 반덤핑관세의 부과를 허용한다. 보조금에 대한 상계조치는 정부의 산업 지원이 무역을 왜곡할 때 이를 상쇄하기 위한 규범적 장치로, 경쟁의 중립성과 시장의 공정성을 확보하는 기능을 갖는다. 세이프가드 제도는 급격한 수입 증가로 인한 국내 산업의 심각한 피해를 일시적으로 완화하기 위한 합법적 보호 수단으로 무역자유화 과정의 충격을 완화한다.

이와 같은 제도들은 모두 특정 국가나 산업에 불균형적인 피해를 초래하지 않도록 조정하는 공정무역의 실질적 장치라 할 수 있다. 공정무역 원칙과 관련하여서는 제 4 장에서 보다 자세히 다루기로 한다.

제 4 절 일반적 및 안보 예외

1. 일반적 예외

(1) 개관

공중보건과 환경의 보호 그리고 소비자 안전과 국가안보의 보장 등은 국가가 이행하여야 하는 주요 사회적 가치라 할 수 있다. 일반적으로 이러한 가치들은 국외 상품이나 서비스에 대한 차별이 없는 이른바 '무역 자유화(trade liberalization)'가 보장되는 국제무역 환경 속에서 보호될 수 있다. 그러나 경우에 따라 국가는 이러한 사회적 가치를 보호하기 위해 의도치 않게 무역장벽을 구성하는 조치를 취하여야 하는 경우가 발생하기도 한다.[94] 즉 국가가 이러한 사회적 가치들을 추구하는 과정에서 종종 시장접근, 비차별 등의 무역 자유화와 관련한 원칙을 규정하고 있는 WTO 규범과 충돌이 발생하게 된다. 이러한 문제를 해소하기 위해 WTO는 국가가 추구하는 '사회적 가치'와 WTO가 추구하는 '무역 자유화' 사이 균형을 맞추려는 노력을 한다.

GATT 제XX조는 무역 자유화에 대한 예외로 인정받을 수 있는 '사회적 가치'에 대하여 규정하고 있다. 일정한 요건을 충족하는 범위 내에서 아주 제한적으로

94) Peter Van den Bossche & Werner Zdouc, *op. cit.*, pp. 591-592.

그 예외를 인정하고 있다. 제XX조는 전문(chapeau)과 구체적인 예외 사유를 열거하고 있는 열 개의 호로 구성되어 있다. 전문은 열 개의 호에 해당하는 예외 조치가 자의적 차별의 수단을 구성하는지 등 그 조치의 적용 방식을 검토하는 한편, 열 개의 호는 그 예외 조치가 해당 사회적 가치를 보호하기 위한 범주에 속하는지 등 그 조치의 실체적 내용을 검토한다.

(2) GATT 제XX조 일반적 예외의 본질과 기능

최혜국대우를 규정하고 있는 GATT 제 I 조와 내국민대우를 규정하고 있는 제Ⅲ조 등 '비차별의무'와 관세양허를 규정하고 있는 제 Ⅱ 조와 수량제한금지를 규정하고 있는 제XI조 등 '시장접근'의 보장이 무역 자유화를 증진시키기 위한 GATT의 기본적인 의무 규정이라 한다면, 제XX조는 이들 규정에 대한 예외로서 기능한다. 앞서 언급한 바와 같이, 제XX조는 전문과 구체적인 예외 사유를 나열하고 있는 열 개의 호로 구성되어 있는데, 그 내용은 다음과 같다.

> "다음의 조치가 동일한 여건이 지배적인 국가간에 자의적이거나 정당화할 수 없는 차별의 수단을 구성하거나 국제무역에 대한 위장된 제한을 구성하는 방식으로 적용되지 아니한다는 요건을 조건으로, 이 협정의 어떠한 규정도 체약당사자가 이러한 조치를 채택하거나 시행하는 것을 방해하는 것으로 해석되지 아니한다.
>
> (a) 공중도덕을 보호하기 위하여 필요한 조치
> (b) 인간, 동물 또는 식물의 생명 또는 건강을 보호하기 위하여 필요한 조치
> ...
> (d) 통관의 시행, 제 2 조제 4 항 및 제17조 하에서 운영되는 독점의 시행, 특허권·상표권·저작권의 보호, 그리고 기만적 관행의 방지와 관련된 법률 또는 규정을 포함하여 이 협정의 규정에 불합치되지 아니하는 법률 또는 규정의 준수를 확보하기 위하여 필요한 조치
> ...
> (g) 고갈될 수 있는 천연자원의 보존과 관련된 조치로서 국내 생산 또는 소비에 대한 제한과 결부되어 유효하게 되는 경우
> ...
> (j) 일반적 또는 지역적으로 공급이 부족한 상품의 획득 또는 분배에 필수적인 조치. 단, 동 조치는 모든 체약당사자가 동 상품의 국제적 공급의 공평한 몫에 대한 권리

를 가진다는 원칙에 합치되어야 하며, 이 협정의 다른 규정에 불합치되는 동 조치를 야기한 조건이 존재하지 아니하게 된 즉시 중단되어야 한다. 체약당사자단은 1960년 6월 30일 이전에 이 호의 필요성을 검토한다."

이처럼 GATT의 기본적인 의무로부터 벗어나기 위해서는 제XX조 전문에 기술된 요건과 각 호에 열거된 예외에 속하여야 한다. 제XX조는 각 예외 조항의 적용 여부를 먼저 살펴본 후, 전문 상의 요건을 검토하는 순서로 이루어진다. US-Shrimp 사건에서 패널은 전문을 먼저 해석하고 해당 요건을 충족하지 못하였다고 판단하였으나, 항소기구는 이러한 패널의 분석 방법이 잘못되었다고 지적하였다. 각 호에 제시된 예외 사유에 해당하는지 여부를 먼저 판단하고, 전문 상의 요건에 해당하는지 여부를 판단하는 것이 올바른 검토 순서라고 하였다.[95] 각 호에 제시된 예외 사유와 전문 상의 내용은 그 성격이 다르다. 각호에 제시된 예외 사유는 그 조치의 내용 자체를 검토하는 반면, 전문은 그 조치의 적용 방식을 검토한다.[96]

지금까지 각 호에 열거된 열 개의 예외 사유 중 공중도덕과 공중보건의 보호와 관계된 (a)호와 (b)호, 국내 법률의 준수 확보와 관계된 (d)호, 천연자원의 보존과 관계된 (g)호 그리고 공급이 부족한 상품의 획득과 관계된 (j)호에 한하여 WTO 분쟁해결기구에서 검토되었다. 금 또는 은의 수출입과 관련된 조치를 규정하고 있는 (c)호 등 나머지 다섯 가지의 예외는 WTO 분쟁해결기구에서 검토된 바 없으며, 국제무역의 관행상 덜 중요한 것으로 보인다.[97]

US-Section 337 Tariff Act 사건에서의 패널은 GATT 제XX조는 회원국의 조치가 다른 GATT상의 내용과 일치하지 않는 경우에 한하여 적용될 수 있는 규정이라고 하였다.[98] 제XX조는 GATT상의 의무와 위반되는 조치를 정당화하기 위하여 적용되는 것으로써 그 입증책임은 제XX조를 원용하는 국가에 있다. 이는

95) Appellate Body Report, United States-Import Prohibition of Certain Shrimp and Shrimp Products, WT/DS58/AB/R (Oct. 12, 1998), paras. 119-120 [이하 'US-Shrimp 항소기구 보고서'].

96) Panel Report, Brazil-Mesures Affecting Imports of Retreaded Tyres, WT/DS332/R (June 12, 2007), para. 7.107.

97) Peter Van den Bossche & Werner Zdouc, *op. cit.*, pp. 545-546.

98) Panel Report (GATT), United States-Section 337 of the Tariff Act of 1930, L/6439-36S/345 (Nov. 7, 1989), para. 5.9.

WTO의 여러 사례를 통하여 확립된 관행이라 할 수 있다.[99]

사회적 가치를 추구하기 위해 채택된 무역조치가 제XX조에 의해 정당화되지 않는다는 판정이 내려진 경우, 동 조치이행국은 가급적 해당 조치를 판정에 일치하는 방향으로 변경하고자 하였다.[100] 오늘날에 이르기까지 GATT 제XX조에 의하여 정당화된 조치는 많지 않으나 국가가 추구하는 '사회적 가치'와 WTO가 추구하는 '무역 자유화' 사이의 균형을 유지하기 위해 제XX조는 중추적인 역할과 기능을 수행한다고 할 수 있다.

(3) GATT 제XX조 (a), (b), (d), (g), (j)호

제XX조 각 호에서는 GATT의 기본 원칙에 위배되지만 정당화될 수 있는 구체적인 예외 사유를 나열하고 있다. 이들은 인간과 동·식물의 생명과 건강, 고갈될 수 있는 천연자원, 예술적, 역사적 또는 고고학적 가치가 있는 국보 그리고 공중도덕 등과 같은 사회적 가치의 보호와 관련이 있다. 특히, 인간과 동·식물의 생명과 건강의 보호를 규정한 (b)호와 유한천연자원의 보호를 규정하고 있는 (g)호는 실제 무역과 환경 관련 사례에서 마치 무역 규범에 대해 환경 보호를 위한 예외조항과 같은 기능을 한다.

앞서 언급하였듯이, WTO 분쟁해결절차에서는 열 개의 예외 사유 중 공중도덕의 보호와 관계된 (a)호, 인간과 동·식물의 생명과 건강 등 공중보건의 보호와 관계된 (b)호, 국내 법률의 준수 확보와 관계된 (d)호, 천연자원의 보존과 관계된 (g)호 그리고 공급이 부족한 상품의 획득과 관계된 (j)호가 검토되었다.

(가) 제XX조 (a), (b), (d)호

GATT 제XX조 (a)호는 WTO 회원국이 공중도덕을 보호하기 위하여 필요한 조치를 취하는 것을 허용하며, (b)호는 인간 및 동·식물의 생명과 건강의 보호를 위하여 필요한 조치를 취하는 것을 허용한다. 그리고 (d)호는 법률 또는 규정의 준수를 확보하기 위해 필요한 조치를 취하는 것을 허용한다. 이들의 공통점은 각각의 사회적 가치를 보호하기 위해 이행되는 무역 조치가 '필요한' 것이어야 한다는

99) Appellate Body Report, United States-Measures Affecting Imports of Woven Wool Shirts and Blouses from India, WT/DS33/AB/R (Apr. 25, 1997), p. 16.

100) Peter Van den Bossche & Werner Zdouc, *op. cit.*, p. 553.

것이다. 해당 조치의 '필요성'을 검토하기에 앞서, 조치에 의하여 추구되는 목적이 각 호에 해당하는 사회적 가치를 보호하기 위한 것인지를 검토하여야 한다. 다시 말해, 문제가 되고 있는 무역 조치가 해당 예외 사유를 보호하기 위하여 설계되었는지 살펴보아야 한다.

먼저, 문제된 조치에 의하여 추구되는 정책적 목적이 (a)호에서 규정하고 있는 '공중도덕의 보호'인지와 관련하여, China-Publications and Audiovisual Products 사건에서의 패널은 US-Gambling 사건에서의 패널 분석을 인용하였는데, ① 공중도덕이란 '사회나 국가에 의하여 유지되고 있는 옳고 그릇된 행동의 기준'이라고 정의하였으며, ② 공중도덕의 개념은 사회적, 문화적, 윤리적, 종교적 가치 등 다양한 요소에 따라 국가별로 상이하며, ③ 회원국은 그들의 영토 내에서 공중도덕의 개념을 그들의 제도와 가치의 척도에 따라 정의내리고 적용할 수 있는 재량이 주어진다고 하였다.[101] EU-Seal Products 사건에서 패널은 토착민의 생존이나 해양자원관리 차원에서 사냥한 바다표범으로 만든 제품 이외 다른 목적으로 바다표범을 사냥하여 만든 제품에 대한 자국시장 내 판매를 금지시킨 유럽연합의 조치는 'EU 공공의 도덕적 관심을 표명'하기 위한 것으로 제XX조 (a)호에서 규정하는 공중도덕을 보호하기 위한 조치에 해당한다고 보았다.[102]

문제된 조치에 의하여 추구되는 정책적 목적이 (b)호에서 규정하고 있는 '인간 및 동·식물의 생명과 건강의 보호'인지와 관련하여서는 해석상 크게 문제되지는 않는 것으로 이해된다. 일반적으로 조치가 추구하는 정책적 목적이 무엇인지에 대하여 패널과 항소기구는 해당조치의 구도(design)와 구조(structure)를 보는데, 해당 조치를 시행하는 국가에게 넓은 재량을 주는 것으로 이해된다. 대표적인 예로 흡연에 따른 건강 위험으로 담배소비량을 줄이는 조치, 가솔린 소비에 따라 발생하는 대기오염을 줄이는 정책, 재생타이어에 서식하는 모기로부터 발생하는 질병과 재생타이어의 높은 화염성으로 이에 대한 수입을 금지하는 조치 등은 인간과 동·식

101) Panel Report, China-Measures Affecting Trading Rights and Distribution Services for Certain Publications and Audiovisual Products, WT/DS363/R (Aug. 12, 2009), para. 7.759에서 Panel Report, United States-Measures Affecting the Cross-border Supply of Gambling and Betting Services, WT/DS285/R (Nov. 10, 2004), paras. 6.461 & 6.465 재인용.

102) Panel Report, European Communities-Measures Prohibiting the Importation and Marketing of Seal Products, WT/DS400/R & WT/DS401/R (Nov. 25, 2013), paras. 7.631 & 7.632 [이하 'EU-Seal Products 패널 보고서'].

물의 생명과 건강을 보호하기 위한 범주에 속하는 것으로 인정된 바 있다.[103)]

문제된 조치에 의하여 추구되는 정책적 목적이 (d)호에서 규정하고 있는 '법률 또는 규정의 준수를 확보'하기 위한 것인지와 관련하여, Mexico-Soft Drinks 사건에서의 항소기구는 여기서 의미하는 '법률 또는 규정'이 일반적으로 '국내' 법률 또는 규정을 말한다고 하였다.[104)] 따라서 준수를 확보하고자 하는 '법률 또는 규정'에 다른 회원국의 국제협정상의 의무가 포함되지 않는다는 점을 명확히 하였다.[105)] 단지, 국제협정상의 의무는 국내이행에 따라 통합되거나 '직접효'가 발생하여 국내법의 일부로 형성되는 경우에 한하여 여기서 의미하는 '법률 또는 규정'에 해당될 수 있다.[106)] 또한, '법률 또는 규정' 그 자체가 GATT/WTO협정과 불합치되지 아니하여야 한다. Thailand-Cigarettes (Philippines) 사건에서 패널은 태국이 시행한 조세법이 이미 WTO협정에 합치되지 않는다는 점에서 문제의 조치가 동 조세법의 준수를 확보하기 위한 조치라는 태국의 주장을 배척한 바 있다.[107)]

조치에 의하여 추구되는 목적이 각 호에 해당하는 사회적 가치를 보호하거나 확보하기 위한 것인지 검토한 후, 해당 가치를 보호하기 위해 이행되는 무역 조치가 '필요한' 것인지 살펴보아야 한다.

Korea-Various Measures on Beef 사건에서 항소기구는 (d)호 상의 '필요한' 조치인지를 파악하기 위해 일련의 요소들을 '비교형량'하여 검토하는 이른바, '비교형량절차(weighing and balancing process)'를 거쳐야 한다고 하였다. 그리고 그 기준으로 ① 준수되어야 할 법이나 규제에 의하여 보호하려는 공동 이해나 가치가 상대적으로 중요한지, ② 문제의 조치가 법집행에 어느 정도 기여하는지, ③ 당해 조치가 국제무역을 제한하는 효과가 어느 정도인지 등을 검토하여야 한다고 제시하였다.[108)] 법집행에 대한 기여가 높을수록, 그리고 무역제한효과가 낮을수록 '필

103) Panel Report(GATT), Thailand-Restrictions on Importation of and Internal Taxes on Cigarettes, DS10/R-37S/200 (Nov. 7, 1990), para. 74.

104) Appellate Body Report, Mexico-Tax Measures on Soft Drinks and Other Beverages, WT/DS308/AB/R (Mar. 24, 2006), para. 69.

105) *Ibid.*, para. 69.

106) 이길원, GATT협정 제XX조 (d)호의 '법률 또는 규정의 준수 확보' 요건에 대한 고찰, 국제경제법연구, 제15권 제3호, 2017, p. 114.

107) Panel Report, Thailand-Customs and Fiscal Measures on Cigarettes from the Philippines, WT/DS371/R (Nov. 15, 2010), para. 7.758.

108) Korea-Various Measures on Beef 항소기구 보고서, paras. 162-164.

요한' 조치로 인정받기 용이하다는 것이다. 궁극적으로 이러한 요소들을 비교형량하는 절차는 ① WTO협정과 일치하는 대안적 조치가 합리적으로 가능한지 혹은 ② WTO협정과 덜 불일치하는 조치가 합리적으로 가능한지를 결정하는 것으로 이해될 수 있다고 하였다.[109)]

(나) 제XX조 (g)호

GATT 제XX조 (g)호도 (b)호와 마찬가지로 환경 보호를 위한 예외 조항과 같은 기능을 한다. (g)호에 해당하기 위해서는 ① 조치를 통한 보호대상이 고갈될 수 있는 천연자원이어야 하고, ② 해당 조치가 천연자원의 보존과 관련되어야 하며, ③ 국내 생산 또는 소비에 대한 제한과 결부되어 유효하게 되는 경우이어야 한다. 요건 ①과 관련하여, '고갈될 수 있는 천연자원'이 무엇인지에 대해 GATT에서 정의 규정을 내리고 있지 않다. 다만, WTO 분쟁해결기구의 해석을 통해 이해할 수 있는데, US-Shrimp 사건에서의 항소기구는 '고갈될 수 있는 천연자원'의 개념이 넓게 이해될 수 있다고 보았다. 구체적으로 '무기물' 또는 '무생물'의 자원뿐만 아니라 '유기물'이라 하더라도 인간 활동에 의하여 고갈되기 쉽다면, (g)호에서 의미하는 천연자원에 해당한다고 하였다.[110)]

요건 ②와 관련하여, (b)호 등에서 해당 가치를 보호하기 위해 이행되는 무역조치가 '필요한' 것인지를 살펴보는 것과 달리, (g)호에서는 문제되는 조치가 천연자원의 보존과 '관련'되어야 한다. China-Raw Materials 사건에서 항소기구는 당해 조치와 그 정책적 목적 사이의 '밀접하고 진정한(close and genuine)' 관련성이 있어야 한다고 하였다.[111)] US-Gasoline 사건에서의 항소기구는 '관련성'을 일상적인 의미에 따라 해석되어야 한다고 함으로써 천연자원의 보존을 목적으로 하는 거의 모든 무역제한조치에 적용될 수 있다고 볼 수 있는 등 (g)호의 예외를 원용할

---

109) Id., para.166.

110) US-Shrimp 항소기구 보고서, para. 128 ("living species, though in principle, capable of reproduction and, in that sense, "renewable", are in certain circumstances indeed susceptible of depletion, exhaustion and extinction, frequently because of human activities. Living resources are just as "finite" as petroleum, iron ore and other non-living resources").

111) Appellate Body Report, China-Measures Related to the Exportation of Various Raw Materials, WT/DS394/AB/R, WT/DS395/AB/R & WT/DS398/AB/R (Jan. 30, 2012), para. 355.

수 있는 범위가 크다고 평가할 수 있다.[112)]

요건 ③은 문제된 조치가 외국상품이나 조치에만 적용되는 것이 아니라 국내 생산이나 소비에도 동등하게 적용되어야 한다는 것을 의미한다. US-Gasoline 사건과 US-Shrimp 사건에서의 항소기구는 국내 상품과 외국상품에 동등하게 적용되어야 한다는 것은 국내 상품에도 함께 '공평하게(even-handed)' 적용하면 된다는 의미를 갖는 것이라고 해석한 바 있다.[113)]

【 미국 - 개솔린 사건 】

1. 사실관계

1990년 미국 의회는 1963년에 제정된 대기청정법(Clean Air Act)과 관련하여 오염이 심한 지역에서 유독한 자동차배출가스를 줄이기 위한 새로운 규칙을 제정하도록 환경청(Environmental Protection Agency)에 지시하였다. 이에 따라 오염이 심한 지역에서는 改質된 휘발유(reformulated gasoline)의 판매만 허용되었고, 그 외의 지역은 일반 휘발유(conventional gasoline)도 팔수 있게 되었다. 이와 함께 개질된 휘발유와 일반 휘발유의 기준치도 마련하였는데, 그 중 일반 휘발유에 대하여는 1990년 미국 내에서 판매된 휘발유만큼 청정하여야 한다고 규정하였다. 그 기준을 정함에 있어 국내업자에게는 1990년에 판매된 휘발유의 자료를 이용하여 개별적 기준치(individual baseline)를 정하여 따르도록 하고, 수입업자에게는 법규상의 기준치(statutory baseline)를 따르도록 이원화하였다.

법규상의 기준치는 개별기준치보다 엄격할 수밖에 없어 대부분의 수입 휘발유들은 미국산 휘발유와 혼합하여 기준을 맞출 수밖에 없었다. 결국 외국산 휘발유들은 미국산 휘발유와 동종(like) 품질임에도 미완성품 상태로 낮은 가격에 팔릴 수밖에 없어 수입업자들은 불리한 입장에 놓이게 되었다.

---

112) 박노형외 27인, 신국제경제법, 2013, pp. 172-173.

113) Appellate Body Report, United States-Standards for Reformulated and Conventional Gasoline, WT/DS2/AB (Apr. 29, 1996), pp. 20-21 [이하 'US-Gasoline 항소기구 보고서']; US-Shrimp 항소기구 보고서, para. 144.

2. 쟁 점

이에 따라 개질된 휘발유를 미국에 수출하는 베네주엘라와 브라질은 미국의 새로운 휘발유규칙이 내국민대우와 최혜국대우 등을 위반하였다는 이유로 WTO에 제소하였다.

베네주엘라와 브라질은 미국산 휘발유와 자국산 휘발유는 그 품질이 같은 동종상품(like product)인데도, 자국산 휘발유에 대하여 보다 엄격한 기준을 강요하는 것은 내국민대우 위반이라고 주장하였다.

3. 패널의 결정

패널은 이들 두가지 휘발유가 '동종'인지를 가려야 했다. 동종 또는 유사상품의 의미는 사례별로 검토되어야 하며, 몇 가지 기준을 제시한다면 시장에서 상품의 최종용도, 소비자의 기호나 습성, 상품의 질 · 성질 · 특성이 유사한지를 판단하여야 한다고 하였다. 이에 따라 화학적으로 동일한 수입휘발유와 국산휘발유는 동일한 물리적 특성을 지니며, 최종용도나 관세분류도 동일한 것으로, 완전 대체가능한 것이라고 하였다. 이러한 설명을 통해 수입휘발유와 국산휘발유는 동종상품이라고 결정하였다.

그 다음으로 패널은 수입휘발유가 국산휘발유보다 불리한 대우를 받고 있는지를 검토하였다. 미국은 수입휘발유업체와 유사한 상황에 있는 국내업체들도 신뢰할 만한 휘발유품질기준을 정하지 못하였기 때문에 수입업체와 동일한 대우를 받고 있다고 하였다. 그리고 법규상의 기준치는 1990년 개별기준치의 평균이기 때문에 국산휘발유와 수입휘발유는 전체적으로 동일한 대우를 받는다고 주장하였다.

이에 대하여 패널은 미국의 첫 번째 주장에 대하여 GATT 제Ⅲ조 제 4 항의 동종상품은 그 생산자의 특징에 따라 부당한 대우를 받아서는 아니 되고, 생산자의 특징과 무관하게 동종상품은 동등한 대우를 받아야 한다고 하였다.

미국의 두 번째 주장도 배척되었는데, 동등한 대우는 수입품의 각 사례에 적용되는 것으로 이해되어야 하며, 평균의 개념은 부정된다고 결정하였다.

따라서 수입휘발유는 국산휘발유와 동종상품임에도 기준치의 설정방법상 불리한 조건에 놓이게 되어 수입휘발유는 국산휘발유에 비하여 부당한 대우를 받은 것이라고 결정하였다.

4. 항소기구의 결정

패널의 심의과정에서 미국은 GATT 제XX조 (g)의 有限天然資源의 보존에 관련된 예외를 원용하였으나, 패널은 이를 거부하였다. 그러나 항소기구는 제XX조 (g)호의 예외를 적용할 수 없다고 한 패널결정에 오류가 있었다고 지적하였다.

항소기구가 지적한 패널의 오류 가운데 가장 중요한 점은 제XX조 (g)호의 '관련된'(relating to)이라는 표현에 대한 것이었다. 패널은 미국의 차별적 조치들과 대기의 질을 개선하기 위한 미국의 목적 간에는 직접적 관련이 없다고 판단하여 개솔린 규칙의 기준치 설정이 천연자원의 보존을 위하여 우선적으로 목적된(primary aimed) 것이 아니라고 하였다. 이러한 패널의 판단은 '관련된'이라는 표현이 제XX조 (a)호와 (b)호의 '필요한'(necessary)이나 (j)호의 '필수적'(essential)과 같은 용어에 비하여 보다 낮은 정도의 관련성을 요구하는 것이라는 점을 잘못 파악한 것이다. 그리고 패널은 차별적 조치가 보존에 관련된 것인가를 검토한 것이 아니라 보존에 관련된 차별인가를 검토한 것이다. 이는 패널이 해당 조치가 우선적으로 목적한 것이 보존에 대한 것인가, 자의적 또는 부당한 방법으로 이루어졌는지를 검토하여야 할 것을 오판한 데서 비롯된 것이라고 판단하였다. 따라서 항소기구는 차별 그 자체가 보존과 관련된 것인가를 검토하는 것은 제XX조 다른 항에 비추어 정확하지 못한 것이며, 제XX조의 전체 문맥에서 볼 때도 잘못된 것이라고 판단하였다.

이러한 근거에서 항소기구는 미국의 개솔린 규칙상 수입자와 국내 정유사 간 기준치를 달리 하는 것은 GATT 제XX조 (g)호의 일반적 예외조항에 해당될 수 있다고 보았다. 다만, 제XX조 (g)호는 제XX조 본문의 자의적이고 부당한 차별이 아닐 것을 전제요건으로 하나, 본 사안에서 미국측 조치는 이를 충족시키지는 못한 것이라고 해석하였다.

(다) 제XX조 (j)호

GATT 제XX조 (j)호는 '공급이 부족한 상품의 획득 또는 분배에 필수적인 조치'에 따른 예외를 인정하고 있다. (j)호의 위반 판단 기준은 ① '일반적 또는 지역적'으로 '공급이 부족한 상품'인지, ② 문제의 조치가 공급이 부족한 상품의 획득 또는 분배에 '필수적'인지, ③ 문제의 조치가 모든 체약당사자가 동 상품의 국제적 공급의 공평한 몫에 대한 권리를 가진다는 원칙에 합치되는지 그리고 ④ 이 협정의 다른 규정에 불합치되는 동 조치를 야기한 조건이 존재하지 아니하게 된 즉시 중단되었는지 등 네 가지 요건으로 나눌 수 있다.114)

공급이 부족한 상품인지와 관련하여, India-Solar Cells & Solar Modules 사건에서의 항소기구는 상품의 공급이 수량적으로 부족한 경우와 상품의 공급이 수요를 충족시키지 못하는 경우 일반적으로 상품의 공급이 부족하다고 보았다.115) 그리고 '일반적 또는 지역적인 공급의 부족'이란 해당 '국내상품'의 일반적 또는 지역적 공급의 부족으로 국한되는 개념이 아니고, 수입 상품의 일반적 또는 지역적 공급이 부족한지도 함께 고려하여 결정될 문제라고 보았다.116)

문제의 조치가 공급이 부족한 상품의 획득 또는 분배에 '필수적'인지와 관련하여, India-Solar Cells & Solar Modules 사건에서의 항소기구는 (d)호의 '필요성' 요건과 관련하여 검토되는 요소들을 상기시키며, '필요성' 요건과 관련하여 진행된 비교형량절차가 (j)호 상의 '필수적인' 조치인지를 파악하기 위해서도 활용될 수 있다고 보았다.117)

문제의 조치가 모든 체약당사자가 동 상품의 국제적 공급의 공평한 몫에 대한 권리를 가진다는 원칙에 합치되는지와 이 협정의 다른 규정에 불합치되는 동 조치를 야기한 조건이 존재하지 아니하게 된 즉시 중단되었는지에 관하여 WTO 분쟁해결기구는 어떠한 해석도 내놓고 있지 않다. 다만, 1950년 보호무역에 따른 수량제한의 사용과 관련한 작업반(Working Party) 보고서에서 일국이 자신의 공급에 대한 몫을 임의로 할당하는 것은 모든 국가가 해당 상품에 대한 국제적 공급의 공평한 몫에 대한 권리를 가진다는 원칙에 부합되지 않는다고 지적하고 있다. 즉

114) GATT 제XX조 (j)호의 위반 판단 기준과 관련한 자세한 논의는 이길원, 공급 부족에 따른 GATT 상의 일반적 의무에 대한 예외, 국제경제법연구, 제15권 2호, 2017, pp. 48-55.

115) Appellate Body Report, India-Certain Measures Relating to Solar Cells and Solar Modules, WT/DS456/AB/R (Feb. 24, 2016), paras. 5.64-5.66 [이하 'India-Solar Cells & Solar Modules 항소기구 보고서'].

116) India-Solar Cells & Solar Modules 항소기구 보고서, paras. 5.68-5.69.

117) *Ibid.*, paras. 5.62-5.63.

일국의 국제적 공급의 공평한 몫에 대한 자의적 결정이 인정되지는 않을 것으로 보인다.[118]

(4) GATT 제XX조 전문

문제의 조치가 제XX조 각 호의 요건을 충족한다 하더라도 동 조 전문의 내용에 합치하지 않으면 제XX조에 따라 정당화될 수 없다. 전문의 기능은 제XX조가 기본원칙에 대한 예외를 규정하고 있다는 점에서 발생할 수 있는 남용을 방지하는 데 있다.[119] 제XX조 전문은 문제의 조치가 동일한 조건 하에 있는 국가 간 자의적이거나 정당화할 수 없는 차별의 수단 또는 국제무역에 대한 위장된 제한조치로 사용되지 않을 것을 조건으로 GATT의 어떠한 규정도 제XX조에 제시된 열 개의 예외에 해당하는 조치를 채택하거나 시행하는 것을 방해하는 것으로 해석되지 아니한다고 규정하고 있다. 즉 제XX조의 예외를 주장하는 회원국은 자국의 조치가 ① 동일한 조건하에 있는 국가 간에 '자의적이거나 정당화할 수 없는 차별의 수단'으로 사용되지 않는다는 것과 ② 무역에 대한 '위장된 제한조치'가 되지 않는다는 것을 밝혀야 한다.

(가) '자의적이거나 정당화할 수 없는 차별'

US-Shrimp 사건에서 항소기구는 미국은 문제의 조치를 이행하면서 관련 수출국의 여건을 전혀 고려하지 않았을 뿐만 아니라, 인증제도 신청 과정에서 이들에게 아주 엄격한 요건을 부과한 것은 '자의적인 차별'에 해당한다고 보았다.[120] 다시 말해, 국가 간의 여건의 차이를 고려하지 않고 조치를 적용하거나 그러한 조치를 피소국이 정한 일방적인 방법으로 적용하는 경우, 동 조치는 자의적인 차별을 구성한다는 것이다.

US-Gasoline 사건에서의 항소기구는 우연이나 불가피한 사정이 아닌 예견될 수 있었던 차별은 정당화할 수 없는 차별이라고 하였으며, US-Shrimp 사건에서의 항소기구는 그 문제된 조치에 따른 정책적 목적을 달성하기 위해 분쟁당사국간 그

118) Contracting Parties to the GATT, Fourth Session, Report of Working Party "D" on Quantitative Restrictions, GATT/CP.4/33 (Mar. 28, 1950), p. 3.

119) 박노형외 27인, *op. cit.*, p. 173.

120) US-Shrimp 항소기구 보고서, para. 177.

와 관련된 국제 합의를 위한 진지한 노력이 있었는지 여부 등을 검토하였다.[121)]

(나) '위장된 제한'

제XX조 각 호에 나열된 예외 조치는 국제무역에 '위장된 제한'을 구성하는 방식으로 적용되어서는 아니 된다. EC-Asbestos 사건에서의 패널은 문제된 조치가 단지 무역제한적인 목적을 숨기려는데 있다면, 이는 남용에 해당할 것이라고 하였다. Japan-Alcoholic 사건에서의 항소기구 입장을 상기시키며, 조치의 목적을 확인하는 것이 쉽지 않겠지만, 조치의 보호주의적 적용은 대개 해당 조치의 '구도(design), 구성(architecture), 드러난 구조(revealing structure)' 등으로 식별할 수 있다고 하였다.[122)]

2002년 WTO 무역과 환경위원회는 문제된 조치가 국제무역에 있어 '위장된 제한'을 구성하는지와 관련하여 그동안 WTO 분쟁해결기구가 검토한 요소들을 정리하였는데, 해당조치의 ① 공개성, ② 자의적이거나 정당화할 수 없는 차별의 가능성 그리고 ③ 디자인, 구조, 형태 등이 그에 해당한다고 한 바 있다.[123)]

2. 안보 예외

(1) 개관

WTO는 GATT 제XX조에 규정된 '일반적 예외' 이외에도 제XXI조에서 국가안보와 관련된 예외 조항을 규정하고 있다. 국제관계에서 국가 안보는 무역이익보다 우선시될 때가 있다. 구체적으로 국가들은 전략적으로 중요한 국내 생산 능력을 수입 경쟁으로부터 보호하기 위해 무역을 제한한다. 어떤 산업이 전략적으로 중요한지에 대한 판단은 국가마다 다르고, 정치적인 요소가 크게 작용한다. 일부 국가들은 군수 산업, 주요 식량 생산 산업, 휘발유 또는 철강 생산 산업 등을 전략적 산업으로 간주한다. 또한, 국제법을 위반하거나 바람직하지 않은 정책을 펴는

121) US-Gasoline 항소기구 보고서, paras. 28-29; US-Shrimp 항소기구 보고서, para. 166.

122) Panel Report, European Communities-Measures Affecting Asbestos and Asbestos-Containing Products, WT/DS135/R (Sept. 18, 2000), para. 8.236.

123) Committee on Trade and Environment, GATT/WTO Dispute Settlement Practice Relating to GATT Article XX, Paragraph (b), (d) and (g), Note by the Secretariat, WT/CTE/W/203 (Mar. 8, 2002), para. 79.

다른 국가에 대해 외교정책의 수단으로서 무역 제재를 다자적 또는 일방적으로 사용한다. 적대적인 관계에 있는 국가에 무기나 군사용 제품의 수출을 금지하기도 한다.124) GATT 제XXI조는 GATT에 위배되는 조치를 정당화하는 규정이다. 제XXI조는 '안보 예외'라는 제목하에 다음과 같이 규정하고 있다.

> 이 협정의 어떠한 규정도 다음으로 해석되지 아니한다.
>
> (a) 공개시 자신의 필수적인 안보이익에 반한다고 체약당사자가 간주하는 정보를 제공하도록 체약당사자에게 요구하는 것 또는
> (b) 자신의 필수적인 안보이익의 보호를 위하여 필요하다고 체약당사자가 간주하는 다음의 조치를 체약당사자가 취하는 것을 방해하는 것
> (i) 핵분열성 물질 또는 그 원료가 되는 물질에 관련된 조치
> (ii) 무기, 탄약 및 전쟁도구의 거래에 관한 조치와 군사시설에 공급하기 위하여 직접적 또는 간접적으로 행하여지는 그밖의 재화 및 물질의 거래에 관련된 조치
> (iii) 전시 또는 국제관계에 있어서의 그밖의 비상시에 취하는 조치
> (c) 국제 평화 및 안보의 유지를 위하여 국제연합헌장 하의 자신의 의무에 따라 체약당사자가 조치를 취하는 것을 방해하는 것

GATT체제 하에서 제XXI조는 극히 소수의 분쟁에서만 원용되었으나, 신냉전 국면에 진입한 최근 몇 년 사이 관련 분쟁이 급증하고 있다. 이하에서는 WTO 분쟁해결기구가 심리할 기회를 가졌던 제XXI조 (b)호의 (iii)목부터 검토하고, 이후 제XXI조 (b)호의 (i)목과 (ii)목, 제XXI조 (a)호 및 (c)호의 순서로 차례대로 살펴본다.

(2) GATT 제XXI조 (b)호의 (iii)목

제XXI조 (b)호는 체약당사자가 자신의 필수적인 안보 이익의 보호를 위하여 필요하다고 간주하는 조치를 채택하거나 유지하는 것을 허용한다. 앞에 기술한 바와 같이, 관련된 조치의 범주는 제XXI조 (b)호의 (i)목부터 (iii)목까지 폭넓게 규정되어 있다.

제XXI조 (b)호의 문구, 특히 '필수적인 안보이익의 보호를 위하여 필요하다고

---

124) Peter Van den Bossche & Werner Zdouc, *op. cit.*, pp. 671-672.

체약당사자가 간주하는'이라는 표현을 고려할 때, 이 예외 조항이 사법심사의 대상이 될 수 있는지, 즉 패널과 항소기구가 그 적용 여부를 판단할 수 있는지 문제가 된다. 사실상 제XXI조 (b)호는 체약당사자에게 자국의 필수적인 안보 이익의 보호를 위한 조치를 자의적으로 판단할 수 있는 폭넓은 재량을 부여하고 있다. 그러나 핵심 쟁점은 WTO 분쟁해결제도에서 어느 정도의 사법심사가 이루어져야 이 조항이 남용되는 것을 방지할 수 있느냐는 점이다. GATT의 제XX조와는 다르게 제XXI조는 예외 조항 남용을 방지할 수 있는 전문(chapeau)을 갖고 있지 않다는 점을 주목할 필요가 있다.[125)]

(가) 제XXI조의 자기 판단(Self-Judging) 여부

대표적인 사례는 우크라이나와 러시아 간의 분쟁인 Russia-Traffic in Transit 사건이다. 이 사건에서 러시아가 자국 영토를 통과하는 우크라이나 상품의 수송을 제한한 조치가 GATT에 합치되지 않는 것이 문제되었다. 이 사건에서 패널은 WTO 분쟁해결제도 하에서 처음으로 제XXI조의 성격 및 적용 요건에 대해 판단했다.

해당 사건에서 러시아는 자국이 제XXI조 (b)호를 원용한 조치에 대해 GATT와의 합치성 여부를 패널이 판단할 권한이 없다고 주장하였다.[126)] 러시아는 해당 조치들이 제XXI조 (b)호의 (iii)목에 따라 '국제관계에 있어서의 비상시에' 취해진 조치이며, 자국의 필수적인 안보 이익의 보호를 위해 필요하다고 간주된 것이므로, 이 조치들의 GATT 위반 여부는 심리될 수 없다고 주장하였다. 특히, 러시아는 제XXI조 (b)호의 전문에 있는 '필수적인 안보 이익의 보호를 위하여 필요하다고 체약당사자가 간주하는'이라는 문구가 ① 필수적인 안보 이익의 내용, ② 해당 이익 보호를 위한 조치의 필요성, ③ 조치가 국제관계 비상시에 취해졌는지 여부에 대한 판단 모두를 자의적으로 정할 수 있게 한다고 해석하였다. 따라서 제XXI조 (b)호는 전적으로 '자기 판단(self-judging)'에 기반한 조항이며, 이에 대해 패널이 관할권을 가지지 않는다고 주장하였다.[127)]

125) Peter Van den Bossche & Werner Zdouc, *op. cit.*, p. 673.

126) Panel Report, Russia-Measures Concerning Traffic in Transit, WT/DS512/R (Apr. 5, 2019), para. 3.2 [이하 'Russia-Traffic in Transit 패널 보고서'].

127) Russia-Traffic in Transit 패널 보고서, para. 7.27.

그러나 패널은 이에 동의하지 않았다. 패널은 해당 문구가 제XXI조 (b)호의 (iii)목에서 규정한 '국제관계에 있어서의 비상시'라는 요건의 충족 여부까지 '자기 판단'을 할 수 있게 하지는 않는다고 보았다.[128] 패널은 GATT와 WTO협정의 목적과 취지, 그리고 문맥에 비추어 보았을 때, 제XXI조 (b)호의 (iii)목의 통상적 의미는 제XXI조 (b)호 전문에 기술된 '필요하다고 체약당사자가 간주하는'이라는 문구가 (iii)목에서 규정한 요건의 판단에까지 영향을 미치는 것은 아니라고 보았다. 오히려 제XXI조 (b)호의 적용 범위에 포함되기 위해서는, 해당 조치가 그 조항에 열거된 하위 항목 중 하나의 요건을 '객관적'으로 충족해야 한다고 하였다.[129] 패널은 '국제관계에 있어서의 비상시'는 객관적 상황이며, 해당 조치가 그러한 비상시기에 취해졌는지 여부는 자의적 해석의 대상이 아닌, 패널이 객관적으로 판단해야 하는 사실문제라고 보았다.[130]

(나) 제XXI조 (b)호의 (iii)목의 요건 검토

패널은 제XXI조 (b)호의 (iii)목의 원용을 사법적으로 판단할 수 있는 범위에 속한다고 본 뒤, ① 해당 조치가 전시 또는 국제관계에 있어서의 비상시에 취해졌는지, 그리고 ② 해당 조치가 체약당사자가 자국의 필수적인 안보 이익의 보호를 위해 필요하다고 간주한 조치인지 등 러시아의 조치가 제XXI조 (b)호의 (iii)목 요건을 충족하는지를 검토하였다.

첫 번째 요건과 관련하여, 패널은 2014년 이후 러시아-우크라이나 관계가 국제관계에서 비상시에 해당하며, 해당 조치들은 이 비상 상황 중에 취해졌다고 보았다.[131] 패널은 UN 총회가 이 관계를 '무력 충돌이 포함된 상황'으로 인정하고, 다수 국가가 이와 관련하여 러시아에 경제제재를 가한 사실을 근거로 삼았다.[132] 패널은 국제관계에 있어서의 비상시란 '무력 충돌 또는 잠재적 무력 충돌, 긴장 고조 또는 위기, 국가를 둘러싼 전반적인 불안정 상황'을 의미한다고 해석하였다.[133]

128) Russia-Traffic in Transit 패널 보고서, para. 7.101.
129) Russia-Traffic in Transit 패널 보고서, para. 7.82.
130) Russia-Traffic in Transit 패널 보고서, para. 7.77.
131) Russia-Traffic in Transit 패널 보고서, para. 7.126.
132) Russia-Traffic in Transit 패널 보고서, paras. 7.119 & 7.122.
133) Russia-Traffic in Transit 패널 보고서, para. 7.76.

한편, 단순한 정치적 · 경제적 의견 차이는 방위, 군사 이익, 법질서 유지를 위협하지 않는 한, 국제관계의 비상시로 간주될 수는 없다고 보았다.134)

두 번째 요건에 관하여, 패널은 '필수적인 안보 이익'이란 일반적으로 국가의 핵심 기능, 즉 외부 위협으로부터 영토 및 국민을 보호하고, 내부적으로 법과 질서를 유지하는 데 관련된 이익을 의미한다고 하였다.135) 특정 이익이 안보 이익에 해당하는지는 해당 국가의 구체적 상황과 인식에 따라 달라질 수 있으며, 변화하는 정세에 따라 달라질 수 있다고 하였다.136)

패널은 자국의 필수적인 안보이익이 무엇인지에 대한 정의는 일반적으로 각 체약당사국에게 맡겨져 있다고 보았다.137) 패널은 ① 해당 상황이 발생한 시점 및 지속 여부, ② 우크라이나가 관련되어 있다는 점, ③ 이 상황이 러시아의 국경 안보에 영향을 미친다는 점, ④ 다른 국가들이 러시아에 제재를 가했다는 점, ⑤ 이 상황이 공공연하게 알려져 있다는 점 등 러시아가 자신이 문제 삼고 있는 상황을 명확히 특정했다고 판단하였다. 패널은 이러한 사정이 이 분쟁에서 러시아가 지칭하는 상황을 충분히 특정할 수 있다고 보았고, 그것이 국제관계의 비상시라는 러시아의 주장이 타당하다고 판단하였다. 물론, 이는 체약당사국이 어떠한 관심사라도 필수적인 안보 이익으로 간주할 수 있다는 뜻이 아니다. 패널은 체약당사국이 제XXI조 (b)호의 (iii)목을 '신의칙(good faith)'에 따라 해석 · 적용해야 하므로 안보 이익의 범주를 자의적으로 확장할 수는 없다고 하였다.138) 패널은 러시아가 주장한 안보이익이 다소 모호한 것은 사실이나, 그것이 전혀 파악할 수 없을 정도로 불분명하지는 않으며, 최소한의 설명은 제시되었다고 판단하였다.139)

패널은 (b)호의 전문에 규정된 '필요하다고 체약당사자가 간주하는'이라는 표현에서 볼 때, 해당 조치의 필요성 판단은 일차적으로 제XXI조를 원용하는 당사국에게 맡겨져 있다고 보았다. 그러나 이러한 판단 역시 신의칙에 따라 이루어져야 하며, 문제된 조치와 주장된 필수적인 안보이익 사이에는 일정한 '연결성'이 존재

134) Russia-Traffic in Transit 패널 보고서, para. 7.75.
135) Russia-Traffic in Transit 패널 보고서, para. 7.130.
136) Russia-Traffic in Transit 패널 보고서, para. 7.131.
137) Russia-Traffic in Transit 패널 보고서, paras. 7.119 & 7.131.
138) Russia-Traffic in Transit 패널 보고서, para. 7.132.
139) Russia-Traffic in Transit 패널 보고서, para. 7.137.

해야 한다고 보았다.140) 즉 해당 조치가 주장된 안보이익을 보호하기 위한 조치로서 최소한의 개연성을 갖추어야 하며, 전혀 관련이 없어 보이는 조치로는 정당화될 수 없다고 판단하였다.

결론적으로, 패널은 이 사건에서 쟁점이 된 조치가 러시아가 주장하는 필수적인 안보이익과 전혀 무관하지 않으며, 해당 안보이익을 보호하기 위한 조치로서의 개연성이 충분하다고 판단하였다.141) 그리고 이를 바탕으로 패널은 해당 조치가 제XXI조 (b)호의 (iii)목 요건을 충족한다고 최종 결론지었다.142)

(3) GATT 제XXI조 (b)호의 (i)목과 (ii)목

GATT 제XXI조 (b)호의 (i)목은 '핵분열성 물질 또는 그 원료가 되는 물질에 관련된 조치'를 안보상 예외로 규정하고 있다. 그리고 (ii)목은 '자신의 필수적인 안보이익의 보호를 위하여 필요하다고 체약당사자가 간주하는 … 무기, 탄약 및 전쟁도구의 거래에 관한 조치와 군사시설에 공급하기 위하여 직접적 또는 간접적으로 행하여지는 그 밖의 재화 및 물질의 거래에 관련된 조치'를 안보상 예외로 규정하고 있다.

제XXI조 제(b)호의 (ii)목은 (iii)목에 비해 학계의 관심을 상대적으로 덜 받아왔으며, 현재까지 WTO 패널에서 검토된 바 없다. 이 조항은 본래 무기와 같은 명백한 군사용 물품뿐만 아니라, 군사용으로 활용될 수 있는 상당한 가능성이 있는 기타 물품에 대해서도 수출통제 등의 조치를 허용하는 예외 조항으로 설계되었다. 특히 (iii)목과 달리, 이 조항을 적용하기 위해 '국제관계에 있어서의 비상시'라는 요건이 요구되지 않는다는 점에서 차이를 보인다.143)

Russia-Traffic in Transit 사건에서 패널은 '~에 관련된(relating to)'이라는 문구는 목적과 수단 사이의 객관적인 관계를 의미한다고 하였다. 구체적으로 제XX조 (g)호에서도 사용된 이 표현은 조치와 그 조치를 채택한 회원국의 목적 사이에 '밀접하고 진정한 목적-수단 관계(close and genuine relationship of ends and means)'

140) Russia-Traffic in Transit 패널 보고서, para. 7.138.

141) Russia-Traffic in Transit 패널 보고서, para. 7.145.

142) Russia-Traffic in Transit 패널 보고서, para. 7.149.

143) Kentaro Ikeda, A Proposed Interpretation of GATT Article XXI(b)(ii) in Light of Its Implications for Export Control, 54 Cornell International Law Journal (2021), pp. 459-464.

가 요구된다고 하였다. 이는 목적과 수단 사이의 객관적인 관계를 의미하며, 이는 객관적으로 판단될 수 있어야 한다고 하였다.144)

제XXI조 (b)호의 (ii)목을 원용하는 경우, WTO 패널은 기존 판정례와 유사하게 동 조항에 대한 관할권을 인정할 가능성이 크다. 이 경우 (b)호 전문을 제외한 (ii)목의 사항에 대해 어느 정도 엄격하게 심사할지가 관건이다.

(4) GATT 제XXI조 (a)호

제XXI조 (a)호는 체약당사국이 특정 정보를 공개하는 것이 자국의 필수적인 안보이익에 반한다고 간주하는 경우, 통상적으로 제공해야 할 정보의 공개를 거부할 수 있도록 허용하고 있다. 이 조항은 GATT 및 WTO협정 전반에서 정보 제공을 요구받을 수 있는 다양한 맥락에 대해, 일정한 범위의 예외를 인정하는 조항으로 기능한다.

이 조항은 정보의 공개(disclosure)가 자국의 핵심 안보이익에 저촉된다고 자체적으로 판단하는 경우, 회원국이 그 정보를 제공하지 않아도 된다는 점에서 체약당사국에게 상당히 넓은 재량권을 부여한다고 볼 수 있다. 다만, 지금까지 제XXI조 (a)호는 WTO 패널에서 검토된 바 없다.

이 조항이 보호하는 '정보(information)'는 특정한 유형으로 한정되지 않으며, 문자 그대로 '모든 형태의 정보(any information)'를 포섭한다. 이는 곧 통상 협정과 디지털 무역 규범에서 점차 중요해지는 '개인정보'도 제XXI조 (a)호의 보호 대상이 될 수 있음을 의미한다.145)

데이터 이전, 디지털 플랫폼에 대한 규제, 개인정보의 해외 이전 의무 등과 관련하여, WTO 회원국이 제XXI조 (a)호를 근거로 삼을 가능성이 점차 높아지고 있다. 앞으로 디지털 무역과 관련된 분쟁에서 이 조항이 실제로 어떻게 적용될 수 있을지, 그 해석 기준이 새롭게 주목받을 것으로 보인다.

(5) GATT 제XXI조 (c)호

제XXI조 (c)호는 WTO 회원국이 국제 평화 및 안보의 유지를 위하여 UN헌장

---

144) Russia-Traffic in Transit 패널 보고서, para. 7.69.

145) 이재민, 디지털 교역 시대의 아날로그 규범, 국제법학회논총, 제65권 제2호 (2020), p. 247.

상 부담하는 의무를 이행하기 위한 조치를 취하는 경우, 그러한 조치가 GATT상 의무에 위반되더라도 면책될 수 있음을 규정하고 있다. 이 조항은 체약당사국이 UN헌장에 따라 국제사회가 부과한 집단적 의무를 이행하는 과정에서 GATT의 원칙을 일시적으로 제한할 수 있도록 허용하는 것이다. 예컨대, 회원국이 UN안전보장이사회의 결의에 따라 특정 국가와의 무역을 제한하거나 금지하는 조치를 취하여 GATT상 차별금지 의무나 시장접근 의무를 위반하는 결과를 초래하더라도, 이는 UN헌장상의 의무 이행이라는 점에서 제XXI조 (c)호에 따라 정당화될 수 있다는 것이다.

제XXI조 (c)호는 국가의 안보 판단에 일정 수준의 자율성을 부여하는 제XXI조 (b)호와는 달리, '체약당사자가 필요하다고 간주하는' 등의 자의적 문구를 포함하지 않기 때문에 사법심사의 문제에서도 상대적으로 논란의 여지가 적다. 제XXI조 (c)호에 근거한 면책이 인정되기 위해서는 그 조치가 UN헌장상 구속력 있는 의무의 이행으로 이루어졌는지가 관건이며, 이와 같은 의무의 존재 여부는 WTO 패널이 객관적으로 판단할 수 있는 사안이다. 궁극적으로 제XXI조 (c)호는 WTO 회원국이 UN이라는 국제안보 체제의 일원으로서 국제 평화와 안보 유지를 위한 집단적 결정을 이행할 때, 다자무역체제와의 충돌을 방지하고 정당한 범위 내에서 예외를 허용하는 기능을 한다.

제 5 절 개발도상국의 우대

WTO 회원국 중 3/4 이상이 개발도상국이거나 비시장경제체제를 개혁하는 과정상의 국가이다. UR 7년 동안 그 국가들 중 60여 개국이 무역자유화계획을 이행하였다. 일부는 GATT 협상에 참여하기 위하여 그렇게 하였고, 또 다른 일부는 자발적으로 그렇게 하였다. 동시에 개발도상국과 과도경제국은 어느 협상 때보다 UR에서 적극적인 역할을 수행하여 왔다.

이러한 경향은 국제통상체제가 선진국만을 위하여 존재한다는 생각에서 탈피하게 만들었다. 뿐만 아니라 GATT 규정에서 개발도상국을 면제시켜 주던 것을 많이 변화시켜 버렸다. UR의 종결과 함께 개발도상국들은 선진국에게 요구되는 대부분의 의무를 취할 준비가 되어 있음을 보여 주었다. 그러나 최빈국에 대하여는 새롭게 등장한 까다로운 WTO 규칙을 따르도록 하는 데 일정한 과도기간을 허용하였다. 더욱이 최빈국을 위한 각료결정은 WTO협정을 이행함에 있어 그들 국가에 대하여 특별한 융통성을 주었다. 그 국가들에 이익을 주는 수출상품에 영향을 끼치는 시장접근 양허의 이행을 가속화하도록 요청하였고, 그들에 대한 기술지원을 증대시키도록 하였다. WTO 원칙에 기초한 개방시장지향정책을 추구하는 개발의 가치는 합리적인 한 광범하게 인정된다. 그러나 그러한 정책이 수행되는 속도는 약간의 신축성이 요구되고 있다.

그럼에도 GATT는 개발도상국이 WTO에 남아 있도록 혜택을 주려는 입장이다. 특히 GATT의 제 4 부는 3개의 조항에서 그러한 내용을 규정하고 있다. 산업화된 국가는 그들의 무역조건에 있어 의식적이고 목적적인 노력사항으로 개발도상회원국을 지원하고, 협상에서 개발도상국에 부여된 양허를 위한 상호성을 기대하지 않도록 하고 있다. 그 외에 1979년 동경라운드에서 합의된 것으로, 소위 '수권조항'(enabling clause)이라 불리는 것이 있다. 이는 일반관세특혜하에서 선진국이 개발도상국에 부여한 시장접근양허를 위한 항구적인 법적 기초를 제공한다.

제 4 장 통상규칙

제 1 절 덤 핑

1. 덤핑의 의의

(1) 덤핑의 배경

(가) 덤핑의 개념

덤핑은 수입국 내의 효율적인 자원배분을 저해하고 시장질서를 문란하게 한다는 점에서 不公正한 것으로 비난받게 된다. 그러나 타인이 자기보다 싸게 팔면 '덤핑'이라 비난하면서 자기가 남보다 싸게 파는 것은 '대량생산'으로 미화하는 경향이 있기 때문에, 어떤 경우가 덤핑에 해당하는지를 밝히는 것이 선행되어야 한다.

덤핑은 광의로 해석하면 국제적인 가격차별화를 의미하는 것이고,[1] 엄격하게 정의하면 수출업자가 외국에 상품을 팔면서 원가 이하로 판매하는 경우를 말한다.[2] 가격차별이 발생하기 위해서는 다음의 3가지 조건이 전제되어야 한다. 첫째, 수출업자의 국내 시장과 수입국 시장이 분리되어 있고, 수출국의 관세 및 비관세 장벽이 높아서 국내시장가격을 높게 유지할 수 있거나 소비자가 수입국 시장으로 여행하는 데 많은 경비가 들어야 한다. 이러한 조건이 충족되면 중개매매의 가능

1) Jacob Viner, Dumping: A Problem in International Trade (Augustus M. Kelley Publishers, Reprint edition, 1991), p. 3; Jacob Viner는 반덤핑법의 이론적 근거를 처음으로 개발한 경제학자로, 덤핑을 정의하여 '각국 시장 간의 가격차별'이라고 정의하였다.

2) Raj Bhala, Rethinking Antidumping Law, 29 George Washington Journal of International Law and Economics (1995), p. 8.

성이 없어지기 때문에, 2국간 가격차이가 유지될 수 있다. 둘째, 수출업자가 자국이나 수입국 시장에서 완전한 경쟁에 부딪치지 말아야 하고, 최소한 1국 시장에서 상품가격에 영향을 줄 수 있는 충분한 힘을 가지고 있어야 한다. 그러한 힘이 없이는 2개의 상이한 시장에서 가격차별을 이룰 수 없다. 셋째, 수출업자는 수입국에서는 매우 탄력적인 수요를 갖고 있되, 자국에서는 상대적으로 수요가 안정되어 있어야 한다. 이러한 탄력성의 차이가 없다면 수출업자가 수입국에서 책정한 가격이 자국시장가격과 같거나 비싸게 되어 덤핑이 발생할 수 없게 된다.[3)]

이와 같이 국제통상법상 전문적 용어로서의 덤핑은 일반인들이 사용하고 있는 덤핑과는 매우 다른 것이다. 일반인들은 덤핑을 생산자나 상인이 이익을 포기하는 낮은 금액으로 판매하는 의미로 이해하지만, 국제통상법상 덤핑은 보다 제한적이고 전문적인 의미로 사용되고 있다.[4)] GATT 제VI조는 덤핑을 정의하여 수출국 내에서 해당 상품의 판매가격인 정상가격보다 낮은 가격으로 상품을 수출하는 것이라고 규정하고 있다. 국제통상법상 덤핑은 생산국과 수입국 간의 가격비교에서 도출하게 되는 것이 일반적이므로, 생산국에서 연말가격을 낮추었다 하더라도 국내가격과 수출가격에 차이가 없다면 덤핑은 발생하지 않는 것이다. 덤핑에 대한 구제조치는 정상가격과의 차액만큼 반덤핑관세를 부과하는 것으로, 불공정행위의 회복일 뿐 처벌의 의미를 갖는 것은 아니다.

(나) 덤핑의 발생

근자에는 덤핑과 관련하여 생산국의 국내시장 가격보다 비용을 강조하는 경향에 있다. 상품의 가격은 임금과 원료비 등의 가변성 비용과 자본설비나 기계설비 등의 고정비용으로 이루어진다. 자국에서 판매하는 가격과 물량만으로 충분히 이익을 내고 있는 기업이 추가로 상품을 생산하여 수출하는 사례를 생각해 보자. 이 경우 수출상품의 가격을 임금과 원료비 등의 가변성 비용보다 높게 책정하면 가변성 비용을 제한 만큼의 이익이 남게 된다. 그 이유는 자본설비나 기계설비 등의 고정비용은 국내판매가격에 충분히 반영되었기 때문에, 외국에 판매하는 추가

3) Benard M. Hoekman & Michael P. Leidy, Anti-Dumping and Market Disruption: The Incentive Effect of Anti-Dumping Laws, The Multilateral Trading System: Analysis and Options for Change (1993), pp. 158-159.

4) Andreas F. Lowenfeld, International Economic Law (Oxford, 2002), p. 243.

상품의 경우는 임금과 원료비 등의 가변성 비용만 들어가기 때문이다. 만약 수입국에서 유사상품을 생산 판매하는 회사의 원가가 도저히 그 수준까지 낮추어지지 못하면, 수입국의 경쟁회사는 곧바로 피해를 입게 된다. 다른 예로 일국의 생산자가 가격하락이나 수요감소가 발생 시에도 최대생산을 유지하여 해당 상품의 가변비용에 해당되는 가격만으로 수출하는 경우, 불공정 무역행위로서 수출통제나 조절의 부담을 져야 한다. 이러한 논의는 두 국가에서 특정의 비용이 다루어지는 방법에서 실질적 차이가 있는 경우에 더욱 분명하게 나타난다. 노동은 평생고용인 경우 고정비용에 해당되지만, 시장상황에 따라 해고가 가능한 경우 가변비용이 된다. 자본이 대여금만으로 조달되는 경우는 고정비용이지만, 대출금과 주식발행으로 조달되는 경우는 주식 배당금 때문에 가변비용이 된다. 두 개의 기업이 동일한 비용구조를 갖고 있는 경우, 수요가 감소하였을 때 일방은 일정 이상의 가격으로 판매할 수 있는 경우 계속 생산하기로 결정하고, 타방은 그보다 높은 가격이어야만 생산할 수 있는 경우를 가정해 보자. 전자가 잉여 생산량을 후자의 국가에 수출한다고 하면, 수입국 기업은 피해를 입게 된다. 수출국 기업이 자국 시장가격을 수출가격으로 낮추게 되면 가격차별이라는 덤핑의 전통적 개념에는 합치하지 않겠지만, 불공정 무역에 해당되는 것은 변함이 없다. 그 이유는 공정무역은 합리적인 기간 동안 해당 상품의 완전한 비용을 포함할 것을 요구하기 때문이다. 이와 같이 고정비용이나 가변비용과 같은 일정한 비용을 상이하게 할당하여 경쟁의 내재된 조건을 변경하는 것은 불공정행위에 해당된다.5)

이와 같이 어떤 기업이 특정상품을 정상가격(normal value)보다 낮은 가격으로 수출하여, 수입국의 산업이 피해를 입는 경우는 국제적으로 분쟁이 발생할 수 있다. GATT에서와 마찬가지로 WTO체제하에서도 이러한 덤핑에 대하여, 자국 산업의 보호를 위한 대응조치를 취하는 것이 허용되고 있다. 어떤 기업이 差別的 價格을 이용하여 수출촉진을 기도하는 관행에 대하여, 국제법은 반덤핑관세와 같은 수입국의 대응조치를 적법한 것으로 인정하고 있는 것이다. 자유무역에 따르면 덤핑의 경우에도 인위적 조정 없이 그대로 인정하여야 하겠으나, WTO가 지향하는 공정무역은 덤핑과 같은 일정한 경우 정부의 개입을 인정하게 된다.

덤핑의 문제는 비단 국제적으로만 발생하는 것이 아니라, 국내적인 측면에서

5) Lowenfeld, *op. cit.*, pp. 246-247.

도 문제가 된다. 어떤 기업이 경쟁회사에 비하여 아주 싼 가격으로 상품을 시장에 공급하는 경우가 여기에 해당된다. 이 경우 동일상품 또는 유사상품을 생산하는 다른 기업이 그 가격 이하로 인하하지 못하면 자연히 시장에서 도태될 수밖에 없다. 경쟁회사들이 도산하거나 하여 시장에서의 경쟁이 줄어들게 되면, 그때 가서 다시 가격을 인상함으로써 독점이익을 확보하려는 것은 국내적인 측면에서도 규제되어야 한다. 그러나 본서에서 검토하고자 하는 것은 이와 같은 국내적 덤핑과 관련한 문제가 아니라, 국제적 무역관계에서 발생하는 덤핑의 규제에 관한 것이다.

(2) 덤핑의 규제

(가) 배 경

지난 100여 년 동안 국제무역정책과 규칙은 덤핑이 비난받아야 하는 관행이라는 것을 인정하여 왔고, 덤핑상품이 수입국의 경쟁산업에 실질적인 손해를 야기하는 경우 수입국이 특정의 대응조치를 취하는 것을 허용하여 왔다.[6] 제 1 차세계대전 이후 미국 의회는 몇 가지 반덤핑규정을 제정하였고, 1930년대에는 상호무역협정계획에 착수하여 관세장벽의 상호인하를 위한 약 30개의 양자간 협정을 체결하였다. 이들 중 많은 협정에서 덤핑문제가 논의되었고, 덤핑을 상쇄하기 위하여 상대국 정부가 반덤핑관세를 부과하는 것을 허용하였다.

1980년에서 1990년까지 세계 모든 덤핑사건 중 미국, 유럽공동체, 캐나다, 호주 등 4국이 취한 반덤핑조치가 전체의 95%를 차지하고 있었다. 그러나 1985년에서 1992년까지의 기간을 보면 이들 4국의 비중이 80%로 낮아진 것을 볼 수 있다.[7] 이것은 1980년대를 통하여 이들 4개국이 무역구제수단으로 반덤핑조치를 사용한 결과로 여타 국가들도 반덤핑법을 갖추기 시작하였음을 보여주는 것이다. 이에 따라 국제사회에서는 반덤핑조치에 대한 관심이 고조되었고, 그 당연한 결과로서 UR에서도 반덤핑조치에 관한 규칙과 절차를 강화하게 되었다.

---

6) John H. Jackson, The World Trading System (MIT Press, 1998), p. 251.

7) Bhala, *op. cit.*, p. 4. 실제로 1992년 6월까지 GATT 반덤핑Code 서명국간 발동되어 있는 반덤핑조치는 546개로, 그 중 대부분이 이들 4개국에 의해 발동된 것이었다. Ivo Van Bael, The 1994 Anti-Dumping Code and the New EC Anti-Dumping Regulation, The Uruguay Round Results, p. 234.

(나) GATT 1947

이와 같이 덤핑과 관련한 오랜 국내적·국제적 관심이 있었기 때문에, 1947년 GATT가 논의될 때는 덤핑에 관한 규정이 당연히 포함되었다. GATT 제VI조가 바로 덤핑에 관한 규정으로, 동 규정은 덤핑으로 경쟁국 국내산업에 實質的인 損害를 야기하거나 야기할 위험이 있는 경우 상대방 체약국이 반덤핑관세를 부과하는 것을 허용하였다. 그러나, 시간이 경과함에 따라 GATT의 일부 국가들은 덤핑규제에 관한 법의 적용이 새로운 무역장벽으로 작용하기도 한다는 것을 인식하게 되었다. 덤핑마진의 계산이나 특정 손해기준의 적용과 같은 반덤핑절차가 특정상품의 거래자에게 위험기간이나 불확실기간을 설정함으로써 국제무역의 흐름에 장애가 되거나 왜곡을 가져오기도 한다고 느끼게 된 것이다.

1959년 GATT 체약국단은 반덤핑 및 상계관세 전문가그룹을 지명하였고, 그 보고서는 케네디라운드의 일정 속에 덤핑 문제를 포함시키는 공간을 제공하였다. 케네디라운드가 진행되는 동안 GATT 체약국단은 GATT 반덤핑Code의 협상에 착수하였고, 이를 통하여 반덤핑관세와 관련한 일련의 절차적 실체적 규칙을 설정하였다. 이는 주로 어떤 정부의 반덤핑관세관행이나 절차가 국제무역을 손상시키는 경우를 제한하려는 데서 나온 결과였다. 케네디라운드에서 논의된 반덤핑Code는 덤핑의 결정, 손해의 결정, 산업의 정의, 조사의 개시 및 진행, 잠정조치, 가격인상약속, 반덤핑관세의 부과기간, Code와 국내 법률의 합치를 확보하기 위한 일반적 규정 등에 관한 내용을 담고 있었다. 그 외에 Code 당사국이 타 당사국의 위반에 대한 제소를 다룰 수 있는 반덤핑관행위원회의 설치를 규정하고 있었다. 그러나 1967년의 반덤핑Code는 선택적인 것으로, 대부분의 선진국과 일부 동유럽 국가는 당사국이 되었지만, 개발도상국은 모두 불참하였다.

1973년 동경라운드가 시작되었을 때 덤핑문제는 일정에 없었으나, 나중에 가서 쟁점화되었다. 반덤핑관행위원회는 1967년 Code의 불명확한 규정을 수정하고 1967년 Code에서 다루어지지 않았던 이슈에 관한 규정을 제정함으로써 Code 개정을 위한 장으로 기능하였다. 이와 동시에 보조금Code를 개발하기 위한 협상을 진행하였는데, 반덤핑Code는 보조금Code와 균형을 맞추기 위한 방향으로 개정되었다. 특징적인 부분은 1967년 Code는 덤핑수입이 실질적 피해의 주요원인으로 명백한 경우에만 피해를 인정하였으나, 1979년의 Code는 다른 요인에 의한 피해는 덤핑수입 탓으로 돌려서는 아니 된다고 하여, 수입국 국내산업이 반덤핑관세의 부과를 보다 쉽게 확립할 수 있도록 하였다. 1967년과는 달리 개발도상국들은 1979년의 Code에는 가입하였는데, 한국도 이에 가입하였다.8)

(다) 우루과이라운드

UR 동안에도 반덤핑규정이 논의되었는데, 이는 전혀 새로운 것으로 등장한 것이 아니라 그 이전의 반덤핑Code를 발전시킨 것이다. 1990년에서 1993년까지 반덤핑Code의 개혁에 관한 문제는 UR협상 동안 가장 논쟁이 극심한 분야 중의 하나였다. UR 막바지 반덤핑협상으로 야기된 논쟁은 1980년대 초나 UR협상 초기 이 부분에 대한 논쟁이 많지 않았던 것과는 뚜렷하게 대비되는 것이었다.9)

1985년 11월 개최된 UR을 위한 준비위원회에서는 독립된 협상과제 가운데 반덤핑에 관한 어떠한 제안도 포함되어 있지 않았고, 1986년 9월 20일 UR의 개막 때에도 협상주제로서 반덤핑을 언급하는 부분은 없었다. 다만 동경라운드협정에 대한 협상이라는 표현으로 반덤핑문제가 포괄적으로 다루어지게 되었을 뿐이다.10) 반덤핑Code와 관련한 논의가 이루어져야 한다는 제안은 우리나라가 1987년 5월 제출한 문건에서 처음으로 등장하였다. 이후 인도, 일본, 스칸디나비아국가, 미국에 의해 잇달아 문제가 제기되었다. 그 후 1988년 협상단이 유럽공동체의 제안을 접수하였고, 한국과 일본의 적극적인 제안을 접수하게 되었다.11) 이러한 제안에도 불구하고 UR 초기에는 반덤핑에 관한 논의가 큰 관심을 끌지는 못하였다.

1989년 여름이 지나면서 반덤핑에 관한 논의가 열을 띠게 되었는데, 1989년 12월부터 1990년 초입까지 협상단은 반덤핑Code에 관하여 처음으로 체계적이고 포괄적인 논의를 할 수 있었다. 1990년 후반기에 가서 반덤핑Code에 관한 몇 가지 초안이 마련되었고, 1991년에는 GATT 사무총장 아더 던켈이 최종의정서 초안의 일부로서 새로운 반덤핑협정을 제출하였다.12) 1990년에서 1991년까지 진행된

8) Lowenfeld, *op. cit.*, p. 249.

9) Mark Koulen, The New Anti-Dumping Code Through Its Negotiating History, The Uruguay Round Results (European Interuniversity Press, 1995), p. 152.

10) *Ibid.*, pp. 152-153.

11) Koulen, *op. cit.*, p. 154.

12) *Ibid.*, pp. 160-161.

논의는 정상가격의 산정, 실질적 손해의 존재에 관한 결정, 최소마진의 수량기준, 반덤핑조사를 위한 제소자격, 종결조항의 도입을 통한 반덤핑조치의 기간제한, 수입국 또는 제 3국에서 상품의 조립 또는 완성과 관련된 반우회조치의 적용, 반덤핑조치의 소급적 적용, 분쟁해결문제가 그 핵심이었다.[13)]

대부분의 참가국이 협상의 돌파구를 마련한 던켈안을 수용할 분위기였으나, 미국의 반대로 1993년 12일 몇 가지 주요한 변경이 이루어졌고, 1994년 3월에도 일부 기술적 수정이 이루어졌다. 이러한 과정을 거쳐 다양한 견해와 이해를 조정하여 UR협정에 'GATT 1994 제VI조이행협정(이하 WTO반덤핑협정)'이 포함되기에 이르렀다. 반덤핑에 관한 UR협정은 GATT 반덤핑 논의역사에서 전례가 없었던 큰 논쟁과 이해의 다툼으로 특징지을 수 있는 결과였다. 반덤핑방법이나 절차의 변화 등 많은 부분에서 이전의 반덤핑Code에 수정이 이루어졌으나, 다양한 이해의 충돌로 인하여 근본적인 개념의 변혁을 가져오지는 못하였다.[14)] 이것은 기존의 반덤핑Code에 비하여 많은 부분이 변경되었음을 보여 주는 것이기는 하나, 우회덤핑 등의 문제에 관해서는 아무런 합의가 이루어지지 못하였음을 보여 주는 것이다.[15)] 그러나, 동경라운드까지의 반덤핑Code가 서명국에게만 적용될 수 있었던 선택적인 것이었던 반면, UR에서 채택된 협정은 WTO협정의 본질적 부분으로서 WTO 모든 회원국에게 적용된다는 점에서 형식상의 개선이 이루어지게 되었다. 그리고 WTO의 반덤핑협정은 이전의 반덤핑협정에 비하여 훨씬 자세하고 구체적인 것으로, 구 협정상의 단점이나 남용을 해결하기 위한 사항을 포함하고 있다는 점에서 내용상으로도 큰 변화를 담고 있다.

자국 정부의 보호하에 GATT 제VI조는 덤핑에 대하여 반덤핑관세를 부과함으로써 덤핑의 부작용을 상쇄하도록 하고 있다. 그러나 덤핑에 관한 결정은 본질적으로 자의적인 것이고, 기존의 규칙은 복잡한 국제교역의 현실을 충분히 반영하지 못하였다.[16)] 이에 대해 WTO반덤핑협정은 보호주의 목적을 위한 남발방지를 위해 반덤핑규칙을 명확히 하고 강화하였으며, 덤핑행동에 대한 더욱 철저한 透明性을 요구하고 있다.

---

13) *Ibid.*, p. 167.

14) *Ibid.*, p. 228.

15) Bael, *op. cit.*, p. 233.

16) Jeffery J. Schott, The Uruguay Round (Institute for International Economics, 1994), pp. 77-78.

2. 덤핑관세의 요건

반덤핑협정에 따르면 덤핑이 존재하고, 수입국내 동종상품을 생산하는 국내 산업이 피해를 입고, 덤핑과 피해간에 인과관계가 확인되는 경우 회원국은 반덤핑 관세를 부과할 수 있다. 이러한 요건은 반덤핑협정 제 2 조부터 제 4 조에 걸쳐 상세히 규정하고 있다.

(1) 덤핑의 존재

덤핑에 관한 WTO 규칙은 GATT 제VI조와 반덤핑협정에 규정되어 있는데, 반덤핑협정 제 2 조 제 1 항은 정상가격(normal value)보다 낮은 가격으로 타국 시장에 도입되는 경우를 덤핑으로 정의하고 있다. 덤핑 존재를 확인하기 위해서는 정상가격과 수출가격을 비교하는 것이 필요하다. WTO체제하에서 상품 가격은 정부가 아닌 민간 기업이 결정하는 것이므로, WTO협정은 덤핑 자체를 금지하고 있지 않다. 다만 회원국은 덤핑에 대응하는 회원국의 조치를 규제할 뿐이다.[17] 따라서 회원국은 협정상의 일정한 요건이 충족되면 반덤핑조치를 부과할 자격을 갖게 된다.

> **제 2 조 제 1 항** 협정의 목적상, 한 국가로부터 다른 국가로 수출된 상품의 수출가격이 수출국 내에서 소비되는 동종상품에 대한 통상적 거래에서 비교가능한 가격보다 낮을 경우 동 상품은 덤핑된 것, 즉 정상가격보다 낮은 가격으로 다른 나라의 상거래에 도입된 것으로 간주된다.

(가) 정상가격

정상가격이란 통상적인 거래과정에서 수출국에서 소비되는 동종상품의 국내판매가격을 말하는 것이므로, 수출가격이 국내판매가격보다 낮은 경우가 덤핑이 된다. 반덤핑협정상 정상가격을 판단하는 요건은 4가지로, 수출국 내 판매가 통상적 거래과정에 있을 것, 비교되는 상품은 동종상품일 것, 그 상품이 수출국내에서 소비될 것, 해당 가격이 비교가능할 것이어야 한다.[18] 통상적 거래과정에 있지 않

17) Peter van den Bossche & Cenise Prévost, Essentials of WTO Law (Cambridge, 2016), p. 141.

18) Appellate Body Report, US-Anti-Dumping Measures on Certain Hot-Rolled Steel Products

은 판매는 정상가격의 산정에서 배제하여야 한다. 수출국 국내시장 동종상품의 판매나 제 3 국에 대한 판매가 단위 생산비용에 관리, 판매, 일반 비용의 합산 가격 미만인 경우 통상적 거래가 아닌 것으로 간주될 수 있다.[19] 통상적 거래과정에 대한 협정상의 정의가 없는 까닭에 이에 대한 해석은 매우 복잡하게 나타나고 있다. 계열사와의 거래, 상대적으로 높거나 낮은 가격, 비용 이하의 가격 등이 통상적 거래에 포함되기도 하고 배제되기도 한 까닭에 개별 사례에서 면밀히 검토하여야 한다.[20] 계열사간 거래가 평상적 시장가격보다 높지만 비용 이상인 판매를 나타낼 수 있는데, 이 경우 통상적 거래로 볼 수 없는 경우도 있다. 어떤 판매가 통상적 거래 과정에 해당하는가를 결정하는 재량을 부여하는 것은 정상가격이 왜곡되지 않도록 담보하기 위한 것이다.[21]

반덤핑협정 제 6 조 제 2 항은 '동종상품'이란 용어는 동일한(identical) 상품, 즉 고려중에 있는 상품과 모든 면에서 같은 상품(alike in all respects)이라 규정한다. 그러한 상품이 없는 경우 모든 면에서 같지 않더라도 고려 대상인 상품과 매우 유사한 특성(characteristics closely resembling)을 가진 상품을 동종상품으로 규정하고 있다. 이러한 정의는 모호한 것으로, 동종상품 문제는 미해결인 경우가 많고, 국가관행 또한 매우 다양하게 나타나고 있다.[22] 일례로 폴리에스터단섬유(PSF)와 관련하여 EC는 모든 PSF가 동종상품이란 주장을 지속적으로 견지하여 왔으나, 미국 반덤핑 당국은 PSF를 최종용도에 따라 상이한 부류로 분류하여 왔다.[23]

수출가격은 해당 상품이 수출국을 떠나는 시점에서의 가격을 기준으로 한다.[24] 수출가격은 해당상품이 판매되는 수입국 내에서 제 3 자에 의해 실제로 지불되는 가격을 상정한 것이나, 수출시 보험이나 운송료 등이 포함되는 경우, 수출가격에서 제외된다. 수입업자가 지불한 관세도 비교가격에서 제외된다. 그 외에

from Japan, WT/DS184/AB/R (Jul. 24, 2001), para. 165 [이하 'Hot-Rolled Steel 항소기구 보고서'].

19) GATT 1994 제VI조이행협정 제 2 조 제 2 항 1.

20) Hot-Rolled Steel 항소기구 보고서, para. 146.

21) Peter Van den Bossche & Werner Zdouc, The Law and Policy of the World Trade Organization (Cambridge, 2017), p. 706.

22) M. Matsushta, T. Schoenbaum & P. Mavroidis, The World Trade Organization - Law, Practice, and Policy (Oxford, 2006), p. 408.

23) *Ibid.*

24) GATT, 1961 Report, BISD 8th Supplement, p. 146.

수입상품이 생산국 시장에서는 포함되어 있지 않은 특징이나 비용이 포함된 경우도 제외된다. 보증기간의 차이, 판매후 서비스(A/S)의 차이, 포장의 차이, 구매자에 대한 신용의 차이 등이 있는 경우가 그러한 요소에 해당된다. 그리고 수출상품에는 부과되지 않는 국내소비세도 제외되어야 한다. 이와 같이 덤핑사건에서 가장 많은 유의가 필요한 부분은 비교가격의 조정에 관한 부분으로, 수출품에 대하여 국내소비용보다 양질의 보증이나 A/S를 보장해 주는 것이나, 품질의 차이나 재정지원문제 등을 계산에 넣어야 한다.[25)]

그러나 수출국 국내시장의 통상적 거래과정에서 동종상품의 판매가 없는 경우 등이 있을 수 있으므로, 반덤핑협정은 이러한 경우에 대비한 규정을 두고 있다.

> **제 2 조 제 2 항** 수출국의 국내시장 내에 통상적인 거래에 의한 동종상품의 판매가 존재하지 아니하는 경우, 또는 수출국 국내시장의 특별한 시장상황 또는 소규모 판매로 인해 적절한 비교를 할 수 없는 경우, 덤핑마진은 동종상품의 적절한 제 3 국 수출시 비교가능한 가격으로 대표성 있는 경우의 가격 또는 원산지국에서의 생산비용에 합리적인 금액의 관리비, 판매비, 일반경비와 이윤을 합산한 가격을 비교하여 결정한다.

수출국 국내시장의 통상적 거래과정에서 동종상품의 판매가 없는 경우, 덤핑마진은 적절한 제 3 국에 수출되는 동종상품의 비교가능가격과 비교하여 결정한다. 수출국 내 특별한 시장상황이 있거나 국내시장에서의 판매가 소량에 불과한 경우에는 상품의 생산비에 합리적 금액(reasonable amount)의 관리비, 판매 및 일반경비, 이윤을 합산한 가격을 비교기준으로 삼는다. 이를 구성가격(constructed value)이라 한다.

구성가격은 생산국 국내시장이나 제 3 국 시장의 정상가격에서 도출되는 시장지향적 가격과 대비하여 가격요소를 하나씩 합산하는 방법이다.[26)] 구성가격의 산정과 관련하여서는 합리적 금액이 문제가 되는데, 이는 '제로섬'(zero sum) 게임과 같은 것이다. 제소국은 최대한 많이 포함시키려 할 것이고, 피소국은 최대한 제외시키려고 할 것이기 때문이다.[27)] 그러나 수출국내 소비용 판매량이 수입국내 동종

25) Jackson, *op. cit.*, p. 263.

26) Raj Bhala and David A. Gantz, WTO Case Review 2001, 19 Arizona Journal of International and Comparative Law (2001), p. 520.

상품 판매량의 5% 이상일 경우에는 수출국내 판매가격을 비교기준으로 인정한다. 이보다 낮은 비율의 국내 판매가 적절한 비교 제공을 위해 충분한 규모라는 증거가 제시될 경우에도 비교기준으로 사용된다.[28] 미국의 경우 그러한 판매량이 충분하고 제 3 국의 시장사정이 비교할 만한 경우라면 제 3 국 판매가격을 비교점으로서 선호하고 있으나, 유럽연합이나 대부분의 다른 국가들은 제 3 국에 대한 판매가 덤핑이 아니라는 것을 결정하는 것이 쉽지 않다는 이론 하에 구성가격을 선호하는 입장이다.[29]

생산비, 관리비, 판매비, 이윤 등의 합산 금액은 조사대상 수출자나 생산자에 의한 통상적 거래에서의 동종상품 생산 및 판매에 관한 실제자료에 기초한다. 실제자료에 기초할 수 없는 경우, (ⅰ) 당해 수출자 또는 생산자에 의하여 원산지국의 국내시장에서 동일한 일반적 부류의 상품 생산 및 판매와 관련하여 발생되고 실현된 실제 금액, (ⅱ) 조사대상인 다른 수출자 또는 생산자에 의하여 원산지국의 국내시장에서 동종상품의 생산 및 판매와 관련하여 발생되고 실현된 실제 금액의 가중평균, (ⅲ) 원산지국의 국내시장에서 다른 수출자 또는 생산자에 의하여 동일한 일반적 부류의 상품 판매에 대하여 평상적으로 실현된 이윤을 초과하지 않는 경우 기타의 합리적인 방법을 사용할 수 있다.[30] 이 세 가지 방법은 구성가격 산정시 사용되는 생산·관리·판매 비용 및 이윤의 합산 금액을 도출하는 독립된 방법이다. 이들 세 가지 방법이 연속적으로 규정되어 있지만, 그 방법들 간 위계체계가 있는 것은 아니다.[31] EC-Bed Linen 사건에서 이 세 항목은 합리적 비용 산정의 대체 수단이므로, 셋 중 하나가 적절하게 적용된다면 그 자체로 합리적인 것이다.[32] 생산비에는 노동, 원료비용, 전기·연료·부동산비용 등의 생산간접경비, 원료수입관세 등이 포함된다. 연구개발비도 포함되나, 어느 정도까지 포함시킬 것인가에 대하여는 이견이 있다.[33] EC-Bed Linen 사건에서 인도는 하나 이상의 회사

---

27) Bhala and Gantz, *op. cit.*, p. 582.

28) GATT 1994 제Ⅵ조이행협정 제 2 조 제 2 항의 주.

29) Lowenfeld, *op. cit.*, p. 253.

30) GATT 1994 제Ⅵ조이행협정 제 2 조 제 2 항 2.

31) Appellate Body Report, EC-Anti-Dumping Duties on Imports of Cotton-Type Bed Linen from India, WT/DS141/AB/R (Mar. 1, 2001), para. 6.59 [이하 'EC-Bed Linen 항소기구 보고서'].

32) EC-Bed Linen 항소기구 보고서, para. 6.96.

33) Lowenfeld, *op. cit.*, p. 255.

가 존재함에도 EC가 봄베이염직 데이터만을 사용하여 가중평균덤핑마진을 계산한 것은 잘못이라고 주장하였다. 패널과는 달리 항소기구는 반덤핑협정 제 2 조 제 2 항 2의 (ii)가 가중평균이라는 용어로 규정하고 있는 점, 다른 수출자나 생산자를 복수형(other exporters and producers)으로 규정하고 있는 점을 들어, 봄베이염직 한 회사만의 자료만으로 합리적 비용을 산정한 것은 잘못이라고 하였다.[34]

중개매매의 경우는 더욱 복잡한 문제를 발생시킨다. 수출가격이 존재하지 아니하거나 관계당국에게 수출가격이 수출자 및 수입자와 중개자간의 제휴나 보상약정으로 인하여 믿을 수 없다고 보이는 경우, 수출가격은 수입 상품이 독립구매자에게 최초로 재판매되는 가격을 기초로 구성될 수 있다. 독립구매자에게 재판매되지 않거나 수입된 상태로 재판매되지 아니하는 경우에도 당국이 결정할 수 있는 합리적인 기초에 의하여 구성될 수 있다.[35]

【 EC - 인도산 면포수입 사건 】

1. 사실관계

1996년 9월 유럽공동체(EC)는 유럽면직물협회의 인도산 수입 면포(bed linen)에 대한 반덤핑관세부과 신청에 대하여 조사를 시작하였다. EC는 인도 내의 통상적 거래과정에서 이루어진 판매가 부족한 것으로 보아, 인도의 국내 시장가격산정을 위해 구성가격을 사용하였다. 그 과정에서 수많은 인도 수출자와 생산자 중 봄베이염직(Bombay Dyeing)을 표본 추출하여 구성가격을 산정하였다. EC는 수입물량의 증가와 덤핑가격으로 인하여 관련 산업의 생산이 감소하고 있고, 이익률이 감소하며 가격이 인하되는 등의 피해가 발생하였다고 주장하여 반덤핑관세를 부과하였다. 최종 반덤핑관세는 2.6%에서 24.7%로 결정되었고, 인도는 반덤핑협정에 따라 WTO에 제소하였다.

2. 구성가격의 산정

인도는 EC가 반덤핑협정 제 2 조 제 2 항 2의 구성가격 산정과 관련된 규정을 위반하였다고 주장하였다. 구성가격으로 정상가격을 산정하는 경우 생산비

34) EC-Bed Linen 항소기구 보고서, para. 6.70.
35) GATT 1제VI조이행협정 제 2 조 제 3 항.

용에 합리적인 금액의 관리비, 판매비, 일반비용과 이윤을 더한 것으로 한다는 규정의 해석과 관련된 분쟁인 것이다. 이 중 본 사안에서 쟁점이 된 것은 합리적 금액과 관련한 부분이다.

반덤핑협정 제 2 조 제 2 항 2의 (ii)는 조사대상인 다른 수출자 또는 생산자에 의하여 원산지국의 국내시장에서 동종상품의 생산 및 판매와 관련하여 발생되고 실현된 실제 금액의 가중평균에 기초할 것을 규정하고 있는데, 하나 이상의 회사가 존재하는데도 EC가 봄베이염직의 데이터만을 사용하여 가중평균덤핑마진을 계산한 것은 잘못이라고 주장하였다. 유럽연합은 피치 못할 환경에서 적용된 하나의 회사에 대한 가중평균은 타당하다고 하였다. 패널은 유럽연합의 주장을 인정하였으나, 항소기구는 패널결정과 달리 인도의 주장을 받아들였다. 상설항소기구는 반덤핑협정 제 2 조 제 2 항 2의 (ii)에 규정된 가중평균이라는 용어는 물론이고, 다른 수출자나 생산자를 복수형(other exporters and producers)으로 규정하고 있으므로, 봄베이염직의 데이터만으로 계산한 것은 잘못이라고 결정하였다. 동 조항 (ii)의 발생되고 실현된 생산 및 판매와 관련하여 인도는 EC가 모든 거래를 포함하지 않고 통상적 거래의 판매만 포함한 것은 문제라고 주장하였다. 유럽연합은 통상적이지 아니한 거래는 대표성이 없는 것이어서 제외한 것이라고 하였다. 패널은 구성가격 산출시 통상적 거래가 아닌 경우를 포함할 경우 원가보다 낮은 판매거래를 포함하게 되어 구성가격이 원가와 같아질 수 있기 때문에 구성가격을 무의미하게 만들게 되므로 제 2 조 제 2 항에 반한다고 하여, 통상적 거래가 아닌 판매거래는 구성가격 산출시 포함하지 않는 것이 합리적이라고 하였다. 그러나 항소기구는 (ii)의 실제로 발생하고 실현된 금액이라는 의미는 수출국 내의 동종상품의 생산 판매와 관련된 수출자 또는 생산자가 실제로 발생한 이익 또는 실제로 실현된 이익 또는 손실을 뜻하는 것이라고 보아, 통상적 거래가 아닌 판매거래라 할지라도 가중평균을 계산할 때 모두 포함시켜야 한다고 하여 패널 결정을 부정하였다.

인도는 EC가 명백히 "불합리"함에도 불구하고, 제 2 조 제 2 항 2 (ii)에 따른 이윤 결정을 부정확하게 함으로써 제 2 조 제 2 항을 위반하였다고 주장하였다. 반덤핑협정 제 2 조 제 2 항의 '합리적'이란 용어는 별도의 기능을 가지는 것으로, 제 2 조 제 2 항의 합리성 기준은 제 2 조 제 2 항 2에 의해 구체화되는 것이 아니라 제 2 조 제 2 항 2의 요건에 부가되는 독립적인 것이라는 것이다. 따라서 합리적이란 표현은 실질적 요건으로 보아야 한다고 하였다. 이에 대해 패널은 제 2 조 제 2 항 2의 두문이 "제 2 항의 목적상"이란 문구로 시작하고, 이윤 금액은 실제적 데이터에 기반하여야 함을 규정하고, 제 2 문에서 이러한 두문의 방법이 불가능할 경우 제 2 조 제 2 항 2의 (i)~(iii)에 기반하여 결정되어야 한다는 문언에 착안하였다. 그리고 제 2 조 제 2 항은 구성가격이 사용되는 경우의 기본 원칙을 제시하는 것이고, 합리적 금액의 이윤이 포함되어야 함을 밝힌 것임을 확인하였다. 이 문구는 제 2 조 제 2 항 2에 규정된 방법들이 제 2 조 제 2 항에 따른 합리적 이익 금액을 계산하는 "목적상"의 의미를 풀이한 것이라 하였다. 별도의 기준을 제시하는 특정된 문구도, 그러한 기준이 어떻게 수행되어야 하는지에 대해서도 언급이 없으므로, 그러한 요건은 문언적 기반이 없다고 판단하였다. 따라서 제 2 조 제 2 항 2의 방법 중 하나가 적절하게 적용된다면, 그 결과는 제 2 조 제 2 항이 요구하는 합리성 개념에 부합하는 것으로 이해하였다. 제 2 조 제 2 항 2 (iii)은 그 밖의 합리적인 방법을 규정하고 있다. 이 방법으로 확정된 이윤액은 원산지국의 국내시장에서 다른 수출자 또는 생산자에 의하여 동일한 일반적인 부류의 상품 판매에 대하여 정상적으로 실현된 이윤을 초과하여서는 아니된다고 하여 이윤 상한을 제시하고 있다. EC는 모든 인도 업체의 이윤율을 18.65%로 결정하였는데, 이는 인도 내 다른 생산자의 동일 카테고리 평균 이윤율인 7.04%에 비해 큰 편차를 보인 것으로, 합리적 이란 용어가 제 2 조 제 2 항 2 (iii)에 규정된 기준에 따라 설명된다면, 인도업체에 대한 EC의 이윤율은 불합리하다고 하였다.

(나) 통상적 거래

수출가격과 비교되는 국내시장가격은 통상적 거래과정(in the ordinary course of trade)에서 수출국의 국내시장가격을 말한다. 이는 통상적 거래과정에 있지 않는 판매는 정상가격 산정에서 배제하도록 하는 것이다. 원가 이하로 '장기간'(extended period of time)에 걸쳐 '상당한 양'(substantial quantities)이 판매되고, 합리적인 기간 내에 총비용을 회수하지 못할 경우는 통상적인 거래활동으로 볼 수 없다.[36] 장기

36) GATT 제VI조이행협정 제 2 조 제 2 항 1.

간이란 보통 1년 정도를 말하는데, 최소한 6개월보다는 길어야 한다.37) US-Hot Rolled Steel 사건에서 미국 당국은 정상가격을 산정함에 있어 수출업자가 그 부속기업에 판매한 것은 통상적 거래과정이 아니기 때문에 산정하지 않았다. 그 대신에 그 부속기관과 첫 번째 독립된 구매자간의 거래를 통상적 거래과정으로 보았다. 항소기구는 반덤핑협정상 '통상적 거래과정에서'란 용어의 정의가 없다는 데 동의하면서, 일반적으로 해당 상품의 판매일 이전에 합리적인 기간 동안 해당 판매가 외국산 동종상품 판매를 위한 정상적인 조건과 관행 하에 있었다면 그 판매는 통상적 거래과정이라고 하였다.

상당한 양이란 가중평균 판매가격이 단위당 가중평균비용 이하이거나, 단위비용 이하로 판매한 양이 동 기간의 총거래량에 비하여 20% 이상인 경우를 말한다.38) 손해를 보면서도 판매를 계속한다는 것은 생산자가 다른 부문의 이익을 투입한다거나 정부보조 등의 방법으로 해당 상품에서의 손해를 보전하고 있음을 의미하는 것이어서 통상적 거래활동이라 볼 수 없기 때문이다. 따라서 그 판매가격은 정상가격으로 인정하지 않게 된다. 미국과 유럽연합은 이러한 규정에 맞추어 20-80-20 규칙을 탄생시켰다.39) 이익을 남긴 판매가 해당 상품의 국내판매량의 80%를 넘는 경우 정상가격은 손해를 본 판매를 포함한 모든 판매의 가중평균을 토대로 결정한다. 이익을 남긴 판매가 국내판매량의 20%에서 80% 사이인 경우 손해를 본 판매를 제외한 이익 판매의 가중평균치를 토대로 결정한다. 이익을 본 판매가 20% 미만인 경우 모든 국내판매는 제외되고 정상가격은 구성가격을 기초로 결정된다.40)

(다) 공정한 비교

수출가격과 정상가격을 비교할 때 유의하여야 할 점은 공정한 비교가 이루어져야 한다는 점이다. 그러나 두 가격간 직접 비교하는 과정이 쉽지 않을 뿐 아니라, 경우에 따라서는 불가능하거나 부적절할 수 있다. 그 이유는 생산국 국내시장 가격과 수출가격이 항상 일정하지 않을 수 있기 때문이다.

---

37) GATT 제VI조이행협정 제 2 조 제 2 항 1의 주 4.
38) GATT 제VI조이행협정 제 2 조 제 2 항 1의 주 5.
39) Lowenfeld, *op. cit.*, p. 254.
40) 19 USC §1667b(b); Council Regulation No. 384/96, Article 2(4) para. 3.

제 2 조 제4항 수출가격과 정상가격간 공정한 비교가 행해져야 한다. 이러한 비교는 일반적으로 공장도 단계인 동일한 거래단계에서, 그리고 가능한 한 동일한 시기에 이루어진 판매에 대하여 행하여진다. 제반 판매조건, 과세, 거래단계, 수량, 물리적 특성의 차이와 가격비교에 영향을 미친다고 입증된 그 밖의 차이점들을 포함하여 가격비교에 영향을 미치는 차이점들에 대해 각각의 경우에 그 내용에 따라 적절히 고려하여야 한다.

보통 공장도(ex-factory) 단계의 동일한 거래단계에서 가장 동시적 시점에 이루어진 판매에 대하여 비교하게 된다. 상품가격이 비교가능하도록 담보하기 위해 가격 비교에 영향을 주는 요소들에 대해 적절한 고려가 행햐져야 한다. 반덤핑협정은 그러한 요소로 판매조건, 과세, 거래단계, 수량, 물리적 특성상의 차이를 들고 있다.

환율변동도 가격비교에 반영되어야 할 변수이다. 정상가격에 표시된 화폐와 수출가격에 표시된 화폐가 상이할 경우 화폐단위의 변경이 요구되는데, 이 경우 판매일자의 환율을 사용하여야 한다.[41] 판매일자는 계약일, 구매주문일, 주문확인일, 또는 송장 작성일 중 실제적인 판매조건이 설정된 일자를 말하는 것이 일반적이다. 예컨대 원화로 표시된 정상가격과 달러로 된 수출가격에 변동이 없는 경우라면, 계약시 1달러에 1,300원이던 환율이 상품의 실제 인도시에는 1달러에 1,000원으로 변동되었다면 덤핑으로 보아야 하는 것인가? 반덤핑협정은 정상가격과 수출가격의 비교에서 단기간의 환율변동은 반영하지 않고, 최소한 60일 이상의 환율변동을 반영하도록 하였다.[42]

(a) **비교방식** 정상가격과 수출가격을 비교할 때 유의하여야 할 또 다른 요소는 비교치의 기준이 서로 같아야 한다는 점이다.

제 2 조 제4항 2. 제 4 항의 공정비교를 규율하는 규정에 따라 일반적으로 조사기간 동안의 덤핑마진의 존재를 가중평균 정상가격과 모든 비교가능한 수출거래가격의 가중평균과의 비교에 기초하거나 또는 각각의 거래에 기초한 정상가격과 수출가격의 비교에 의하여 입증된다. 당국이 상이한 구매자, 지역, 또는 기간별로 현저히 다른 수출가격의 양태를 발견하고, 가중평균의 비교 또는 거래별 비교 사용으로 이

41) GATT 제VI조이행협정 제 2 조 제 4 항 1.
42) GATT 제VI조이행협정 제 2 조 제 4 항 1.

러한 차이점이 적절히 고려될 수 없는 이유에 대한 설명이 제시되는 경우에는 가중평균에 기초하여 결정된 정상가격이 개별 수출거래가격에 비교될 수 있다.

따라서 가중평균치(weighted average of prices)는 가중평균치와 비교(W-W 비교방식)하여야 하고, 개별거래(individual transactions)는 개별거래와 비교(T-T 비교방식)하는 것이 정상이다. W-W 비교방식과 T-T 비교방식은 동일한 기능을 수행하는 것으로, 특정 사건에서 어떤 방법이 가장 적합한가에 따라 조사 당국이 선택할 수 있다. 양자간에는 위계 차이가 존재하지 않는다.[43] 그러나 반덤핑협정 제 2 조 제 4 항 2의 제 2 문에 따라, 특정 조건이 충족되는 경우 예외적으로 정상가격의 가중평균과 개별수출가격이 비교되는 비대칭적 방법이 사용될 수 있다(W-T 비교방식). 상이한 구매자, 지역 또는 기간별로 현저히 다른 수출가격의 패턴을 발견하고, 가중평균간의 비교나 개별거래간의 비교가 적절하지 않다는 것이 설명될 수 있는 경우에 한해 가중평균과 개별거래가 비교될 수 있다. 이와 같이 특정 조건이 충족되는 경우에만 인정하는 것은 종래의 잘못된 관행이 되풀이되지 않도록 하기 위한 것이다.[44] 미국-세탁기 사건의 항소기구는 제 2 조 제 4 항 2의 제 2 문이 W-W 방식으로는 패턴을 적절하게 고려할 수 없는 경우 예외적으로 W-T 방식을 적용할 수 있다고 규정한 것임을 지적하고, 이러한 방식은 패턴거래에 국한하여 적용되어야 한다고 하였다.[45] 또한, 조사당국이 W-T 방식을 사용하려면 W-W 방식이나 T-T 방식으로는 현저한 가격차이를 적절하게 고려할 수 없음을 설명할 수 있어야 한다고 판단하였다.[46] 이와 같이 반덤핑협정 제 2 조 제 4 항 2의 제 2 문은 회원국이 반덤핑조사를 시행할 경우, 특정 구매자에 대한 표적, 특정 지역에 대한 표적, 특정 기간에 대한 표적과 같은 3가지 형태의 표적(targeted) 덤핑 산정을 허용하고 있다.[47] 그러나 반덤핑협정의 어떤 규정도 조사 대상인 동일 상품의 어떤 모델이

43) Appellate Body Report, United States-Final Dumping Determination on Softwood Lumber from Canada, WT/DS264/AB/R (Aug. 11, 2004), para. 93.

44) Keith Steele, Anti-Dumping under the WTO: A Comparative Review (1996), p. 5.

45) Appellate Body Report, United States-Anti-Dumping and Countervailing Measures on Large Residential Washers from Korea, WT/DS464/AB/R (Sept. 7, 2016), para. 5.51 [이하 'US-Washing Machines 항소기구 보고서'].

46) US-Washing Machines 항소기구 보고서, para. 5.76.

47) EC-Bed Linen 항소기구 보고서, para. 62.

나 유형을 표적으로 하는 덤핑을 허용하고 있지는 않다.[48] 제 2 조 제 4 항 2 제 2 문의 기능은 조사 당국이 소위 표적덤핑을 확인하고, 이를 적절히 다룰 수 있게 하는 것이다. 즉 조사당국이 표적덤핑을 밝혀내도록 하는 것이다.[49] 이와 같이 특정 기간이나 특정 지역에서 수입된 물량만을 대상으로 덤핑마진을 산정하는 표적덤핑(target dumping)은 수출자가 특정 지역이나 특정 기간에 집중적으로 덤핑으로 수출하고, 다른 지역이나 여타 기간에는 덤핑하지 않는 경우를 말한다.

(b) **제로잉** 공정한 비교와 관련하여 제로잉(zeroing)도 문제가 된다. 제로잉은 수출국 국내가격 또는 정상가격 이하로 판매된 수출가격은 덤핑마진 산정시 산입되나, 정상가격 이상의 수출가격은 零으로 처리하여 덤핑마진의 계산에서 제외시키는 것이다. 이러한 방식은 덤핑마진이 없는 모든 경우를 零으로 처리하게 되어, 덤핑이 아닌 판매와 덤핑판매간 상쇄를 막아버리게 된다.[50] 따라서 제로잉은 덤핑이 없거나 마이너스 덤핑의 온전한 영향을 부정하여 해당 상품 전체의 덤핑마진을 과다산정하게 된다.[51] 이러한 방식을 인정하게 되면 수출국에 불리하게 작용하는 것으로, 덤핑과 덤핑마진은 조사대상이 되는 상품 전체에 대해 산정되어야 한다.[52] EC-Bed Linen 사건에서 EC가 인도산 수입 면포 상품에 대해 W-W 방식으로 덤핑마진을 산정하면서 특정 모델 제품에 대해 정상가격보다 낮게 수출된 상품의 경우 덤핑마진을 '영'으로 처리한 것은 반덤핑협정 제 2 조 제 4 항 2를 위반하였다고 결정하였다. 항소기구는 가중평균정상가격보다 높은 가격에 수출되어 덤핑마진이 마이너스일 경우, 해당 모델 또는 판매 단계의 덤핑마진을 합산에서 제외하는 것은 '모든' 비교가능한 수출거래의 수출가격을 비교하도록 한 반덤핑협정 제 2 조 제 4 항 2 위반이라고 보았다.[53] 항소기구는 조사대상인 상품의 유형 혹은 모델(types or models)별로 구분하는 것은 협정 규정에 합치하지 않으며, 덤핑마진은 조사대상이 되는 상품 전체에 대해 산정되어야 한다고 하였다.[54] 덤핑마진 산

48) *Ibid.*

49) US-Washing Machines 항소기구 보고서, para. 5.17.

50) Bhala and Gantz, *op. cit.*, p. 524.

51) Edwin Vermulst and Daniel Ikenson, Zeroing Under the WTO Anti-Dumping Agreement, 2 Global Trade and Customs Journal (2007), p. 231.

52) Appellate Body Report, United States-Laws, Regulations and Methodology for Calculating Dumping Margins (Zeroing), WT/DS294/AB/R (Apr. 17, 2006), para. 126.

53) EC-Bed Linen 항소기구 보고서, paras. 52-55.

정 시 일부 거래를 배제하여 인위적으로 덤핑마진을 확대하는 것은 '공정한 비교'를 규정하는 제 2 조 제 4 항 위반이라고 보았다.[55] 미국-침엽수목재 V 사건에서 패널은 T-T 비교방식은 개별 거래별 덤핑 여부를 조사하는 것이므로 제로잉이 문제되지 않는다고 보았다. 그러나 항소기구는 제 2 조 제 4 항이 공정비교를 규정하고 있는 점, 제 2 조 제 4 항 2가 T-T 방식의 경우 덤핑마진의 존재는 정상가격과 수출가격들(export prices)을 비교해야 한다고 규정하고 있는 점에 비추어 협정 위반이라고 하였다. 미국-제로잉(EC) 사건의 패널은 W-W 방식으로 덤핑마진을 산정할 때의 제로잉은 사례 적용(as applied)만이 아니라 규범 자체(as such)로도 반덤핑협정 제 2 조 제 4 항 2 위반이라고 하였다. 패널은 W-T 방식에서 제로잉은 협정 위반이 아니라고 하였으나, 항소기구는 W-T 방식과 관련한 덤핑 마진도 조사대상 상품 전체에 대해 산정되어야 하므로 제로잉은 협정 위반이라고 결정하였다.

반덤핑협정 제 2 조 제 4 항 2는 덤핑 마진 산정의 3가지 방법을 제시하고 있을 뿐이지, 제로잉을 금지하는 내용은 규정되어 있지 않다. 1995년 반덤핑협정이 발효되기 전에는 일부 국가는 덤핑마진 산정시 가중평균과 정상가격을 비교하는 방법을 기계적으로 사용하여 왔고, 마이너스 마진(negative margin)이 발생하는 거래는 덤핑이 아니므로 마이너스 덤핑은 영으로 대체된다는 입장을 취해 왔다. 이 경우 전체 덤핑 마진은 개별 비교치의 결과를 합산하여 계산하게 되는데, 이 방법을 취하게 되면 덤핑이 없는 거래는 덤핑이 있는 거래를 상쇄하지 못하는 결과를 가져 온다. 이러한 관행을 EC는 단순제로잉(simple zeroing)이라 하였다.[56] 반덤핑협정 발효 이후 일부 국가는 종래 이용되던 단순제로잉의 변형 기법을 채택하였는바, 이를 모델제로잉(model zeroing)이라 한다.[57] 반덤핑조사시의 가격비교는 그 비교 결과가 전체로서의 상품에 대한 결과를 산출하는 가중평균이 되기 전에 모델과 모델을 비교하거나 상품 코드번호와 상품코드번호를 비교하는 것이 일반적이다. 따라서 모델별 비교의 첫 단계 이후에 덤핑 또는 마이너스 덤핑의 합은 각각의 상품별 코드에 대해 계산되어야 한다. 모델제로잉은 마이너스 덤핑마진이 생기는 상

54) EC-Bed Linen 항소기구 보고서, para. 53.

55) EC-Bed Linen 항소기구 보고서, para. 55.

56) Panel Report, United States-Laws, Regulations and Methodology for Calculating Dumping Margins (Zeroing), WT/DS294/R (Oct. 31, 2005), para. 2.5.

57) Vermulst and Ikenson, op cit., p. 235.

품 비교에 零의 가치를 부과하는 관행을 말하는 것으로, 실제 덤핑이 있는 상품의 효과를 상쇄하는 것으로부터 이러한 비교 결과를 방지하는 것이다.

전체 물량을 대상으로 하지 않고 특정 물량만을 대상으로 하는 표적덤핑과 관련하여 제로잉(zeroing)이 결합되는 경우가 있다. 미국이 한국산 수입세탁기에 관세를 부과할 때, 전체 물량에 관세를 부과하는 대신 표적덤핑을 적용하여 제로잉과 결합한 것이 그러한 사례에 해당한다. 이는 2012년 블랙프라이데이 기간에 판매된 한국산 세탁기를 문제삼은 것으로, 이 사건에서 패널과 항소기구는 표적덤핑 상황에서도 제로잉이 허용되지 않는다고 결정하였다. 반덤핑협정 규정에 따라 덤핑마진은 조사대상 상품 전체를 대상으로 정의되는 개념이라는 점을 재확인한 것이다.

【 EC – 인도산 면포수입 사건 】

인도는 반덤핑협정 제 2 조 제 4 항 2와 관련하여 EC가 사용한 zeroing은 협정위반이라고 주장하였다. EC는 해당 상품을 다양한 모델로 분류하여 정상가격 가중평균치와 각 모델별 수출가격을 비교하였는데, 인도는 이 부분에 대하여는 언급하지 아니하였다. 다만, 개별 모델의 덤핑마진을 계산한 후 이를 통합하여 평균을 구하면서, 정상가격 이상으로 판매한 마이너스 마진의 경우는 零으로 계상한 점을 문제 삼았다. EC는 제 2 조 제 4 항 2에서 개별 모델에 대한 덤핑마진의 구체적인 산출방법에 대하여 규정하고 있지 않으므로, 전체적인 덤핑마진을 계산할 때 2단계의 방법을 사용하였다고 하였다. 우선 개별 모델별로 덤핑마진을 계산하고 이를 나중에 합산하여 전체적인 덤핑마진을 산출하였다고 주장한 것이다. 따라서 덤핑마진 산출시 zeroing 개념을 적용하는 것은 협정 제 2 조 제 4 항 2에 저촉되지 않는다고 주장하였다.

패널과 항소기구는 EC가 채택한 zeroing 방법은 가중평균수출가격을 가중평균정상가격까지 낮추어 결과적으로 덤핑마진을 높게 계산하였다고 보았다. 따라서 EC가 zeroing을 함으로써 수출가격과 정상가격의 공정한 비교가 이루어지지 않게 되었으므로, 덤핑마진 계산시 마이너스 마진이 나타나는 일부 품목들을 zeroing한 것은 제 2 조 제 4 항 2에 위반하는 것이라고 결정하였다.

【 미국 – 침엽수목재사건 】[58)]

1. 사실관계

2002년 5월 21일 미국 상무부(DOC)는 1930년 1930년 관세법 Section 735에 따라 캐나다산 침엽수 목재에 대하여 평균 8.43%의 관세를 부과하는 최종 덤핑결정을 내렸다. 캐나다는 DOC가 행한 반덤핑조사의 개시와 수행이 부적절하게 이루어졌으며, DOC의 덤핑결정 및 덤핑마진산정방법이 GATT 및 WTO 반덤핑 협정을 위반하였다고 주장하며, 2002년 10월 13일 미국을 상대로 협의를 요청하였고, 12월 6일에는 패널 설치를 요청하였다.

2. 패널 및 항소기구의 결정

(1) 동종상품

이 사안의 쟁점 중 하나는 동종상품의 판단에 있어 미국이 반덤핑협정 제 2 조 제 6 항에 반하는 방법으로 고려 중에 있는 상품을 정의하였는지의 문제였다. DOC는 서술적 설명과 관세분류번호가 포함된 기술적 방법을 기초로 고려 중에 있는 상품을 획정하였는데, 동일한 정의에 해당하는 캐나다 국내시장의 상품을 토대로 정상가격을 산정하였다. 이러한 사실에 비추어 패널은 DOC가 고려 중인 상품을 특정한 후에 이를 이용하여 동종상품을 획정한 것으로 보이며, 이러한 동종상품의 정의 방법은 반덤핑협정 제 2 조 제 6 항 규정에 부합된다고 판단하여 캐나다의 주장을 기각하였다.

(2) 공정한 비교

반덤핑협정 제 2 조 제 4 항은 수출가격과 정상가격간의 공정한 비교를 위해 물리적 특성의 차이 등 가격비교에 영향을 미치는 차이들에 대해 보정하도록 규정하고 있다. 캐나다는 가격 비교시 두께, 너비, 길이 등 단순한 규격차이는

58) 캐나다와 미국간 침엽수목재 분쟁은 1981년 첫 번째 사건이 제기된 후 총 5차례의 분쟁이 있었다. 1981년 첫번째 분쟁부터 1991년 3번째 분쟁까지는 캐나다 목재산업이 캐나다 연방 및 주 정부로부터 부당한 보조금을 지급받아 미국에 수출함으로서 미국 목재 생산자들이 상계관세 부과를 요청하면서 비롯된 것이다. 2001년의 침엽수 목재분쟁(Softwood Lumber Ⅳ)은 보조금에 대한 상계관세 주장 외에, 캐나다 업체들이 부당한 가격차별을 통한 덤핑이 있었다는 주장이 더해졌다. 이 분쟁은 Softwood Lumber Agreement 체결로 종결되었는데, 협정 조건에 부합하는 일정한 물량의 캐나다산 목재에 대해 반덤핑관세와 상계관세를 부과하지 않도록 하고 있다.

생산비 차이를 발생시키는 것이 아니라는 이유로 보정하지 않은 미국의 조치는 반덤핑협정 제 2 조 제 4 항 위반이라고 주장하였다. 패널은 제 2조 제 4 항은 차이가 발견되는 모든 경우에 보정이 자동적으로 이루어질 것을 요구하는 것은 아니며, 가격비교에 영향을 미치는 차이에 대해 보정이 이루어질 것을 요구하는 것이라고 보았다. 조사당국이 모든 보정 요구를 수용해야 하는 것도 아니고, 특정 차이가 가격비교에 영향을 미치는지 여부를 검토하기 위한 특정 방법의 사용의무를 조사당국에 부과하는 것도 아니라고 하였다. 패널은 동 사건의 경우 규격 차이가 생산비 차이를 발생시키지는 않는 점이 인정되며, 규격이 다른 상품의 가격차이가 일반적으로 미소한 수준이라고 보았다. 패널은 어떤 차이가 가격 비교에 영향을 줄 정도라고 결정하기 위해서는 그 가격차이가 식별될 수준이 되어야 하나, 캐나다측이 제출한 자료로는 규격 차이에 의한 가격변동이 단속적이고 일관성이 없어 규격 차이가 가격변동에 영향을 준다고 인정하기 어렵다고 판단하여 캐나다의 주장을 기각하였다.

미국은 침엽수목재를 유형 별로 나누고 1단계로 각 유형 내 거래의 가중평균수출가격과 가중평균정상가격을 산정한 후, 2단계로 양자 간의 차이를 계산하였다. 미국은 침엽수 목재 전체의 덤핑마진율을 계산하기 위해 유형 별 덤핑마진의 평균을 계산하면서 마이너스 덤핑마진은 0으로 처리하는 'zeroing' 방법을 적용하였다. 캐나다는 미국의 zeroing 방법은 모든 비교가능한 수출거래가격을 고려한 것이 아니므로 반덤핑협정 제 2 조 제 4 항 (2) 위반이라고 주장하였으나, 미국은 제 2 조 제 4 항 (2)는 유형 별 덤핑마진을 구하는 단계에만 적용되는 것이라고 주장하고 미국은 1단계에서는 모든 거래를 고려하였다고 반박하였다.

패널은 미국이 사용한 1, 2단계 다중평균방식(multiple average)은 일단 반덤핑협정 제 2 조 제 4 항 (2)에 부합된다고 보았다. 이어서 제 2 조 제 4 항 (2)는 가중평균 정상가격을 모든 비교가능한 수출거래가격의 가중평균과 비교하라고 규정하고 있으나, zeroing 방식은 마이너스 덤핑이 나온 수출거래는 2단계에서 고려되지 않은 것이므로 제 2 조 제 4 항 (2) 위반에 해당한다고 하였다. 패널 결정은 1단계 상품유형별 덤핑마진을 단순 합산하여 마이너스 덤핑마진이 플러스 덤핑마진을 상쇄할 수 있도록 계산해야 한다는 것이다. 항소기구는 모든 비교가능한 수출거래란 비교할 수 있는 거래는 모두 다 비교해야 한다는 의미이므로, 미국이 각 유형별 정상가격과 수출가격의 가중평균 계산시 유형 내의 거래 일체를 비교하였으므로 합당하다고 보았다. 문제는 유형별 덤핑마진의 합산방식에 대한 입장 차이인데, 덤핑마진에 대해 미국은 각 상품의 유형(sub group)별 가중평균 수출가격과 가중평균 정상가격의 차이라고 주장하였다. 이에 대해 항소기구는 GATT 제 6 조 제 1 항, 반덤핑협정 제 2 조 제 1 항의 문언상 덤핑은 '상품 전체'(as a whole)에 대해 구하는 것이며, 제 2 조 제 1 항의 '이 협정의 목적상' 이라는 규정에 비추어 제 2 조 제 1 항의 덤핑 정의는 제 2 조 제 4 항 (2)에도 적용해야 하므로, 조사대상 상품의 유형, 모델, 카테고리 별로 덤핑여부가 존재하는 것이 아니라고 지적하여 미국의 주장을 부정하였다. 항소기구는 각 sub group 별 가중평균수출가격과 가중평균정상가격 차이는 반덤핑협정 제 2 조 제 4 항 (2)에서 말하는 덤핑마진이 아니라, 조사대상 상품 전체로서의 덤핑마진을 산정하기 위한 중간 계산에 불과하다고 본 것이다. 항소기구는 조사당국이 모든 sub group별 가중평균수출가격과 가중평균정상가격 차이를 모두 합산하지 않고 문제가 되는 상품의 덤핑마진을 산정할 수는 없다고 판단하였으며, 반덤핑협정 제 2 조 제 4 항 (2)에도 일부만 합산하고 일부는 제외할 수 있다는 문언적 근거가 없다고 지적하여, 미국의 zeroing은 동 조항 위반에 해당한다고 평결하였다.

【 미국 – 한국산세탁기반덤핑 사건 】

1. 사실관계

2013년 미국 상무부는 추수감사절 연휴기간 블랙프라이데이에 한국산 대형 가정용세탁기의 할인판매가 표적덤핑으로 보고, 덤핑마진을 산정하면서 W-T 비교방식을 적용하고 제로잉을 통해 9.29~13.02%의 반덤핑관세 부과를 결정하였다. 한국이 WTO에 제소하면서 문제삼은 것은 반덤핑협정 제 2 조 제 4 항 2 제 2 문에 규정된 비교방식에 대한 것으로, W-T 비교방식의 적용조건 충족 여부를 결정하기 위해 상무부가 택한 방식을 다툰 것이다. W-T 비교방식을 적용할 경우의 제로잉 사용과, 그 일련의 과정 등에 대하여도 청구하였다.

제 2 조 제 4 항 2의 제 1 문은 덤핑마진 산정시 통상적으로 사용되는 두 가지 비교방식을 규정하고 있고, 제 2 문은 예외적 경우에 적용되는 비교방

식을 규정하고 있다. 동조 제 2 문은 세 부분으로 구성되는데, 첫 부분은 가중평균정상가격과 개별 수출거래를 비교하는 비대칭적 비교방식 사용을 허용하는 것으로 "방식규정(methodology clause)"이라 한다. 두 번째와 세 번째 부분은 그러한 비대칭적 비교가 적용될 수 있는 일정한 조건을 규정하고 있다. 두 번째 부분은 "패턴조항(pattern clause)"이라 불리는 것으로, 상이한 구매자, 지역, 기간 사이의 수출가격이 현저하게 차이나는(significant difference) 패턴이 있을 것을 요구한다. 세 번째 부분은 "설명조항(explanation clause)"으로, 그러한 차이가 W-W 또는 T-T 비교방식으로는 적절히 고려될 수 없는 이유를 조사당국에게 설명하도록 요구하는 것이다.

2. 패널 결정

(1) W-T 비교방식

① 방식조항에 대한 청구

미 상무부는 패턴과 무관한 수출거래를 포함한 모든 수출거래에 W-T 비교방식을 적용하였는데, 한국은 W-T 비교방식이 관련된 패턴에 해당되는 거래에만 적용해야 한다는 점을 들어 미국이 제 2 조 제 4 항 2 제 2 문을 위반하였다고 주장하였다. 특히 패널은 "개별"이라는 용어는 W-T 비교방식이 "모든 수출거래를 포함하지 않으며", "개별적으로 확인된 특정 수출거래들"만을 표시한다고 보았다. 또한 패널은 반덤핑협정 제 2 조 제 4 항 2의 제 2 문이 조사당국으로 하여금 소위 '표적덤핑'을 밝혀내도록 하는 목적과 취지를 가진 것임을 지적하였다. 미국은 패턴이란 높은 수출가격과는 다른 낮은 수출가격을 포함하는 것이기에, 모든 수출거래는 관련된 패턴에 포함될 수 있다고 하였다. 어떤 가격이 구매자, 지역, 기간에 차이가 있음을 알게 된다면, 그러한 가격은 해당 구매자, 지역, 기간에 관련된 규칙적이고 확인가능한 형태나 결과로 간주될 수 있다. 패턴을 구성하는 어떤 가격이 다른 가격들을 참조해서 확인된다면, 그 다른 가격들은 해당 패턴에 포함되지 않는다고 하였다. 이러한 이유에서 패널은 W-T 비교방식은 상이한 구매자, 지역, 기간 사이에 현저한 차이가 있는 수출가격의 패턴에 해당되는 거래에만 적용되어야 한다고 보았다. 따라서 미국 상무부는 패턴거래가 아닌 다른 거래를 포함하는 모든 거래에 W-T 비교방식을 적용함으로써 반덤핑협정 제 2 조 제 4 항 2 제 2 문을 위반하였다고 판단하였다.

② 패턴조항에 대한 청구

한국은 패턴조항 적용과 관련하여 미국이 현저하게 차이나는 수출가격 패턴을 결정함에 있어 정량적 기준만을 적용하고, 그러한 가격 차이의 이유에 대한 정성적 평가는 행하지 않은 점을 지적하였다. 패널은 제 2 조 제 4 항 2의 문언상 그러한 이유를 고려해야 할 요건이 없다고 판단하였고, 관련된 절대가격 검토만으로도 가격이 규칙적이고 확인가능한 형태로 다르다는 사실을 식별할 수 있다고 보았다. 한국은 패턴이 "확인가능"하기 위해서는 표적행위의 목적에 의미가 있는 것이어야 한다고 주장하였으나, 패널은 이를 수용하지 않았다. 패널은 특정 구매자, 지역, 기간에 있어 추출될 수 있는 형태나 결과에 대한 규칙성이 있다면 패턴이 확인가능하다고 하였다. 특정 구매자, 지역, 기간과 관련한 일련의 규칙적인 가격 변동은 그러한 변동의 이유나 그 배후의 목적을 모른다 할지라도, 객관적 데이터를 평가함으로써 추출될 수 있다고 하였다. 해당 차이가 휴가철 세일을 위해 가격을 낮추는 것과 같이 통상의 상업적 사정에 따른 자연스런 반응인 경우, "큰(large)" 가격차이가 "현저한(significant)" 것은 아니라는 한국측 주장도 기각하였다. 대신 그 차이에 대한 이유와 무관하게 어떤 가격들이 다른 가격들에 비해 수치상 두드러지게(notably) 높다면, 그 가격들이 '현저하게(significantly)' 차이난다는 판단은 적절한 것으로 보았다. 실제 상황에서 가격 차이의 규모나 범위는 실제 상황을 객관적으로 평가하는 것이 필요하나, 차이 나는 이유가 아 니라 해당 가격의 차이나는 정도가 의미하는 중요성(significance)의 측면을 고려한 것이다. 이러한 논거에서 패널은 미 상무부가 가격 차이의 이유에 대한 정성평가없이 순전히 정량적 기준에 따라 구매자, 지역, 기간별로 현저한 차이가 있는 수출가격 패턴이 존재한다고 결정한 것은 제 2 조 제 4 항 2 제 2 문 위반이라는 한국 주장을 기각하였다.

③ 설명조항에 대한 청구

한국은 설명 조항상의 '적절하게' 라는 용어는 특정 산업의 객관적 상황에 대한 정성적 평가를 요구하는 것이라 주장하였다. 상무부는 W-W 나 T-T 비교방식 중 하나를 통해 관련 패턴을 적절히 설명하지 못하거나 설명할 수 없는 이유를 명확히 제시하지 못했다는 것이 한국측 주장이다. 미국 상무부는

W-W 비교방식으로는 관련 수출가격 차이를 적절히 고려할 수 없었던 데는 두가지 이유가 있다고 하였다. W-W 방식으로 평균을 구하는 것은 가격차이를 감추게 되고, W-W 방식을 사용한 덤핑마진은 W-T 비교방식을 사용하여 산출한 덤핑마진보다 실질적으로 낮거나 상당히 낮다는 것이다. 패널은 상무부가 W-W나 T-T 두 비교방식 모두에 대한 설명이 필요한가, 또는 W-W 비교방식에 대해 설명하는 것만으로 충분한가를 고려하여야 한다고 하였다.

먼저 패널은 제 2 문이 적절성을 결정하는 기준을 제시하지 않고 있음을 언급하고, 제 2 문의 목적과 취지과 표적덤핑을 밝혀내는 것임을 고려하는 것이 합리적이라 하였다. 구매자, 지역, 기간 별로 수출가격을 현저히 차이나게 만드는 표적덤핑 이외의 요소가 있을 수 있으므로, 설명조항이 필요함을 지적하였다. 따라서 패턴의 존재를 밝혀낸 후에라도 조사당국은 표적덤핑 이외의 것이 가격차이의 원인이 될 수 있는 가능성을 확인하기 위해 주요한 실제상황을 분석하여야 한다 하였다. 당국이 통상의 비교방식 중 하나를 택하지 않는 판단을 내리기 전에 이러한 주요 실제상황에 대한 분석이 설명되어야 한다는 것이다.

패널은 W-W 비교방식의 평균 효과가 적절하다는 상무부의 주장을 기각하였다. 특히 W-W 비교방식은 평균 산출을 통해 개별 수출가격간의 차이를 감추게 되는 본질을 가지고 있음을 지적하고, 이러한 내재된 '은폐 효과'(masking effect)로 W-W 방식이 가격 차이가 발생한 해당 패턴을 적절히 반영하지 못하는 이유를 설명할 수 없다고 하였다. 통상적인 비교방식을 통해 은폐된 덤핑의 총액을 밝혀냄으로써, W-W와 W-T 비교방식의 마진 산정 비교시 특정 사실을 적절히 고려하였다는 주장도 부정하였다. 패널은 당국이 마진상의 그러한 차이를 고려하는 권한만 있다는 주장도 부정하였다. 왜냐하면 제 2 문을 적용하게 되면 수출가격의 현저한 차이가 있는 패턴이 수출자에 의한 표적행위와 아무런 관계가 없는 경우에조차 더 큰 덤핑마진을 산정하게 될 수 있기 때문이다. 적절성의 기준은 표적덤핑과 무관한 실제상황에 제 2 문이 적용되는 것을 피하기 위해 이러한 사실들을 당국이 검토하도록 요구하는 것이라 보아야 한다. 상무부의 설명조항 적용은 W-W 방식에서 평균산출이 가격차이를 숨기는 것이라는 점과, W-W 방식을 통한 덤핑마진 산정은 W-T 방식을 통해 산정한 마진보다 낮다는 사실에 국한되었다고 하였다. 그 결과 패널은 미국 상무부가 피소측이 표적덤핑을 하고 있다는 사실을 부인하는 것을 제대로 다루지 못했다고 보았다. 이러한 기반 위에서 패널은 미국 상무부가 세탁기 반덤핑조사에서 제2조 제4항 2 제2문의 설명조항을 위반하였다고 결정한 것이다.

(2) W-T 비교방식과 제로잉

한국은 미국 상무부가 원심에서 W-T 비교방식을 적용하면서 제로잉을 사용한 조치는 반덤핑협정 제2조 제4항 2 제2문과 제2조 제1항 및 제2조 제4항, GATT 제6조 제1항 자체를 위반한 것이라 주장하였다. 행정재심에서 W-T 비교방식을 적용하면서 제로잉을 적용한 미 상무부의 조치는 반덤핑협정 제9조 제3항과 GATT 제6조 제2항을 위반하였다는 것이다.

패널은 반덤핑협정 제2조 제4항 2의 제2문이 패턴거래를 강조한 점에 주목하였다. 제2조 제4항 2 제2문상의 '개별수출거래'란 관련된 가격책정 패턴 내의 거래이고, 가격책정 패턴은 제2조 제4항 2의 제1문에서 규정한 대칭적 비교방식을 적용한 수출거래보다 그 범위가 좁은 것이라 하였다. 제2조 제4항 2 제2문의 패턴거래와 관련하여 조사당국은 수출자의 가격책정행위만 분석할 수 있다. 따라서 W-T 비교방식을 사용하면 제1문상의 대칭적 비교방식으로 은폐하는 것에 비해 패턴거래의 덤핑 증거를 뚜렷이 하여 그 증거가 덤핑마진에 충분히 반영되도록 함으로써, 제2문의 목적과 취지를 달성할 수 있다고 판단하였다. 제2문은 패턴거래와 관련된 수출자의 가격책정행위를 특별히 강조하는 것이므로, 그 패턴과 관련된 모든 덤핑증거가 반영되어야 한다는 것이 패널의 입장이다. 미국은 수출가격이 정상가격보다 높은 패턴거래가 수출가격이 정상가격보다 낮은 패턴거래의 덤핑증거를 가릴 수 없도록 제로잉이 필요하다고 주장하였으나, 패널은 이를 받아들이지 않았다. 그러나 이들 패턴 내 거래가 다른 거래와 비교하여 현저하게 차이나는 수준으로 가격이 책정되었는지에 대해서는 아무런 검토가 없다. 따라서 비패턴거래보다 현저히 낮은 가격의 패턴거래가 비패턴거래보다 현저히 낮은 가격의 다른 거래에서의 덤핑 증거를 가린다는 결론은 아무런 근거가 없다고 하였다.

이러한 논거에서 패널은 미국 상무부가 W-T 비교방식에서 제로잉을 사용한 것은 제2조 제4항 2의 제2문 규정에 반하는 것이라 결정하였다. 조사당국이 패턴 내에서 수출자의 가격책정행위에 특별히 주목한 경우 정상가격

이상의 개별 패턴거래가 적절히 반영되지 못하므로, 패널은 W-T 비교방식의 경우 제로잉 사용이 공정한 비교가 될 수 없다고 하였다. 동일한 이유에서 반덤핑협정 제 9 조 제 3 항과 GATT 제 6 조 제 2 항 위반으로 판단하였다.

3. 항소기구

(1) 패턴거래의 해석

패널은 관련되는 패턴의 해석에 있어 각각의 특정 표적에 대해 낮은 가격으로 수출하는 거래만을 포함하는 것으로, 다른 구매자나 다른 지역, 다른 기간에 높은 가격으로 수출하는 여타 거래는 비패턴거래라고 하였다. 이에 대해 미국은 패턴이란 다른 거래에 비해 상당한 차이가 있는 낮거나 높은 수출가격 모두를 포함하는 것이라고 하면서, 패널이 패턴의 의미를 잘못 해석하였다고 주장하였다.

항소기구는 반덤핑협정 제 2 조 제 4 항 2가 조사당국이 상이한 구매자, 지역 또는 기간 별로 상당한 차이가 있는 수출가격 패턴을 발견하는 것이 필요하다고 규정한 것에 착안하였다. 필요요건인 설명이 갖춰진다는 전제 하에, 패턴을 확인하는 것이 W-T 비교방식 적용을 위한 방아쇠(trigger)라고 하였다. 패턴이 수출가격들 중 현저하게 차이나는 것인 점에 착안하여, 조사당국이 어떤 수출가격이 패턴을 구성하는지를 가려내기 위해서는 해당 패턴의 가격과 패턴에 속하지 않는 가격간 상당한 차이가 있는가를 식별요소로 삼게 된다. 이러한 요소가 조사당국으로 하여금 표적덤핑을 확인하고 다루도록 하는 기능을 가진 제 2 조 제 4 항 2의 제 2 문에 의미와 효과를 부여한다고 보았다.

항소기구는 문언에 기반하여, 접속사인 'or'는 배타적이거나 포섭적일 수 있으나, 'among'이라는 단어를 굳이 사용함으로써 구매자, 지역 또는 기간이라는 각각의 카테고리는 그 자체로 고려되어야 함을 의미하는 것으로 이해하였다. 패턴은 규칙성과 명료성(regular and intelligible)을 모두 갖추어야 하므로, 일정치 않은 가격 변동은 반영하지 않아야 한다. 따라서 각각의 카테고리 내에서 현저한 차이가 발견되어야 패턴을 확인할 수 있다.

이러한 논거에서 항소기구는 반덤핑협정 제 2 조 제 4 항 2의 제 2 문에 따라 패턴이란 다른 가격보다 현저히 낮기 때문에 다른 구매자에 대한 수출가격과 현저히 다른 하나 또는 그 이상의 구매자에 대한 모든 수출가격을 의미한다고 하였다.

(2) W-T 비교방식 하의 제로잉

제 2 조 제 4 항 2의 제 2 문은 패턴거래에 관한 수출자의 가격책정 행위에 특별히 주안점을 둔 것으로, 해당 패턴에 관한 덤핑 증거 전체를 고려하여야 한다는 것이 패널의 결정이었다. W-T 비교방식은 해당 패턴 내의 개별수출거래 가격들에 초점을 맞춘 것으로, 각각의 패턴거래는 해당 수출가격이 정상가격 이상이든 이하이든, 그 자체로 그에 맞는 가치만큼 고려되어야 함을 의미한다. 따라서 패널은 제 2 조 제 4 항 2 제 2 문의 조문상 정상가격 이하의 개별 수출가격을 다른 정상가격 이상의 수출가격보다 중요하게 여기는 판단은 아무런 근거도 없다 하였다. 그 결과 패널은 미국 상무부가 W-T 비교방식을 사용할 때 제로잉을 사용하는 것은 제 2 조 제 4 항 2의 제 2 문 "자체(as such)"에 반한다고 결정하였다.

미국은 패널의 결정이 W-T 비교방식의 사용조건이 충족된 경우 W-T 비교방식 적용과 연계한 제로잉 사용은 반덤핑협정 제 2 조 제 4 항 2 제 2 문에 반한다고 판단한 것은 잘못이라고 주장하였다. 미국에 의하면, 제 2 조 제 4 항 2의 조문과 문맥상 W-T 비교방식이라는 예외적 비교방식이 어떤 의미를 가지려면, W-T 비교방식 적용시 제로잉은 허용가능한 것이고, 실제로도 필요한 것이라고 주장하였다.59)

제 2 조 제 4 항 2 제 2 문의 '개별적 수출거래'라는 용어는 다른 수출가격과 현저히 차이나는 수출가격 패턴을 의미하는 것이 올바른 해석임에 비추어, 항소기구는 '개별적 수출거래'가 정상가격보다 낮게 책정된 거래가격 패턴만을 의미한다는 판단은 조문이나 문맥상 지지될 수 없다 하였다. 패널이 밝힌 바와 같이 '개별적'이라는 용어의 의미는 해당 수출가격이 정상가격보다 높건 낮건 무관하게 각각의 패턴거래는 그 자체로 그에 맞는 가치만큼 반영되어야 한다는 것이다. 어떤 패턴 내에서 제로잉을 하면 하나 또는 둘 이상의 구매자, 지역, 기간 별로 정상가격보다 낮게 판매된 수출거래에 한정하는 패턴의 의미가 되어버린다. 항소기구는 동 조항의 기능이 정상가격과 확인된 패턴에 포함된 모든 거래를 비교함으로써 조사당국으로 하여금 확인된 특정 패턴에 부합하는 표적덤핑을 다룰 수 있도록 하는 것이라 지적하였다. 따라서 정상가격과

59) Panel Report para.5.143.

비패턴거래를 제외한 패턴거래간의 덤핑 비교가 행해지고 나면, 더 이상 밝혀내야 하는 것은 없다고 하였다. 중요한 것은 오로지 패턴거래에만 초점을 맞춤으로써 W-T 비교방식 적용시 제로잉 사용에 의존할 필요없이 표적덤핑을 구성하는 가격책정 패턴을 파악할 수 있게 된다.

제 2 조 제 4 항 2 제 2 문의 의미에서 상당히 차이나는 수출가격 패턴이란 모든 수출거래의 부분집합이므로, 정상가격과 패턴거래만을 비교하는 것은 모든 수출거래에 W-W 비교방식을 적용한 결과와 수리적으로나 실질적으로 동등한 결과를 낳을 수 없다. 미국은 제로잉 없이 동일한 부분집합에 W-W 비교방식을 적용한 것과 본질적으로 동등하다는 것이 패널의 입장이라고 주장하였으나, 이 또한 기각되었다. 항소기구는 W-T 비교방식을 적용한 결과가 가중평균정상가격과 모든 패턴거래의 가중평균수출가격을 비교한 결과와 동등할 수 있다는 사실만으로 W-T 비교방식의 적용을 패턴거래에만 규정하고 있는 제 2 문과 관련된다 할 수 없고, W-T 비교방식이 제 2 조 제 4 항 2의 제 2 문에서 빠지는 것이 아니라 하였다.

(2) 피해의 발생

(가) 피 해

(a) **피해의 개념** 특정의 덤핑행위가 수입국의 확립된 산업에 실질적 피해(material injury)를 야기하거나 피해를 야기할 우려(threat of material injury)가 있는 경우 피해가 존재하는 것으로 간주된다. 그리고 덤핑이 수입국의 산업확립을 실질적으로 저해(material retardation of the establishment of such an industry)하는 경우에도 피해가 발생한다.

제 3 조 각주 이 협정에서 "피해"라는 용어는 달리 규정되지 아니하는 한, 국내산업에 대한 실질적인 피해, 국내산업에 대한 실질적인 피해의 우려 또는 산업의 확립에 대한 실질적인 지연을 의미하는 것으로 간주되며 이 조의 규정에 따라 해석된다.

피해의 판정은 수입국 당국의 자의적 판단을 방지하기 위하여 명확한 증거(positive evidence)를 근거로 하여야 하며, 덤핑상품의 물량과 동종상품의 국내시장 가격에 영향을 끼친 수입상품의 영향, 그러한 상품의 국내생산자에게 끼친 수입의

영향을 객관적으로 평가하여 결정하여야 한다.[60)]

덤핑수입의 물량과 관련하여, 조사당국은 절대적으로 또는 수입회원국의 생산이나 소비에 비하여 상대적으로 덤핑수입품이 상당히 증가하였는지를 고려하여야 한다. 덤핑수입품이 가격에 미치는 영향과 관련하여, 조사당국은 수입회원국의 동종상품 가격과 비교하여 덤핑수입품에 의하여 상당한 가격인하가 있었는지 또는 그러한 수입품이 다른 방법의 가격하락이나 가격상승억제에 상당한 정도로 영향을 끼쳤는지 여부를 고려하여야 한다. 다만 이러한 요소 중 하나 또는 여러 개가 반드시 결정적인 지침이 될 수는 없다.[61)]

덤핑수입품이 관련 국내산업에 미치는 영향의 검토는 판매 · 이윤 · 생산량 · 시장점유율 · 생산성 · 투자수익률 · 설비가동률의 실제적이고 잠재적인 감소, 국내가격에 영향을 미치는 요소, 자금 순환 · 재고 · 고용 · 임금 · 성장 · 자본조달능력에 대한 실제적이고 잠재적인 악영향 등 산업의 상태에 영향을 미치는 관련된 모든 경제적 요소와 지표(all relevant economic factors and indices)에 대한 평가를 포함한다. 여기에 적시된 요소만을 검토하라는 것은 아니며, 이러한 요소 중 하나 또는 여러 개가 반드시 결정적인 지침이 될 수는 없다.[62)]

실질적 피해의 우려에 대한 판정은 사실에 기초하여야 하며, 단순히 주장이나 추측 또는 막연한 가능성에 기초하여서는 아니 된다. 덤핑이 피해를 초래하는 상황을 발생시키는 상황의 변화는 명백히 예측되는 것이며 급박한 것이어야 한다.[63)] 예컨대 가까운 장래에 덤핑가격으로 실질적인 상품의 수입증가가 있을 것이라고 믿을 만한 설득력 있는 이유가 있는 경우라면 명백히 예측되며 급박한 것이라고 할 수 있다. 피해의 우려에 있어 핵심적 쟁점은 덤핑이 국내 산업에 피해를 주기 시작하도록 만드는 상황의 변화가 있는가 하는 것이다.[64)] 미국 ITC는 캐나다산 돼지의 일본수출이 감소되면서 수출감소분만큼 돈육으로 미국에 수출됨으로써 미국 산업에 피해를 줄 수 있다고 주장하였으나, 미국과 캐나다간 자유무역협

60) GATT 제VI조이행협정 제3조 제1항.

61) GATT 제VI조이행협정 제3조 제2항.

62) GATT 제VI조이행협정 제3조 제4항.

63) GATT 제VI조이행협정 제3조 제7항.

64) Panel Report, Egypt-Definitive Anti-Dumping Measures on Steel Rebar from Turkey, WT/DS211/R (Aug. 8, 2002), para. 7.91.

정에 따라 설치된 패널은 미국측 주장이 설득력이 없는 것으로 결정하였다.[65] 실질적 피해의 우려가 존재하는가를 판정하는 데에는 다음의 요소들이 검토된다. 실질적인 수입증가의 가능성을 나타내는 국내시장으로의 덤핑수입품의 현저한 증가율, 추가적인 수출을 흡수하는 다른 수출시장의 이용가능성을 감안하여 수입회원국의 시장으로 덤핑수출을 실질적으로 증가시킬 수 있는 가능성을 나타내는 충분하고 자유롭게 처분가능한 수출자의 생산능력 또는 수출자의 생산능력의 임박하고 실질적인 증가, 수입이 국내가격을 현저히 하락 또는 억제시킬 수 있는 가격으로 이루어지고 있는지 여부 및 추가수입에 대한 수요를 증가시킬 것인지 여부, 그리고 조사대상 상품의 재고현황이 그것이다.

국내산업의 확립에 대한 실질적 저해가 발생하는 경우에도 덤핑이 문제 되는 피해가 존재한다. 이러한 요건에 해당되는 경우는 매우 드물게 볼 수 있는데, 그 이유는 국내산업에 몇 개의 기업이 있는 경우 그 중 일부는 이미 확립되어 있어서 덤핑으로 피해가 실제로 발생하거나 피해의 우려가 제기될 것이어서, 국내산업의 확립에 대한 실질적 저해가 발생하는 것은 아니다.

(b) 피해의 실질성 협정에는 반덤핑관세가 부과되기 위해서는 실질적 피해가 있어야 한다고 규정되어 있으나, 무엇이 '실질적'인 피해인지에 대해서는 직접적 언급이 없다. 다만 반덤핑협정은 덤핑수입물량이 수입 회원국내 동종 상품 수입량의 3% 미만을 점유한 것으로 판명되는 경우 무시될 수 있다고 한 것은 실질성의 한 기준이 될 수 있다.[66] 뉴질랜드의 핀란드 변압기 수입사건에서 이러한 측면을 확인할 수 있다.[67]

실질적 피해라는 것이 GATT 제19조의 세이프가드조항에서 언급하고 있는 중대한 피해(serious injury)라는 표현보다는 다소 가벼운 개념으로서, 경쟁관계에 있는 국내산업이 반덤핑관세와 같은 대응조치를 얻기가 상대적으로 수월해야 된다는 주장도 있다.[68] 그러나 무엇이 실질적 피해인지에 관해서는 여전히 의문으로 남아 있다.

---

65) Lowenfeld, *op. cit.*, p. 270.

66) GATT 제VI조이행협정 제 5 조 제 8 항.

67) Panel Report (GATT), New Zealand-Imports of Electrical Transformer from Finland, 32S/55, pp. 55 & 66.

68) Jackson, *op. cit.*, p. 266.

【 핀란드 - 변압기 덤핑사건 】

뉴질랜드 전력회사가 공고한 2대의 변압기 입찰에서 핀란드의 변압기수출업자가 낙찰되었다. 이에 대하여 입찰에 참여하였던 뉴질랜드 업체가 핀란드 수출업자의 행위는 덤핑에 의한 것이라는 주장하였다. 이에 따라 뉴질랜드 당국은 동 변압기가 정상가격 이하로 수입되었다는 이유로 반덤핑관세를 부과하였다. 뉴질랜드는 정상가격을 산정함에 있어 핀란드 내에 뉴질랜드에 납품한 형식과 동종의 변압기에 대한 국내가격이 없었으므로, 구성가격을 기준으로 하였다. 이에 대하여 핀란드정부는 GATT에 뉴질랜드측의 반덤핑조치를 제소하였다.

핀란드는 뉴질랜드가 구성가격으로 정상가격을 산정한 방법은 인정하되, 뉴질랜드가 구성가격을 높게 평가하였다고 항변하였다. 패널은 뉴질랜드측이 핀란드로부터 적절한 자료를 받지 못한 가운데 별도의 출처로부터 가격요소들을 산출한 뉴질랜드측의 가격산정방법은 정당한 것으로 판정하였다. 문제는 이러한 덤핑행위가 뉴질랜드산업에 대한 실질적 피해나 피해의 위협을 가져왔는가의 결정에 있었다. 피해를 주장한 뉴질랜드의 변압기회사는 뉴질랜드 국내총생산의 92%를 차지하고 있는 기업으로, 패널은 동 회사가 덤핑제소를 위한 요건을 충족시키기에 충분한 상태였음을 인정하였다. 다만 2대의 변압기 수입이 실질적 피해가 되는지에 관한 검토에서, 패널은 해당변압기는 뉴질랜드의 국내생산과 총수입량의 1.5%에 불과하고, 수입량으로 보면 2.4%에 불과한 미미한 수치라는 점을 이유로 뉴질랜드의 관련산업은 실질적 피해가 없는 것으로 판정하였다.

이에 따라 패널은 뉴질랜드의 반덤핑결정 취소와, 이미 취득한 반덤핑관세를 환급할 것을 결정하였다.

(나) 국내산업

덤핑규제를 위해서 가장 먼저 하여야 할 것은 실질적 피해를 입은 國內産業이 있는가 하는 점이다. 따라서 국내산업이 의미하는 바를 먼저 규명하여야 한다.

국내산업이란 동종상품을 생산하는 전체로서의 국내생산자(domestic producers as a whole), 또는 상품생산량의 합계가 그 상품의 국내총생산량의 상당부분을 차지하는 국내생산자를 의미한다.[69] 일부 기업이 도산하였다 하더라도 해당 산업이 일반적으로 번성하고 있는 경우에는 실질적 피해가 존재한다고 보기 어렵다.[70] 뿐만 아니라 관세동맹이나 자유무역지대 등과 같은 경우 시장이 단일화되어 통합된 경우에는 해당 지역 전체의 산업을 대상으로 한다.[71] 그러나 국내생산자가 수출자 또는 수입자와 특수관계에 있을 때, 또는 국내생산자 자신이 덤핑혐의물품의 수입업자일 때, 국내산업은 동 생산자 이외의 나머지 업체를 말한다. 국내생산자와 수출자 또는 수입자 중 일방이 상대방을 직간접으로 통제하는 경우, 국내생산자와 수출자 또는 수입자 양방이 동일한 제 3 자에 의해 직간접으로 통제를 받는 경우, 국내생산자와 수출자 또는 수입자 양방이 동일한 제 3 자를 직간접으로 통제하는 경우에는 특수관계에 있는 것으로 본다.

(3) 덤핑과 피해간의 인과관계

덤핑제소를 위해서는 덤핑과 피해간의 인과관계(causal relationship)를 입증하여야 한다.

> **제 3 조 제5항** 덤핑수입품이 제 2 항 및 제 4 항에 규정된 바와 같이 덤핑의 효과를 통하여 이 협정이 규정하고 있는 의미의 피해를 초래하고 있다는 사실이 입증되어야 한다. 덤핑수입품과 국내산업에 대한 피해간의 인간관계 입증은 당국에 제시된 모든 관련 증거의 검토에 근거한다. 또한 당국은 같은 시점에서 국내산업에 피해를 초래하는 덤핑수입품 이외의 모든 알려진 요소를 검토하며, 이러한 다른 요소로 인하여 발생하는 피해는 덤핑수입에 의한 것으로 귀속시켜서는 아니된다.

미국-한국산 D램 반덤핑관세 사건에서 WTO 패널은 반덤핑관세를 유지하기 위하여 반덤핑관세 부과 당국은 피소국의 기업이 덤핑한 사실과 국내산업의 피해, 그리고 인과관계의 3가지 요소를 입증하여야 한다고 하였다.[72] 인과관계의 입증은 조사당국에 제출된 모든 관련 증거(all relevant evidence)에 대한 조사에 근거하

69) GATT 제VI조이행협정 제 4 조 제 1 항.

70) Jackson, *op. cit.*, p. 266.

71) GATT 제VI조이행협정 제 4 조 제 3 항.

72) Panel Report, United States-Anti-dumping Duty on Dynamic Random Access Memory Semiconductors (DRAMS) of One Megabyte or Above Originating from Korea, WT/DS99/R (Jan. 29, 1999), para. 4.61.

여야 한다. 또한 당국은 같은 시점에서 국내산업에 피해를 초래하는 덤핑수입품 이외의 모든 알려진 요소를 검토하여야 하며, 이러한 다른 요소로 인하여 발생하는 피해는 덤핑수입품에 의한 것으로 귀속시켜서는 아니 된다. 관련될 수 있는 요소에는 특히, 덤핑가격으로 판매되지 아니하는 수입품의 수량 및 가격, 수요감소 또는 소비형태의 변화, 외국생산자와 국내생산자의 무역제약적 관행 및 이들간의 경쟁, 기술개발, 국내산업의 수출실적 및 상품 생산성의 검토가 있다.[73]

1992년 노르웨이산 대서양 연어 수입에 대한 미국 국제무역위원회(ITC)의 피해판정을 다루기 위한 사건에서, GATT 패널은 ITC가 수입상품이 실질적 피해의 주요한 또는 실질적 원인인가를 결정할 필요 없이 수입상품이 실질적 피해의 원인인가를 결정하는 것으로 족하다고 한 미국측 주장을 받아들였다. 그리고 조사대상인 덤핑수입과 국내산업에 대한 실질적 피해의 인과관계 문제는 덤핑의 양이나 덤핑으로 인한 가격영향 및 국내산업에 끼친 영향 등의 요소에 대한 분석에 초점이 맞추어져야 한다고 하였다.[74]

【 태국 – 폴란드산 H-Beam수입 사건 】[75]

태국은 폴란드산 철강제 및 비합금철강제 H-Beam의 수입으로 자국 국내산업에 실질적 피해가 발생하였다는 이유로, 1997년 5월 26일 27.78%에 해당되는 확정관세를 부과하였다.

1. 패널의 결정

(1) 구성가격의 산정

폴란드는 자국내 판매량이 태국 수출량의 5% 미만이기 때문에 태국이 구성가격을 사용하는 데 이의를 제기하지 않았다. 그러나, 태국 행정당국이 구성

73) GATT 제VI조이행협정 제3조 제5항; 1967년의 반덤핑Code는 덤핑수입이 실질적 피해의 주요원인임이 명백하여야 한다고 하였으나, 1979년 개정 이후 덤핑수입이 피해의 원인이 되는 것으로 족한 것으로 변경되었다.

74) Panel Report (GATT), United States-Imposition of Anti-Dumping Duties on Imports of Fresh and Chilled Atlantic Salmon from Norway, ADP/87, para. 555.

75) Appellate Body Report, Thailand-Anti-Dumping Duties on Angles, Shapes and Sections of Iron or Non-Alloy Steel and H-Beams from Poland, WT/DS122/AB/R (Sept. 28, 2000).

가격 산정시 낮은 수준의 다른 이윤이 일부 있음에도 폴란드의 유일한 H-Beam 생산수출자인 후타 카토비체(Huta Katowice)의 이윤 36.3%만을 포함시킨 점에 이의를 제기하였다. 따라서 태국은 반덤핑협정 제 2 조 제 2 항 및 제 2 조 제 2 항 2의 (i)을 위반하였다고 주장하였다. 태국의 계산은 불합리한 것이고, '동일한 일반적 유형의 상품'에 대한 개념을 H-Beam만 포함시키고 동일한 일반적 유형의 다른 상품을 포함시키지 않음으로써 너무 좁게 해석하였다고 하였다. 그러나 패널은 폴란드의 주장을 받아들이지 아니하였고, 폴란드는 이 부분에 대하여 항소하지 아니하였다.

(2) 피해의 산정

폴란드는 피해와 관련하여 태국이 반덤핑협정 제 3 조 제 1 항, 제 2 항, 제 4 항 및 제 5 항을 위반하였다고 주장하였다. 제 3 조 제 1 항은 명확한 증거와 객관적 검토의 토대 위에서 실질적 피해를 산정할 것을 규정하고 있으나, 태국은 그러하지 않았다는 것이다. 제 3 조 제 1 항과 제 3 조 제 2 항 2문과 관련하여 폴란드는 폴란드산 H-Beam과 태국 샴철강의 H-Beam 가격이 같이 하락된 것이 아니라, 샴철강은 폴란드의 경쟁상품에 맞추기 위하여 가격을 낮춘 것이라고 하였다.

폴란드는 제 3 조 제 1 항 및 제 4 항과 관련하여 제 3 조 제 4 항에 열거된 모든 요소는 모든 사건에서 검토되어야 하는 것으로, 그렇지 않을 경우 피해조사는 제3 조 제 1 항에 따른 명확한 증거의 토대 위에서 이루어진 것도 아니고 객관적 검토도 될 수 없다고 하였다. 태국 정부는 반덤핑협정 제 3 조 제 4 항은 관련된 모든 요소의 검토를 요구하는 것이지, 모든 요소를 검토하라는 것은 아니라고 하였다. 태국은 관련 요소들, 특히 국내가격에 영향을 끼치는 요소를 고려하였는데, 이를 통해 태국의 H-Beam 생산자에 대한 실질적 피해가 있다고 결론지었다. 이러한 주장에 대하여 패널은 폴란드의 주장을 받아들여, 제 3 조 제 4 항에 열거된 요소는 강제적인 것으로, 그 모두가 피해산정에 검토되어야 한다고 하였다. 더욱이 이들 열거된 요소만이 전부가 아니고, 각자의 가치는 사례별로 다를 수 있다고 하였다. 따라서 태국정부는 실질적 피해의 조사과정에서 덤핑마진의 규모, 임금과 자본 및 투자증대에 관한 실제적 잠재적 악영향을 검토하는 데 실패하였다고 결정하였다. 특히 태국 H-Beam 생산자의 능력은 일정하였고, 생산경향 · 이용능력 · 국내판매 · 수출판매 · 시장점유 · 재고 · 고용 등의 요소가 국내산업의 건전성을 보여주었으므로, 실질적 피해가 발생하였다고 한 태국의 결론은 잘못이라고 하였다. 태국은 적시의 비용회수에 대한 불가능을 이유로 제시하였으나, 그것은 태국이 폴란드산 수입품에 맞추기 위하여 자국산 가격을 인하한 것이기 때문에 태국의 주장을 받아들일 수는 없다고 하였다. 샴철강이 아직 경제규모에 이르지 못하였다고 한 태국 주장과 관련하여, 경제규모에 이르지 못한 것이 어떻게 실질적 피해에 영향을 끼쳤는지 설명하지 못함으로써 받아들여지지 않았다. 실제 샴철강의 점유율이 50%에서 56%로 확대된 점도 태국에게는 불리한 요소였다.

(3) 인과관계의 문제

폴란드는 제 3 조 제 1 항과 제 5 항에 규정된 바대로, 덤핑수입과 실질적 피해간의 인과관계에 대한 태국의 결정은 제 3 조 제 2 항과 제 4 항의 적용이 이미 잘못되었으므로, 근거 없는 것이라고 하였다.

폴란드는 태국 샴철강에 끼친 영향 중 폴란드산 H-Beam 수입 이외의 요소를 빠트렸다는 점을 지적하였고, 반덤핑협정 제 3 조 제 4 항이 모든 피해산정에서 검토되어야 하는 다양한 요소를 포함하고 있는 것과 같이 제 3 조 제 5 항도 인과관계의 문제에서 검토하여야 하는 경제적 요소를 열거하고 있다고 주장하였다. 패널은 폴란드의 첫 번째 주장은 수용하였으나, 두 번째 주장은 인정하지 않았다. 패널은 세계적 수요, 소비형태, 국내외 생산자에 대한 잠재적무역제약관행, 비폴란드산 수입의 영향, 샴철강의 H-Beam 시장진출의 본질, 기술개발, 생산성 등 샴철강에 끼친 다른 영향이 있음을 지적하여, 태국은 다른 요소에 의해 발생한 피해를 폴란드산 수입품의 탓으로 돌리는 잘못을 범하였다고 하였다.

패널은 폴란드가 반덤핑협정 제 3 조 제 4 항과 제 5 항의 용어적 차이를 평가하는 데 잘못이 있다고 하였다. 제 3 조 제 4 항은 모든 피해산정시 검토되어야 하는 요소들로서 강제적 항목인 데 비해, 제 5 항은 그렇지 않은 것이라고 밝혔다. 제 3 조 제 5 항은 인과관계의 분석이 이루어져야 하고, 그 분석은 피해에 영향을 줄 수 있는 알려진 다른 요소의 검토를 포함할 것을 규정한 것이다. 그리고 제 3 조 제 5 항은 덤핑 수입품 이외의 요소(factors other than dumped imports)를 수식하는 말로 '알려진(known)'이라는 용어를 사용하고 있는데, 어느 정도 알려진 것임을 요하는지 명백히 하고 있지 않다. 다른 요소의 알려진 정도에 대한 모호함은 조사 당국이 모든 가능한 요소를 찾고 검토하는 의무가 없음을 보여 주는 것이다. 따라서 패널은 조사과정에서 이해당사자에 의해 제시된 알려진 모든 요소만을 검토하면 되는 것이라고 하였다.

2. 항소기구의 결정

항소기구에서 태국은 피해조사와 피해산정이 협정규정과 일치하는지를 다투지 않았으나, 비공개 정보의 이용과 관련된 모든 경제적 요소의 검토에 관한 부분에서 항소하였다. 이들 이슈는 각각 제 3 조 제 1 항과 제 4 항에 관련되는 것이었다.

폴란드는 제 3 조 제 1 항의 명백한 증거와 객관적 검토에 근거하여 태국이 조사기간 중 제공하지 않은 비공개 정보를 검토하지 않은 점을 보아야 한다고 주장하였다. 패널은 최종결정시 이해관계국에 제공할 수 있는 정보 또는 이해관계국에 제공될 수 있는 문서에서 인식할 수 있는 정보만을 검토하여야 한다고 하였다. 그러나 항소기구는 반덤핑협정 제 3 조 제 1 항의 핵심용어에 대하여 패널이 내린 좁은 해석은 잘못된 것이라고 하였다. 패널은 명확한 증거와 객관적 검토에 대한 사전적 개념을 잘못 이해한 것으로, 이러한 개념은 조사당국이 피해산정시 공개된 증거 또는 조사하는 당사국의 인식가능한 정보에만 근거하라는 것은 아니라고 하였다. 따라서 공개 또는 미공개 정보 모두를 조사에 사용하여야 하며, 제 3 조 제 1 항은 피해산정은 전체의 증거에 기초할 것을 요구하는 것이라고 하였다. 따라서 항소기구의 결정은 피해산정시 당국에 제시된 모든 관련근거와 사실에 기초하여 결정하여야 할 것이라고 하였다. 항소기구는 그 근거로서 실질적 피해의 우려에 대한 판정은 사실에 기초하여야 하며, 단순히 주장이나 추측 또는 막연한 가능성에 기초하여서는 아니 된다는 제 5 조 제 3 항과, 조사당국은 증거의 적정성과 정확성에 대하여 검토할 것을 규정한 제 3 조 제 7 항, 조사의 전 과정을 통하여 모든 이해당사자는 자신의 이익을 방어할 충분한 기회를 가진다는 제 6 조 제 2 항, 당국은 최종판정 이전에 확정조치를 적용할 것인지에 대한 결정의 근거가 되는 핵심적 고려사항을 모든 이해당사자에게 통보하여야 한다는 제 6 조 제 9 항, 확정관세의 부과를 규정하는 긍정적 판정 또는 가격약속의 수락시 조사종결 또는 중지공고는 최종적 조치의 부과나 가격약속의 수락에 이르게 한 사실과 법에 관계된 사항 및 이유에 대한 모든 관련 정보를 포함하거나 별도의 보고서를 통해 입수가 가능하도록 한다는 제12조 제 2 항 2를 들었다.

그 외에 항소기구는 제 3 조 제 4 항의 해석과 관련하여 패널의 해석을 받아들여, 패널이 결정할 때 사용한 조약해석의 관습적 규칙을 인정하였다.

3. 반덤핑절차

(1) 덤핑조사

(가) 제소적격

혐의를 받고 있는 덤핑의 존재나 정도 및 영향을 판정하기 위한 조사는 원칙적으로 국내산업에 의한 서면신청이나 이를 대신하여 행하여진 서면신청으로 개시된다.[76] 특별한 상황이 있는 경우 국내산업이나 이를 대신한 서면신청 없이도 관계당국은 조사 개시를 결정할 수 있다.[77] 이러한 신청은 덤핑, 피해, 덤핑수입품과 주장된 피해간의 인과관계에 대한 증거를 포함하여야 한다. 관련 증거에 의해 입증되지 아니하는 단순한 주장은 이 요건 충족에 충분한 것으로 간주될 수 없고, 동 신청은 신청자가 합리적으로 입수가능한 정보(information as is reasonably available)를 포함하여야 한다.[78]

덤핑조사를 신청할 수 있는 자격은 덤핑으로 피해를 입은 국내산업이나 당해 국내산업을 대표하는 자이다. 그러나, 제소의견을 밝힌 국내업체 중 제소동의자의 국내생산량 합계가 반대자의 생산량 합계를 초과하며, 동의자의 국내생산량 합계가 동종제품 국내생산량 총합의 25% 이상인 경우에만 제소할 수 있다.[79] 이와 같이 '50-25%기준'(50-25 percent tests)이라는 요건이 충족되어야만 제소적격이 인정된다.

(나) 조사절차

당국은 조사개시를 정당화할 수 있을 만큼 충분한 증거가 있는지를 결정하기 위해 신청서에 제시된 증거의 정확성과 적정성(accuracy and adequacy of the

76) GATT 제VI조이행협정 제 5 조 제 1 항.
77) GATT 제VI조이행협정 제 5 조 제 6 항.
78) GATT 제VI조이행협정 제 5 조 제 2 항.
79) GATT 제VI조이행협정 제 5 조 제 4 항.

evidence)에 대하여 검토한다.[80] 반덤핑조사의 모든 이해당사자는 당국이 요구하는 정보에 대하여 통지를 받을 뿐만 아니라, 자신들이 관련된 일체의 증거를 서면으로 제출할 기회를 부여받는다. 수출업자나 외국 생산자의 경우 조사의 일환으로 발송받은 질의서에 대한 답변의 작성을 위하여 최소한 30일의 기간을 부여받는다.[81]

【 캐나다산 침엽수목재 사건 】

캐나다는 제 5 조 제 2 항과 제 3 항에 근거하여 미국의 반덤핑조사 신청인들이 용이하게 확보할 수 있는 객관적인 가격 정보를 활용하지 않고, 구성가격을 기초로 조사 신청한 것은 협정 위반이라고 주장하였다. 이와 관련하여 캐나다 수출업체 Weldwood(조사 요청 미국 기업 자회사)를 통해 보다 구체적인 정보를 확보할 수 있었음에도 이를 활용하지 않은 점도 문제삼았다.

캐나다는 Weldwood사의 실제 판매 및 수출가격이 반덤핑조사 신청서에 포함되어 있지 않았는데도 미국 당국이 조사 개시를 결정한 것은 신청서에 제시된 증거의 정확성과 적정성에 대해 적절하게 검토하지 않은 것이며 조사개시를 정당화할 수 있을 만큼 충분한 증거가 있는지도 결정하지 않은 것이므로 반덤핑협정 제 5 조 제 3 항을 위반한 것이라고 주장하였다. 패널은 제 5 조 제 3 항의 주된 요구는 조사개시를 정당화할 만한 증거의 충분성이 있는지를 검토하라는 것이지, 조사당국이 합리적으로 입수가능한 보다 정확한 정보의 존재 여부가 아니라고 하였다. 패널은 이번 사건의 반덤핑조사 신청서에는 구성된 비용 정보와 공신력 있는 간행물에서 수집한 가격 자료가 포함되어 있고, Welwood사 자료가 비록 실제 가격정보라 하더라도 결국 1개 회사에 국한된 정보인 반면 해당 간행물의 자료는 다양한 판매자의 방대한 거래를 포괄하고 있으므로 더욱 대표성이 있다고 보아야 한다고 판단하였다. 패널은 제 5 조 제 3 항의 충분한 증거와 관련하여, 이는 반덤핑조치 부과에 필요한 세 가지 요소(덤핑, 피해, 인과관계)에 관한 증거의 충분성을 의미하는 것이라고 보았다. 무엇이 증거의 충분성을 구성하는지에 대해서는 반덤핑협정에 특별한 규정이

80) GATT 제VI조이행협정 제 5 조 제 3 항.
81) GATT 제VI조이행협정 제 6 조 제 1 항.

없으나 이 조항이 단지 조사개시의 정당성에 관한 규정이므로, 증거의 충분성을 충족하는 증거의 양과 질에 관한 수준(threshold)은 실제 덤핑판정에 요구되는 높은 수준을 요구할 수는 없다고 하였다.

조사의 전 과정을 통하여 모든 이해당사자는 자신의 이익을 방어할 충분한 기회를 가진다. 이를 위하여 당국은 요청에 따라 모든 이해당사자가 상반된 이해를 갖는 당사자와 회합하는 기회를 제공하여 반대의견이 제시되고 반박 주장이 개진될 수 있도록 한다. 이러한 기회의 제공시 비밀보호의 필요 및 당사자의 편의를 고려하여야 한다.[82)]

당국은 가능한 경우 모든 이해당사자가 자신의 주장을 개진하는 데 관련되고 비밀이 아닌 반덤핑조사에 사용되는 모든 정보를 열람하도록 하고, 이러한 정보에 기초하여 자신의 입장을 준비할 기회를 적시에 제공한다. 성격상 비밀인 정보 또는 조사의 당사자가 비밀로서 제공하는 정보는 정당한 사유가 제시되는 경우 당국에 의해 비밀로 취급된다.

이해당사자가 합리적인 기간 내에 필요한 정보에의 접근을 거부하거나 이의 제출을 거부하는 경우 또는 조사를 현저히 방해하는 경우에는 이용가능한 사실을 기초로 예비판정 및 최종판정을 내릴 수 있다.[83)] 당국은 최종판정 이전에 확정조치를 적용할 것인지에 대한 결정의 근거가 되는 핵심적 고려사항을 모든 이해당사자에게 통보하여야 한다.[84)] 이해당사자는 조사대상 상품의 수출자, 외국의 생산자, 수입자, 이러한 상품의 생산자·수출자·수입자가 대다수를 차지하고 있는 동업자협회 혹은 사업자협회, 수출회원국의 정부, 수입회원국의 동종 상품의 생산자 또는 수입회원국의 영토내에서 동종 상품을 생산하는 자가 대다수를 차지하고 있는 동업자협회 또는 사업자협회를 포함한다.[85)]

(2) 조사의 종결

관계당국이 사안의 진행을 정당화시킬 만큼 덤핑 또는 피해에 대한 충분한

82) GATT 제VI조이행협정 제6조 제2항.
83) GATT 제VI조이행협정 제6조 제8항.
84) GATT 제VI조이행협정 제6조 제9항.
85) GATT 제VI조이행협정 제6조 제11항.

증거가 존재하지 않는다고 납득하는 즉시 신청은 기각되고 조사는 신속히 종결된다. 덤핑조사는 특별한 경우를 제외하고 1년 이내에 종결되어야 하며, 어떠한 경우에도 개시 후 18개월을 초과할 수 없다.[86)]

반덤핑규정하에서 구제수준이 당해 사건을 진행하는 데 필요한 행정적 노력이나 비용에 비해 상대적으로 적은 방해적 사건을 방지하기 위하여, 극히 적은 물량에 관한 사건이나 덤핑마진이 낮은 사건의 기각을 요구하는 '최소규칙(de minimis rule)'을 두고 있다.[87)] 덤핑마진이 수출가의 2% 미만인 경우는 최소기준에 합치하는 것으로 본다. 또한 실제적 · 잠재적 덤핑수입량이나 피해가 무시할 만한 수준이라고 결정되는 경우에도 조사는 즉각 종결되어야 한다. 특정국의 덤핑수입량이 수입국내 동종상품의 시장점유율 3% 미만인 경우에는 일반적으로 덤핑수입량은 무시할 만한 수준으로 간주된다. 단 개별적으로 시장점유율이 3% 미만인 모든 국가의 덤핑수입량 합계가 동종물품수입의 7%를 초과하면 조사가 계속된다.[88)] 브라질산 면사수입에 대한 반덤핑관세사건에서 GATT 패널은 해당 기간 동안 브라질산 면사의 수입은 감소하였으나, 모든 수입국으로부터의 전체 수입은 증가되었다는 이유로 유럽공동체 당국이 브라질산 면사에 대하여 반덤핑관세를 부과할 권한이 있음을 인정한 바 있다.[89)] 종래 보통 시장점유율 1%, 덤핑마진율 0.5% 이하인 경우에 덤핑조사를 종결하였던 데 비하면, 새로운 반덤핑협정은 종래에 비하여 상당히 완화된 모습으로 존재하는 것을 알 수 있다.

이와 같은 최소규칙과 아래에서 언급할 종료조항은 무역에 큰 영향을 끼치지 않은 사안의 덤핑제소를 줄이게 되어, 무역분쟁을 미연에 예방할 수 있을 것이다.

4. 반덤핑조치

(1) 잠정조치

조사가 개시되어 이에 관한 고지가 있고, 이해관계당사자들에게 정보의 제공 및 의견진술의 충분한 기회를 부여하고, 덤핑 및 이로 인한 국내산업에 끼친 피해

86) GATT 제VI조이행협정 제 5 조 제10항.

87) Schott, *op. cit.*, p. 82.

88) GATT 제VI조이행협정 제 5 조 제 8 항.

89) Panel Report (GATT), EC-Imposition of Anti-Dumping Duties on Imports of Cotton Yarns from Brazil, ADP/121, p. 17.

에 대하여 덤핑예비판정이 있은 다음이라야 잠정조치가 적용될 수 있다. 관계당국이 조사기간 중 초래되는 피해를 예방하기 위하여 이러한 조치가 필요하다고 판단하는 경우에도 잠정조치가 적용될 수 있다.[90] 이 조치는 조사기간 중에 일어난 피해를 방지하기 위하여 필요하다고 인정되는 경우에 한한다.

조사 개시일로부터 60일 이내에는 잠정조치가 적용될 수 없다. 잠정조치의 적용은 4개월을 초과하지 않는 가능한 한 단기간으로 제한되거나, 관련 무역에 상당한 비율을 차지하는 수출자의 요청에 따라 관계당국이 결정한 경우에는 6개월을 초과하지 않는 기간으로 한정된다. 당국이 조사과정에서 덤핑마진보다 낮은 관세가 피해를 제거하기에 충분한지 여부를 검토하는 경우 동 기간은 각각 6개월과 9개월이 될 수 있다.[91] 잠정조치는 잠정적으로 추산된 덤핑마진을 초과하지 않는 범위 내에서 잠정관세나 보증금의 형태로 나타나게 된다.[92]

그러나 수출업자가 가격을 인상하거나 더 이상의 덤핑수출을 하지 않겠다고 자발적으로 약속하는 경우, 잠정조치를 취하지 않고 절차를 중지하거나 종결할 수 있다.[93]

(2) 가격약속

덤핑혐의를 받고 있는 기업이 반덤핑관세가 부과될 때까지 기다리지 않고 자발적으로 해당 상품의 가격을 인상하거나 덤핑가격으로 수출하는 것을 중지하겠다고 약속하는 경우가 있다. 이를 가격약속(price undertakings)이라 한다. 자발적인 약속을 받아 덤핑의 피해효과가 제거되었다고 납득하는 경우 덤핑조사는 잠정조치나 반덤핑관세의 부과 없이 정지되거나 종결될 수 있다.[94] 이러한 가격약속은 예비판정이 내려진 이후에만 가능하다.[95]

가격약속에 따른 인상은 덤핑마진을 제거하기 위해 필요한 수준을 초과하여서는 아니 된다. 가격인상이 국내산업의 피해를 제거하기에 적절한 수준이라면 인상폭은 덤핑마진 이하가 되는 것이 바람직하다.

---

90) GATT 제VI조이행협정 제 7 조 제 1 항.
91) GATT 제VI조이행협정 제 7 조 제 4 항.
92) GATT 제VI조이행협정 제 7 조 제 2 항.
93) GATT 제VI조이행협정 제 8 조 제 1 항.
94) *Ibid.*
95) GATT 제VI조이행협정 제 8 조 제 2 항.

수입국 당국은 가격약속의 수락이 실제적 또는 잠재적 수출자의 수가 너무 많거나 일반정책상의 이유를 포함하는 다른 이유로 현실성이 없다고 간주하는 경우, 제시된 가격약속을 수락할 필요가 없다.[96]

가격약속이 수락되더라도 수출자의 요구나 당국의 결정이 있는 경우 덤핑과 피해에 대한 조사는 완결되어야 한다. 그 결과 덤핑 또는 피해가 없었다는 판정이 내려진 경우 그 판정이 대부분 가격약속이 존재하기 때문인 경우를 제외하고는 가격약속은 자동적으로 종료된다. 덤핑 및 피해가 있었다는 판정이 내려진 경우 가격약속은 그 조건과 반덤핑협정의 규정에 일치하여 지속된다.[97]

가격약속을 위반한 경우 수입국 당국은 이용가능한 최선의 정보를 사용하여 잠정조치를 즉각적으로 적용하는 신속한 조치를 취할 수 있다.

(3) 반덤핑관세

반덤핑관세부과의 요건이 완전히 충족된 경우라도 반덤핑관세의 부과 여부나 부과되는 반덤핑관세의 세액을 덤핑마진으로 할 것인가 그보다 적게 할 것인가의 결정은 수입국 당국이 행한다.[98] 이와 같이 반덤핑관세부과의 재량을 인정한 것은 반덤핑법의 취지가 덤핑을 방지하거나 그 영향을 상쇄하는 데 있기 때문이지, 이미 행해진 덤핑을 처벌하기 위한 것이 아니기 때문이다. 반덤핑관세를 부과하는 경우에도 덤핑마진 또는 그 이하로 부과할 수 있는 재량을 인정한 배경은 미국 등의 경우 덤핑마진과 동일한 액수만큼 반덤핑관세를 부과하여 왔고, 유럽공동체 등의 국가는 수입국의 산업에 대한 피해를 제거하는 데 적절하다면 덤핑마진보다 낮은 반덤핑관세를 부과한 데서 비롯된다. WTO 반덤핑협정은 이 두 가지 방법 가운데 수입국 당국의 결정에 맡겨놓고 있는 것이다.[99]

구체적 세금의 액수에 대하여도 수입국 당국의 재량이 인정되나, 덤핑마진을 초과하지 않는 범위에서 부과되어야 한다.[100] 반덤핑관세가 소급적 기초 위에서 산정되는 경우 반덤핑관세 납부의 최종적 책임 판정은 최종적 산정을 요청한 날로

96) GATT 제VI조이행협정 제 8 조 제 3 항.
97) GATT 제VI조이행협정 제 8 조 제 4 항.
98) GATT 제VI조이행협정 제 9 조 제 1 항.
99) Lowenfeld, *op. cit.*, p. 266.
100) GATT 제VI조이행협정 제 9 조 제 3 항.

부터 12개월 이내에 신속히 행하여야 하며, 어떠한 경우에도 18개월을 초과할 수 없다.[101] 환불은 가능한 한 빠른 시일 내에 이루어지되, 최종적 책임 판정으로부터 90일 이내에 이루어져야 한다. 반덤핑관세가 예상을 통해 산정되는 경우 덤핑 마진을 초과하여 징수한 금액은 요청이 있은 후 12개월 이내에 신속하게 환급되어야 하며, 어떠한 경우에도 18개월 이내에 환급되어야 한다.[102] 반덤핑관세는 덤핑으로 피해를 야기한다고 판정된 모든 수입원으로부터의 상품수입에 대하여 각 사안별로 적정한 금액의 반덤핑관세를 비차별적인 방법으로 부과되어야 한다.[103]

최종판정이 부정적인 경우, 잠정조치 적용기간 동안 예치된 모든 현금은 신속하게 환불되고 모든 담보는 해제되어야 한다. 반덤핑관세는 피해를 야기하는 덤핑을 상쇄하기 위한 필요한 범위 내에서만 부과되어야 한다.[104]

수입국 당국은 확정반덤핑관세 부과 후 합리적인 기간의 경과 후 반덤핑관세의 계속적 부과에 대한 필요성을 재검토하여야 한다.[105] 재검토는 수입국이 스스로 하거나, 또는 재검토가 필요하다는 긍정적인 정보(positive information)를 제시하는 이해관계국의 요청에 따라 행한다. 이해당사자는 당국에 대해 덤핑을 상쇄하기 위해 계속적인 관세의 부과가 필요한지 여부, 관세가 철회 또는 변경되었을 경우 被害가 계속되거나 재발할 것인지 여부에 대한 조사요청권을 갖는다. 검토 결과 반덤핑관세 부과가 더 이상 정당하지 않다고 결정되면 관세부과는 즉각적으로 종결하여야 한다.[106] 소위 '종료조항'(또는 일몰조항; sunset clause)[107]하에서 조사당국이 재검토 과정에서 반덤핑관세를 종결하더라도 덤핑과 피해가 지속되거나 재발되지 않는다고 결정하면, 반덤핑조치는 부과일(또는 가장 최근의 재검토일)로부터 5년 내에 종료하여야 한다.[108] 다만, 당국에 의한 재검토나 국내산업에 의해 또는

101) GATT 제VI조이행협정 제 9 조 제 3 항의 1.

102) GATT 제VI조이행협정 제 9 조 제 3 항의 2.

103) GATT 제VI조이행협정 제 9 조 제 2 항.

104) GATT 제VI조이행협정 제11조 제 1 항.

105) 이와 같이 반덤핑협정은 재검토절차에 관한 규정이 모호하여, 이를 남용할 여지가 많이 있다. 이 부분과 관련하여서는 시애틀각료선언 초안 부속서 (a)에서 반덤핑 조사당국으로 하여금 1년 이내에 동일한 상품에 대한 반덤핑조사가 신청된 경우, 그러한 재조사 신청은 특별히 주의하여 검토하도록 하는 데 합의한다고 규정하였다. 이는 동일상품에 대한 1년 이내의 재조사 신청을 억제하고자 한 것이다.

106) GATT 제VI조이행협정 제11조 제 2 항.

107) Schott, *op. cit.*, p. 83.

108) GATT 제VI조이행협정 제11조 제 3 항.

이를 대신하여 이루어진 정당한 근거에 따른 요청에 의한 재검토에서 당국이 관세의 종료가 덤핑과 피해의 지속 또는 재발을 초래할 것으로 판정하는 경우에는 5년 내에 종료하지 않을 수 있다. 그리고 반덤핑관세액이 소급적 기초 위에서 산정된 경우, 제 9 조 제 3 항 1호에 의해 행해진 최근의 산정절차에서 관세가 부과되어서는 아니 된다고 한 결정 자체만으로 당국에게 확정관세의 종료를 요구할 수 없다.[109] 재검토는 만기 전에 시작되어 신속히 진행되어야 하고, 재검토 시작일로부터 1년 이내에 마무리되어야 한다.

(4) 우회방지조치

덤핑으로 판정받는 경우 수출로가 막히게 된다. 각국은 이를 피하기 위한 방법으로 우회수출의 방식을 개발하여 왔다. 이러한 덤핑에는 수입국우회의 방법과 제 3 국우회의 두 가지 방법이 있다. 전자는 수입국 내에 부품을 들여 가서 그 국가 내에서 완제품을 만드는 경우이고, 후자는 제 3국에 부품을 들여 가서 그곳에서 완제품을 생산하여 원래의 수출대상국가에 수출하는 방법이다.

EC는 1987년 반덤핑규칙을 개정하여 조립을 통한 우회덤핑을 규제하고 있다. 즉 덤핑규제의 대상이 된 외국기업의 부속회사가 EC 내에서 조립하는 상품에 대하여 반덤핑관세를 부과할 수 있도록 하였다. 다만 해당 조립이나 생산이 수입자에 부속된 기관에 의해 이루어진 경우, EC 내에서의 조립이나 생산이 반덤핑조사가 개시된 이후 시작되었거나 중대하게 증대된 경우, 또는 덤핑문제가 제기된 상품 수출국에서 기원하는 부품이나 재료가 최종 상품에 사용된 모든 부품가치의 50%를 초과하는 경우여야 동 규정을 적용할 수 있다. 미국은 UR협정법을 제정하면서 1988년의 종합통상법에 규정되어 있던 우회수출방지조항을 개정하여, 미국에서 사소한 조립이 행하여지고 미국으로 수입되는 부품이 완성품의 가치에서 중요한 부분을 차지할 경우 우회수출방지조항의 발동을 가능하게 하고 있다. UR 종료 후 EC와 미국은 우회덤핑방지규정을 부분적으로 수정하였으나, 기본적으로는 자국의 법이 WTO와 일치한다는 입장을 견지하고 있다.

우회수출은 규제를 피하기 위하여 수출방식만을 변경한 것이기 때문에, 이러한 우회수출이 확산되면 종국적으로는 반덤핑제도 자체가 무너질 가능성이 있다.

---

109) GATT 제VI조이행협정 주 22.

반대로 우회수출을 강력히 규제할 경우 국제적 교역의 흐름이 단절되거나, 해외투자가 크게 위축될 수 있는 문제점이 내재되어 있다. 또한 반덤핑법의 기본적 원리가 특정 물품, 특정국을 대상으로 하여 엄격한 조사절차를 거쳐 규제조치를 부과하는 데 있다고 본다면, 우회덤핑규제는 이러한 기본원칙에 위반하여 덤핑규제를 부당하게 확대할 위험이 크다.110) 이와 같이 우회수출은 양 측면을 동시에 갖고 있는 것이어서 UR 동안에도 이 문제에 대한 근원적인 해법을 찾지 못하고, 우회방지조치의 필요성에 대해서만 원론적인 합의를 보고 말았다.

우회덤핑의 규제를 위해서는 최소한 다음과 같은 조건이 충족되어야 한다. 우회조치가 덤핑조사가 개시된 이후 시작된 것이어야 하고, 기원국의 부품이나 재료가 원래 반덤핑조치의 규제대상이어야 하고, 조립과정에서 부가된 가치가 최종상품의 가치에서 중대한 부분을 차지하는 것이어야 한다. 그 외에 피소측은 반덤핑규제를 우회하려는 것 이외에 조립공장에 대한 투자의 경제적 정당성을 제시할 수 있어야 하고, 조사당국은 조립자와 일차적 생산자간의 관계 및 원래의 덤핑규제를 경감하는 효과를 발견하여야 한다.111)

【 미국 - 한국산 D램 반덤핑관세부과 사건 】

1. 사실관계

1992년 4월 22일 미국의 마이크론은 한국산 1메가 이상의 D램에 대하여 국제무역위원회(International Trade Commission)와 상무부(Department of Commerce)에 반덤핑관세 부과를 요청하였고, 상무부는 1993년 5월 10일 삼성전자 0.82%, 현대전자 11.16%, 기타 3.85%의 덤핑마진을 결정하였다. 국제무역법원(Court of International Trade)은 한국 기업들의 이의제기에 따라 덤핑마진을 수정하였고, 1995년 8월 24일 상무부는 삼성전자 0.22%, LG반도체 4.28%, 현대전자 5.15%, 기타 4.55%로 수정하였다. 그 후 상무부는 3차례의 재검토를 통하여 LG반도체와 현대전자가 대상기간 동안 덤핑판매를 하지 아니하였다고 결정하였다. 그럼에도 불구하고 미국이 반덤핑관세 부과를 철회하지 않자, 한국은 1997년 8월 14일 협의를 요청하였고, 협의 실패에 따라 11월

110) 서헌제, 국제경제법(율곡출판사, 1996), p. 360.

111) Lowenfeld, *op. cit.*, p. 279.

6일 패널설치를 요청하였다.

2. 패널의 결정

한국은 피해를 야기하는 덤핑을 상계하기 위해서만 반덤핑관세를 부과할 수 있고, 피해를 야기하는 덤핑을 상계하기 위해 필요한 범위에서만 반덤핑관세를 유지할 수 있다고 주장하면서, 미국이 상무부 규칙 제353조 25(a) (2)에 근거하여 한국산 D램에 대한 반덤핑관세부과명령을 철회하지 않은 결정은 WTO 반덤핑협정 제11조 제 2 항에 위반한 것이라고 주장하였다.

반덤핑협정 11조 제 2 항 2문은 이해당사자는 당국에 대하여 반덤핑관세의 계속적 부과가 덤핑의 상쇄를 위하여 필요한지, 반덤핑관세가 철회되거나 변경된 경우 피해가 계속되거나 재발할 것인지에 대하여 조사를 요청할 권리를 가진다고 규정하고, 검토결과 반덤핑관세가 더 이상 정당화되지 않는다고 당국이 결정하는 경우 반덤핑관세의 부과는 즉각적으로 종료됨을 규정하였다. 여기서 규정하고 있는 '계속적'(continued)이란 용어에 대하여 패널은 과거와 미래간의 계속되는 관계를 포함하는 것으로 보았다. 패널은 반덤핑관세가 현재의 덤핑을 상쇄하는 데 그치는 것이 아니라, 계속적이란 단어의 포함으로 장래에 발생할 수 있는 덤핑을 상쇄하기 위해 향후적으로도 적용될 수 있다고 본 것이다. 즉 관세가 제거되거나 변경되면 피해가 계속되거나 재발될 개연성이 있는가를 검토하는 것이라고 한 것이다. 조사당국은 덤핑수입과 피해간의 인과관계를 검토할 수 있는데, 인과관계의 검토에서 피해가 철회 이후 재발하게 되는 것이라면(즉 현재의 것이 아닌 미래의 피해를 말하는 것), 조사 당국은 장래의 피해가 그 기간 동안의 덤핑에 의해 야기되는 것인가를 반드시 검토하여야 한다. 이러한 이유에서 패널은 제11조 제 2 항이 현재의 덤핑이 없을 경우 계속적인 반덤핑관세 부과의 정당성을 선험적으로 배제하는 것은 아니라고 보았다. 현재의 분석에 국한되는 것이 아니라, 장래의 분석을 제외하는 것은 아니라는 것이다. 이러한 분석은 제11조 제 3 항이 재검토 과정에서 반덤핑관세를 종결하더라도 덤핑과 피해가 계속되거나 재발되지 않는다고 결정하면, 반덤핑조치는 부과일로부터 5년 내에 종료할 것을 규정하고 있는 데서도 명백해진다. 한국 측 주장대로 현존의 덤핑이 없는 경우 반덤핑관세의 철회가 반드시 요구된다면, 재발가능성의 문제는 논의의 여지가 없는 것이다. 제11조

제3항에서 5년의 기한을 둔 것은 재발의 우려를 염두에 둔 것이기 때문이다. 덤핑이 없는 경우 즉각 철회를 주장하는 한국 측 주장은 반덤핑협정 주 22에도 반한다. 주 22는 반덤핑관세가 소급적 기초 위에서 산정되는 경우, 최근의 산정절차에서 관세가 부과되어서는 아니 된다고 한 결정 자체만으로 당국에게 확정관세의 종료를 요구할 수 없다고 규정하고 있다. 따라서, 반덤핑협정의 작용은 본질적으로 장래적(prospective)인 것이다. 회원국은 반덤핑관세가 덤핑마진을 초과하지 않는다는 전제하에 조사기간 동안의 과거 덤핑 조사를 통해 장래적 효과를 가지는 반덤핑관세부과의 권한을 가진다. 요컨대 패널은 명백한 규정이 없는 이상 반덤핑협정이 반덤핑관세의 부과일 이후 덤핑이 중단되었다고 하여 즉시 반덤핑관세명령을 자동적으로 철회할 것을 요구하는 것은 아니라고 결정하였다.

상무부 규칙 제353조 25(a)(2)의 (ii)가 반덤핑협정 제11조 제2항에 합치하는가 여부에 대해서, 패널은 다음과 같이 검토하였다. 반덤핑협정은 '피해가 계속 또는 재발될 것 같은가를(whether the injury would be likely to continue or recur)' 검토하도록 하고 있는 데 반해, 상무부 규칙 제353조 25(a)(2)의 (ii)는 될 것 같지 않은(not likely)이란 표현을 사용하고 있다. 반덤핑협정 제11조 제2항은 계속적인 반덤핑관세부과의 필요성은 제11조 제2항에 규정된 바와 같이 덤핑을 상쇄하기 위한 상황하에서만 충족되고 충족 여부는 명백히 입증되어야 한다. 어떤 사건이 '일어날 것 같다(is likely)'고 하는 결정은 '일어날 것 같지 않지 않다'(not "not likely")는 결정보다 어떤 사건이 일어날 것이라는 점에 보다 큰 확실성을 두는 것이다. 즉 'not likely'기준이 충족되더라도 'likely'기준은 충족되지 않는 상황이 발생할 가능성이 선험적으로(a priori) 존재한다. 따라서 'not likely'기준은 'likely'기준이 충족되었음을 일관되고 신뢰성 있게 결정하는 명백한 근거가 될 수 없는 것이다. 이러한 해석에 따라 패널은 상무부 규칙 제353조 25(a)(2)(ii)의 'not likely'기준이 반덤핑관세부과명령이 철회될 경우 덤핑이 '재발할 것 같다(likely to recur)'는 사실을 확정하는 것과 동일한 의미를 가지는 것으로 볼 수 없고, 오히려 그러한 사실의 확정에 있어서 크게 부족하므로, 반덤핑협정 제11조 제2항에 위배되는 강제적 요건을 규정하고 있다고 결정하였다.

【 미국 – 1916년 반덤핑법 사건 】

미국의 일부 철강업체는 외국산 제품의 국내 시장에서의 불공정경쟁에 대한 불만을 자국의 1916년 반덤핑법에 따라 극단적인 보호 조치 및 보상을 시도하여 왔다. 미국의 1916년 반덤핑법은 관련 외국 시장에서 판매된 동종상품의 가격보다 실질적으로 낮은 가격으로 미국시장에서 판매한 수입업자를 상대로 민사소송 및 형사소송절차를 이용할 수 있도록 규정하고 있다. 이에 대하여 EC 및 일본은 각각 미국의 1916년 반덤핑법이 WTO협정을 위반하였다는 이유로 WTO 분쟁해결기구에 제소하였다.

패널은 EC의 제소에 대하여 미국의 1916년 법은 GATT 1994의 제 6 조 제 1 항 및 제 2 항, 반덤핑협정 제 1 조, 제 4 조 및 제 5 조 제 5 항, WTO설립협정 제16조 제 4 항을 위반한 것으로, WTO협정에 따른 EC의 이익에 대한 무효화 또는 침해가 있음을 결정하였다. 일본의 제소에 대하여도 미국의 1916년 법은 GATT 1994의 제 6 조 제 1 항 및 제 2 항, 반덤핑협정 제 1 조, 제 4 조 제 1 항, 제 5 조 제 1 항, 제 2 항, 제 4 항, 제18조 제 1 항 및 제 4 항, WTO설립협정 제16조 제 4 항을 위반한 것으로, WTO협정에 따른 EC의 이익에 대한 무효화 또는 침해가 있다고 하였다.

항소기구에서 문제가 되었던 첫 번째 쟁점은 패널이 실제 1916년 법의 적용을 검토하는 것과는 달리, 1916년 법 자체는 GATT 1994 제 6 조 및 반덤핑협정과 일치하지 않는다는 청구에 대하여 관할권이 있다는 결정에서 오류를 범하였는가 하는 점이었다. 패널은 본 사안에서 GATT 1994 제23조에 따라 법 자체에 대한 청구에 대하여 관할권이 있다고 판단하였고, GATT 위반의 강제적 법률은 GATT 의무와 합치하지 않는다고 해석하였다. 이에 대하여 항소기구는 관할권 존재 여부에 대하여 반덤핑협정 제17조를 근거로 제시하였고, GATT/WTO관행 및 판례를 인용하여 관할권이 있음을 확인하였다.

GATT 1994의 제 6 조 제 1 항 및 제 6 조 제 2 항 위반 여부와 관련하여 항소기구는 1916년 법이 강제적 법률인가 재량적 법률인가의 결정은 선결적 문제로 판단하였다. 미국은 민사 및 형사절차에 관해 미국 법원은 WTO 의무에 합치하는 방법으로 해석하였고, 법무부는 1916년 법에 따른 형사절차의 개시는 재량이라고 하였다. 이에 대하여 패널은 1916년 법이 제 6 조의 범위 바깥에 존재하는가 또는 범위 바깥에서 해석되는가와는 무관하게, 그 법의 현재 의미를 평가하는 문제라고 결정하였다. 그리고 구체적 사건에서 형사절차 개시와 관련하여 미국 법무부의 재량이 있다고 하여 1916년 법이 비강제적 법을 구성하는 것은 아니라고 판단하였다. 항소기구는 사인 당사자에 의해 제기되는 민사소송에 관해 미국 행정부의 재량이 없음을 주목하여, 1916년 법에 근거한 민사소송의 경우 강제적 법률이라고 결정하였다. 이에 따라 항소기구는 GATT/WTO 관행의 의미 내에서 1916년 법이 강제적 법률이고, 이는 WTO협정 위반이라고 하였다. 아울러 1916년 반덤핑법에서 벌금이나 징역의 부과 또는 3배의 손해배상을 규정한 것 역시 WTO협정 위반이라고 결정하였다.

이와 같이 항소기구는 미국의 1916년 반덤핑법이 WTO협정상 일본 및 EC의 이익을 침해한 것이라고 결정하였다.

5. 한국의 반덤핑법

(1) 반덤핑협정과 산업피해구제법

한국의 반덤핑 관련 모법은 불공정무역행위조사및산업피해구제에관한법률(산업피해구제법)[112]이다. 동 법률 제 1 조는 이 법은 불공정무역행위 및 수입의 증가로 인한 국내산업의 피해를 조사하고 구제하는 절차를 정하여 공정한 무역질서를 확립함으로써 국민경제의 건전한 발전에 기여하는 한편, 세계무역기구설립을위한마라케쉬협정 등 무역에 관한 국제협약의 이행을 위하여 필요한 사항을 규정함을 목적으로 한다고 규정하고 있다. 제23조는 덤핑으로 인한 산업피해의 조사개시 결정, 덤핑사실의 조사, 덤핑으로 인한 산업피해의 조사·판정, 덤핑방지조치의 건의, 재심사 등은 관세법 제51조 부터 제56조까지의 규정으로 정하는 바에 따른다고 하고 있다. 그리고 반덤핑협정의 총론적인 내용은 관세법[113]에서 규정하고, 세부적인 사항은 관세법시행령[114]에서 다루고 있다. 다만 협정문의 단서조항이 관세법 자체에 있는 경우도 있고 어떤 때에는 시행령 및 시행규칙에 혼재되어 있는 경우를 볼 수 있는데, 이는 모법인 관세법과 하위법인 시행령 및 시행규칙이 체계적

112) 법률 제6417호로 2001년 5월 4일 시행, 2021년 법률 제17758호로 개정 시행.
113) 법률 제6305호, 2000년 12월 29일 전문개정.
114) 대통령령 제17602호, 2001년 5월 13일 일부개정.

으로 입법되었다고 보기 어려운 부분이다.

덤핑규제와 관련한 한국의 관세법은 전체적으로는 WTO협정문과 동일하게 규정되어 있는데, 협정과의 불일치나 미흡한 부분은 관세법시행규칙[115]에서 보완하는 형식을 취하고 있다. 전체적으로 협정상의 절차, 기간, 요건 등은 동일하게 규정하고 있는데, 해석상 재량의 여지가 있는 부분은 부분적으로 차이가 있다.

(2) 덤핑의 요건

덤핑수입으로 실질적 피해가 있는 경우 반덤핑관세를 부과하도록 한 점이나, 정상가격 산정이 어려운 경우 구성가격을 비교가격으로 인정하고 있는 것 등은 반덤핑협정과 동일하다.

동종상품은 당해 수입상품과 물리적 특성, 품질 및 소비자의 평가 등 모든 면에서 동일한 상품(겉모양에 경미한 차이가 있는 상품 포함)을 말하며, 그러한 상품이 없는 때에는 당해 수입상품과 매우 유사한 기능·특성 및 구성요소를 가지고 있는 상품이라고 규정하고 있다.[116]

(3) 덤핑조사

덤핑수입으로 실질적 피해 등을 받은 국내산업에 이해관계가 있는 자 또는 당해 산업을 관장하는 주무부장관은 기획재정부령이 정하는 바에 따라 기획재정부장관에게 덤핑방지관세의 부과를 요청할 수 있으며, 이 요청은 무역위원회에 대한 덤핑방지관세의 부과에 필요한 조사신청으로 갈음하도록 하였다. 국내산업은 정상가격 이하로 수입되는 상품과 동종상품의 국내생산사업의 전부 또는 국내총생산량의 상당부분을 점하는 국내생산사업으로 한다. 국내산업에 이해관계가 있는 자는 실질적 피해 등을 받은 국내산업에 속하는 국내생산자와 이들을 구성원으로 하거나 이익을 대변하는 법인·단체 및 개인으로서 기획재정부령이 정하는 자로 규정하고 있다.[117]

무역위원회는 조사신청을 받은 경우 덤핑사실과 실질적 피해 등의 사실에 관

115) 기획재정부령 제929호, 2022년 7월 28일 일부개정.
116) 관세법시행규칙 제11조 제 1 항.
117) 관세법시행령 제59조.

한 조사 개시여부를 결정하여 조사신청을 받은 날부터 2개월 이내에 그 결과와 조사대상상품, 조사대상기간, 조사대상 공급자 등 사항을 기획재정부장관에게 통보하여야 한다.[118]

(4) 반덤핑절차 및 조치

반덤핑절차와 반덤핑 조치의 내용도 반덤핑협정과 동일하게 규정되어 있다. 잠정조치와 관련하여서는 적용기간의 연장과 관련하여 반덤핑협정 제 7 조 제 4 항에서 당국이 조사과정에서 덤핑마진보다 낮은 수준의 관세로써 피해를 방지할 수 있는지를 검토하는 경우, 동 기간은 각각 6개월과 9개월로 연장할 수 있다고 규정한 데 반해, 관세법시행령 제66조 제 3 항은 기획재정부장관이 필요하다고 인정하는 때에는 국제협약에 따라 잠정조치의 적용기간을 연장할 수 있다고 규정하면서 적용연장 요건을 명시하지 않았다. 그리고 반덤핑협정은 잠정조치 적용기간의 연장요청 기간에 관한 규정이 없으나, 관세법시행규칙 제18조는 잠정조치의 적용기간 연장을 요청하는 자는 그 잠정조치의 유효기간종료일 10일 전까지 요청하여야 한다고 규정하고 있다.

재검토 기간과 관련하여 반덤핑협정은 '합리적 기간'의 경과 후라고 규정하고 있으나, 관세법시행령 제70조 제 2 항은 재검토의 요청이 가격약속의 시행일로부터 1년이 경과한 날 이후에 할 수 있다고 규정하고, 반덤핑관세나 가격약속의 효력이 상실되기 6개월 이전에 요청하여야 한다고 규정하고 있다. 반덤핑협정 제11조 제 2 항은 재검토가 필요하다는 긍정적인 정보를 제시하는 이해관계인의 요청이 있을 경우라고 하고 있으나, 관세법시행령 제70조 제 1 항 1호는 내용변경이 필요하다고 인정할 만한 충분한 상황변동이 발생한 경우로 규정하고 있다. 검토기간과 관련하여 반덤핑협정 제11조 제 4 항에서 통상적으로 검토개시일로부터 12개월 이내에 종결되어야 한다고 규정한 데 비해, 관세법시행령 제70조 제 5 항에서는 6개월 이내로 하고 연장의 필요가 있을 때 이해관계인이 정당한 사유를 제시하여 조사기간의 연장을 요청하는 때에는 4개월의 범위 내에서 그 기간을 연장할 수 있다고 규정하고 있다. 이 조항은 반덤핑협정보다 엄격하게 규정된 것이라 볼 수 있다.

관세법시행규칙 제17조는 반덤핑관세를 부과할 때, 덤핑방지관세를 기준수입

118) 동법 제60조.

가격의 방법으로 부과하는 경우와 덤핑방지관세를 정률세의 방법으로 부과하는 경우로 구분하여 설명하고 있다. 전자의 방법은 기준수입가격에서 과세가격을 차감하여 산출한 금액으로 하고, 후자의 방법은 다음의 수식에 의하여 산정된 덤핑률의 범위 내에서 결정한 율을 과세가격에 곱하여 산출한 금액으로 정한다.

$$\text{덤핑률} = \frac{\text{조정된 정상가격} - \text{조정된 덤핑가격}}{\text{과세가격}} \times 100$$

【 대만산 CD-R 덤핑수입사건 】[119]

1. 사실관계

SKC는 대만산 CD-R(직경 12cm 미만의 CD-R과 CD-RW 제외)의 덤핑수입으로 인하여 실질적인 피해를 받고 있다고 덤핑조사를 신청하였고, 무역위원회는 대만산 CD-R의 덤핑수입으로 인하여 동종상품을 생산하는 국내산업이 실질적인 피해를 받고 있다고 판정하여, 대만산 CD-R에 대하여 5년간 51.72%의 반덤핑관세를 부과할 것을 재정경제부장관에게 건의하였다.

2. 무역위원회의 결정

무역위원회는 국내 동종물품 생산업체로 신청인인 SKC(주)를 포함하여 도레미미디어(주), 웅진미디어(주), 퓨처미디어(주), (주)인포디스크 등 5개사가 있으며, 이들 업체가 신청서 접수일로부터 6개월 이내에 덤핑수입한 사실이 없고, 덤핑수입품의 공급자 또는 수입자와 특수관계가 없어 이들 업체의 CD-R 생산사업부문을 국내산업으로 하여 실질적인 피해 등의 유무를 판단하였다.

(1) 덤핑수입량의 증가

무역위원회는 덤핑수입량이 전년 대비 99년에는 754.9%, 2000년 259.3%, 2001년 162.1%로 절대적 증가가 있었고, 국내소비에 대한 대만산 시장점유율은 98년 8.9%, 99년 30.3%, 2000년 48.9%, 2001년 60.8%로 매년 상승하여 상대적으로도 증가하였다고 판단하였다. 그리고 덤핑수입상품의 국내 재

119) 대만산 CD-R의 덤핑수입으로 인한 국내산업피해유무 최종판정, 구제 23-2001-1 (2002. 4. 25).

판매가격이 98년 개당 1,190원에서 99년, 2000년 및 2001년에 각각 874원, 427원, 298원으로 하락하였고, 국산품의 판매가격도 98년 개당 1,592원에서 99년, 2000년 및 2001년에 각각 1,219원, 656원, 452원으로 하락하였으며, 이에 따라 덤핑상품의 개당 가격은 국산품보다 98년 402원, 99년 345원, 2000년 229원, 2001년 154원이 낮은 것을 확인하였다.

(2) 국내산업의 실질적 피해

국내산업의 실질적인 피해 여부에 대하여 살펴보면, 국내산업의 가동률은 98년 81%, 99년 75%이었다가 2000년에는 36%, 2001년은 56%로 매우 낮았으며, 국내 생산업체 중 도레미미디어(주), 웅진미디어(주)는 2001년 5월 이후 생산을 중단하였다. 국내산업의 내수판매량은 99년과 2000년에는 전년대비 각각 399.7%, 122.1% 증가하였으나, 2001년에는 전년대비 30.2% 감소하였다. 국내산업의 전체매출액은 99년에는 전년대비 198.5%, 2000년에는 42.2% 증가하였으나, 2001년(상반기)에는 전년동기 대비 5.8% 감소하였다. 영업이익의 경우 99년에는 전년대비 291.6% 증가하였으나, 2000년 이후에는 손실이 발생하였다. 현금수지의 경우, 2000년에는 전년대비 41.7% 감소하였고 2001년(상반기)에도 전년동기 대비 98.4% 감소하였다. 생산성과 관련하여 1인당 매출액은 2000년에는 전년대비 56.1% 감소하였고, 2001년(상반기)에도 전년동기 대비 24.4% 감소하였다. 1인당 부가가치는 2000년에 전년대비 77.1%, 2001년(상반기)에 61.4%가 각각 감소하였다.

무역위원회는 이상과 같이 검토한 결과, 국내산업은 가동률 저조, 시장점유율 하락, 매출액 감소, 영업손실의 발생 등 실질적인 피해가 있다고 판단하였다.

(3) 덤핑수입과 피해의 인과관계

덤핑수입상품의 물량이 국내산업에 미친 영향을 살펴보면, 덤핑수입량은 98년 이후 매년 증가하였고, 덤핑수입물품의 국내시장점유율도 98년 8.9%, 99년 30.3%, 2000년 48.9%, 2001년 60.8%로 매년 빠른 속도로 증가하였다. 이에 따라 국산품의 시장점유율은 98년에는 10.8%, 99년과 2000년에는 21.4%를 유지하다가 2001년에는 7.1%로 축소되었다.

덤핑수입가격이 국산품의 가격을 인하시켰는지 여부에 대해서는 덤핑수입상품의 개당 재판매가격이 98년 1,190원에서 99년 874원, 2000년 427원, 2001년 298원으로 각각 전년대비 26.6%, 51.1%, 30.2% 하락하였다. 이에 따라 국산품의 개당 판매가격도 98년 1,592원에서 99년, 2000년, 2001년 각각 전년대비 23.4%, 46.2%, 31.1%가 하락하였다.

무역위원회는 이상과 같이 덤핑수입상품의 물량증가 및 덤핑수입가격이 국산품 판매에 미친 영향을 검토한 결과, 덤핑상품의 수입과 국내산업의 실질적인 피해간에 인과관계가 있다고 판단하였다. 덤핑수입 이외의 요인 중 기타 국가에서의 수입물량은 98년 8,999천 개에서 99년, 2000년, 2001년 전년대비 각각 51.2%, 37.1%, 128.2% 증가하였으나, 그 증가율은 덤핑국가로부터의 수입증가율보다 낮았다. 또한 원자재가격, 국내소비, 수출, 환율 등에 대해서도 검토하였으나, 위원회는 이들이 국내산업의 실질적인 피해에 전적으로 영향을 미쳤다고 볼 만한 사실을 발견하지 못하였다.

제 2 절 보 조 금

1. 보조금의 의의

(1) 보조금의 성질

일반적으로 정부의 지원이 기업이나 경제 전반에 걸쳐 효과적인 혜택이 되는 적절한 조치를 보조금이라고 한다. 보조금은 정부나 공공기관이 일정한 목적을 위하여 지급하는 것으로, 국내적으로만 영향이 나타날 수도 있고 타국에까지 영향을 끼치는 경우도 있다.

보조금은 특정 상황에서 국내경제나 국제무역에 있어 정부개입의 바람직한 형태가 될 수 있는 것으로, 국가경제를 조절하거나 국가정책을 강화하는 수단으로서 사용되어 왔다. 정부는 보조금을 지급하여 시장에서의 상품부족현상을 시정하고, 국가의 경제적 복지를 향상시키기도 한다.[120] 예컨대 세금보조계획은 과평가된 환율이나 노동시장의 경직성과 연계된 왜곡현상을 상쇄시킬 수 있는 적절한 수단이 될 수 있으며, 소득의 재분배를 위하여도 사용될 수 있다.

그러나 보조금이 긍정적 효과만을 발생시키는 것이 아니라, 부정적인 결과를

120) Amerio B. Zampetti, The Uruguay Round Agreement on Subsidies, 29 Journal of World Trade (1995), p. 6.

초래하기도 한다는 데 문제가 있다. 보조금은 경우에 따라 자국 산업을 필요 이상으로 보호하게 되어, 자유로운 경쟁관계를 왜곡하는 무역장벽이 될 수 있다. 보조금을 지급받아 생산된 상품이 싼 가격으로 수출됨으로써 무역상대국의 국내산업에 피해를 주는 경우나, 보조금의 지급으로 외국산 동종상품의 수입이 감소하는 경우, 보조금의 지급으로 제3국 시장에서 유리한 경쟁조건을 갖게 되는 경우가 그러한 예이다. 보조금이 문제가 되는 이유는 시장가격과 비용을 변경하고 자원배분을 왜곡하여, 외국과 국내에서의 가격차이를 확대시키는 원인이 되기도 하고, 국제적 경쟁을 왜곡시키기도 하기 때문이다.[121] 특히 시장구조가 과점상태이거나 국가간 경제규모나 상품가격에서 차이가 날 때, 전략적인 측면에서 특정 산업을 지원하는 보조금은 국가간의 무역분쟁으로 비화될 수 있다는 점에서 문제가 된다.

이와 같이 수입경쟁산업이나 국제시장에서 경쟁하는 수출산업에 부여된 보조금은 국제무역의 왜곡을 초래하여 관계국간에 심각한 통상분쟁을 초래하게 된다. 국제무역을 왜곡시키는 보조금은 다자간 무역협상에서 합의된 시장개방약속을 파괴하는 위협이 될 수 있으므로,[122] 이에 대한 규제는 선의의 피해국을 보호하여 국제교역상의 형평성을 구하기 위한 것이다.

(2) 보조금의 정의

보조금은 정부나 공공기관의 직접·간접의 재정적 지원으로서 수혜자에게 이익(benefit)이 되는 경우를 말한다. 구체적으로는 첫째 정부의 관행이 무상지원이나 대출 및 지분참여와 같은 자금의 직접이전, 대출보증과 같은 잠재적인 자금 또는 채무부담의 직접이전, 둘째 세액공제와 같이 정부가 받아야 할 세입을 포기하거나 징수하지 아니하는 경우, 셋째 정부가 일반적인 사회간접자본 이외의 상품 또는 서비스를 제공하거나 상품을 구매한 경우, 넷째 정부가 자금공여기관에 대하여 지불하거나 일반적으로 정부에 귀속되는 위의 3가지 예시된 기능의 유형 중 하나 또는 둘 이상을 민간기관으로 하여금 행하도록 위임하거나 지시하며, 이러한 관행이 일반적으로 정부가 행하는 관행과 실질적으로 상이하지 아니한 경우를 들 수 있

121) Zampetti, *op. cit.*, p. 6.

122) Bernard M. Hoekman and Michel M. Kostechi, The Political Economy of the World Trading System(Oxford, 1995), p. 104.

다.[123] WTO보조금협정은 농업 외의 무역에 영향을 주는 조치에만 초점을 맞추고 있는데, 보조금문제의 가장 큰 부분인 농업보조금의 경우는 농업협정에서 배타적으로 다루고 있다.[124]

(3) 보조금의 규제

(가) GATT 1947

1945년 보조금의 존재에 관하여 처음으로 접근이 시도되었는데, 여기서는 극히 제한된 범위의 합의만이 이루어지고, 보조금의 정의와 같은 아주 기초적인 이슈마저도 해결되지 못하였다.[125] 따라서 보조금의 처리문제는 국제통상관계에서 언제나 논쟁거리였던 분야였다.[126] 물론 GATT체제하에서도 보조금문제와 그 부작용에 대한 적절한 대책문제는 매우 중요한 이슈로 자리하고 있었다.[127] GATT는 원래 제16조에서 체약국이 일정한 요건을 갖춘 보조금을 지급하는 경우 체약국단에 통보되어야 하고, 다른 체약국의 이익에 심각한 손해(serious prejudice)를 야기하거나 위협하는 경우 보조금 지급국은 다른 체약국과 보조금지급을 제한하는 가능성에 관해 협의하여야 한다고만 규정하였다.

이와 같이 GATT 초안자들의 보조금에 대한 입장은 제어되어야 하는 것이긴 하나, 금지되는 것은 아닌 것으로 보았다. 그러던 것이 1954년에서 1955년까지의 재검토회기에서 보조금문제가 깊이 논의되었고, 그 결과 제16조에 Section B를 신설하여 (2)-(5)가 규정되었다. 여기서는 보조금지급은 GATT의 목적달성을 저해할 수 있음을 인정하여, 1차상품의 수출보조금 지급은 피하도록 노력하고, 1차상품 이외의 상품에 대한 수출보조금은 중단할 것을 규정하였다.

GATT에서 보조금문제를 다루려는 노력은 많은 어려움을 겪었는데, 그 원인은 보조금과 관계되는 GATT 규정이 보조금의 개념조차 정의하지 못하는 등 정치하지 못한 것이었던 데 있다. 그리고 무엇이 무역을 왜곡시키는 보조금인지를 결

123) 보조금 및 상계조치협정 제 1 조 제 1 항.

124) Schott, *op. cit.*, p. 86.

125) 극단적으로 교육, 도로건설과 같은 모든 정부지출이 보조금으로 해석되기까지 하였다. Shane Spradlin, The Aircraft Subsidies Dispute in the GATT Uruguay Round, 60 Journal of Air and Commerce (1994), p. 192.

126) Zambetti, *op. cit.*, p. 6.

127) Hoekman and Kostechi, *op. cit.*, p. 104.

정하는 기준도 마련되지 않았었다. 이러한 문제점은 1970년대 이후 통상분쟁으로 확대될 수밖에 없었는데, 이러한 문제들을 극복하기 위하여 동경라운드에서 '보조금코드(Agreement on Interpretation and Application of Article Ⅵ, XVI and XXII of the GATT)'가 채택되었다.

(나) 보조금코드

미국은 무역흑자의 감소에 따른 문제점과 자국내 철강·전자업체의 국내시장 점유율 하락에 따른 압력을 배경으로 보조금문제를 제기하였고, EC는 공동농업정책에 따른 농업보조금 논의를 지양하고 미국이 GATT 규정에 합치되는 보조금 관행을 유지하도록 하려는 의도를 갖고 있었다. 이러한 대립된 이해관계를 극복하여 두 가지 타협이 도출되었다. 수출보조금의 금지와 국내보조금의 유예를 전제로, GATT 제Ⅵ조 반덤핑 규정과 같은 피해기준을 따를 것에 합의하였고, 상계관세의 부과는 종전과 같이 수입국 당국에게 남겨 두는 데 합의하였다.

동경라운드에서 채택된 보조금코드는 서로 대별되는 취지를 담고 있는데, 그 서문은 처음에는 보조금에 대하여 동정적이다가 뒤에 가면서는 부정적인 입장으로 바뀌고 있다.[128] 이것은 보조금을 어떻게 처리해야 할지 일정한 기준을 확립하기 어려운 문제로 귀착된다. 더욱 문제가 되는 점은 GATT 1947과 마찬가지로 보조금의 개념을 명백히 하고 있지 못하다는 것이었다. 이와 같이 GATT 1947이나 동경라운드 보조금코드는 보조금의 개념을 명확히 하지 못하고 있었기 때문에, 이를 둘러싼 분쟁과 의견의 충돌이 잦을 수밖에 없었다. 뿐만 아니라, 보조금코드는 상계조치의 대상이 되는 보조금을 유별해 내지도 못하고 있었다.

동경라운드의 논의과정에서 부작용을 기준으로 하여 불법적인 보조금과 그렇지 아니한 보조금을 구별하려는 시도가 있기는 하였으나, 그 노력은 결실을 맺지 못하고 말았다. 상계조치를 부과할 때 꼭 필요한 절차를 명시하여 상계조치의 남용을 규제하려던 노력마저 실패로 끝나고 말았다. 그 이유는 보조금코드는 미국과 여타 국가간의 이원적 대립구도에서 만들어진 것이라는 점에서 찾을 수 있다.[129]

---

128) Michael J. Finger, Subsidies and Countervailing Measures and Anti-Dumping Agreement, The New World Trading System: Readings (OECD, 1994), p. 105.

129) Finger, *op. cit.*, p. 106.

즉 미국과 여타 국가들은 서로 상대방의 보조금을 통제하려던 목적으로 보조금코드를 成案하였기 때문에, 가장 중요한 초점이 상대를 통제하기 위한 목적에 맞추어진 터라 구체적 사항에 대하여는 관심을 기울일 여력이 없었던 것이다.

(다) UR보조금협정

UR이 시작되었을 때, 전 참가국이 산업에 대한 정부보조금을 제한하는 데 합의하였다. UR협상에서 보조금 분야의 논의가 본격화된 것은 1987년 1월 28일 무역협상위원회(TNC)의 합의가 이루어진 직후였다. UR 보조금협상에서도 미국과 여타 국가간의 입장은 서로 대비되는 것이었다. 미국은 무역을 왜곡시키는 보조금의 규제를 강력히 제창한 반면, 다른 국가들은 보조금의 효용성을 강조하는 대신 상계조치에 초점을 맞출 것을 주장하였다.

1994년 UR에서 채택된 보조금협정은 서문을 철학적으로 기술하지 않고, 거래관계에 곧장 적용될 수 있도록 하고 있다.[130] UR보조금협정이 GATT 1947이나 동경라운드 보조금코드와 가장 다른 점은 보조금의 개념을 명확히 정의하고 있는데 있다. 그 외에 보조금협정은 상계조치를 결정하는 기준으로서 特定性의 개념을 확립하였다는 점에서 커다란 발전을 맞이하게 되었다.

UR보조금협정이 모든 분야의 보조금을 대상으로 하는 것은 아니라는 점은 유의하여야 할 부분이다. 농산물분야의 보조금은 농산물협정에서 다루도록 하고, 서비스분야의 보조금은 서비스무역에 관한 일반협정에서 다루도록 하고 있다.

2. 보조금의 종류

(1) 개 념

WTO 보조금협정은 보조금의 개념을 명확히 정의하고 있다는 점에서 그 특징을 찾을 수 있다. 그간 보조금의 개념으로 인한 분쟁이 끊이지 않았던 것에 비추어 보면, 보조금을 명확히 정의하게 된 점은 주요한 성과 중 하나로 높이 평가될 수 있는 부분이다.[131] 보조금협정은 각 회원국이 유지하고 있는 모든 보조금을

---

130) *Ibid.*

131) Bernard Hoekman, Trade Laws and Institutions: Good Practices and the World Trade Organization (The World Bank, 1995), p. 19.

매년 WTO 보조금위원회에 고지할 의무를 규정하고 있다. 고지는 교역상의 영향이 평가된 통계적 자료를 포함하는 등 구체적일 것을 요구하고 있다. 이러한 고지를 통하여 문제가 될 수 있는 보조금을 유별할 수 있다는 점에서, 이전에 비해 진일보한 제도로 평가될 수 있다. 보조금협정 제 1 조는 다음과 같이 보조금을 정의하고 있다.

제 1 조 보조금의 정의

제 1 항 이 협정의 목적상 아래의 경우 보조금이 존재하는 것으로 간주된다.

(a) (1) 회원국의 영토내에서 정부 또는 공공기관(이 협정에서는 "정부"라 한다) 의 재정적인 기여가 있는 경우, 즉

(i) 정부의 관행이 자금의 직접이전(예를 들어, 무상지원, 대출 및 지분참여), 잠재적인 자금 또는 채무부담의 직접이전(예를 들어, 대출보증)을 수반하는 경우,

(ii) 정부가 받아야 할 세입을 포기하거나 징수하지 아니하는 경우(예를 들어, 세액공제와 같은 재정적 유인),

(iii) 정부가 일반적인 사회간접자본 이외의 상품 또는 서비스를 제공하거나 또는 상품을 구매한 경우,

(iv) 정부가 자금공여기관에 대하여 지불하거나 일반적으로 정부에 귀속되는 위의 (가)에서부터 (다)에 예시된 기능의 유형중 하나 또는 둘 이상을 민간기관으로 하여금 행하도록 위임하거나 지시하며, 이러한 관행이 일반적으로 정부가 행하는 관행과 실질적으로 상이하지 아니한 경우, 또는

(a) (2) 1994년도 GATT 제16조의 의미의 소득 또는 가격지지가 어떤 형태로든 존재하고,

그리고

(b) 이로 인해 혜택이 부여되는 경우

(가) 재정적 지원

보조금협정 제 1 조에서 보듯 보조금이란 정부나 공공기관의 직접 간접의 재정적 지원(a financial contribution by a government or any public body)으로, 수령자에게 혜택이 되는 경우를 말한다. 정부의 재정적 지원이란 정부의 자금증여 · 대출 · 출자 · 채무보증 · 세금 불징수, 정부에 의한 상품 · 서비스의 제공(other than general infrastructure), 정부의 자금조달기관에 대한 지원을 포괄한다. 다만 GATT 제XVI조 국내산업의 정의에 따라 국내소비년도의 동종상품에 부과되는 관세 또는 조세를

수출품에 대해 면제하거나 발생한 금액을 초과하지 아니하는 금액만큼 그러한 관세 또는 조세를 경감하는 것은 보조금으로 보지 않는다.

정부란 국가기관만을 지칭하는 것이 아니라, 정부의 통제 하에 있는 민간기관도 포함하는 개념이다. 따라서 민간기관이라 할지라도 정부에 갈음하여 보조금을 부여하는 경우에는 보조금협정의 적용을 받는다. 이러한 입장은 French Assistance to Exports of Wheat and Wheat Flour 사건에서도 확인된 바 있는데, 동 사건은 프랑스가 유지하고 있는 가격안정제도가 GATT 제XVI조의 보조금에 해당하는가 하는 점이 쟁점이 된 사건이었다. 프랑스는 국가곡물협회가 집행하는 가격안정제도에 따라 생산자는 매년 일정한 수준의 가격을 보장받고 있었다. 이 제도에 따라 프랑스는 1956년 밀의 작황이 좋지 않았음에도 불구하고 싼 가격으로 밀과 밀가루를 수출함으로써, 호주의 수출물량이 잠식된 것이 사건의 발단이었다. 호주의 제소로 GATT 패널이 설치되었고, 패널은 프랑스가 유지하고 있는 가격안정제도는 수출보조금에 해당하는 것으로, 이 제도로 말미암아 호주의 이익이 침해되었다고 결론지었다. 이 사건에서 프랑스는 국가곡물협회의 지원금은 정부가 부여하는 것이 아니므로 보조금이 될 수 없다는 주장을 전개하였으나, 패널은 자금의 전부 또는 일부가 정부에 의해 지원된 때에는 수출보조금으로 보아야 한다는 입장으로 마무리하였다.[132] 이와 같이 보조금은 정부 또는 정부기관에 의해 부여되는 것이고, 덤핑은 기업에 의해 이루어지는 행위라는 점에 근본적인 차이가 있다. WTO는 정부간 기구이기 때문에 기업 자체를 직접 대상으로 하지 않기 때문에 덤핑과 같은 기업행위를 규제할 수는 없다. 따라서 반덤핑협정은 덤핑에 대하여 정부가 취하는 조치를 대상으로 할 뿐이다. 보조금과 관련하여서는 정부가 보조금을 지급하기도 하고 타국의 보조금 지급에 대한 조치를 취하기도 하기 때문에, 보조금협정은 보조금 자체와 보조금지급에 대한 대응조치 모두에 적용된다.[133]

한국-상업용선박 사건에서 EC는 한국수출입은행과 관련하여 한국 정부가 의사결정에 통제를 행사하는 공적 지위를 가진 것이란 이유에서 공적 기관이라 주장

132) Panel for Conciliation (GATT), French Assistance to Exports of Wheat and Wheat Flour, L/924 - 7S/46, paras. 14-15.

133) World Trade Organization, Understanding the WTO (2003), p. 47.

하였다, 한국은 수출입은행이 사적 기관에 상당하는 비즈니스 수행 기관이기 때문에 공적 기관이 아니라고 항변하였다. 공적 기관이 되기 위해서는 공적 권능을 갖고 행위하거나 정부 기능을 수행해야 하며, 보조금협정 제 1 조 제 1 항 (a)(1)의 '공적(public)'이란 용어는 전체 국민을 대신하여 공적 권능(official capacity)을 행사하는 경우로 이해되어야 한다고 하였다.[134] 패널은 정부나 여타의 공적 기관에 의해 통제된다면 해당 실체는 '공적 기관'을 구성하고, 그 실체가 정부에 의해 통제된다면 그 실체의 어떤 행동도 정부에 귀속시킬 수 있으므로 보조금협정 제 1 조 제 1 항 가(1)의 범위에 해당한다는 입장이었다.[135] 결국 이 사건 패널은 EC 주장을 받아들여, 수출입은행은 정부가 통제하는 공적 기관임을 확인하였다.

(나) 수 혜

상계가능한 보조금으로 확정되기 위해서는 특정성 외에, 수혜 요건도 갖추어야 한다. 이러한 요건은 정부에 의한 재정지원과 그로 인한 수혜가 있는 경우 보조금으로 간주된다고 규정한 협정 제 1 조 제 1 항에서 명백한 것이다.

보조금협정은 혜택의 기준에 관하여 명백한 규정을 두고 있지 않으나, 수혜자에 대한 혜택을 기준으로 한 계산규정을 두고 있다. 정부 지분의 자본 제공시 투자결정이 민간투자가의 통상적인 투자관행과 일치하는 경우, 정부의 대출시 대출금액과 대출받은 기업이 비교가능한 상업적 차입에 대하여 지불하는 금액간에 차이가 없는 경우, 정부의 대출보증시 보증받는 기업이 지불하는 금액과 비교가능한 상업적 차입에 지불하는 금액간에 차이가 없는 경우, 정부에 의한 상품이나 서비스의 제공 또는 상품의 구매시 이러한 적정 수준 이하의 보상을 받고 제공되거나 적정 수준 이상의 보상에 의해 구매되지 않는 경우는 혜택을 수여된 것으로 간주되지 않는다.[136]

EC-상업용선박 사건에서 재정지원과 관련하여 선수급환급보증(APRG) 프로그램은 보조금협정 제 1 조 제 1 항 (a)(1)(i)의 의미에서 잠재적 자금의 직접이전으로 재정지원에 해당한다고 보았다. 그러나 APRG이나 선적전대출(PSL)프로그램이 한

---

134) Panel Report, Korea-Measures Affecting Trade in Commercial Vessels, WT/DS273/R (Mar. 7, 2005), para. 7.37 [이하 'Korea Commercial Vessels 패널 보고서'].

135) *Ibid.*, para. 7.50.

136) 보조금 및 상계조치협정 제 3 조, 제 5 조, 제 8 조.

국 선박회사가 시장에서 구할 수 있는 것보다 더 유리한 조건으로 혜택을 부여한 것은 아니라고 보아, APRG 프로그램은 그 자체로 보조금을 구성하는 것이 아니라고 보았다.[137)]

(다) 특 정 성

경제적 활동을 지원하기 위하여 각국이 사용할 수 있는 보조금의 형태는 매우 다양하다. 이러한 보조금은 특정산업에 지급될 수도 있고, 일반적으로 수여되기도 한다. 어떤 보조금은 광범위한 경제적 목적을 가진 것이긴 하나, 특정 영역만을 대상으로 하는 것일 수도 있다. 1980년대 말 OECD국가가 지급한 보조금은 산업총생산의 약 2%에 달한다. 그 중 40～60%가 철강·조선·광업과 같은 분야를 대상으로 하는 특정된 것이었다.[138)] 이와 같이 보조금은 특정 대상을 전제하는 경우와 그렇지 아니한 경우로 구별된다. 그 중 WTO체제에서 규제대상이 삼는 것은 특정성(specificity)이 있는 보조금에 국한된다. 특정성을 기준으로 규제하려는 논거는 국제교역상의 왜곡과 관련되는 것으로, 특정성이 있는 보조금은 보조금 지급대상으로 선택된 기업의 생산비용에 영향을 주기 때문에 왜곡이 특히 심한 것으로 인정되기 때문이다.[139)] 보조금협정 제 1 조는 특정성과 관련하여 다음과 같이 규정하고 있다.

제 2 조 특정성

제 1 항 제 1 조 제 1 항에 정의된 보조금이 공여당국의 관할 내에 있는 특정 기업이나 산업 또는 기업군이나 산업군(이 협정에서는 "특정 기업"이라 한다)에 대해 특정적인지 여부를 결정함에 있어서 아래의 원칙이 적용된다.

(a) 공여당국 또는 공여당국이 그에 따라 활동하는 법률이 보조금에 대한 접근을 특정 기업으로 명백하게 한정하는 경우 이러한 보조금은 특정성이 있다.

(b) 공여당국 또는 공여당국이 그에 따라 활동하는 법률이 보조금의 수혜요건 및 금액을 규율하는 객관적인 기준 또는 조건을 설정하고, 수혜요건이 자동적이며 이러한 기준과 조건이 엄격히 준수되는 경우, 특정성은 존재하지 아니한다. 이러한 기준 및 조건은 검증이 가능하도록 법률, 규정 또는 그 밖의 공식

137) Korea Commercial Vessels 패널 보고서, paras. 7.121 & 7.127.

138) Finger, *op. cit.*, pp. 105～106.

139) Marc Benitah, The Law of Subsidies under the GATT/WTO System (Kluwer, 2001), p. 89.

문서에 명백하게 규정되어야 한다.

(c) (a)호 및 (b)호에 규정된 원칙의 적용결과 외견상 특정성이 없음에도 불구하고 보조금이 사실상 특정적일 수 있다고 믿을 만한 이유가 있는 경우에는 다른 요소들이 고려될 수 있다.

제 2 항 공여기관의 관할지역 중 지정된 지역 내에 위치하는 특정 기업에 한정된 보조금은 특정적이다. 이 협정의 목적상 권한 있는 각급 정부에 의해 일반적으로 적용될 수 있는 세율의 설정 또는 변경은 특정적인 것으로 간주되지 아니한다고 양해된다.

제 3 항 제 3 조의 규정에 해당되는 모든 보조금은 특정적인 것으로 간주된다.

제 4 항 이 조의 규정에 따른 특정성에 대한 판정은 명확한 증거에 기초하여 명백히 입증되어야 한다.

특정성의 문제는 일반적 이용가능성의 문제에 관련된 것으로, 잠재적 상계가능보조금 중 선택적으로 특정 산업 분야에 혜택을 줌으로써 정상적 경쟁조건에 영향을 끼치는 보조금을 제한하기 위한 것이다.[140] 이러한 특정성을 결정하는 기준은 보조금의 존재를 결정하는 당국의 입장에서 판단할 수 있도록 되어 왔기 때문에 남용의 가능성이 있다.[141] 이런 까닭에 WTO보조금협정은 특정성을 판단하는 객관적 기준을 제시하여, 특정성을 둘러싼 분쟁을 예방하려 하고 있다. 이와 같이 특정성의 개념을 명백히 규정한 것은 보조금의 정의에 뒤이은 상계가능보조금 항목에서 논의될 심각한 침해의 추정조항과 함께 분쟁해결을 맡게 될 패널의 작업부담을 많이 경감시켜 줄 것이다.[142]

보조금협정은 일국 내의 모든 기업에 일반적으로 적용되는 경우와 특정기업이나 기업군에만 적용되는 경우를 구분하여, 특정성의 기준(specificity test)을 설정하고 있다. 지급기관이나 지급기관의 활동 근거가 되는 법률에 의해 보조금의 지급대상이 특정 기업으로 제한되는 경우가 바로 특정성이 있는 경우이다. 이러한 경우를 법률상(de jure) 특정성이 있는 경우라고 한다.[143] 보조금 지급이 특정 기업

140) Ivo Van Bael and Jean F. Bellis, Anti-Dumping and Other Trade Protection Laws of the EEC (CCH, 1990), p. 265.

141) A. Anderson, An Analysis of the Proposed Subsidies Code Procedures in the 'Dunkel text' of the GATT Uruguay Round: The Canadian Exporter's Case, 27 Journal of World Trade (1993) No. 3, pp. 71-100.

142) 張孝相, 新稿 國際經濟法(法英社, 1996), p. 306.

143) Benitah, *op. cit.*, p. 88.

에 국한된다 하더라도, 지급기관이나 지급기관의 활동 근거가 되는 법률이 보조금의 수혜요건 및 금액을 규율하는 객관적인 기준이나 조건을 설정하고, 수혜요건이 자동적이며, 이러한 기준과 조건이 엄격히 준수되는 경우 특정성이 없는 것으로 본다. 객관적인 기준 및 조건이란 특정 기업에 대하여 다른 기업보다 특혜를 주지 않는 중립적인 것이거나, 종업원 수나 기업의 규모와 같이 본질상 경제적이며 적용시 수평적인 경우를 의미한다.[144)]

그러나 이러한 기준으로부터 특정성이 없는 것으로 나타나더라도, 보조금의 주된 사용이 특정기업에 한정되거나, 특정 기업에게만 지나치게 많은 보조금이 지급된다든지, 특정 기업에 대해 불균형적으로 많은 금액의 보조금이 지급되거나, 보조금지급의 결정이 지급기관에 의해 자의적으로 이루어지는 경우는 사실상 특정성이 있는 것으로 볼 수 있다.[145)] 모든 수출보조금도 특정성이 있는 보조금이다. 지급기관의 관할지역 중 지정된 지역 내에 위치하는 특정 기업에 한정된 보조금도 특정적이다. 특정성에 대한 판정은 명확한 증거에 기초하여 명백히 입증되어야 한다. 이와 같이 특정성이 있다고 판단되는 경우에는, 금지보조금이나 상계가능보조금 및 상계조치에 관한 규정이 적용된다.

(2) 보조금의 유형

보조금협정은 보조금을 금지보조금(prohibited subsidy), 조치가능보조금(또는 상계가능보조금; actionable subsidy), 허용보조금(nonactionable subsidy)으로 구분하고 있었다. 조치가능보조금은 직접적인 무역왜곡효과를 야기하지는 않기 때문에 원칙적으로 허용되지만, 다른 회원국에게 부작용을 초래하기 때문에 일정한 대응이 가능한 보조금을 말한다. 이와 관련하여 A. Deardorff는 보조금의 유형을 신호등에 비유하여, 적색신호는 수출보조금과 같이 단순히 금지되는 보조금이고, 황색신호는 허용은 되지만 상계할 수 있는 것이고, 녹색신호는 상계할 수 없는 보조금으로 설명하였다.[146)] 그러나 허용보조금에 대한 규정은 WTO협정 발효일로부터 5년 동안만 잠정 적용될 것을 예정한 것으로,[147)] 현재는 금지보조금과 상계가능보조금으

144) 보조금 및 상계조치협정 제 2 조 제 1 항의 주 2.
145) '…may in fact be specific' 이라고 하고 있다. 보조금 및 상계조치협정 제 2 조 제 1 항 다.
146) Susan M. Collins and Barry P. Bosworth, The New GATT (Brookings Institute, 1994), p. 13.
147) 보조금 및 상계조치협정 제31조.

로 분류된다.

(가) 금지보조금

제 3 조 금지

제 1 항 농업협정에 규정된 경우를 제외하고, 제 1 조의 의미 내에서 다음의 보조금은 금지된다.

(a) 부속서 1에 예시된 보조금을 포함하여, 유일한 조건이건 다른 여러 조건 중 하나이건 법률상 또는 사실상 수출 실적에 따라 지급되는 보조금,

(b) 유일한 조건이건 다른 여러 조건 중 하나이건, 수입상품 대신 국내상품의 사용을 조건으로 지급되는 보조금

제 2 항 회원국은 제1항에 언급된 보조금을 지급하거나 유지하지 아니한다.

금지보조금은 보조금협정 제1부속서에 예시된 보조금, 법률상 혹은 사실상 수출실적에 따라 지급되는 보조금, 수입품을 대체하는 국내상품 사용을 조건으로 지급되는 보조금을 말한다. '사실상(in fact)'이란 기준은 보조금 지급이 법률상으로는 수출실적을 조건으로 이루어지는 것은 아니나, 실제 또는 예상되는 수출이나 수출收入과 결부된다는 것이 사실에 의해 증명되는 경우 충족된다. 수출하는 기업에게 보조금이 지급된다는 단순한 사실만으로는 이러한 보조금이 본 규정 의미 내의 수출보조금으로 간주되지 않는다.[148] 예컨대 정부가 수출성과에 따라 기업이나 산업에 지급하는 직접보조금, 외화보유를 허용하거나 장려하여 수입시나 수출시 이익을 보게 하는 외환보유제도, 국내소비상품보다 수출상품에 조건이 좋은 물품이나 서비스를 제공하는 것, 수출과 관련된 세금의 부분적 면제나 경감 및 유예, 수출신용보증이나 보험업자의 장기적 비용 및 손해를 보전하는 우대요율이 이에 해당된다.[149] 그러나 적절한 이자가 징수되는 경우의 유예는 수출보조금에 해당되지 않음을 인정하고 있다.[150] 그리고 수출기업과 그들의 통제 하에 있는 외국 구매자간의 상품거래 가격은 과세목적상 특수관계가 없는 독립기업간에 부과되는 가격이어야 한다. 미국이 해외영업법인 프로그램으로 미국 기업이 외국의 자회사

148) 보조금 및 상계조치협정 주 5.
149) 보조금 및 상계조치협정 제1부속서(예시목록).
150) 보조금 및 상계조치협정 주 59.

를 통해 수출하는 경우 소득세를 경감시킨 것은 보조금협정 위반이라 하였다.151) 그리고 캐나다가 자국 자동차업체에 대하여 수입관세를 면제해 준 것은 수출에 부수되는 것으로서, 협정에 반한다고 하였다.152)

EC-상업용선박 사건에서는 제 1 부속서 수출보조금예시목록에 적시된 '(j) 수출신용보증이나 보험업자의 장기적 비용 및 손해를 보전하는 우대요율'이 문제가 되었다. 선수금환급보증(APRG)이 수출신용보증인가에 대해 패널은 APRG와 수출업자에 대한 대출은 서로 직접적 관련이 없으므로, 수출입은행의 APRG는 수출신용보증이 아니라고 하였다. APRG가 수출상품의 비용 상승을 막는 보장이 되는지도 쟁점이었다. 한국은 사전지급에 의해 선박회사가 선박건조 비용을 빌리는데 필요한 비용을 줄여, 선박 건조에 필요한 운용자금과 관련한 비용증가를 막아준다고 하였다. 그러나 EC는 제 1 부속서 (j)가 수출업자의 비용 증가 전반에 대한 규정이 아니라, 수출상품의 비용 증가에 대한 경우에만 적용된다는 입장이었다. 패널은 EC 주장을 수용하여, 선박회사가 무이자로 자금 획득이 가능하다는 사실이 선박비용 증가 여부와는 아무런 관련이 없다고 하였다. 사전지급과 무관하게 선박 건조비용은 증가할 수 있기 때문이다. APRG는 다른 비용이 증가하지 않을 것을 보장하는 것이 아니고, 수출상품의 총 비용이 증가하지 않도록 보장하는 것도 아니므로, APRG 프로그램이 수출상품의 비용 증가를 막는 프로그램으로 기능한다고 볼 근거가 없다. 이런 관점에서 패널은 한국이 제 1 부속서 (j)가 보조금협정 제 3 조 제 1 항 위반에 대응하는 항변사유에 해당함을 입증하지 못했다고 보았지만, EC가 APRG 우대요율과 관련하여 문제삼지 않은 까닭에 종국적으로 한국측 주장이 수용되었다.

타국이 금지보조금을 부여한다고 인정하는 회원국은 당해 국가에 협의를 요청할 수 있고, 그 국가는 가능한 한 신속히 협의에 응하여야 한다. 금지보조금에 대한 구제는 신속하게 보조금을 철회하는 것이다.

이러한 금지보조금은 원천적으로 지급되어서는 아니 되는 보조금이다. 그러나, 보조금협정 발효 이전에 존재하는 금지보조금의 경우 동 협정 발효 후 90일

151) Appellate Body Report, United States-Tax Treatment for Foreign Sales Corporations, WT/DS108/AB/R (Feb. 24, 2000).

152) Appellate Body Report, Canada-Certain Affecting the Automotive Industry, WT/DS142/AB/R (May 31. 2000).

이내에 보조금위원회에 고지하도록 하고, 3년 이내에 협정상의 내용과 합치하도록 규정하여,[153] 기존의 보조금 중 보조금협정에 따라 금지보조금이 되는 경우 일정한 유예를 인정하고 있다.

【 미국 – 해외영업법인 사건 】

1. 쟁점사항

EC는 미국의 해외영업법인에 대한 특별조세정책 수립을 위한 내국세법 제921조 내지 927조와 해외영업법인 관련조치가 보조금협정에 위반하는 것이라고 주장하여 제소하였다. 이 사안에 대하여 패널은 1999년 10월 8일 미국의 해외영업법인 관련조치가 보조금협정 제 3 조 제 1 항 (a)에서 금지하고 있는 수출보조금을 지급 또는 유지함으로써 동 조항상의 의무를 위반하였다고 결정하였다. 이에 대하여 미국은 DSU 제16조 제 4 항에 따라 패널보고서의 관련 법률 및 법률 해석과 관련하여 항소하였다. 관련 쟁점은 해외영업법인 관련조치에 의해 지급된 보조금이 보조금협정 제 3 조 제 1 항 (a)의 금지보조금 해당 여부 및 동 보조금이 제 1 조 제 1 항에 정의된 보조금에 해당된다는 패널 결정의 오류 여부를 대상으로 하는 것이다.

2. 패널 결정

패널은 미국의 해외영업법인 관련조치가 보조금협정 제 1 조 제 1 항에 정의된 보조금의 범위에 해당되는지를 심의하였다. 특히 해외영업법인 관련조치가 제 1 조 제 1 항 (a)(1)(ii)에 명시된 '그렇지 않았다면 정부가 받아야 할 세입'(government revenue that is otherwise due)에 해당하는지를 검토하였다. 특히 '그렇지 않았다면 받아야 할'(otherwise due)이라는 문구에 대한 해석이 보조금협정 주 59의 영향을 받아 이루어진 것인지를 검토하였다. 미국은 'otherwise due'라는 문구는 주 59에 의해 해석이 변경되었다고 주장하였으나, 패널은 이를 기각하고 해외영업법인 관련조치가 받아야 할 정부세입을 포기한 것인지를 검토하였다.

패널은 종합적으로 볼 때 해외영업법인 관련계획에 마련되어 있는 각종 면

153) 보조금 및 상계조치협정 제28조.

세조항은 받아야 할 세입의 확충을 저해하는 결과가 되므로, 보조금협정 제 1 조 제 1 항 (a)(1)(ii)에서 정의하고 있는 재정적 지원에 해당된다고 하였다. 또한 해외영업법인 관련조치는 해외영업법인에 대한 특혜라고 결정하고, 동 조세감면정책이 보조금협정 제 1 조의 보조금에 해당된다고 결정하였다. 그리고 패널은 해외영업법인에 대한 보조금이 제 3 조 제 1 항 (a)에 따른 '수출실적에 따른'(contingent upon export performance) 보조금인지를 검토하였다. 패널은 내국세법 관련 조항, 특히 해외영업법인의 해외무역총수령액 관련 조항 및 수출자산의 정의에 관한 조항을 살펴, 해외영업법인에 대한 조세감면은 보조금협정 제 3 조 제 1 항 (a)에 명시된 수출실적에 따른 보조금이라고 결정하였다. 또한 주 59를 재심의한 결과 '회원국은 … 해외경제활동을 통하여 얻은 소득에 대한 과세권을 가지며, 특히 수출로 얻은 소득에 대한 조세감면을 설정할 수 있음'을 의미하는 것은 아니라고 결정하였다. 이러한 논리에 따라 패널은 미국이 보조금협정 제 3 조 제 1 항 (a)에 의해 금지된 수출보조금의 지급 및 유지행위를 함으로써 보조금협정상의 의무를 위반하였다고 결정하였다.

3. 항소기구의 결정

항소기구는 '그렇지 않았다면 받아야 할' 상황은 원래의 세입보다 적은 세입이 있었다는 것을 의미하며, '포기'(foregone)라는 용어는 정부가 행사할 수 있는 세입조달권을 포기하였다는 의미를 가진다고 하였다. 그러나 정부는 이론적으로 모든 소득에 대하여 과세권을 행사할 수 있기 때문에 세입조달권은 관념적으로 설정될 수 있는 것이 아니다. 따라서 실제 조달세입과 다른 경우 조달가능세입을 비교할 수 있는 어떤 구체적이고 표준적인 기준이 마련되어 있어야 한다. 그러므로 'otherwise due'라는 문구는 특정 조치하에 조달된 세입과 다른 상황하에서 조달 가능하였을 세입간에 이루어지는 비교를 의미한다는 패널의 결정에 동의하였다. 비교의 기준은 관련 회원국이 사용하고 있는 조세규정에 기반한 것이어야 한다는 패널의 결정에도 동의하였다. 어떤 것이 'otherwise due'인가를 결정하는 비교측정 기준은 관련 회원국의 국내기준이 아닌 다른 것이어야 한다는 미국측 주장에 따를 경우, WTO가 회원국으로 하여금 특정 유형의 조세체제를 선택하도록 강요하는 결과가 될 것이므로 잘못된 것이라고 하였다. 원칙적으로 회원국은 자국이 원하는 모든 종류의 소득에 세금을 부과할 주권을 가지며, 특정 종류의 소득에 대하여는 세금을 부과하지 않을 자유도 가지나, 어떤 경우이든 WTO협정상의 의무를 존중하여야 한다. 패널은 'otherwise due'라는 문구에는 '… 이 없었더라면(but for)' 기준이 전제되어 있으며, 받아야 할 세입 여부의 결정에서 비교의 적법한 기준은 '문제가 되고 있는 조치가 없었더라면 우세하였을 상황'이 되어야 한다고 하였다. 이에 대하여 항소기구는 패널의 'but for'기준은 이 사안에서는 적용 가능하나, 다른 경우에도 모두 가능한 것은 아니라고 하였다.

제 3 조 제 1 항 (a)에 의한 패널결정에 대하여 미국은 보조금협정 주 59는 해외영업법인 관련조치가 수출보조금에 해당되지 않는다는 의미를 내포하고 있다고 주장하였다. 보조금협정 주 59의 2문은 "… 회원국은 수출기업과 그들의 통제나 동일한 통제하의 외국 구매자간에 이루어지는 상품거래가격은 과세 목적상 특수관계가 없는 독립(arm's length)기업 간에 부과되는 가격이어야 한다는 원칙을 재확인한다 …"고 규정하고 있다. 이 규정은 과세 목적상 수출법인과 외국 구매자간의 수출판매수익 배분에 있어 상품가격은 동 문장이 언급하고 있는 독립성의 원칙에 따라 결정되어야 함을 재확인하고 있다. 패널과 마찬가지로 항소기구는 논의의 전개상 독립성의 원칙하에서 WTO 회원국들은 해외기반소득에는 조세를 부과할 의무를 부담하지 않으며, 부과하더라도 국내기반소득에 부과하는 것보다 적은 액수를 부과할 수 있음이 암묵적으로 전제되어 있다는 미국측 입장을 수용하는 입장이었다. 또한 주 59가 존재하지 않는다 하더라도 회원국들은 WTO협정에 의해 해외기반소득이든 국내기반소득이든 모든 종류의 소득에 반드시 세금을 부과하여야 하는 것은 아니라는 사실을 확인하였다. 미국측 주장에 의하면 수출관련 해외기반소득에 반드시 세금을 부과하여야 하는 것은 아니므로, 정부가 그 소득에 대하여 과세하지 않기로 결정하였더라도 해당 세입을 '포기'한 것이라고 볼 수는 없다고 주장하였다. 미국측 주장의 논리적 결론은 'otherwise due'한 세입에 대한 포기는 절대로 있을 수 없다는 것이다. 또한 일반적으로 WTO협정하에서도 이 점은 같은 것이다. 그러나 이로부터 독립성 원칙을 요건으로 도출할 수는 없는 것이다.

뿐만 아니라, 독립성원칙의 요건성이 여기서 다루어지고 있는 문제를 전부 다 해결해 줄 수는 없다고 하였다. 분쟁의 쟁점은 미국측이 제기한 바와 같이 회원국이 특정 해외기반소득에 대한 세금을 부과할 의무를 부담하는가 여부에 대한 것이 아니다. 상기 언급된 바와 같이, 일반적으로 회원국은 그와 같은 종류의 의무는 전혀 부담하지 않는다. 오히려 동 분쟁의 쟁점은 미국이 국내사업 및 거래와 효과적으로 연관되어 있는 특정 범주의 해외기반소득에 대하여 세금을 책정하기로 결정함으로써, 기타 조세법령하에서는 징수가능한 해외기반소득을 면세조치해 줄 수 있는가 하는 것이다. 미국측 주장과는 달리, 항소기구는 주 59의 2문이 이 문제에 대하여 언급한 것으로 보지 않았다. 명백하지도 않고, 암묵적으로도 나타나 있지 않다고 보았다. 요컨대 독립성원칙을 위한 요건성은 여기서 대두되고 있는 쟁점에 대해 언급하고 있지 않으며, 더욱이 상기한 수출관련 면세를 허용하고 있지도 않다고 보았다. 따라서 주 59의 문장은 해외영업법인에 대한 보조금이 보조금협정 제 3 조 제 1 항 (a)에서 규정하고 있는 수출보조금에 해당되지 않는다는 의미를 내포하고 있는 것이 아니라고 판단하였다. 이러한 논거에 기하여 항소기구는 패널보고서 7.130에 명시된 바와 같이 해외영업법인 관련조치는 보조금협정 제 3 조 제 1 항 (a)에 의해 금지된 수출보조금에 해당된다는 패널의 결정을 재확인하였다.

(나) 조치가능보조금

조치가능보조금은 직접적인 무역왜곡효과를 야기하지는 않기 때문에 원칙적으로 허용되지만, 다른 회원국에게 부정적 효과(adverse effect)를 초래하므로 일정한 대응이 가능한 보조금을 말한다. 조치가능한 보조금으로 판단하기 위해서는 특정성을 가진 보조금이고, 그 사용이 부정적 효과를 야기하는 경우여야 한다.[154] 대출 또는 대출보증이나 교부금, 채무면제 및 지분참여 등이 이에 해당된다. 여기서 말하는 부작용이란 다른 회원국의 국내산업에 대한 피해(injury), 다른 회원국이 향유하는 이익의 무효화나 침해(impairment), 다른 회원국의 이해관계에 대한 심각한 손상(serious prejudice)을 의미한다. 다른 회원국의 이해관계에 대한 심각한 손상이란 심각한 손상의 우려(threat of serious prejudice)를 포함한다.[155]

154) Panel Report, United States-Continued Dumping and Subsidy Offset Act of 2000 (US-Offset Act(Byrd Amendment), WT/DS217/R (Sept. 16, 2002), para. 7.106.

155) 보조금 및 상계조치협정 제 5 조, 각주 13.

제 5 조 어떤 회원국도 제 1 조 제 1 항 및 제 2 항에 언급된 보조금 사용을 통해 다른 회원국의 이익에 아래와 같은 부정적 효과를 초래해서는 아니된다. 즉
가. 다른 회원국의 국내산업에 대한 피해,
나. GATT 1994에 따라 다른 회원국이 직접적 또는 간접적으로 향유하는 혜택, 특히 동 협정 제 2 조에 따른 양허 혜택의 무효화 또는 침해,
다. 다른 회원국의 이익에 대한 심각한 손상

보조금협정 제 6 조 제 3 항은 (a) 보조금으로 인하여 다른 회원의 동종상품이 보조금지급회원국 시장으로 수입되는 것이 배제되거나 방해하는 효과가 발생하는 경우, (b) 제 3 국 시장에 다른 회원국 동종상품의 수출이 배제되거나 방해되는 효과가 발생하는 경우, (c) 동일시장에서 다른 회원국의 동종상품의 가격에 비해 보조금 혜택을 받은 상품의 현저한(significant) 가격인하나 동일시장에서 현저한 가격 인상억제 · 가격하락 · 판매감소를 초래하는 효과가 발생하는 경우, (d) 보조금을 받는 특정 1차상품이나 일용품(commodity)에서 보조금지급 회원국의 세계시장 점유율이 이전 3년간의 평균 점유율과 비교하여 증가하고 이러한 증가가 보조금이 지급된 기간에 걸쳐 일관되게 효과가 발생하는 경우 심각한 손상이 존재하는 것으로 간주한다.[156] 다만, 보조금을 지급하는 회원국이 당해 보조금이 이상에서 열거된 어떠한 효과도 초래하지 않았음을 입증하는 경우 심각한 손상은 존재하지 아니한다.[157] 심각한 손상의 판단은 두 단계를 거쳐 이루어진다. (a)부터 (d)에서 명시한 시장 효과가 나타나는지, 그 확인된 효과가 특정성을 가진 보조금에 의해 야기되었는지 확인해야 한다. 심각한 손상(serious prejudice)은 피해(injury)와 완전히 다른 개념이다. 심각한 손상은 회원국 영역 내의 특정 국내산업에 대한 조건과 관계되는 것이 아니라, 타국의 보조금으로 야기된 다른 회원국의 무역상 이익에 끼친 부정적 효과와 관계되는 것이다.[158] EC-상업용 선박 사건에서 EC는 보조금이 지급된 선수금환급보증(APRG)과 선적전수출신용보증(PSL) 거래가 보조금협정 제 6 조 제 3 항 (c)의 관점에서 현저한 가격인하나 억제를 야기함으로써 EC의 이익에 심각한 손상을 입힌 것이라 주장한 바 있다. 그러나, 패널은 보조금이 지급된 거래가 그와 같은 효과를 초래하였음을 입증하지 못했다는 이유로 EC측 주장을 기각하였

156) 보조금 및 상계조치협정 제 6 조 제 3 항.
157) 보조금 및 상계조치협정 제 6 조 제 2 항.
158) Korea Commercial Vessels 패널 보고서, para. 5.78.

다. 제 6 조 제 3 항 (c)는 가격인하가 현저한 경우 심각한 손상이 발생한다고 규정하고 있으나, '현저한(significant)'이라는 용어의 의미는 정의되어 있지 않다. 인도네시아-자동차 사건에서 패널은 이 요건을 포함시킨 것은 가격인하가 수입상품 공급자에게 큰 의미를 줄 수 없는 적은 정도의 마진 인하인 경우 심각한 손상을 주는 것으로 간주되지 않는다는 점을 분명히 하기 위한 의도라고 추정하였다. 이러한 해석에 따라 인도네시아가 국가자동차프로그램에 의거하여 부여한 보조금의 효과는 인도네시아 시장에서 EC산 동종상품의 가격과 비교하여 현저한 가격인하를 통해 보조금협정 제 5 조 (c)의 관점에서 EC의 이익에 심각한 손상을 야기한 것이라고 판단한다고 하였다.[159]

보조금협정 제 6 조 제 1 항은 보조금지급이 상품가액의 5%를 초과하는 경우, 특정 산업(industry)이 입은 영업손실보전보조금, 일회성이 아니거나 반복적인 특정기업(enterprise)이 입은 영업손실보전보조금, 정부보유채무의 면제 및 채무상환을 위한 교부금과 같은 직접적 채무감면의 경우도 심각한 손상이 있는 것으로 간주한다고 규정하고 있었다.[160] 그러나 보조금협정 제 6 조 제 1 항은 제31조에 의해 5년의 잠정적용이 예정되어 있었고, 1999년 12월 20일 보조금 및 상계조치 위원회의 특별회의에서 연장을 위한 컨센서스를 도출하지 못함으로써 실효되었다.

이와 같은 부정적 효과가 나타나는 경우 피해를 입은 WTO회원국은 구제조치로서 상계할 수 있게 된다. 조치가능보조금은 즉각적인 철폐의무는 없으나, 상계조치의 대상이 되므로 궁극적으로는 철폐대상이 된다.

(다) 허용보조금

허용보조금은 합법적으로 허용되면서, 상계의 대상도 될 수 없는 경우를 말한다. 특정성이 없는 모든 보조금이 이에 해당된다.[161] 특정성이 있는 경우라도 다음의 경우는 허용보조금에 해당된다.[162] 허용보조금은 WTO보조금협정상 종래와 비교하여 가장 큰 변화로서, 이는 EC 규칙에서 유래된 것이다.[163]

---

159) Panel Report, Indonesia-Certain Measures Affecting the Automobile Industry, WT/DS54/R (Jul. 2, 1998), paras. 14.254-14.255.

160) 보조금 및 상계조치협정 제 6 조 제 1 항.

161) 보조금 및 상계조치협정 제 8 조 제 1 항 (a).

162) 보조금 및 상계조치협정 제 8 조 제 2 항.

163) Lowenfeld, *op. cit.*, p. 236.

이와 같이 특정성이 있음에도 상계할 수 없도록 한 보조금은 그 개념이 매우 추상적이어서, 남용의 우려가 있다. 이에 따라 보조금협정은 허용조건을 계량화함으로써 그 적용범위를 제한하고 있고, 협정상 용어의 개념을 정의하여 개념을 둘러싼 분쟁을 예방하고 있다. 뿐만 아니라 허용보조금 조항의 적용을 보조금협정 발효 후 5년 동안으로 한정하여, 시간적 제약을 두었다.[164] 허용보조금의 적용을 현행형태나 수정형태 또는 기간을 연장할 것인지는 5년의 기간 종료 180일 이전까지 보조금 및 상계조치위원회의 결정을 거치도록 하였는데, 1999년 12월 31일 예정대로 실효되었고 더 이상 연장되지 않았다.

【 에어버스 보조금 사건 】[165]

미국은 독일이 에어버스사에 대한 환위험 보험 제공프로그램이 동경라운드 보조금코드를 위반하였다고 제소하였고, 1991년 3월 6일 보조금 및 상계조치위원회가 이 문제를 다루기 위하여 개최되었다.

미국은 독일의 이 프로그램이 1차상품이 아닌 수출상품에 대한 보조금지급을 금지하는 동경라운드 보조금코드를 위반하였다고 주장하였다. EC는 패널 설치 자체를 반대하지 않았으나, 동 사건은 민간항공무역위원회에서 다루어야 한다고 하였다. EC는 민간항공무역협정이 존재하는 것은 이 부분의 특수성을 증명하는 것이라고 하였다.

이 사건은 법적 관점에서 민간항공무역협정과 동경라운드 보조금코드간의 충돌문제가 선결과제였는데, 민간항공무역협정은 보조금코드의 하위 협정이 아닌 별도의 것이기 때문에 양자간의 충돌이 발생한 것이다. 패널은 이 사건을 심리하여 독일의 해당 프로그램은 보조금코드 제 9 조를 위반한 것이라고 결론지었으나, EC는 패널의 위임조건이 동경라운드 보조금코드만을 포함하고 있다는 이유로 보고서 채택을 저지하였다. 결국 이 문제는 미국과 EC간의 양자협정에 의해 해결되었다.

164) 이러한 기간의 종료 이전 180일 전까지 위원회는 이 규정의 적용을 현행대로든 수정된 형태이든 추가기간 동안 연장할 것인지를 결정하기 위하여 이 규정의 운영을 검토한다. 보조금 및 상계조치협정 제31조.

165) Panel Report (GATT), German Exchange Rate Scheme for Deutsche Airbus, SCM/142 (Mar. 4, 1992).

(3) 개발도상국의 우대

전통적으로 보조금규칙에서 나타나던 선진국과 개발도상국간의 차이는 UR 이후에는 상당히 좁혀지게 되었다. 그러나 보조금협정은 개발도상국이나 계획경제국가에서 시장경제국가로 이전하는 국가들에 대하여 일련의 차별적 특별 대우를 규정함으로써 여전히 차이를 만들고 있는데,[166] 개발도상국에 대하여 보다 관대한 이유는 경제적 근거에서 찾을 수 있다.

이에 따라 부속서에 언급된 개발도상 회원국은 수출보조금의 금지규정이 적용되지 않는다. 여기에는 최빈국 또는 GNP 1,000달러 이하의 국가가 포함된다. 부속서에 열거되지 않은 개발도상 회원국은 1995년 1월부터 8년간 그들의 수출보조금을 제거하여야 한다. 수입대체 보조금의 금지는 개발도상국에 대하여 5년의 유예가 인정되며, 최빈국에 대하여는 8년의 유예가 허용된다. 개발도상국이라 할지라도 연속 2년간 특정상품의 세계시장점유율이 3.25% 이상인 경우, 2년에 걸쳐 해당 수출보조금을 단계적으로 폐지하여야 한다.

원산지가 개발도상 회원국인 상품에 대한 상계관세조사는 관계당국이 당해 상품에 대해 지급된 보조금의 전반적인 수준이 단위 기준으로 계산한 가격의 2%를 초과하지 아니하거나, 보조금을 받은 수입품의 물량이 수입회원국의 동종상품 총 수입량의 4% 미만인 경우라고 결정하는 경우 즉시 종료된다. 단, 개별적으로 총 수입량 중 점유율이 4% 미만인 개발도상 회원국으로부터의 수입량 합계가 동 수입 회원국의 동종상품 총 수입의 9%를 초과하는 경우에는 예외로 한다.

그리고 계획경제에서 시장경제로 이전 중인 WTO 회원국의 경우 2002년까지 금지보조금을 유지할 수 있도록 허용하였다.

3. 상계조치

(1) 의　미

보조금과 관련된 GATT 규칙은 양면적 목적을 가진다. 하나는 보조금사용과 관련된 특정 규칙을 확립하기 위한 것이고, 다른 하나는 상계조치의 이용을 규제하기 위한 것이다. 보조금의 부작용을 피하고 감소하기 위하여 또는 다자간 무역협상에서 만들어진 양허를 무효화하거나 침해하는 보조금의 사용을 방지하기 위

166) 보조금 및 상계조치협정 제27조.

한 것임과 동시에, 회원국이 다른 회원국이 상품에 부여한 보조금의 효과를 상쇄하기 위한 것이 바로 보조금협정의 목적인 것이다. 이와 같이 보조금규칙과 상계조치에 관한 규칙을 병행시킨 것은 보조금에 관한 실질적 규칙이 약하기 때문이다. 이러한 측면에서 WTO는 EC와 같은 지역적 통합협정과 실질적으로 차이가 있다. EC는 보조금의 사용에 대하여 더욱 엄격한 규칙을 두고 있고, 회원국이 상계조치를 이용할 수 없도록 하는 대신에, 보조금지급은 EU경쟁규칙에 종속되도록 하고 있다.[167]

상계조치란 보조금이 특정 상품에 끼친 영향을 상쇄하기 위하여 수입국이 부과하는 상계관세 등의 조치를 말한다.[168] 상계관세는 불공정한 것 또는 불공정하다고 간주되는 것에 대한 대응으로 인정되는 것이므로, 상계관세 자체는 합법적 강제조치라고 할 수 있다. 보조금 및 상계조치에 관한 협정은 그러한 대응을 가능하도록 하고 있으나, 일정한 제한을 규정하여 남용을 막고 있다. 그러한 제한의 주된 목적은 상계관세의 부과 자체가 무역왜곡의 수단이 되지 않도록 하는 데 있다.[169] 상계조치와 관계되는 일은 보조금 및 상계조치위원회가 수행하는데, 지급된 모든 보조금과 모든 상계조치는 동 위원회에 통고되어야 한다. 매 3년마다 통고가 이루어져야 하며, 통고된 사항은 위원회가 검토하게 된다. 동시에 위원회는 매 3년마다 협약의 운영과 이행상황을 검토하게 된다.[170] 위원회의 자문을 위하여 보조금 분야의 전문가 5인으로 구성되는 상설전문가그룹(permanent group of experts)도 설치된다.[171] 보조금이 지급된 수입품에 대하여 수입국이 자의로 취할 수 있는 특정 구제의 범위는 해당 보조금의 형태에 따라 다르다. 금지보조금의 경우와 상계가능보조금의 경우 수입국은 두 가지 방법 중 한 가지를 선택할 수 있는데, 피해를 입은 국가가 직접 상계관세를 부과하는 일방적 규제도 있고, WTO의 분쟁해결절차를 통하여 보조금의 철회를 구하거나 적절한 상계조치를 요구하는 다자적 해결방법도 있다.[172]

---

167) Finger, *op. cit.*, p. 106.

168) World Trade Organization: Trading into the Future (WTO Information and Media Relations Division, 1995), p. 29.

169) Ashif H. Qureshi, The World Trade Organization (Manchester University Press, 1996), p. 77.

170) 보조금 및 상계조치협정 제32조.

171) 보조금 및 상계조치협정 제24조.

172) 보조금 및 상계조치협정 제 4 조와 제 7 조.

(2) 조　사

(가) 조사의 개시

상계관세를 부과하기 위해서는 보조금협정에 규정된 바에 따른 조사가 선행되어야 한다. 조사는 보조금의 지급으로 피해를 입은 국내산업의 서면신청이나 국내산업을 대신하는 서면신청에 의해서만 시작된다.173) 이러한 신청은 보조금의 존재와, 가능한 경우 그 금액, GATT 제VI조의 의미에서의 피해의 존재, 보조금을 받은 수입품과 주장된 피해간의 인과관계의 존재에 대한 충분한 증거를 포함하여야 한다. 신청은 당국이 국내산업에 의하거나 이를 대신하여 이루어졌다고 결정하는 경우에만 조사가 개시된다. 관계 당국이 사안의 진행을 정당화시킬 만큼 보조금지급 또는 피해에 대한 증거가 충분하지 않다고 납득하는 즉시, 신청은 기각되고 조사는 신속하게 종료된다.

신청이 수락된 후 가능한 한 조속히, 그리고 어떠한 경우에도 조사가 개시되기 전에, 자국 상품이 조사대상이 될 수 있는 회원국은 신청서에 기재된 사안에 관한 상황을 명백히 하고, 상호 합의된 해결책에 도달하기 위한 협의에 초청된다. 뿐만 아니라, 조사기간 전 과정을 통하여, 자국 상품이 조사대상이 되는 회원국은 실제 상황을 명백히 하고, 상호 합의된 해결책에 도달할 목적으로 협의를 계속하기 위한 합리적인 기회를 부여받는다.174)

(나) 제소적격

국내산업에 의한 또는 국내산업을 대신한 경우가 되기 위해서는 그러한 신청을 지지한 국내 동종상품 생산자의 생산량 합계가 지지나 반대를 명백히 밝힌 국내산업 부분의 동종상품 총생산의 50%를 초과하여야 한다. 덤핑규제를 위한 조사의 경우와 마찬가지로 신청을 명시적으로 지지하는 국내생산자의 총생산이 동종상품 국내생산량 총합의 25% 이상인 경우에만 조사가 개시된다.175) 덤핑규제에서와 같이 최소규칙도 적용되는데, 보조금액이 가격을 기준으로 1% 미만인 경우 조사가 종료된다. 보조금을 받는 수입품의 실제적 잠재적 수량 또는 피해가 무시할

173) 보조금 및 상계조치협정 제11조 제 1 항.

174) 보조금 및 상계조치협정 제13조.

175) 보조금 및 상계조치협정 제11조 제 4 항.

수 있는 경우에도 사안은 즉시 종료된다.[176] 그리고 수출국 정부가 보조금 철폐 등의 대책에 동의하는 경우나 수출업자가 수출가격을 조정하기로 약속한 경우에도 조사를 종료할 수 있다.[177] 상계조치를 위한 조사는 특별한 상황을 제외하고는 1년 이내에 종료되어야 하며, 어떠한 경우에도 개시 후 18개월을 초과하여서는 아니 된다.[178]

(다) 증거의 조사

상계관세 조사에 대해 이해당사국과 모든 이해당사자는 당국이 요구하는 정보에 대해 통보받으며, 당해 조사와 관련이 있다고 간주하는 증거를 서면으로 제출할 수 있는 충분한 기회가 주어진다.[179] 정당한 경우 구두로 정보를 제시할 권리를 갖는데, 이 경우 구두 제시 후에 서면으로 작성하여 제출하여야 한다. 당국은 가능한 한 언제나 모든 이해당사국과 이해당사자에게 자신의 주장을 개진하는 데 관련되는 자신의 입장을 준비할 기회를 적시에 제공한다. 성격상 비밀인 정보나 당사자가 비밀로 제공한 정보는 정당한 사유가 제시되는 경우 당국에 의해 비밀로 취급된다.[180]

조사당국은 충분한 시간 전에 해당 회원국에게 통보하고 그 회원국이 반대하지 아니하는 한, 다른 회원국 영토 내에서 조사를 수행할 수 있다. 그리고 해당 기업의 동의와 해당 회원국에 대한 통보 후, 그 회원국이 반대하지 않으면 기업 구내에서 조사를 수행하고 그 기업의 서류를 검사할 수 있다.[181]

이해당사국 또는 이해당사자가 합리적인 기간 내에 필요한 정보에의 접근을 거부하거나 다른 방법으로 정보를 제공하지 아니하는 경우 또는 조사를 중대하게 방해하는 경우, 입수가능한 사실에 기초하여 긍정적 또는 부정적인 예비 및 최종판정이 내려질 수 있다.[182] 당국은 최종판정 이전에 확정조치의 적용여부에 대한 결정의 기초가 되는 핵심적 고려상황을 모든 이해당사회원국과 이해당사자에게

176) 보조금 및 상계조치협정 제11조 제9항.
177) 보조금 및 상계조치협정 제18조 제1항.
178) 보조금 및 상계조치협정 제11조 제11항.
179) 보조금 및 상계조치협정 제12조 제1항.
180) 보조금 및 상계조치협정 제12조 제4항.
181) 보조금 및 상계조치협정 제12조 제6항.
182) 보조금 및 상계조치협정 제12조 제7항.

통보한다.

(3) 피 해

(가) 의 미

보조금협정에 규정된 피해(injury)라는 용어는 반덤핑협정에서 사용된 것과 동일한 의미를 갖는다. 피해란 다르게 명시되지 않는 한 국내산업에 대한 실질적 피해, 국내산업에 대한 실질적 피해의 우려 또는 그러한 산업의 확립에 대한 실질적인 지연을 의미하는 것으로 해석된다. 피해의 판정은 명확한 증거에 기초하며 보조금을 받은 수입 물량과 보조금을 받은 수입품이 국내시장의 동종상품 가격에 미치는 효과 및 동 수입품이 이러한 상품의 국내생산자에게 미치는 결과적인 영향에 대한 객관적인 검토를 포함한다.[183)]

국내산업이라는 용어는 동종상품의 국내 생산자 전체 또는 이들 중 생산량 합계가 동 상품의 전체 국내생산량의 상당부분(major proportion)을 점하는 국내 생산자들을 지칭하는 것으로 해석된다. 단, 생산자가 보조금이 지급되었다고 주장되고 있는 다른 국가로부터의 상품 또는 동종상품의 수출자 또는 수입자와 관련되거나 그 자신이 수입자인 경우, 국내산업이라는 용어는 나머지 생산자들을 지칭하는 것으로 해석될 수 있다. 예외적인 상황에서 당해 생산에 관하여 회원국의 영토가 둘 또는 그 이상의 경쟁적인 시장으로 분리되어 각 시장의 생산자들이 별개의 산업으로 간주될 수 있는데, 이러한 경우 전체 국내산업의 상당부분에 피해가 발생하지 아니하여도 보조금이 지급된 수입품이 그 분리된 시장에 집중되거나 보조금이 지급된 수입품이 당해 분리된 시장 내의 당해 상품의 전부 또는 거의 전부를 생산하는 생산자에게 피해를 초래하는 경우, 피해가 존재하는 것으로 인정될 수 있다. 국내생산량의 '상당부분'을 해석함에 있어 EC산 밀글루텐 사건의 패널은 완전한 자료는 모든 경우에 가능하지도 않고 요구되지도 않는다고 하였고, 미국의 양고기 세이프가드조치 사건의 패널은 최종 결정을 위해 사용된 자료의 대표성을 보장하기 위해 모든 국내 생산자로부터 정보를 모아야 하는 의무가 있는 것이 아니지만 통계적으로 유효한 샘플일 것을 요구한다고 하였다.[184)]

183) 보조금 및 상계조치협정 제15조 제 1 항.

184) Panel Report, United States-Safeguard Measure on Imports of Fresh, Chilled or Frozen Lamb

보조금을 받은 수입품의 물량과 관련하여, 조사당국은 절대적으로 또는 수입회원국 내의 생산이나 소비에 비하여 상대적으로 보조금을 받은 수입품이 상당히 증가하였는지를 고려하여야 한다. 보조금을 받은 수입품이 가격에 미치는 효과와 관련하여, 조사당국은 수입회원국의 동종상품 가격과 비교하여 보조금을 받은 수입품으로 인해 상당한 가격인하가 있었는지 또는 그러한 수입품의 효과가 다른 방법으로 상당한 정도로 가격하락이나 가격상승을 억제하는지 고려하여야 한다.[185]

WTO보조금협정도 이전의 경우와 마찬가지로 피해에 대한 명확한 정의나 개념을 두고 있지 않고, 피해를 확정할 목적으로 검토되어야 할 요소를 열거하고 있다.[186] 구체적 요소로는 생산량, 판매, 시장점유율, 이윤, 생산성, 투자수익 또는 설비가동률의 실제적 잠재적 감소, 국내가격에 영향을 미치는 요소, 자금순환, 재고, 고용, 임금, 성장, 자본조달능력에 대한 실제적 잠재적 악영향, 그리고 농업의 경우에는 정부지원계획상 부담의 증가가 있는지 여부를 포함하여 산업 상태에 영향을 미치는 관련된 모든 경제적 요소 및 지표에 대한 평가 등이 있다.[187] 조사당국은 각각의 사례에서 각 요소의 비중을 자유롭게 평가할 수 있다.[188]

실질적인 피해의 우려에 대한 판정은 사실에 기초하며, 단순히 주장이나 추측 또는 막연한 가능성에 기초하여서는 아니 된다. 보조금이 피해를 초래하는 상황을 발생시키는 상황의 변화는 명백히 예상되고 급박한 것이어야 한다. 실질적 피해 우려의 존재에 관한 판정을 내릴 때 조사당국은 특히 다음의 요인을 고려하여야 한다. 당해 보조금의 성격 및 이로부터 발생할 수 있는 무역효과, 국내시장에서 보조금을 받은 수입품의 현저한 증가율, 추가적 수출을 흡수하는 다른 수출시장의 이용가능성을 감안하여 수입회원국의 시장으로 보조금을 받은 수출품의 실질적인 증가 가능성을 나타내는 충분하고 자유롭게 처분가능한 수출자의 생산능력 또는 수출자의 생산능력의 임박하고 실질적인 증가, 수입품이 국내가격을 현저하게 인하 또는 억제시킬 가격으로 반입되고 있고 추가수입에 대한 수요를 증가시킬 것인지 여부, 그리고 조사대상 상품의 재고현황 등이다. 이러한 요소들 중 그

---

from Australia, WT/DS178/R (Dec. 21, 2000), para. 7.220 [이하 'US-Lamb 패널 보고서'].

185) 보조금 및 상계조치협정 제15조 제 2 항.

186) Benitah, *op. cit.*, p. 94.

187) 보조금 및 상계조치협정 제15조 제 4 항.

188) Benitah, *op. cit.*, p. 94.

어떤 하나도 그 자체로서 반드시 결정적인 지침이 될 수는 없으나, 고려된 요소 전체는 보조금을 받은 수출품의 증가가 임박하고, 보호조치가 취해지지 아니하면 실질적인 피해가 발생할 것이라는 결론에 도달하게 하여야 한다.[189] 보조금을 받은 수입품에 의해 피해가 우려되는 경우 적용하는 상계조치는 특별히 주의하여 고려되고 결정되어야 한다.

(나) 인과관계

상계관세가 부과되기 위해서는 보조금의 효과로 피해가 발생하였음을 입증하여야 한다. 보조금을 받은 수입품과 국내산업에 대한 피해의 인과관계 입증은 당국에 제시된 관련된 모든 증거에 대한 검토에 근거하여야 한다. 또한 당국은 같은 시점에서 국내산업에 피해를 초래하는 보조금을 받은 수입품 이외의 알려진 모든 요소를 검토하여야 하며, 다른 요소에서 초래되는 피해를 보조금이 지급된 수입품에 의한 것으로 귀속시킬 수 없다. 관련될 수 있는 요소에는 특히 당해 상품의 보조금을 받지 아니한 수입 수량과 가격, 수요감소나 소비형태의 변화, 국내외 생산자간의 무역제약적인 관행 및 이들간의 경쟁, 기술개발 및 국내산업의 수출실적과 생산성이 포함된다.[190]

(4) 잠정조치 및 약속

조사가 개시되고, 이 같은 내용이 공표되어 이해당사회원국 및 이해 당사자에게 정보를 제출하고 의견을 제시할 수 있는 적절한 기회가 주어지며, 보조금이 존재하고 보조금을 받은 수입품으로 인하여 국내산업에 피해가 존재한다는 긍정적 예비판정이 내려지고, 관계당국이 조사기간 중에 초래되는 피해를 방지하기 위하여 필요하다고 판단하는 경우에만 잠정조치가 적용될 수 있다.[191] 잠정조치는 보조금액으로 잠정산정된 금액의 현금예치 또는 유가증권에 의하여 담보되는 잠정상계관세의 형태를 취할 수 있다. 잠정조치는 조사개시일로부터 60일 이내에는 적용되지 아니하고, 잠정조치의 적용은 가능한 한 단기간에 한정되며 4개월을 초

189) 보조금 및 상계조치협정 제15조 제7항.
190) 보조금 및 상계조치협정 제15조 제5항.
191) 보조금 및 상계조치협정 제17조 제1항.

과하지 아니한다.

보조금 지급에 대한 조사절차는 만족스러운 자발적인 약속 접수시 잠정조치나 상계관세의 부과 없이 정지하거나 종료될 수 있다. 수출회원국 정부가 보조금의 철폐나 제한 또는 보조금의 효과에 관한 다른 조치를 취하는 것에 동의하거나, 조사당국이 보조금에 의한 피해효과가 제거되었다고 납득할 수 있도록 수출자가 가격을 수정하는 데에 동의하는 경우 잠정조치나 상계관세의 부과 없이 정지하거나 종료될 수 있다.

이러한 약속에 따른 가격인상은 보조금액을 제거하기 위하여 필요한 수준 이상으로 높아서는 아니 되고, 국내산업에 대한 피해를 제거하는 데 적절할 경우 보조금액보다 낮게 설정되는 것이 바람직하다. 수입회원국 당국이 보조금 지급과 이러한 보조금 지급으로 인해 야기된 피해에 관하여 긍정적 예비판정을 내리고, 수출회원국의 동의를 얻은 경우 이외에는 약속은 추구되거나 수락되지 아니한다. 제시된 약속은 수입회원국의 당국이 실제적 또는 잠재적 수출자의 수가 너무 많거나 또는 일반정책상의 이유를 포함한 다른 이유로 인하여 현실성이 없다고 간주할 때에는 수락할 필요가 없다.[192] 약속이 수락된 경우에도 수출회원국이 희망하거나 수입회원국이 결정하는 때에는 보조금 지급 및 피해에 대한 조사는 완결되어야 한다. 이러한 경우 보조나 피해에 대하여 부정적인 판정이 내려진 경우 이러한 판정이 상당부분 약속의 존재로 인한 경우를 제외하고 약속은 자동적으로 소멸된다. 보조와 피해에 대하여 긍정적 판정이 내려진 경우, 약속은 그 조건과 이 협정의 규정에 일치하여 계속된다.

가격약속은 수입회원국 당국에 의하여 제시될 수 있으나, 어떤 수출자도 약속을 강요받아서는 아니 된다. 정부나 수출자가 이러한 약속을 제의하지 아니하거나 이러한 제시권유를 받아들이지 아니하였다는 사실이 사안의 고려를 저해하지 아니한다. 그러나 당국은 보조금을 받은 상품의 수입이 계속된다면 피해의 우려가 현실화할 가능성이 크다고 자유롭게 결정할 수 있다. 수입회원국 당국은 약속을 수락한 모든 정부나 수출자에 대하여 약속의 이행과 관련된 정보를 정기적으로 제공할 것과 관련자료의 검증을 허용해 줄 것을 요구할 수 있다. 약속 위반시 수입회원국 당국은 이 협정의 규정에 따라 이용가능한 최선의 정보를 사용하여 잠정조

192) 보조금 및 상계조치협정 제18조 제3항.

치의 즉각적인 적용을 구성할 수 있는 신속한 조치를 취할 수 있다. 이 경우 확정관세는 잠정조치 적용 전 90일 이내에 소비용으로 반입된 상품에 부과될 수 있다.[193] 그러나 약속위반 이전에 반입된 수입품에 대하여는 이러한 소급산정도 적용되지 아니한다.

(5) 상계관세

보조금을 받은 수입품이 피해를 초래한다고 최종판정한 경우, 해당 보조금이 철회되지 아니하는 한 상계관세를 부과할 수 있다. 상계관세 부과의 요건이 충족된 경우, 상계관세의 부과 여부와 부과되는 상계관세의 금액에 대한 결정은 수입회원국 당국이 정한다.[194] 특정 상품에 대하여 상계관세가 부과되는 경우, 피해를 야기하는 것으로 판정된 모든 원천으로부터의 수입품에 대하여 비차별적 기초 위에서 사안별로 적절한 금액으로 부과된다.[195] 상계관세는 보조금을 지급받고 수출된 상품의 단위당 보조금 액수를 초과하여 부과될 수 없다.[196]

피해의 최종판정이 내려지거나, 피해의 우려에 대한 최종판정시 잠정조치가 없었더라면 보조금이 지급된 수입품의 효과가 피해판정으로 귀결되는 경우, 상계관세는 잠정조치가 적용된 기간 동안 소급하여 부과될 수 있다.[197] 확정 상계관세가 현금예치나 유가증권에 의하여 담보된 금액보다 많은 경우 그 차액은 징수하지 아니하고, 확정관세가 현금예치나 유가증권에 의하여 담보된 금액보다 적은 경우 초과되는 금액을 신속하게 환불하거나 유가증권 담보를 해제한다. 피해의 우려 또는 실질적인 지연의 판정이 내려진 경우 확정적인 상계관세는 피해의 우려 또는 실질적 지연의 판정일로부터만 부과될 수 있으며, 잠정조치 적용기간 중 예치된 모든 현금은 신속하게 환불되고 모든 유가증권 담보는 신속하게 해제된다.[198] 최종판정이 부정적인 경우 잠정조치 적용기간 중에 예치된 모든 현금은 신속하게 환불되고 모든 유가증권 담보는 신속하게 해제된다.

---

193) 보조금 및 상계조치협정 제18조 제 2 항.
194) 보조금 및 상계조치협정 제19조 제 2 항.
195) 보조금 및 상계조치협정 제19조 제 3 항.
196) 보조금 및 상계조치협정 제19조 제 4 항.
197) 보조금 및 상계조치협정 제20조 제 2 항.
198) 보조금 및 상계조치협정 제20조 제 4 항.

상계관세는 피해를 발생시키는 보조금에 대응하기 위한 기간 동안만 부과할 수 있는데, 상계관세의 부과 후 상당한 기간이 경과한 시점에서 이해관계자의 요청이 있는 경우에는 상계관세부과의 필요성을 재검토하여야 한다. 이해당사자는 당국에 대하여 관세의 계속부과가 보조금 지급을 상쇄하기 위하여 필요한지 여부, 관세가 철회되거나 변경되는 경우 피해가 계속되거나 재발할 것인지 여부 또는 이 두 가지 문제에 대하여 조사를 요청하는 권리를 갖는다. 이에 따른 재검토결과 당국이 상계관세 부과가 더 이상 타당하지 아니하다고 판정하는 경우에는 상계관세는 즉시 종료된다.199)

모든 상계관세는 부과 후 5년 이내에 종료하여야 하나, 보조금의 지급이 계속된다거나 재발의 가능성이 있다는 관계당국의 결정이 있는 경우에는 5년 이상 계속 상계관세를 부과할 수 있다.200)

【 코코넛분말 보조금 사건 】

1. 사실관계

브라질의 국내산업은 1994년 1월 17일에 보조금이 지급된 필리핀 · 코테디브아르 · 인도네시아 · 말레이시아 · 스리랑카산 코코넛분말과 코코넛우유가 수입되고 있다고 주장하는 조사요구서를 제출하였다. 이에 따라, 브라질정부는 1994년 6월 21일 조사를 개시하여, 1995년 3월 23일 필리핀 · 코테디브아르 · 인도네시아 · 스리랑카산 코코넛분말과 스리랑카산 코코넛우유 수입품에 잠정관세를 부과하였고, 1995년 8월 18일 필리핀산 코코넛분말 수입품에 대하여 121.5%의 상계관세를 부과하였다.

브라질은 코코넛 열매에 보조금이 지급되고 있다고 주장되는 필리핀 정부의 8개 프로그램을 조사하였으나, 필리핀으로부터 얻은 증거에 근거해서는 각 프로그램이 코코넛 열매에 지급한 보조금 총액을 산정할 수 없었고, 코코넛분말은 코코넛 열매에 지급된 보조금으로부터 간접적으로 혜택을 받았다고 결론지었다. 브라질은 보조금이 지급된 코코넛분말의 가격과 보조금이 지급되지 않는 경우의 가격을 비교하여 코코넛분말에 지급된 보조금 총액을 산정하였

199) 보조금 및 상계조치협정 제20조 제6항.
200) 보조금 및 상계조치협정 제21조.

고, 그 가격의 차이가 코코넛분말의 가격에 영향을 준 보조금 총액에 해당된다고 하였다. 나아가 브라질은 보조금이 지급된 수입품이 누적적으로 브라질 국내산업에 실질적인 피해(material injury)를 야기한다고 판단하였다.

1995년 11월 27일 필리핀은 필리핀산 코코넛분말 수입품에 대해 브라질이 부과한 상계관세조치에 관하여 GATT 제XXIII조 제1항에 의해 브라질에 협의를 요청하였다. 동년 12월 8일 브라질은 그러한 협의가 동경라운드 보조금 Code를 적용하여 이루어지고, 브라질이 행한 코코넛 보조금 조사와 상계관세 부과가 보호된다는 조건하에서 협의할 수 있다고 답변하였다. 이에 대하여 필리핀은 브라질의 답변은 제XXIII조 제1항에 따른 협의요청을 거절한 것이라고 항변하였다.

1996년 1월 17일과 2월 5일 필리핀은 브라질이 DSU에 규정된 기한 내에 협의를 개시하지 못한 것을 검토하여 GATT 제XXIII조 제2항과 DSU 제4조 제3항 및 제6조에 따라 표준위임사항(standard terms of reference)을 갖는 패널을 설치할 것을 요청하였다. 결국 동년 3월 5일에 필리핀의 요청과 브라질의 승낙에 따라 분쟁해결기구는 패널을 설치하였다. 그러나 브라질은 패널의 위임사항에 대한 협의를 요청하였고, 분쟁해결기구는 DSU 제7조 제3항에 따라 분쟁당사국과의 협의를 통해 의장이 위임사항을 작성하도록 하였다.

2. 쟁 점

(1) 본안전 항변

가) 적용 법규

첫째, 브라질은 "조약은 그 효력 발생 이전의 행위나 사건에 대하여 당사자를 구속하지 못한다"고 규정한 조약에 관한 비엔나협약 제28조를 원용하면서, 브라질의 잠정조치를 위한 조사의 개시가 동 조문의 '행위'에 해당하며, 동 조사는 1994년 6월 21일에 개시되었으므로, GATT나 농업협정의 적용대상이 아니라고 주장하였다. 그러나 필리핀은 본 사안에서의 행위는 조사의 개시가 아니라 1995년 8월 18일에 취한 상계관세부과조치라고 하면서, 필리핀이 GATT상의 권리를 무효화 당하거나 침해받은 때는 관세부과조치를 당한 시점이었지 조사를 개시한 시점이 아니었다고 주장하였다.

둘째, 브라질은 GATT와 보조금협정은 불가분의 관계에 있고, 따라서 보조금협정 제XXII조 제3항에서 WTO 출범일이나 그 이후에 신청된 조사에 대하여만 보조금협정이 적용된다고 규정하고 있다면 그와 불가분의 관계에 있는 GATT도 그 이후에 신청된 조사에 대하여만 적용된다고 주장하였다. 그러나 필리핀은 보조금협정 제XXII조 제3항이 적용되는 것은 단지 절차적 규정뿐이라고 반박하였다. 즉 보조금협정이 발효되기 전에 이미 시작된 조사에 대하여 보조금협정상의 새롭고 보다 정교한 절차적 규정을 적용하여 다시 절차를 밟아야 하는 번거로움을 덜어주기 위한 것이라고 주장하였다.

셋째, 필리핀은 동경라운드 보조금 및 상계관세조치 부과위원회의 GATT 제VI조, 제XVI조 및 제XXIII조의 해석 및 적용에 관한 협정과 WTO설립에 관한 마라케쉬협정의 잠정적 공존에 관한 결정(이하 공존결정)이 동경라운드 보조금Code의 효력상실 후에도 제한적이고 일시적으로 적용 가능하다고 규정하였지만, 이것이 WTO 회원국이 WTO 분쟁해결절차에 호소할 권리를 행사하지 못하게 하는 것은 아니라고 주장하였다. 공존결정은 보조금협정 제32조 제3항, DSU 제19조 등을 검토하여 볼 때, 결국 WTO상의 권리에 의존하는 것을 명백히 방해하지 않는다고 주장하였다. 반면 브라질은 공존결정과 GATT 제VI조, 제XVI조 및 제XXIII조의 해석 및 적용에 관한 협정의 효력상실 또는 철회로 인한 결과에 대한 결정(이하 결과결정)이 새로운 협정(WTO협정)의 소급효 적용을 금지하자는 의견을 반영한 것이라고 주장하였다.

넷째, 필리핀은 소송물 청구 당사자가 그 청구에 관한 법률적 근거에 대하여 선택권을 가질 수 있는 경우에 어떤 근거를 택할 수 있는지 전적으로 그 당사자 의사에 달려 있다고 주장하였다. 미국의 캐나다산 비가공 냉장 및 냉동 돈육사건에서 캐나다는 동경라운드 보조금Code에서 설정한 분쟁해결절차를 이용하지 않고 GATT의 분쟁해결절차를 이용한 것은 동경라운드 보조금Code상의 절차보다 WTO 분쟁해결절차 및 WTO협정의 내용에 따르는 것이 필리핀에 유리하며, 이러한 선택권이 허용되어야 한다고 주장하였다. 반면 브라질은 당사국에게 가장 효과적이라는 이유만으로 원래 그 사안에 적용되어야 할 원칙적인 법과 분쟁해결절차가 적용되지 못한다는 것은 매우 불합리한 주장이라고 반박하였다.

나) 위임사항

브라질은 DSU가 위임사항을 규정한 근본적 이유는 피소국과 제 3 의 참가국에게 쟁점이 되는 청구의 범위를 미리 명백히 알려 줌으로써 이에 대한 방어권 행사를 적절히 할 수 있도록 하기 위한 것이라고 하면서, 필리핀이 특별위임사항과 관계없는 여러 가지 청구사항을 추가함으로써 본 패널 위임사항의 범위를 일탈하였다고 주장하였다. 반면 필리핀은 DSU가 요구하는 것은 청구의 내용을 특정하기 위하여 구체적으로 실시하라는 것이지, 그와 관련되는 주장까지 금하는 것은 아니라면서 GATT체제하에서의 표준위임사항은 관련되는 규정이라면 당사자가 인용하는 모든 대상협정에 비추어 당사자의 주장을 검토하도록 되어있다고 주장하였다.

다) 입증책임

필리핀은 GATT 제VI조상의 해당 상품에 대하여 수출국 정부로부터 보조금이 지급되었고, 그 보조금이 동종상품을 생산하는 수입국 국내산업에 실질적 피해를 초래하였으며, 그 보조금 지급과 실질적 피해간에 인과관계가 성립함을 브라질이 입증하여야 한다고 주장하였다. 이에 대하여 브라질은 제소국이 제소근거의 요건을 입증하는 것이 패널의 오랜 관행이라고 반박하였다.

(2) 보조금과 관련한 쟁점

필리핀은 브라질이 본 상계관세부과조치에 대한 조사에 있어 충분한 정보수집을 통한 객관적인 판단이 결여되어 있다고 주장하였다. 이에 대하여 브라질은 필리핀이 필요한 정보를 충실하게 제공하지 않았으므로 입수가능한 최선의 정보에 의존하여 판단할 수밖에 없었고, 이는 종래의 관행이나 동경라운드 보조금 Code 제 2 조 제 9 항에 의해 허용된다고 주장하였다.

브라질은 필리핀 정부가 각종 정부프로그램을 통하여 코코넛분말의 원료가 되는 코코넛 열매 재배자들에게 보조금을 지급하고 있다고 주장하였다. 그러나 필리핀은 그 프로그램의 財源은 정부 세금이 아니라 필리핀 농부들로부터 징수하여 축적한 기부금이었고, 이를 다시 빈농들에게 재분배한 것일 뿐이라고 주장하였다.

필리핀은 코코넛 열매에 보조금이 지급되었다 하더라도 이로 인해 코코넛 분말에 대한 상계관세 부과조치는 사실적 · 법적 근거가 없는 것이며, 코코넛 열매에 부과된 보조금이 코코넛분말의 가격에 미치는 영향에 대한 분석이 선행되어야 한다고 주장하였다. 브라질은 우선 구성가격으로 보조금이 지급되지 아니한 코코넛 열매의 가격을 산정한 후 보조금이 지급된 열매로 제조한 분말과 그렇지 않은 분말의 가격을 비교하여, 그 차액을 보조금으로 판단하였다고 주장하였다.

(3) 피해의 쟁점

필리핀은 브라질이 상계관세부과조치를 취하려면 GATT 제VI조에 의하여 그 보조금으로 관련 국내산업의 동종상품에 실질적 피해가 있음을 입증하여야 하나, 그렇지 못하였다고 주장하였다. 브라질은 명확하고 일관성 있는 동종상품의 종류를 선정하였고, 필리핀산 코코넛분말의 수입이 국내산업의 동종상품 생산자에게 실질적인 피해가 발생하였음을 입증하였다고 반박하였다.

(4) 농업협정 적용문제

필리핀은 조사대상이 된 필리핀 정부 프로그램이 보조금으로 인정된다 하더라도 이는 WTO농업협정 제 6 조에 규정된 개발도상국에 대한 상계관세 부과 면제의 경우에 해당되므로, 브라질의 상계관세부과조치는 부당하다고 하였다. 이에 대하여 브라질은 농업협정 제 6 조의 내용은 브라질의 국내산업에 피해를 주거나 줄 우려가 없는 경우에 한하여 농업협정 제13조에 의한 상계관세를 자제하라는 의미이며, GATT와 보조금협정이 본 건에 소급적용될 수 없으므로, 이를 전제로 농업협정도 적용될 수 없다고 주장하였다.

3. 결 정

WTO보조금협정 제32조 제 3 항은 "제 4 항의 규정에 따라, 본 협정의 규정은 회원국에 대한 WTO협정 발효일 이후에 개시된 조사와 기존조치의 재검토에 대하여 적용된다"고 규정하고 있다. 즉 WTO보조금협정은 경과규정을 두어 적용상 不遡及原則을 채택하고 있음을 명백히 하였다. 따라서, 필리핀산 코코넛분말에 대한 상계관세가 1995년 8월 18일 부과되었음에도 불구하고, 상계관세를 부과하기 위한 조사는 브라질에 대한 WTO협정 발효일(1995년 1월 1일) 이전인 1994년 6월 21일 개시되었으므로, WTO보조금협정 제32조 제 3 항에 의해 보조금협정은 당해 분쟁에 적용되지 않는다고 결정하였다. 그리고 보조금협정 제32조 제 3 항은 절차규정과 실체규정을 불문하고 전체적으로 적용된다고 해석하였다.

GATT 제Ⅵ조와 보조금협정의 분리 적용가능성에 대해서 패널은 이를 부정하였다. 이는 WTO의 가장 중요한 설립이념 중의 하나인 통합성에 비추어 보조금협정이 적용되지 않는 분야에는 GATT도 적용하지 않는 것이 타당하다고 결정한 것이다.

그리고 농업협정 제13조는 그 조문에서 GATT 제Ⅵ조 및 보조금협정의 적용을 전제하고 있으므로, 본 건에 대하여 GATT 제Ⅵ조와 보조금협정의 적용은 인정되지 않으므로 농업협정 제13조 역시 적용될 수 없다고 결정하였다.

필리핀의 패널설치 요청은 브라질이 협의요청 거절에 따라 협의가 이루어지지 않았음을 적시함으로써 DSU 제 6 조 제 2 항의 첫 번째 요건을 충족시켰다고 판단하였다. 그러나 패널은 위임사항의 범위 내에서만 평결할 수 있다는 제한을 상기시키면서, 본 건의 특별위임사항에 있어 패널에 대하여 이 부분에 대한 평결을 요청한 사실이 없다고 하였다.

4. 한국의 보조금법제

보조금과 관련한 모법은 덤핑과 마찬가지로 불공정무역행위조사및산업피해구제에관한법률(산업피해구제법)이다. 동 법률 제24조는 보조금 등으로 인한 산업피해의 조사개시 결정, 보조금 등의 지급사실의 조사, 보조금 등으로 인한 산업피해의 조사·판정, 상계관세의 건의, 재심사 등은 관세법을 따른다고 규정하고 있다. 이에 따라 관세법은 제57조에서 62조에 걸쳐 상계관세의 부과대상, 보조금 등의 지급과 실질적 피해 등의 조사, 상계관세를 부과하기 전의 잠정조치, 상계관세의 부과시기, 상계관세의 재검토 등을 규정하고 있고, 보조금과 관련한 나머지 사항은 반덤핑규정을 준용하고 있다.

제 3 절 세이프가드

1. 세이프가드의 의의

(1) 세이프가드의 개념

세이프가드(safeguard)의 개념을 광의로 정의해 보면, 특정 상황하에서 침해된 이익을 보호하기 위하여 어떤 체약국이 해당 협정상의 정상적인 의무를 철회하거나 적용을 중단하는 것을 말한다. 세이프가드는 관세인상이나 수량제한, 수출국의 자발적 수출규제, 기타 제한과 같이 수입제한형식을 취하게 되는 까닭에 긴급수입제한이라 부르기도 한다. 세이프가드의 주요한 근거는 관세양허와 관련하여 융통성을 허용함으로써 무역자유화를 위한 노력을 촉진하기 위한 것이다.[201] 이와 같이 세이프가드규정은 국제적 교역에서 보호장치와 안전판으로 작용하기도 한다. 반대로, 무역자유화협정의 존재와 운용에 치명적 문제를 낳기도 한다.[202] 따라서 세이프가드의 운용에 있어 안전판을 여는 것이 쉽지 않도록 하는 것과 보일러가 쉽게 폭발하지 않도록 하는 것 사이의 균형을 유지할 수 있도록 하여야 한다.[203] 그리고 세이프가드조항이 없다면 각국 정부는 실질적인 무역자유화를 추구하는 협정이나 규제수단의 사용과 관련하여 국가주권을 제약하는 협정에 가입하기를 꺼리게 될 것이라는 점에서도 세이프가드의 효용성을 찾을 수 있다.[204]

앞에서 이미 논한 덤핑이나 보조금이 그 불공정한 성격 때문에 규제대상이 되는 것이지만, 세이프가드는 해당 행위의 불공정성 때문에 규제되는 것이 아니라는 점에서 차이가 있다.[205] 즉 세이프가드조치는 공정한 수입을 대상으로 규제조치를 취하는 것이므로, 그 발동요건이 엄격하여야 하고, 또한 제한된 기간 내에서만 적용되어야 한다는 구조적 제약이 있다.

201) Hoekman and Kostechi, *op. cit.*, p. 167.

202) Bernald M. Hoekman, The Laws and Institutions: Good Practices and the World Trade Organization (The World Bank, 1995), p. 14.

203) Hoekman and Kostechi, *op. cit.*, p. 167.

204) Hoekman, *op. cit.*, p. 14.

205) Ari Afilalo, Not in My Backyard: Power and Protectionism in U.S. Trade Policy, 34 New York University School of Law Journal of International Law and Politics (2002), p. 767.

(2) 세이프가드의 발전

거의 모든 통상협정은 세이프가드규정을 갖고 있는데, GATT도 예외는 아니다.[206] 그러나 근대적인 의미에서 세이프가드조치가 처음으로 등장한 것은 1934년 미국의 통상법이라고 할 수 있다. 그 후 1943년 미국과 멕시코간의 상호무역협정에 소위 도피조항(escape clause)이 도입됨으로써 세이프가드조치가 국제적으로 소개되었다. GATT와 국제무역기구에 관한 협상이 진행되던 1947년에는 미국의 트루만대통령이 미국의 상호통상협정계획에 따라 체결되는 모든 무역협정에 도피조항을 포함시키도록 하는 행정명령을 발동하기까지 하였다. GATT 제XIX조에 규정된 도피조항은 미국과 멕시코간의 무역협정에 나타난 도피조항의 직접적 후속으로, 그 성질이 동일한 것이었다.[207] 물론 GATT 제XIX조는 GATT의 가장 중심적이고 두드러진 세이프가드조항이지만, 그 외에도 GATT체제하에서 취해진 많은 조치들이 세이프가드로 명명될 수 있는 것들이다.[208]

GATT에는 총 6개의 세이프가드 조문이 있다. 산업의 조정을 촉진하기 위한 경우(제19조), 산업의 확립을 위한 경우(제18조), 불공정거래에 대항하기 위한 경우(제 6 조), 양허재협상을 위한 경우(제28조), 거시경제적 문제를 해결하기 위한 경우(제12조와 제18조 B), 그리고 건강이나 안전, 국가안보를 위한 경우(제20조와 제21조) 등이 그것이다. 이들 6가지 세이프가드는 다시 2가지 유형으로 구분할 수 있다. 첫째부터 넷째까지는 특정 산업의 보호를 위한 경우이고, 다섯째와 여섯째는 경제적 변수에 대응하기 위한 것이라는 점에서 구별이 가능하다. 동경라운드에서는 GATT의 세이프가드 조문과 관련하여 세이프가드Code를 작성하기 위하여 혼신의 노력을 기울였으나, 완전히 실패하고 말았다.[209] 동경라운드에 이은 UR에 와서야 비로소 일련의 원칙을 갖춘 새로운 형식의 세이프가드협정이 등장할 수 있었다. 세이프가드분야의 협상이 성공하였다는 점에서 UR은 특히 높은 평가를 받고 있다.[210]

참고로 살펴보면, 1993년 4월까지 GATT 체약국들이 취한 공식적인 세이프가드조치는 151건으로, 그 중 4분의 3 이상이 동경라운드 이후 부과된 것들이다.[211]

---

206) Hoekman, *op. cit.*, p. 13.

207) Jackson, *op. cit.*, pp. 179-180.

208) *Ibid.*, p. 180.

209) *Ibid*, p. 175.

210) *Ibid.*

211) Jeffery Schott, Safeguards, The New World Trading System (OECD, 1994), p. 113.

【 한국 – 쇠고기 수입제한사건 】

1980년대 들어 우리나라의 쇠고기 수입량이 급속히 증가하였다. 이에 따라 정부는 국제수지를 이유로 쇠고기구입을 제한하는 조치를 단행하였다. 구체적으로 1984년과 1985년, 1988년에는 쇠고기수입을 금지하였고, 1988년 8월부터 쇠고기수입에 대한 수량제한 등 수입제한조치를 취하였다. 이에 대하여 미국은 한국의 수입제한조치가 GATT 제XI조 제 1 항의 수량제한금지규정을 위반한 것이라고 주장하면서 GATT에 제소하였다.

미국의 제소에 대하여 우리나라는 개발도상국이 대외재정상태를 개선하고 경제개발계획의 실시에 충분한 수준의 통화준비를 확보하기 위하여 수입이 허가된 상품의 수량 및 가격을 제한할 수 있다고 규정한 GATT 제XVIII조 B를 원용해 항변하였다. 패널은 1987년 11월 한국과 국제수지위원회의 협의에서 제시된 의견을 참고하고, 한국과 IMF에서 구한 자료를 토대로 하여, 한국은 GATT 제XVIII조 B를 원용할 수 없다는 결론에 도달하였다. 한국의 국제수지는 계속 개선되고 있고, 앞으로도 희망적이라는 것 등이 그 이유였다.

이러한 근거에서 GATT 패널은 한국이 국제수지를 이유로 쇠고기수입을 제한한 것은 정당화될 수 없다고 평결하였다.

2. 발동요건

(1) 관련조항

세이프가드에 관한 직접적 규정은 GATT 제XIX조에서 찾을 수 있다.

제XIX조 (특정산품의 수입에 대한 긴급조치)

1.(a) 체약국은 예견하지 못한 사태의 발전과 관세양허를 포함한 본 협정에 따라 체약국이 부담하는 의무의 효과로 인하여 어느 상품의 자국 영역내에서 동종상품 또는 직접적 경쟁상품의 국내생산자에 대하여 중대한 피해를 주거나 피해를 줄 우려가 있을 정도로 증가된 수량 및 조건으로 체약국의 영역으로 수입되고 있을 경우, 동 체약국은 동 상품에 대한 전기 피해를 방지 또는 구제하는데 필요한 한도 및 기간 동안 동 의무의 전부 또는 일부를 정지하거나 또는 양허를 철회 또는 수정할 수 있다.

회원국은 예견하지 못한 사태발전과 회원국이 부담하여야 하는 의무를 따른 결과에 의해 국내생산자에게 심각한 피해(serious injury)를 야기하거나 야기할 우려가 있을 정도로 증가된 수량 및 조건으로 수입되고 있을 경우, 수입국은 해당 수입상품에 대해 관세인상이나 수입수량제한 등의 조치를 취할 수 있다.

WTO 세이프가드협정도 거의 동일한 규정을 두고 있다. 그러나, GATT 제XIX조 제 1 항 (a)에 있는 '예견하지 못한 사태발전과 회원국이 부담하여야 하는 의무를 따른 결과에 의해'라는 문구는 포함하고 있지 않다.

제 2 조 조 건

제 1 항 회원국은 아래에 명시된 규정에 따라 특정 상품이 동종 또는 직접 경쟁적인 상품을 생산하는 국내산업에 심각한 피해를 초래하거나 초래할 우려가 있을 정도로 국내 생산에 비해 절대적 또는 상대적으로 증가된 물량과 조건 하에 자국 영토내로 수입되고 있다고 판정한 경우에만, 그 상품에 대하여 긴급수입제한조치를 취할 수 있다.

제 2 항 긴급수입제한조치는 수입되는 상품에 대하여 출처에 관계없이 적용된다.

이와 관련하여 뉴질랜드 및 호주산 양고기수입사건에서 미국의 국제무역위원회는 세이프가드협정상 동 구문이 없으므로 이를 필요로 하지 않는다고 주장하였으나, 항소기구는 미국의 주장을 받아들이지 않았다.[212] 한국 - 낙농제품 사건에서 패널은 GATT 제XIX조 제 1 항 규정과 세이프가드협정 제 2 조 제 1 항 규정은 충돌되는 것이 아니라는 관점에서 GATT 제XIX조 제 1 항의 조건과 규범은 여전히 유효한 것임을 강조하였다.[213] '예견하지 못한 사태의 발전' 이란 문구없이 세이프가드협정을 채택한 것은 논리적이라고도 하였다.[214] GATT와 세이프가드협정은 WTO협정 제 1 부속서의 상품교역에 관한 다자협정에 해당하는 것인바, 양자는 WTO협정을 구성하는 것으로 WTO협정 제 2 조 제 2 항에 따라 모든 회원국에게 똑같이 구속력을 갖는 것이다. 항소기구 또한 예견하지 못한 사태의 발전은 사실

212) Appellate Body Report, United States-Safeguard Measure on Imports of Fresh, Chilled or Frozen Lamb from Australia, WT/DS178/AB/R (May 1, 2001), para. 69.

213) Panel Report, Korea-Definitive Safeguard Measure on Imports of Certain Dairy Products, WT/DS98/R (June 21, 1999), para. 7.42.

214) *Ibid.*, para. 7.47.

의 문제로서 입증되어야 한다고 한 바 있다.[215)]

세이프가드를 발동하기 위해서는 예견하지 못한 사태발전과 회원국이 부담하여야 하는 의무를 따른 결과일 것을 전제로, 다음의 3가지 요건이 필요하다. 첫째, 상품의 수입이 급증하여야 하고, 둘째, 동종 또는 직접경쟁 상품을 생산하는 국내산업에 심각한 피해를 야기할 것, 셋째, 수입증가와 국내산업의 피해 사이에 인과관계가 있어야 한다. 미국-한국산 라인파이프 사건에서 항소기구는 세이프가드조치가 긴급한 상황에서만 발동될 수 있는 극히 예외적인 구제책임을 강조하였다.[216)]

(2) 요　건

(가) 수입의 급증

세이프가드협정은 '국내생산에 비해 절대적 또는 상대적으로 증가된 물량' (such increased quantities, absolute or relative to domestic production)이라고 하고 있으므로, 수입량의 급증이란 수입량의 절대적 증가만을 의미하는 것이 아니라, 국내생산량과의 비교에서 상대적으로 증가한 경우도 포함한다.[217)] 환언하면, 수입의 절대량이 늘지 않았거나 줄어들었다 하더라도, 수입량이 국내생산량에 대비하여 증가한 경우라면 수입량이 증가한 것으로 볼 수 있다는 것이다. 이와 관련하여 증가된 물량만이 요건이 되는지 아니면 증가된 가치도 포함되는지에 관해 아르헨티나-신발 사건에서 패널은 물량에 국한되는 것으로 판단하였다.

이와 관련하여 수입량의 증가를 판단함에 있어 조사 시작 시점의 수입물량과 종료 시점상의 수입물량간에 차이가 있는 경우 이를 어떻게 볼 것인가의 문제가 있다. 아르헨티나-신발 사건에서는 사실상 수입의 증가가 존재한다면 시작과 종료 시점(endpoint-to-endpoint comparisons) 모두에서 명백하여야 하고, 해당 기간 전체에 걸친 경향도 그러하여야 한다고 하면서, 만약 그 결과가 다르다면 세이프가드협정에서 말하는 수입증가가 있는지 의문을 야기할 수 있다고 하였다.[218)] 패

215) Appellate Body Report, Korea-Definitive Safeguard Measure on Imports of Certain Dairy Products, WT/DS98/AB/R (Dec. 14, 1999), para. 85.

216) Appellate Body Report, United States-Definitive Safeguard Measures on Imports of Circular Welded Carbon Quality Line Pipe from Korea, WT/DS202/AB/R (Feb. 15, 2002), para. 257.

217) 세이프가드협정 제 2 조 제 1 항.

218) Panel Report, Argentina-Safeguard Measures on Imports of Footwear, WT/DS121/R (June 25, 1999), paras. 8.156-8.157 [이하 'Argentina-Footwear 패널 보고서'].

널은 세이프가드협정 제 2 조 제 1 항이 '그렇게 증가한 물량으로'(such increased quantities)란 요건을 두고 있으므로, 모든 증가의 완전한 상황(full context)을 평가여야 한다고 보았다. 이러한 점에서 세이프가드협정 제 4 조 제 2 항 (a)가 수입과 피해 또는 피해 우려 사이의 인과관계를 분석하는 일환으로 수입비율과 물량을 평가하도록 하는 것이라 설명하였다. 항소기구 또한 동 협정 제 2 조 제 1 항과 제 4 조 제 2 항 (a)은 함께 조사 대상 기간의 전반적 경향을 고려할 것을 요구하는 것으로, 시작 시전과 종료 시점간의 비교만을 보라는 것이 아님에 동의하였다.[219)]

그러한 수입의 증가가 예견하지 못한 사태로 발생하였거나, 회원국이 관세양허 등 WTO가 요구하는 제반 의무를 준수한 결과로 나타난 경우에만 세이프가드 조치가 적용된다.

【 아르헨티나 - 신발수입제한 사건 】

1. 사실관계

아르헨티나 신발산업은 1940년대에 시작되어 정부의 보호 하에 발전을 거듭하고 있었다. 1980년대 들어 세계적 유명브랜드가 등장함에 따라 스포츠 신발 산업은 글로벌화되기 시작했고, 아르헨티나 신발산업계는 유명 브랜드 라이센스를 취득하여 국내에서 생산 판매하게 되었다. 시간이 흐름에 따라 실업과 주요 업체의 도산 등으로 인한 신발산업 보호 요구가 거세짐에 따라, 아르헨티나는 1997년 2월 14일 세이프가드 조사를 개시하고 관세를 부과하는 잠정조치를 내리게 되었다. 동시에 아르헨티나 경제공공노동부는 1993년부터 유지되어 온 수입신발에 대한 최소관세를 철폐하였다. 1998년 EC의 협의 요청에 의해 사건 분쟁해결절차가 시작되어, 패널이 설치되었다.

2. 패널 결정

1991년 물량 기준으로 886만 족이 수입되던 것이 지속적으로 증가하여 1992년 1,663만 족, 1993년 2,178만 족, 1995년 1,507만 족이 수입되었다. 그러나 1996년에는 1,347만 족만이 수입되었다. 아르헨티나 국내 시장점유율로

219) Appellate Body Report, Argentina-Safeguard Measures on Imports of Footwear, WT/DS121/AB/R (Dec 14, 1999), para. 129.

보면, 1991년 12%, 1992년 22%, 1993년 33%, 1995년 25%, 1996년 19%가 되고, 가격 기준 점유율은 11%에서 시작하여 24%, 34%, 34%로 증가하던 것이 1996년에는 28%로 감소하였다. 아르헨티나는 시작과 종료 시점을 기준으로 1991년부터 1995년까지 국내생산 대비 수입은 절대적 상대적으로 증가하였고, 1996년에는 1991년 수준이 되었다고 하였다. 그러나 EC는 수입이 증가하였다는 판단은 두가지 점에서 잘못된 것이라 하였다. 아르헨티나가 5년간 데이터를 가져온 것은 너무 오랜 과거 자료를 가져온 것이고, 단순히 시작과 종료 시점을 비교하는 것은 부적절한 것으로 수입감소 경향이 적절히 반영되지 못하였다고 반박하였다.

패널은 세이프가드협정상 조사기간에 대해 명시되어 있지 않으므로, 5년간의 과거 기록을 사용한 것은 상당히 유용하다고 하였다. 그러나 단순히 시작과 종료 시점에 기반하여 판단한 것은 매우 조작적이고, 시작 시점의 선택도 임의적인 것이라 하였다. 만약 1992년을 시작 시점으로 잡게 되면, 1995년과 1996년에도 총 수입이 명백히 증가한 상황을 불식시켜 버린다. 1993년 이후의 기간동안 수입 감소라는 사실에 기반할 때 분석의 정확성이 확보된다. 패널은 현재 사실상의 수입증가가 있다면, 시작과 종료 시점의 비교에서만이 아니라 해당 기간에 걸친 경향의 분석에서도 분명하게 나타나야 한다고 하였다. 협정 제 2 조 제 1 항이 '그러한 증가 물량'이라 한 것은 모든 증가의 완전한 상황을 평가하여야 한다는 것이다. 항소기구도 패널의 입장에 동의하여, 시작과 종료 시점의 비교가 아니라, 조사 기간 전체에 걸친 경향을 고려하여야 한다고 결정하였다.

(나) 심각한 피해 또는 우려

심각한 피해(serious injury)가 어떤 것인지에 관하여 명백한 기준이 있는 것은 아니나, 적어도 반덤핑관세나 상계관세를 부과하기 위한 요건으로 요구되는 실질적 피해(material injury)보다는 그 정도가 강한 것일 것을 필요로 한다. 그 이유는 앞서 언급한 바와 같이 반덤핑관세나 상계관세가 불공정행위에 대한 것인 반면, 세이프가드조치는 공정한 경우에 적용되는 것이므로 보다 엄격한 기준이 요구된다고 보아야 하기 때문이다. 이렇게 볼 때 심각한 피해란 국내산업에 전체적으로 중대한 침해(significant overall impairment)가 발생한 경우라고 정의할 수 있다.[220] 세이프가드협정도 제 4 조 제 1 항에서 심각한 피해를 명시하고 있다.

> **제 4 조** 심각한 피해 또는 그 우려의 판정
>
> **제 1 항** 이 협정의 목적상
>
> (a) “심각한 피해”는 국내산업의 상태에 있어 중대하고 전반적인 손상을 의미하는 것으로 양해된다.
>
> (b) “심각한 피해의 우려”는 제 2 항의 규정에 따라 명백히 임박한 심각한 피해를 의미하는 것으로 양해된다. 심각한 피해의 우려가 존재하는지 여부에 대한 판정은 사실에 근거하며, 단순히 주장, 추측 또는 막연한 가능성에 근거하지 아니한다. 또한,
>
> (c) 피해 또는 피해의 우려를 판정함에 있어서 “국내산업”은 회원국의 영토내에서 활동하는 동종 또는 직접적인 경쟁 상품의 생산자 전체, 또는 자신의 동종 또는 직접적인 경쟁상품의 총산출량이 동 상품의 국내총생산의 상당한 비율을 구성하는 생산자를 의미하는 것으로 양해된다.

심각한 피해의 우려는 심각한 피해가 명백히 임박한 경우를 의미하는 것으로, 한국산 라인파이프 사건에서 항소기구는 심각한 피해의 우려는 심각한 피해보다 낮은 수준의 요건이라고 결정한 바 있다.[221] 심각한 피해의 우려의 존재 여부에 대한 결정은 사실에 근거하여야 하며, 단순히 주장이나 추측 또는 막연한 가능성에 근거하여서는 아니 된다.[222] 이를 통해 볼 때 수입 증가의 우려만으로는 심각한 피해의 우려를 결정하는 충분한 근거가 되지 못한다. 제 2 조 제 1 항은 심각한 피해 또는 심각한 피해의 우려를 판단하는 기본 요건으로서 수입의 실제 증가를 요구하고 있기 때문이다. 따라서 수입증가의 우려만으로 심각한 피해의 우려가 있다고 판단하는 것은 단순한 주장, 추측, 막연한 가능성에 근거한 결정이 될 수 있다.[223]

심각한 피해 또는 피해의 우려에 대한 결정은 당해 국내산업의 상황에 영향

---

220) Hoekman and Kostechi, *op. cit.*, p. 169.

221) Appellate Body Report, United States-Definitive Safeguard Measures on Imports of Circular Welded Carbon Quality Line Pipe from Korea, WT/DS202/AB/R (Feb. 15, 2002), para. 181.

222) 세이프가드협정 제 4 조 제 1 항 (b).

223) Argentina-Footwear 패널 보고서, para. 8.284.

을 끼치는 객관적이고 계량가능한 모든 관련 요소의 평가를 기준으로 한다. '객관적이고 계량가능한'(objective and quantifiable nature)이란 구절은 객관적이고 계량가능한 자료(data)를 의미하는 것이지 요소(factors)를 대상으로 하는 것이 아니다. 또한 그러한 자료는 충분하여야 하며, 국내산업을 대표할 수 있는 것이어야 한다. '모든 관련 요소'(all relevant factors)란 수입에 관련된 요소 및 국내산업에 관련된 요소를 의미한다. 특히 관계상품의 수입증가율 및 증가량, 증가한 수입상품의 국내시장점유율 · 판매 · 생산 · 생산성 · 가동률 · 손익 · 고용수준변화 등을 종합적으로 평가하여 결정한다.224) 한국-낙농제품사건의 패널은 회원국 조사당국은 동 항에 포함되어 있는 모든 요소를 평가할 의무가 있다고 하였는데,225) 이 말은 관련되는 범위 내의 요소 모두를 검토하도록 요구하는 것이지, 각각의 모든 요소를 검토하라는 의미는 아니라고 보아야 한다.

국내산업이란 회원국 영역 내에서 활동하는 동종상품 또는 직접 경쟁하는 상품의 생산자 전체 또는 생산자 중 당해 상품 생산량의 합계가 당해 상품 국내총생산량의 상당한 부분을 차지하는 생산자를 말한다.226) 동종상품에 대한 설명은 반덤핑협정에 정의된 개념과 동일한 것이나, '직접경쟁 상품(directively competitive products)'이란 개념은 어디에도 정의되어 있지 않다. 그러나 GATT 제Ⅲ조 제 2 항의 해석에 따라 직접경쟁 상품은 동종상품보다 넓은 개념이라고 보는 것이 일반적이다.227) 그리고 일본 주세법 사건에서 본 바와 같이 동종상품은 상품의 물리적 특성을 주요 판단기준으로 보는 데 비하여, 직접경쟁 상품은 상업적 代替可能性을 판단기준으로 삼는 것이라고 할 수 있다.

(다) 인과관계

수입상품의 급격한 증가와 해당 국내산업의 심각한 피해간에 인과관계가 있어야 세이프가드조치를 취할 수 있다. 수입량의 증대와 심각한 피해는 비교적 수월하게 파악할 수 있으나, 인과관계의 문제는 상당히 모호한 측면이 있다. 뿐만 아

224) 세이프가드협정 제 4 조 제 2 항 (a).

225) Panel Report, Korea-Definitive Safeguard Measure on Imports of Certain Dairy Products, WT/DS98/R (June 21, 1999), para. 7.55.

226) 세이프가드협정 제 4 조 제 1 항 (c).

227) Petros C. Mavroidis, The General Agreement on Tariffs and Trade (Oxford, 2005), p. 117.

니라, 당국이 국내적 압력으로 인하여 정당화되지 않는 방법으로 세이프가드조치를 취할 가능성이 있다.[228] 따라서 세이프가드조치와 관련된 사건에서 핵심적인 부분은 바로 인과관계의 확립에 있다.[229] 세이프가드협정은 수입증가 이외의 요소가 심각한 피해의 원인으로 판명될 경우, 그에 해당하는 피해를 수입증가에 전가시켜서는 아니 된다고 하였다.[230] 전가시키는 것을 금지할 뿐이지, 수입증가 이외의 요소가 국내산업의 상황에 동시적으로 영향을 끼치는 경우 인과관계가 존재할 수 있다.[231]

EC산 밀 글루텐 수입사건 패널은 세이프가드협정 제 4 조 제 2 항에서 말하는 인과관계의 요건이 충족되기 위해서는 증가된 수입품 자체만으로 심각한 피해를 야기하는 것임을 입증하는 것이 필요하다고 하였으나, 항소기구는 이를 번복하였다.[232] 인과관계는 증가된 수입과 심각한 피해 또는 피해의 우려간에 원인과 결과의 진정하고 실질적인 관계를 필요로 하는 것이다.[233]

【 한국산 라인파이프사건 】

1. 사실관계

2000년 2월 18일 미국은 미국 내 국제무역위원회(ITC)의 조사에 따라 '배관용 탄소강관(circular welded carbon quality line pipe, 이하 '라인파이프')'에 대하여 세이프가드 발동을 결정하였다. ITC는 수입량의 증가뿐 아니라 심각한 피해와 우려를 야기하고 있는 많은 요소를 분석하여 라인 파이프 수입의 증가는 미국 내 산업피해의 중요한 원인이며, 다른 어떤 원인보다 많은 비중을 차지한다고 판단하여 미국법상의 실질적 원인(substantial cause)이라고 주장하였다. 미국은 이러한 조사 결과에 따라 북미자유무역협정(NAFTA) 체결국인 멕시코와 캐나다를 제외한 모든 국가의 상품에 3년 동안 매년 19%, 15%, 11%의 관세를 부

228) Afilalo, *op. cit.*, pp. 771-773.

229) Bhala and Gantz, *op. cit.*, p. 468.

230) 세이프가드협정 제 4 조 제 2 항 (b).

231) Bhala and Gantz, *op. cit.*, p. 613.

232) Appellate Body Report, United States-Definitive Safeguard Measures on Imports of Wheat Gluten from the European Communities, WT/DS166/AB/R (Dec. 22, 2000), para. 187 [이하 'US-Wheat Gluten 항소기구 보고서'].

233) *Ibid.*, para. 69.

과한다고 하였으며, 이러한 결정을 세이프가드협정 제12조 제 1 항 C에 따라 WTO 세이프가드위원회에 즉각 통보하였다.

그러나 미국의 세이프가드조치 발동은 사전 협의할 시간적 여유 없이 해당 국가들에게 취해졌다는 점, '피해(injury) 또는 피해의 우려(threat)'에 대한 해석, 취해진 조치의 비례성, 최소한의 기준에 달하는 개발도상국을 해당 조치에서 제외하였는가 등을 쟁점으로 하여 패널이 설치되었다.

2. 패널 및 항소기구의 결정

한국은 항소기구의 구두심리에서 미국법의 특정 조항이 아니라 미국이 세이프가드조치를 취한 것 자체만을 문제 삼았다. 즉 오직 라인파이프 조치를 통한 미국법의 적용과 동 조치의 적용에 이르도록 한 조사에 대해서만 항소한 것이다. 따라서 항소기구는 동 사건의 항소규칙을 라인파이프에 적용된 세이프가드조치에 한정하여 한국과 미국의 항소 각각에 대하여 다음과 같은 결정을 내리게 된다.

(1) 미국이 사전협의를 위한 적절한 기회를 제공하도록 한 세이프가드협정 제12조 제 3 항의 의무를 위반하였는지에 대하여 항소기구는 2000년 1월 24일에 보고된 조치와 2000년 2월 11일 발표된 조치방법(2000년 3월 1일부터 효력 발생)이 서로 다른 것으로 보아 미국은 세이프가드협정 제12조 제 3 항을 준수하지 않아 한국이 사전협의를 위한 충분한 정보와 시간을 얻지 못한 것으로 결정하였다. 중요한 것은 정보입수의 방법이 아니라 한국이 그러한 정보에 대해 제대로 대처할 수 있도록 충분한 시간이 주어졌는지의 여부라고 하였다.

(2) 미국이 세이프가드협정 제12조 제 3 항의 의무 이행에 실패함으로써 양허와 세이프가드협정 제 8 조 제 1 항의 다른 의무를 실질적으로 동등한 수준으로 유지하도록 노력할 의무와 또한 위반하였는지의 여부에 대하여 항소기구는 미국이 세이프가드협정 제 8 조 제 1 항을 위반하였다고 하였다. 세이프가드협정 제 8 조 제 1 항에 따라 미국은 한국과 체결한 GATT에 따른 양허 및 다른 의무의 수준이 실질적으로 동등하게 유지되도록 노력하여야 한다. 그러나 위에서 판단한 바와 같이 한국은 사전협의를 위한 충분한 시간과 기회가 주어지지 않았기에 항소기구는 미국이 동 협정 제 8 조 제 1 항을 위반하였다

고 결정하였다.

(3) 라인 파이프에 대한 세이프가드조치에서 '최소한의 조건에 부합하는' 개발도상국을 제외하였는지의 여부와 관련하여 패널은 미국 내의 어떠한 서류에도 이에 대한 언급이나 동 협정 제 9 조 제 1 항을 이행하기 위한 계획이 없었으며, 미국이 제시한 9,000톤이라는 면제기준은 전체 수입량의 2.7%에 해당되는 것으로, 세이프가드의 발동으로 수입량이 감소할 경우 3%를 초과하는 양이 될 것이라고 하였다. 또한 미국이 세이프가드 위원회에 통지한 보고서에는 동 협정 제 9 조 제 1 항에 따라 본 조치의 적용으로부터 제외된 개발도상국에 대한 언급이 없었다고 하였다. 항소기구는 이유를 달리 하여 패널과 동일한 결론에 이른다. 즉 미국이 주장한 바에 따라 본 협정 제 9 조 제 1 항에는 해당 개발도상국을 제외하는 구체적인 방법이 명시되어 있지 않으므로 미국이 세이프가드조치의 적용으로부터 제외되는 특정개발도상국들을 명시하지 않은 것은 본 조항을 위반한 것이 아니라고 하였다. 그러나 실제 세이프가드 조치가 제 9 조 제 1 항에 명시되어 있는 최소한의 조건을 만족시키는 개발도상국에게도 적용되었으므로 미국은 본 조항을 위반하였다고 하였다.

(4) 심각한 피해 또는 그 우려에 대한 개념 구분의 필요성과 관련하여 패널은 세이프가드협정에 각각 규정되어 있는 바와 같이 심각한 피해와 이에 대한 우려는 구분되어야 하며, 따라서 동시에 두 개념이 같은 사건에 사용될 수 없다고 하였다. 그러나 항소기구는 패널과 달리 이 두 개념은 동시에 적용될 수 있다고 보았다. 즉 'serious injury or threat of serious injury'라는 문구에서 볼 수 있듯이 두 개념은 'or'라는 합집합의 개념으로, 두 개념은 한 사건에 선택적이 아니라 동시에 적용될 수 있으나 다만 두 개념은 의미 자체가 다르므로 당연히 구분되어야 한다고 하였다. 또한 회원국들이 '심각한 피해'와 이에 대한 '우려'를 구분한 의도를 살펴 이 둘을 구분한 이유는 심각한 피해에 대한 '우려'가 존재할 경우 '심각한 피해'를 야기되기 전에 수입국이 이를 방지하기 위한 조치를 취할 수 있도록 하기 위함이기 때문에 수입국의 행정당국이 심각한 피해에 대한 '우려'가 있다고 판단할 경우 세이프가드조치를 발동할 권리가 있다고 하였다.

(5) 한국은 세이프가드조치 제 2 조 제 1 항과 제 2 항간의 'parallelism'은 세이프가드조치의 적용을 위하여 조사할 때 이에 포함되는 조사대상국과, 조치

의 적용대상국이 일치할 것을 요한다고 하여 미국의 'parallelism'을 주장하였다. 그러나 패널은 "미국은 ITC 보고서 주석 168번에 "… 캐나다와 멕시코를 조사대상에서 제외하더라도 조사결과는 똑같을 것이다 … ", "북미자유무역협정의 비회원국으로부터의 수입량이 현저하게 증가하였으며 … ", "비회원국으로부터 수입되는 상품의 가격이 가장 저렴하다 … " 등의 사실을 제시하여 미국의 입장에 따른 평결을 내렸다. 그러나 항소기구는 주석 168번은 밀 글루텐 사건에서 제시되었던 '북미자유무역협정의 비회원국으로부터의 수입량이 세이프가드조치의 적용을 위한 제 조건을 명백하게 만족시킨다는 사실을 합리적이고 충분하게 설명하여야 한다' 는 조건을 충족시키는 부분은 아니기 때문에 미국은 조사대상에는 멕시코와 캐나다를 포함시키고 세이프가드조치의 적용대상에서는 제외시킴으로써 본 협정 제 2 조와 제 4 조를 위반한 것이라고 결정하였다.

(6) 수입의 증가의 다른 요인으로 인한 침해결과의 불귀속과 관련하여 항소기구는 미국은 본 협정 제 4 조 제 2 항 b호의 조건을 만족시키지 못하였다고 판단하였다. 미국은 증가된 수입상품 이외의 요소가 국내산업에 피해를 초래하는 경우, 이러한 피해가 증가된 수입상품 탓으로 돌려지지 않는다는 인과관계를 명확하게 설명하여야 한다는 점을 지적하였다. 그러나 미국은 요소들 간의 인과관계를 명확하게 설명하고 있지 않으며, 수입상품의 증가가 미치는 영향과 확연하게 구분되어 있지 않기 때문에 충분한 설명이 될 수 없다고 하였다.

(7) 라인파이프 조치가 적용될 당시 라인파이프 조치의 명백한 정당성에 대해 패널은 미국이 세이프가드협정 제 5 조 제 1 항의 첫 번째 문단를 위반하였다는 한국의 주장을 부정하였다. 만약 미국이 취한 조치가 수량제한이고 또한 적용되어는 수량이 과거 3년간의 평균수입량의 수준 이하라면 명백한 정당성(clear justification)이 제시되어야 할 것이다. 그러나 미국이 세이프가드조치를 수량제한으로 적용하는 것이 아니라 관세로 적용하는 것인 만큼, 조치를 취하는 시점에 명백한 정당성을 제시할 의무가 없다고 하였다. 항소기구는 미국이 한국에 대하여 부과한 조치는 수량제한이 아니기 때문에 굳이 미국이 당해 조치를 적용함에 있어 명백한 정당성을 보일 필요가 없다는 패널과 동일한 결론에 이르렀다.

라인파이프 조치가 허용가능한 범위 내의 것인지에 관해 패널은 미국의 입장에 따라 이를 긍정하였으나 항소기구는 패널의 평결을 뒤집었다. 한국은 미국의 라인파이프 조치 범위가 세이프가드협정 제 5 조 제 1 항에만 한정되지 않았다고 주장하였다. 그러나 항소기구는 미국이 이에 대해 이의를 제기하지 않았다는 점을 고려하여 라인파이프 조치는 심각한 피해를 예방하고 치유하고 조정하는데 필요한 범위를 벗어난다는 결론을 내렸다.

세이프가드협정 제 5 조 제 1 항 첫 번째 문자의 해석과 관련하여 항소기구는 조약의 object and purpose이란 관점과 문맥 속에서 용어의 통상적인 의미에 따라 신의성실하게 해석되어야 한다는 지침과 조약 해석의 근본적인 규칙을 정하고 있는 조약법에 관한 비엔나협약 제31조 제 1 항에 따른 해석을 시도하였다. 세이프가드협정 제 4 조 제 1 항과 제 5 조 제 1 항의 '심각한 피해'란 동일한 의미를 지니는 것으로, 두 조항이 모두 '심각한 피해'에 관하여 언급하고 있다는 사실자체가 수입증가 외의 다른 요인으로 인한 손해를 포함하는 '심각한 피해 전부("entirety" of the "serious injury")'를 의미하는 것은 아니라고 하였다.

GATT 제XIX조의 제목이 "Emergency Action on Imports of Particular Products"라는 점으로 미루어보아 세이프가드조치는 수입으로 인한 결과에만 초점이 맞추어져야 한다고 하였다. 또한 항소기구는 미국-면사 사건을 상기하며 국가책임 '위반(breach)'에 대한 대응조치는 '위반'에 비례하여 적용되어야 한다는 국제관습법이 존재함을 확인하였다. 따라서 세이프가드조치는 확인된 침해 결과의 부분만을, 즉 수입 증가로 인한 침해의 결과와 동일하거나 더 적은 비율에 대해서만 적용되어야 한다고 하였다. 한국은 미국이 이러한 점을 위반하여 세이프가드협정 제 4 조 제 2 항 (b)를 위반하였으며 동 협정 제 5 조 제 1 항도 위반하였다는 가정에 대하여 미국은 반론을 제기하지 않았다. 항소기구는 미국의 반응에 근거하여 한국 입장에 따른 결정을 내렸으며, 세이프가드협정 제 4 조 제 2 항 (b)의 마지막 문장 위반이 동 협정 제 5 조 제 1 항의 첫 번째 문장의 자동적 위반을 내포한다는 의미는 아니라는 점을 확인하였다.

3. 발동절차

(1) 조 사

회원국은 자국의 주무 당국이 제정하여 GATT 제X조에 따라 공표한 절차에 따라 조사한 후에만 세이프가드조치를 적용할 수 있다.[234] 조사 당국은 해당 산업의 상황에 영향을 미치는 객관적이고 계량가능한 성격의 모든 관련 요소를 평가하여야 한다. 특히 관련 상품의 절대적 상대적인 수입증가율 및 증가량, 증가된 수입품이 국내시장에서 차지하는 점유율, 판매, 생산, 생산성, 가동률, 이윤 및 손실, 그리고 고용의 수준에 있어서의 변화를 평가한다.[235] 이 조사는 공개적 절차를 거쳐 객관적인 평가를 통하여 이루어져야 한다. EC산 밀 글루텐 사건에서 항소기구는 국내 주무 당국이 조사할 때 이해당사자에 의해 제기된 관련증거의 검토에 그친다고 한 패널의 의견을 기각하고, 당사자가 제출한 정보의 조사에 국한하여서는 아니 된다고 평결하였다.[236] 그러나 회원국의 주무 당국이 추가 정보에 대한 조사를 의무적으로 수행해야 하는 것도 아니다.

세이프가드조치를 위한 조사는 모든 이해관계자에 대한 합리적 공고, 수입업자 및 수출업자 기타 이해관계자의 의견제출, 공청회 개최 등 적절한 방법이 확보되어야 하는 등 특히 엄격한 투명성을 요청하고 있다. 그리고 권한 있는 당국은 사실 및 법규 적용에 관한 결론이 기재된 보고서를 공표하여야 한다.[237] 성격상 비밀이거나 비밀로서 제공된 정보는 이유가 제시되는 경우 조사 당국에 의하여 비밀로 취급되고, 이를 제출하는 당사자의 허가 없이 공개되지 아니한다.

(2) 통고 및 협의

세이프가드조치를 행하려는 회원국은 조사절차의 개시 및 그 이유, 피해판정, 세이프가드조치의 적용 및 연장에 관하여 WTO 세이프가드위원회에 즉시 통고하여야 한다.[238] 즉시란 용어는 일종의 긴급성을 내포하는 것인데, 긴급성이나 즉시

234) 세이프가드협정 제 3 조 제 1 항.

235) 세이프가드협정 제 4 조 제 2 항 (a).

236) Panel Report, United States-Definitive Safeguard Measures on Imports of Wheat Gluten from the European Communities, WT/DS166/AB/R (Jul. 31, 2000), para. 8.121.

237) 세이프가드협정 제 3 조 제 1 항.

238) 세이프가드협정 제12조 제 1 항.

성은 사례별로 다를 수 있다. 통고를 준비할 때의 행정적 어려움이나, 제공되는 정보의 특성 등이 고려되어야 한다. 구체적으로 통고의 복잡성이나, WTO 공식 언어로 번역하는 필요성 등이 그러한 요소에 해당한다. 그러나 어떤 경우이든 즉시 통고할 의무가 표상하는 의미처럼 통고를 준비하는데 소요되는 시간은 최소한이 되어야 한다. 세이프가드위원회가 진행 중인 조사에 대하여 검토하고 대응하는 데 최대한의 가능한 기간을 가질 수 있도록, 시간적 지연이 최소가 되도록 하여야 함을 의미한다.[239] 그리고 취하려는 조치에 대하여 실질적 이해관계를 가진 관련 상품의 수출회원국에게 협의할 기회를 주어야 한다.[240] 이러한 협의는 제공된 정보 검토와 해당 조치에 관한 의견 교환 및 제 8 조 제 1 항에 규정된 목적 달성을 위하여 행하게 된다. 통고와 협의는 원칙적으로 사전에 행하여져야 한다.

회원국은 잠정조치를 취하기 이전에 긴급수입제한조치위원회에 통고하여야 하고, 협의는 조치가 취해진 후 즉시 개시된다.[241] 협의 결과, 중간재검토 결과, 보상의 형태, 양허 및 다른 의무의 정지는 관련 회원국에 의하여 즉시 상품교역이사회에 통고되어야 한다.

(3) 잠정조치

심각한 피해의 명백한 증거가 있고, 판정을 늦출 경우 회복하기 어려운 피해를 야기할 만한 결정적 상황이 있는 경우 잠정적 세이프가드조치를 취할 수 있다. 잠정조치의 존속기간은 200일을 초과하지 아니하며, 그 기간 중 관련 요건이 충족되어야 한다. 후속 조사를 통해 증가된 수입품이 국내산업에 심각한 피해를 초래하거나 초래할 우려가 없다고 판정될 경우 신속히 환불이 가능하도록 잠정조치는 관세인상의 형식을 취하여야 한다.[242]

239) US-Wheat Gluten 항소기구 보고서, para. 106.
240) 세이프가드협정 제12조 제 3 항.
241) 세이프가드협정 제12조 제 4 항.
242) 세이프가드협정 제 6 조.

4. 세이프가드조치

(1) 원　　칙

(가) 최혜국대우의 적용

WTO 세이프가드조치는 모든 회원국으로부터의 수입에 대하여 적용되어야 한다.[243] 환언하면 세이프가드조치는 최혜국대우의 기초 위에서 발동되어야 한다는 것이다. 동경라운드에서는 일부 국가가 세이프가드조치를 선별적으로 적용하려 함으로써, 협상이 좌절되는 결과를 낳고 말았다.[244] 그러나 쿼터를 할당할 때 시장에 새로 진출한 국가와 종래 계속해서 공급하던 국가간의 차별은 허용하고 있다. 이러한 차별의 경우에도 4년간만 적용될 수 있고, 더 이상 연장시킬 수 없다. 선별적 세이프가드는 아시아와 동구유럽국가들을 보호하기 위하여 허용된 것이었다.

(나) 회색지대조치의 금지

선별적 적용이 예외적으로 허용되기는 하나, 수출자율규제(VERs)와 같은 유해한 선별적 조치는 엄격히 금지된다. 수출자율규제는 특히 미국과 유럽이 민감한 분야를 대상으로 GATT 제XIX조상의 세이프가드조치에 대신하여 사용하여 왔는데, 그 이유는 GATT 제XIX조에 따를 경우 보상이 필요할 뿐만 아니라, 세이프가드조치는 수입의 증가원인 국가에 대하여 선별적으로 적용할 수 없기 때문이었다.[245]

그 외에도 시장질서유지협정(OMA)이나 수출 및 수입 측면의 기타 유사한 조치를 취해서는 아니 된다. 유사한 조치에 해당하는 것으로는 수출조절, 수출입가격모니터링, 수출입감시, 강제적 수입카르텔, 자의적 수출입허가제도 등이 있다. 이러한 조치는 둘 또는 그 이상의 회원국간의 협정, 약정 및 양해에 따른 조치뿐만 아니라 단일 회원국에 의한 조치를 포함한다.[246] GATT 사무국은 종래 회색지대조치(grey area measures)가 GATT 제XIX조의 합법적 세이프가드조치의 10배에 가까운 것으로 파악하였다.[247]

---

243) 세이프가드협정 제 2 조 제 2 항.

244) Schott, *op. cit.*, p. 114.

245) Collins and Bosworth, *op. cit.*, pp. 12-13.

246) 세이프가드협정 제11조 제 1 항.

247) Lowenfeld, *op. cit.*, p. 59.

WTO협정의 발효일까지 효력이 유지되는 이들 회색지대조치는 WTO협정 발효일 후 4년 내에 단계적으로 철폐되거나, 세이프가드협정과 일치하도록 규정하여야 한다. 회색지대조치의 단계적 폐지는 WTO협정 발효일로부터 180일 이내에 관련 회원국이 세이프가드조치위원회에 제시하는 일정표에 따라 수행된다.[248] 다만, 유럽공동체 및 일본에 대하여 승용차, 비포장도로 차량, 경상용차, 5톤 이하의 경트럭 및 이들의 완전 분해된 형태에 대하여는 1999년 12월 31일까지 유예를 인정하였다.[249]

회원국은 이들 회색지대조치에 비견될 수 있는 산업간 협정의 채택 또는 유지를 지원하거나 고무하여서도 아니 된다.[250]

(다) 개발도상국의 우대

선진국이 개발도상국에 대하여 세이프가드조치를 취할 때에는 일정한 제한이 있다. 개발도상국으로부터의 수입물량이 전체수입물량의 3% 미만이고, 3% 미만인 수입점유율을 가진 개발도상국이 차지하는 점유율의 합이 해당 상품 총수입의 9%를 넘지 않는 경우에는 세이프가드조치가 취해지지 않는다.[251]

(2) 조치범위

(가) 조　　치

세이프가드조치를 취하는 회원국은 영향을 받는 수출국과 자국간 GATT에 따른 양허와 다른 의무의 수준이 실질적으로 동등하게 유지되도록 노력하여야 한다. 이러한 목적을 달성하기 위하여 관련 회원국은 그들의 무역에 대한 세이프가드조치의 부정적 효과에 대한 적절한 보상방법에 관하여 합의할 수 있다.[252]

(나) 존속기간

세이프가드조치는 국내산업에 대한 심각한 피해를 방지하고 구제하기 위한

248) 세이프가드협정 제11조 제 2 항.
249) 세이프가드협정 부속서.
250) 세이프가드협정 제11조 제 3 항.
251) 세이프가드협정 제 9 조 제 1 항.
252) 세이프가드협정 제 8 조 제 1 항.

범위 내에서만 적용되어야 한다. 세이프가드조치의 일환으로 행하는 수량제한은 통계자료의 이용이 가능한 과거 3년 동안의 평균수입량에 해당하는 수준 이하로 제한할 수 없다. 다만 명백한 근거가 제시되는 경우에는 평균수입량 이하로 제한할 수 있다.[253)]

세이프가드조치는 4년까지만 허용되나, 심각한 피해를 방지하고 치유하기 위하여 필요한 경우와 산업이 조정 중에 있다는 증거가 존재한다고 판정되는 경우 4년을 추가하여 8년까지 조치할 수 있다. 8년의 기간에는 잠정조치를 취한 기간도 포함된다.[254)] 개발도상국의 경우에는 2년을 다시 추가하여 최대 10년까지 세이프가드조치를 부과할 수 있다.[255)]

GATT 제XIX조에 따라 취한 기존의 세이프가드조치는 8년의 발효 후, 또는 세이프가드협정 발효 후 5년 이내 중 나중에 다가오는 기간 내에 철폐되어야 한다.[256)]

(다) 재 검 토

본 협정하에서 세이프가드조치의 예상존속기간이 1년을 초과하는 경우 조정을 촉진하기 위하여 이러한 조치를 적용하는 회원국은 적용기간 동안 정기적으로 이를 점진적으로 자유화하여야 한다. 조치의 존속기간이 3년을 초과하는 경우 이러한 조치를 적용하는 국가는 조치의 중간시점 이전에 상황을 재검토하며, 적절한 경우 조치를 철회하거나 자유화를 가속화하여야 한다.[257)]

【 미국 - 철강세이프가드 사건 】

1. 사실관계

1993년 미국 상무부(DOC)와 국제무역위원회(ITC)는 독일에서 수입되는 탄소강에 대하여 상계관세를 부과함을 결정하였다. 이러한 관세부과는 독일의

253) 세이프가드협정 제 5 조 제 1 항.
254) 세이프가드협정 제 7 조 제 1 항, 제 2 항, 제 3 항.
255) 세이프가드협정 제 9 조 제 2 항.
256) 1993년 5월 31일까지 적용되고 있던 세이프가드조치는 모두 13개에 불과하였다.
257) 세이프가드협정 제 7 조 제 4 항.

특정 탄소강 생산자들이 5가지의 상계가능보조금 프로그램으로 종가세(ad valorem)의 약 0.60%에 이르는 혜택을 받고 있다는 판단에 의한 것이다. 2000년 8월 2일 DOC는 탄소강에 대한 상계관세부과에 대한 sunset review에서 '상계관세의 종료는 보조금 지급과 피해의 계속 또는 재발을 초래할 것'이고 '만약 상계관세를 종료할 경우 지급되는 보조금의 양은 0.54%가 될 것'이라는 결과를 발표하였다. 2000년 12월 1일 ITC는 '상계관세의 철회는 합리적으로 가까운 시일 내에 미국 내 산업에 실질적 피해의 계속과 재발을 초래할 것'이라고 판단하여, 독일로부터 수입되는 탄소강에 대한 상계관세부과의 철회를 거절하였다. 이와 같이 미국이 sunset review 이후에도 자체 조사를 통해 독일산 부식 방지 탄소강판 생산자에게 상계관세의 부과를 계속함에 따라 EC가 패널설치를 요청하였다.

보조금협정 제11조 제 9 항은 '최소허용기준이 되는 보조금의 비율'(de minimis subsidization rate)인 1%를 규정하고 있어 미국이 sunset review를 통해 밝힌 0.54%는 보조금협정에 의해 무시될 수 있는 비율로 보이나, 'de minimis rule'은 보조금협정에 규정되어 있는 것이지 sunset review에 관한 규정이 아니라는 것이 미국의 주장이었다. EC는 이에 반대하여 'de minimis rule'을 sunset review에도 적용해야 한다고 하였으나, 미국은 EC가 보조금협정의 관련 규정을 확대해석하고 있다고 주장하였다.

2. 패널 및 항소기구의 결정

EC는 미국법이 WTO 회원국의 의무를 위반하였으며 미국의 조치는 보조금협정 제11조 제 9 항, 제21조 제 1 항, 제21조 제 3 항, 제32조 제 5 항, WTO설립협정 제16조 제 4 항을 위반하였다고 주장하였다. 미국이 최소허용기준 미만임에도 상계관세를 계속 적용한 것에 대해 패널의 다수의견은 미국의 관련 법령이 보조금협정 제21조 제 3 항, 제32조 제 5 항과 WTO설립협정 제16조 제 4 항을 위반하였다고 하였다. 그러나 한 명의 패널리스트는 조약법에 관한 비엔나 조약 제31조에 따라 해석하여 보조금협정이 sunset review시에 'de minimis rule'을 포함하지 않는다고 해석하여야 한다고 주장하였다. UR협상 당시 sunset review에 'de minimis rule'을 포함시킬 의도였다면, 관련 조항에서 '조사(investigation)'가 아닌 '조사와 검토(investigation and reviews)'라는 용어를 사용하였을 것이라고 하였고, 항소기구는 이 소수의견에 따라 해석하였다. 그러나 항소기구는 조문 해석 기준과 상관없이 sunset review는 예측(prognostication)에 관한 것으로 특정 숫자를 'de minimis rule'로 정한다는 것 자체는 현실적으로 큰 의미가 없다고 하였다. 또한 보조금협정의 제 규정과 관련하여 제11조 제 9 항과 제21조 제 3 항에 관한 해석은 조약법 제31조 제 1 항에 따라 해석되어야 하며, 제11조 제 9 항은 조사개시 및 후속조사에 대한 의무만을 규정하고 있으며, 제21조 제 3 항과의 관련성은 찾아 볼 수 없다고 하였다.

조사개시 단계에서는 피해를 야기하지 않았던 1% 이하의 보조금이 어떻게 5년 이후의 review 단계에서는 피해를 야기시킬 수 있는가. 즉 1% 이하의 보조금이 '항상' 피해를 야기하지 않는다는 패널의 가정에 대해 항소기구는 다음과 같이 지적하였다. 첫째 보조금과 피해는 서로 독립된 개념으로 보조금협정은 보조금의 정도에 따라 피해를 정의하지 않았다고 하였다. 둘째 개발도상국에게는 최소허용기준을 2~3%로 규정하고 있는 것과 비교하여 패널의 주장에 따르면 1% 라는 기준은 피해와는 무관한 기준이 될 것이다. 셋째 조사와 sunset review는 서로 다른 단계이므로, 조사시에 적용되는 'de minimis rule'이 다른 단계에 당연히 적용된다고 볼 수 없다고 하여 패널의 판단이 옳지 않다고 평결하였다.

(라) 재 발 동

동일상품에 대한 세이프가드조치의 재발동은 기존의 세이프가드조치 기간과 동일한 기간이 경과한 후에만 가능하며, 최소한 2년의 기간이 경과하여야만 가능하다.[258] 180일 이하로 부과된 잠정적 조치가 5년의 기간 내에 동일상품에 대하여 2회 이상 취해지지 않은 경우라면, 1년 후에 해당 잠정조치를 재발동할 수 있다. 개발도상국의 경우에는 그 절반의 기간이 경과하면 재발동할 수 있다.

5. 구제조치

세이프가드조치는 공정한 행위에 대한 비상적 조치이므로, 세이프가드조치에

258) 세이프가드협정 제 7 조 제 5 항.

의해 피해를 입은 국가는 일정한 구제조치를 취할 수 있다.

세이프가드조치에 대하여는 당해 조치의 대상이 되는 수출국에게 제공하는 보상적 구제조치와, 수입국 무역에 대한 양허나 의무적용의 정지와 같은 보복적 구제조치의 두 가지 방법을 취할 수 있다. 그러나 보복적 구제조치의 경우 세이프가드조치 후 90일 이내에 발동되어야 하고, 상품교역이사회가 당해 보복조치의 서면통지 접수 후 30일이 경과하였으며, 상품교역이사회가 이에 반대하지 않아야 한다.[259] 단 세이프가드조치가 수입물량의 절대적 증가로 인하여 취해졌고, 그 조치가 WTO협정의 규정과 일치하는 경우에는, 해당 세이프가드조치가 유효한 첫 3년 동안은 보복조치를 취할 수 없다.[260]

【 EC산 밀 글루텐 사건 】

1. 사실관계

1997년 10월 미국은 국제무역위원회의 통상적인 조사 끝에 EC산 밀 글루텐의 수입에 대하여 쿼터를 적용하였다. 그러나 미국은 NAFTA를 근거로 캐나다산과 일부 다른 외국산 밀 글루텐에 대하여는 쿼터를 적용하지 않았다. NAFTA는 해당 상품의 수입이 개별적으로 전체 수입의 실질적 부분인 것으로 생각되고, 수입에 의하여 심각한 피해 또는 피해의 우려에 중요하게 기여할 때를 제외하고는 NAFTA의 회원국에게는 세이프가드조치를 적용하는 것을 제한하고 있다.[261] EC의 제소에 대해 패널은 미국의 밀 글루텐에 대한 긴급수입제한조치 부과가 정당한지를 검토하였고, 미국과 EC는 패널보고서에 법적용과 법률 해석에 관한 특정 문제에 관하여 항소하였다.

2. 항소기구의 결정

(1) 관련 요소의 검토와 인과관계 입증

미국의 국제무역위원회는 조사과정에서 협정 제 4 조 제 2 항(a)에 열거된 모든 요소를 검토하였는데, 문제는 모든 요소를 검토함에 있어 당사국에 의해

259) 세이프가드협정 제 8 조 제 2 항.
260) 세이프가드협정 제 8 조 제 3 항.
261) NAFTA 제802조 제 1 항.

제기되지 않은 단백질함량과 가격의 관계에까지 충분한 주의가 주어져야 하는가 하는 점이다. 항소기구는 그렇게 하여야 한다고 하였다. 조사당국은 모든 관련요소를 조사하여야 하는바, 조사란 용어는 체계적 사문(systematic inquiry) 또는 세심한 연구(careful study)를 포함하는 것이라고 하였다. 당사국이 주요한 정보의 출처라 할지라도, 이것이 조사당국으로 하여금 다른 요소가 관련될 때 제시된 정보만에 조사를 국한시켜야 하는 것은 아니라고 하였다. 조사당국이 당사국의 제출에서 정보를 갖지 못한 경우라면 스스로 추가조사절차를 거쳐 찾아야 한다고 하였다.

협정상 증가된 수입 자체와 심각한 피해간의 인과관계의 입증에 있어 증가된 수입 이외의 요소가 심각한 피해로 귀속되지 않도록 하여야 한다. 그러나 증가된 수입과 동시에 다른 요인이 국내산업의 상황에 영향을 끼친다 할지라도 인과관계는 존재할 수 있다. 이 과정에서 중요한 것은 피해를 야기하는 다른 요소에 의한 영향을 분리하여 구별해 내는 것이다. 먼저 증가된 수입 이외의 요인이 추출되고, 이것은 수입품에 전가되어서는 아니 된다는 것이다. 이러한 점에서 미국은 수입 외적 요인을 심각한 피해로 전가하는 잘못을 범했다고 판단하였다.

(2) 최혜국대우의 적용

미국 국제무역위원회는 캐나다산 글루텐은 수입품의 실질적 부분이지만, 수입으로 인한 심각한 피해에 크게 영향을 끼친 것은 아니라는 이유에서 조치대상에서 제외하였다. 이에 대하여 항소기구는 세이프가드조치에서 캐나다를 제외시킨 것은 충분한 근거가 없는 것이며, 패널이 GATT 제XXIV조 또는 세이프가드협정 주 1이 그러한 차별을 허용하는가를 결정한 것도 불필요한 것이라고 하였다.

(3) 통고 및 협의

세이프가드협정 제12조 제 1 항은 심각한 침해나 위협에 관련된 조사절차의 개시, 증가된 수입에 따른 심각한 침해나 위협에 대한 평결, 세이프가드조치의 적용이나 확대를 결정한 경우 회원국은 이를 세이프가드위원회에 즉시 통고할 것을 규정하고 있다. 항소기구는 협정상의 '즉시 통고'(immediately notify)란, 문자 그대로 즉시 통고하라는 것임을 강조하였다. 통고는 심각한 피해나 그 위협을 발견하고 이에 따른 세이프가드조치의 적용을 결정하기 위하여 조사절차를 개시할 때 요구되는 것이다. '즉시'란 용어에 내포된 긴급성의 정도는 사안별로 검토되어야 하는 것으로, 세이프가드위원회가 진행 중인 조사를 검토하고 반응하기 위한 최대의 가능한 기간을 가지도록 시간적 지연은 최소가 되어야 한다고 하였다. 미국이 조치 후 16일 만에 조치 대상국에게 통고한 것은 즉시란 요건을 정확히 충족한 것이라고 할 수 없고, 심각한 피해 발견 후 26일이 지난 후 조치 대상국에게 통고한 것은 즉시가 아니라고 하였다. 반면 세이프가드위원회가 세이프가드 실시 5일 만에 이를 통고한 것은 즉시 통고한 것으로 볼 수 있으며, 시의적절한 것이라고 보았다.

세이프가드협정 제12조 제 3 항은 취하려는 조치에 대하여 실질적 이해관계를 가진 관련 상품 수출국에게 협의의 기회를 주어야 한다고 규정하고 있으나, 패널은 미국이 세이프가드조치 실시 이전에 협의를 위한 적절한 기회를 갖지 못하였다고 판단하였다. 항소기구도 계획된 쿼터조치의 충분할 만큼 정확한 내용을 담고 있지 않은 한, 국제무역위원회의 보고서에 포함된 정보를 제공하는 것만으로는 충분한 것이 아니라고 보았다.

6. 한국의 세이프가드 법제

(1) 관련 국내법

한국은 1986년 12월 31일 제정된 대외무역법 제4장 수입수량제한조치에서 세이프가드조치에 관한 규정을 두고 이를 시행하여 왔다. 그 후 UR에서 채택된 WTO세이프가드협정의 국내적 이행을 위해 1996년 12월 30일 대외무역법의 관련 규정을 전면 개정하였고, 2000년 말 산업피해구제제도를 보다 효율적으로 운영하기 위하여 불공정무역행위조사및산업피해구제에관한법률(산업피해구제법)을 제정하여 시행하고 있다.[262] 산업피해구제법은 제3장에서 수입증가로 인한 산업피해조사 등을 규정하고 있다.

(2) 절 차

특정한 상품의 수입증가로 국내산업이 심각한 피해를 받거나 받을 우려가 있는 때에는 당해 국내산업에 이해관계가 있는 자 또는 당해 국내산업을 관장하는 관계 중앙행정기관의 장은 무역위원회에 당해 특정물품의 수입이 국내산업에 미

262) 2001년 2월 3일 제정, 법률 제6417호(2021년 현재 법률 17758호).

치는 피해를 조사하여 줄 것을 신청할 수 있다. 무역위원회는 신청일로부터 30일 이내에 조사개시여부를 결정하고, 조사개시를 결정한 때에는 그 결정일로부터 4개월 이내에 당해 국내산업에 미치는 심각한 피해의 유무를 판정하여야 한다. 다만, 그 조사내용이 복잡하거나 신청인이 정당한 사유를 제시하여 기간의 연장을 신청한 경우에는 2개월의 범위 내에서 그 조사기간을 연장할 수 있다.[263)]

세이프가드조치 기간은 4년을 원칙으로 하고, 추가로 4년을 연장할 수 있다.[264)] 조사 중이라도 긴급히 세이프가드조치를 하지 아니하면 조사 대상이 되는 산업이 회복할 수 없을 정도로 심각한 피해를 받거나 받을 우려가 있다고 인정하는 때에는 관계 중앙행정기관의 장에게 관세율 조정에 관한 잠정적 세이프가드조치를 건의할 수 있다. 잠정조치의 기간은 최대 200일로 규정하고 있다.[265)]

무역위원회는 세이프가드조치에 대하여 기간이 만료되기 전에 당해 조치에 대한 완화·해제 또는 연장 여부를 재검토할 수 있다. 무역위원회는 세이프가드조치기간이 3년을 초과하는 경우에는 그 기간의 중간이 되는 날 이전에 재검토를 하여야 한다. 재검토 결과 국내산업의 심각한 피해방지나 구제 등을 위하여 세이프가드조치가 계속 필요하다고 판정하거나 완화·해제할 필요가 있다고 판정하는 경우에는 이를 관계 중앙행정기관의 장에게 건의할 수 있다.[266)]

(3) 운용현황

1997년 3월 1일의 유제품에 대한 수입쿼터조치와 2000년 6월 1일의 중국산 마늘에 대한 관세인상이 대표적인 사례이다. 이들 세이프가드조치와 관련하여 재검토한 결과, 2건 모두 기존의 조치를 존속하기로 결정되었다. 1997년 유제품에 대한 세이프가드조치는 WTO패널에서 협정 불일치 판정을 받음으로써, 2000년 5월 20일 종결되었다.[267)]

263) 산업피해구제법 제16조.
264) 동법 제17조.
265) 동법 제18조.
266) 동법 제20조.
267) Panel Report, Korea-Definitive Safeguard Measure on Imports of Certain Dairy Products, WT/DS98/R (June 21, 1999).

【 중국산 마늘에 대한 세이프가드조치 】

중국산 신선마늘의 수입은 1996년 6,553톤에서 1998년의 26,054톤으로 4배 가까이 증가하였고, 냉동마늘과 초산마늘의 수입은 1996년과 비교하여 1999년에는 9배 이상 급증하였다. 수입마늘의 국내시장 점유율은 1996년 3.3%에서 1999년(1월~9월) 12.2%로 크게 증가하였고, 국내의 농가판매가격과 도매시장가격은 1999년 1월~9월 사이에 전년동기 대비 42.4%와 37.9%씩 하락하는 등, 마늘재배농가의 피해가 커지게 되었다. 이에 따라 농업생산자 단체인 농업중앙회는 마늘재배농가를 대표하여 1999년 9월 30일 대외무역법 제26조에 따른 산업피해조사를 무역위원회에 신청하였다.

무역위원회는 1999년 10월 11일 대외무역법 제27조에 따라 산업피해조사를 개시하기로 결정하였고, 조사결과 마늘수입의 급증으로 관련 국내산업이 심각한 피해를 받고 있다고 판단하였다. 인과관계의 입증을 위하여 무역위원회는 수입증가가 국내가격의 하락 또는 정상적으로 발생할 수 있는 계절별 가격상승의 억제에 미친 영향을 검토하기 위해 과거 5년간 평균가격지수와 최근의 가격지수를 비교 분석하였다. 그리고 중국산 신선마늘과 냉장마늘은 국산마늘과 물리적 특성, 성분, 용도 등에서 매우 유사한 특성을 갖고 있는 동종상품이라고 하였다. 수입품 중 냉동, 건조, 일시저장 및 초산마늘은 신선마늘과 냉장마늘을 단순 가공한 것에 불과하여 상업적 용도에 있어 상호 대체사용이 가능하므로 국내상품과 직접경쟁 관계에 있다고 판단하였다.

무역위원회는 긴급한 구제조치를 취하지 않을 경우 관련 국내산업의 피해가 회복하기 어려울 것으로 판단하여, 1999년 10월 27일 냉동마늘과 초산마늘에 대해 200일 동안 기본관세에 285%의 잠정긴급관세를 추가해 줄 것을 재정경제부장관에게 건의하였다. 1996년 이후 수입의 급격한 증가와 수입품의 국내 시장점유율 상승, 국산품의 판매가격 하락과 재고 증가, 국내 마늘산업의 급격한 수익감소 등 국내산업이 심각한 피해를 입고 있다는 판단에 따라 잠정조치를 결정한 것이다. 이에 따라 재정경제부장관은 2000년 6월 1일부터 2003년 5월 31일까지 3년간 깐마늘에 대하여 기본관세(376%)에 추가하여 60%(또는 300원/kg)의 긴급관세를 부과하였고, 냉동 및 초산마늘 등에 대하여는 기본관세(30%)에 추가하여 285%(또는 1,707원/kg)의 긴급관세를 부과하였다.

이에 대하여 중국정부는 2000년 6월 7일부터 한국산 휴대무선전화기와폴리에틸렌에 대해 잠정수입금지조치를 취하였다. 그러나 중국측 조치는 사전협의 없이 보복조치를 취한 점, 고율관세 부과조치를 생략한 점, 농산물이 아닌 공산품을 곧바로 보복조치대상품목으로 선택한 점, 보복금액의 규모도 50배 이상에 달하는 점 등에 있어 문제가 있는 것으로 평가된다.

제5장 통상분야

제 1 절 상품무역

1. 농 업

(1) 농업협정의 의의

농업분야는 UR협상에서 핵심적 논의대상의 하나였다. UR에서 농산물협상이 대두된 가장 중요한 원인은 각국이 농업분야를 지원함으로써 발생하는 수많은 문제를 해결할 수 있는 국제적 해법을 찾으려는 데 있었다.1) 그 해법은 기존의 통상규칙을 개정하여 농산품에 대한 보호수준을 낮추는 데 초점이 맞추어졌다. 그러나 UR협상이 장기화된 가장 큰 이유가 농업협상이 포함된 데 있었던 것에서 알 수 있는 것처럼, 농업부문은 국가간의 이해가 첨예하게 대립되었던 분야였다.

WTO 농업협정은 농산품을 교역의 객체로 인정하여 공정하고 시장지향적인 농업무역체제를 확립하려는 것이다. 그러나 이는 '장기적 목적(long-objective)'라는 용어를 쓰는 것에서 알 수 있듯이 각국 농업의 특수하고 중요한 이해를 고려하여 장기적인 협상과 개혁을 통해 농업이라는 무역분야를 다른 상품무역분야와 마찬가지로 개방해 나가고자 하는 것이다. 가장 중요한 측면은 실현가능하면서 완전히 새로운 규칙을 설정하였다는 점에 있다. 특히 농산품에 대하여 관세율을 설정하였다는 점과, 모든 국가에서 가장 심한 무역왜곡정책으로서 사용되고 있던 농업정책 유형을 억제하였다는 점에서 큰 의미를 가진다.2) 이와 같이 농업분야의 통상규범

1) Stefan Tangermann, An Assessment of the Agreement on Agriculture, The New World Trading System (OECD, 1994), p. 143.

을 확립하였을 뿐만 아니라, 모든 국가에게 국별양허의 이행을 요구하여 농업분야의 유효성을 확보하고 있다.[3)]

그러나 농업협정은 각국 정부가 할 수 있는 것은 무엇이고 해서는 안 되는 것은 무엇인지를 정의 내려 놓은 것에 지나지 않는 것으로, 단순히 농업시장과 무역에서 정부의 개입을 줄이는 방향으로 첫발을 디딘 데 불과한 것이다.[4)] 우리나라와 일본 등의 주장에 의하여 농업의 비교역적 성격이 부분적으로 인정된 점도 그러한 측면에서 이해할 수 있다.

(2) 시장접근

(가) 예외 없는 관세화

WTO체제에서는 농산품의 경우에도 관세를 부과함으로써 '례외 없는 관세화'가 이루어졌다. 관세화는 무역조치의 투명성을 확보하고, 수많은 회색지대조치를 제거하며, 계속적인 관세감축을 할 수 있게 한다는 측면에서 중요한 의미를 가진다.[5)]

관세패키지에 따라 WTO협정 발효 전 수입된 물량은 계속 수입이 보장되어야 하고, 새로운 물량의 경우 금지되지 않는 관세율의 적용을 보장하여야 한다. 이것은 관세쿼터에 의해 달성되는데, 쿼터 내의 물량은 상대적으로 낮은 관세율을 적용하고, 쿼터를 초과하는 물량에 대하여는 상대적으로 높은 관세율을 적용하는 것이다.

양허대상이던 농산물은 양허세율을 기준으로 하고, 비양허품목은 1986년 9월 1일의 세율을 기준으로 하여 1995년부터 6년간 평균 36%를 인하한다. WTO출범시까지 비관세대상이던 농산물은 1986~1988년을 기준으로 하여 국내외 농산물의 가격차이인 관세상당치(Tariff Equivalent: TE)를 계산하여 관세로 전환하고, 1995년부터 6년간 동일한 비율로 평균 36%를 인하하여야 한다. 개발도상국의 경우에는 1995년부터 10년간 24%를 인하하면 된다. 일부 개발도상국의 경우 우루과이 라운

---

2) S. Collins and B. Bosworth, The New GATT (Brookings Institute, 1994) p. 45.

3) Tangerman, *op. cit.*, p. 145.

4) *Ibid.*

5) Collins and Bosworth, *op. cit*, p. 48. 일정한 조건 충족을 전제로 관세화가 유예된 것으로 일본의 쌀, 이스라엘의 양고기·전지분유·치즈, 한국과 필리핀의 쌀 등을 들 수 있다.

드 이전에 관세대상이 아니던 품목의 경우 관세상한율을 제시할 수 있는 기회가 있고, 최빈국의 경우 관세를 인하할 필요가 없다.

(나) 최소시장접근

농업협정은 기존의 관행에 따라 수입이 금지되던 물품에 대해 최소시장접근(minimum market access: MMA)을 통한 수입쿼터를 설정하였다. 이는 이행 첫해에 국내소비량의 3% 이상에 대해 시장접근을 허용하고, 6년째 말에는 5%까지 확장시키는 것이다.[6] 이와 같은 과도기간을 거쳐 개선과정의 지속에 관한 협상에서 관세의무가 면제되지 않는다면, 회원국은 반드시 관세화에 따라야 한다.[7] 이와 관련하여 1986~1988년의 평균수입량이 국내소비량의 3% 이상인 농산품은 1995년부터 6년간 평균수입량을 보장하여야 한다. 이를 현행시장접근(current market access: CMA)이라 한다.

이행기간 동안(선진국 2000년, 개발도상국 2004년) 특별민감품목의 수입을 제한하는 특별대우 규정이 허용되는데, 이는 해외 공급자에 대한 최소시장접근을 포함하여 엄격히 정의된 조건에 따라 적용된다. 한국, 일본, 필리핀, 이스라엘이 4국이 그 대상으로, 한국과 일본, 필리핀은 쌀에 대하여, 그리고 이스라엘은 양, 분유, 일정한 치즈에 대하여 허용되었다. 일본과 이스라엘은 이미 해당 특별대우를 포기하였고, 대만이 쌀 부분에서 새로이 적용받게 되었다.

우리나라는 쌀에 대하여 국내소비량의 1%의 쿼터를 인정받게 되었는데, 4년간 매년 0.25%씩 증가시키고, 그 이후 5년간 매년 0.4%씩 증가시켜 2004년에는 4% 이상 수입하여야 한다. 그 외에 쇠고기, 돼지고기, 닭고기, 감귤, 유제품, 고추, 마늘, 참깨 등은 고관세를 부과하거나, 자유화시기를 최대한 늦추도록 하였다. UR 이후 우리나라는 WTO협정으로 영향을 받게 되는 농업분야에 관하여 농어민 등의 보호를 위하여 WTO협정이행특별법을 제정한 바 있다.

(다) 특별세이프가드

특별세이프가드제도는 UR에서 신설된 것으로서, 농산물 중 관세화대상 품목

6) 농업협정 제5부속서 농업협정 제 4 조 제 2 항에 관한 특별취급, Section A, B.
7) 농업협정 제20조.

의 수입이 급증하거나 수입가격이 급락하여 국내 시장과 생산에 타격을 줄 경우 긴급관세를 부과할 수 있는 제도이다. GATT 제XIX조의 세이프가드는 국내산업에 심각한 피해가 야기된 경우 적용되지만, 특별세이프가드는 국내 피해 여부와 상관없이 요건만 충족되면 자동으로 발동된다. 그러나, 시장접근물량은 특별세이프가드의 조치대상이 될 수 없다.

일반관세로 전환한 농산물 중 자국 양허표에서 'SSG'라는 기호로 표시된 농산물은 특별세이프가드조치의 대상이 된다. 즉 양허를 행한 회원국의 관세영역으로 들어오는 동 품목의 수입물량이 특정연도에 기존의 시장접근 기회와 관련되는 발동수준을 초과하는 경우, 또는 양허를 행한 회원국의 관세영역으로 들어오는 동 품목의 수입가격이 운임과 보험료를 포함한 수입가격을 기준으로 자국 통화로 환산할 경우 동 품목의 1986~1988년 평균참조가격인 발동가격 이하로 하락하는 경우 특별세이프가드조치를 취할 수 있다.[8] 참조가격은 일반적으로 관련품목의 단위당 평균운임과 보험료를 포함하는 수입가격 또는 해당품목의 품질 및 가공단계 등을 적절히 감안한 가격을 말한다. 이러한 제도를 도입한 것은 수입국이 관세화를 수락할 수 있도록 하려는 이유에서였다.

수입물량의 급증으로 부과되는 추가관세는 부과된 당해연도 말까지만 유지되며, 조치가 취해지는 해에 유효한 일반관세의 3분의 1 수준을 초과할 수 없다. 발동수준은 시장접근기회에 기초한 표에 따라 설정하되, 동 시장접근기회는 자료입수가 가능한 이전 3년간 당해품목의 국내소비에 대한 수입비율로서 정의된다. 당해품목의 시장접근기회가 10% 이하인 경우 기준발동수준은 125%이고, 시장접근기회가 10%보다 크고 30% 이하인 경우 기준발동수준은 110%이며, 시장접근기회가 30%보다 큰 경우 기준발동수준은 105%가 된다.[9]

수입가격이 발동가격 이하로 하락하는 경우 추가적 관세는 다음과 같이 부과된다. ① 가격차이가 발동가격의 10% 이하인 경우, 추가적인 관세는 부과되지 아니한다. ② 가격차이가 발동가격의 10%보다 크고 40% 이하인 경우, 추가적 관세는 가격차이가 10%를 초과하는 부분의 30%가 된다. ③ 가격차이가 발동가격의 40%보다 크고 60% 이하인 경우는 가격차이가 40%를 초과하는 부분의 50%에 ②

8) 농업협정 제5조 제1항.

9) 농업협정 제5조 제4항.

에 따라 허용된 추가적 관세를 더한 수치가 된다. ④ 가격차이가 60%보다 크고 75% 이하인 경우, 추가적 관세는 가격차이가 발동가격의 60%를 초과하는 부분의 70%에 ②와 ③에 따라 허용된 추가적 관세를 더한 수치가 된다. ⑤ 가격차이가 발동가격의 75%보다 큰 경우, 가격차가 75%를 초과하는 부분의 90%에 ②, ③, ④에 따라 허용된 추가적 관세를 더한 수치가 된다.[10] 특별세이프가드조치는 가격과 물량의 측면에서 취해질 수 있으나, 양자를 동시에 부과할 수는 없다.

특별세이프가드조치의 운영은 투명한 방법으로 이루어져야 하고, 조치를 취하는 회원국은 실행가능한 한 사전에, 늦어도 조치 이행 후 10일 이내에 농업위원회에 관련자료를 포함하여 서면으로 통보하여야 한다. 그리고 조치를 취하는 회원국은 모든 이해당사국에 대하여 동 조치의 적용조건에 관하여 협의의 기회를 부여하여야 한다.[11]

농업협정 제 5 조 규정에 합치하여 조치가 취해지는 경우, 회원국은 GATT 제XIX조 제 1 항(a)와 제 3 항 또는 세이프가드협정 제 8 조 제 2 항의 규정을 이용할 수 없다. 특별세이프가드 규정은 농업협정 제20조에 의해 결정되는 개혁과정의 존속기간 동안 효력을 갖는다. 농업협정 제20조는 UR협상 결과에 대한 이행기간이 만료되기 1년 전에 시작한다고 규정하고 있어, 선진국의 이행기간이 끝나는 2001년을 기점으로 하여 2000년 1월부터 시작하게 되어 있다. 이에 따라 공식적 추가협상은 2000년 3월 농업위원회에서 개시되었고, 2001년 11월 제 4 차 각료회의에서는 UR 이후 새로운 무역협상인 도하개발아젠다가 시작되었다.

(3) 보 조 금

(가) 보조금의 감축

농업에 관련된 국내 보조금은 점진적으로 균등 감축하여야 한다. 감축대상보조금은 생산 및 가격지지 효과가 있는 국내보조금이 이에 해당되며, 각 회원국은 매년 감축약속으로 제시된 보조총액측정치(Aggregate Measurement of Support: AMS) 범위 내에서만 지원이 가능하다. 선진국은 보조총액측정치를 기준으로 6년간 20%, 개발도상국은 10년간 13% 감축하되 품목별 신축성은 허용된다. 보조총액측정치는

10) 농업협정 제 5 조 제 5 항.
11) 농업협정 제 5 조 제 7 항.

어느 한 국가의 연간 총체적인 보조규모를 말하는 것으로, 농업협정은 이를 총체적으로 감축해 나가는 점에서 개별적인 보조금을 대상으로 하여 금지 또는 상계조치하는 보조금협정과는 대조된다. 그러나 품목 특정적 국내보조의 경우 해당 연도의 특정품목 총생산액의 5%를 초과하지 않는 범위 내에서, 품목불특정 국내보조의 경우에는 농업총생산액의 5%를 초과하지 않는 범위 내에서 총 보조총액측정치(Current Total AMS)의 계산 및 감축약속에서 제외시키도록 하고 있으며, 개발도상국에 대해서는 최소(de minimis) 보조 비율을 10%로 하고 있다.[12] 보조총액측정치는 특정보조와 비특정보조의 합산이므로, 실제 감축시 품목간 신축적으로 운영할 수 있다. 생산제한을 전제로 한 직접지불은 일정한 조건을 충족한 경우에만 국내보조 감축대상에서 면제된다.[13] 생산에 영향을 주는 직접지불이라 할지라도 생산제한이 조건으로 주어지는 것이라면, 감축대상보조금의 성격을 갖는 것이지만 과잉생산과 수출보조로 인한 시장의 왜곡을 시정하기 위한 것이므로 감축의무는 없다. 허용대상보조금은 생산에 미치는 효과나 가격지지 효과가 적은 국내 보조금으로서, 연구사업·교육훈련·하부구조 지원사업 등 정부의 일반 서비스, 식량안보 목적의 공공재고 유지, 생산에 연계되지 않는 직접 소득지지·환경보전지원·구조조정을 위한 투자지원 등이 이에 해당된다.[14]

농업협정은 회원국의 양허목록에 명시된 보조금이 아닌 한 농업상품에 대한 수출보조금을 금지한다. 양허목록에 등재되어 있는 수출보조금은 수출 농산물에 지급되는 정부보조로서 재정지출금액과 수출물량을 동시에 감축하여야 한다. 회원국은 자국의 양허표에 명시된 농산물 또는 동 품목군과 관련하여 재정지출 및 물량에 대한 약속수준을 초과하여 농업협정 제 9 조 제 1 항에 열거된 수출보조금을 제공하여서는 아니 되며, 자국 양허표에 명시되지 않은 농산물과 관련하여 이러한 보조금을 제공하여서도 아니 된다.[15] 선진국은 1986~1990년 기준으로 6년간 금액대비 36%, 물량대비 21% 감축하여야 한다. 개발도상국의 경우에는 10년간 각각 24%, 14%를 감축하게 된다.[16] 그러나 6년의 이행기간 동안 개발도상국은 유통비

12) 농업협정 제 6 조 제 4 항.
13) 농업협정 제 6 조 제 5 항.
14) 농업협정 제 7 조, 제2부속서.
15) 농업협정 제 3 조 제 3 항.
16) 농업협정 제 9 조 제 2 항.

용보조, 국내운송비 보조와 관련하여 감축의무에 일정한 조건을 허용받게 된다.

농업협정은 새로운 수출보조금의 도입을 금지하고, 상당수의 기존 보조금을 유지하고 있는데, 가장 중요한 점은 무엇이 감축대상보조금에 해당하는지를 지정하고 있다는 것이다. 그러나 감축대상보조금을 6가지로 나열함으로써, 이에 명시되지 않은 방법으로 우회적인 보조금이 지급될 가능성이 있다. 이러한 우회보조금은 국제적으로 합의된 바에 따라 처리하면 된다.[17)]

(나) 평화조항

농업협정상 양허된 범위 내의 국내보조금과 수출보조금에 대해서는 보조금 및 상계조치협정상의 상계조치를 2003년까지 자제하여야 한다.[18)] 이를 소위 '평화조항(peace clause)'이라 한다. 평화조항이 없다면, 농업협정상의 수출보조금은 보조금 및 상계조치협정상의 금지보조금이 될 것이고, 감축대상보조금이나 허용보조금은 상계조치 대상이 될 수 있다.

그러나 이러한 평화조항이 있다 할지라도, 보조금이 지급된 수입품이 국내생산자에게 피해를 주거나 피해의 위협을 가하는 경우 상계관세를 부과할 수 있다. 평화조항은 농업무역의 개혁이 진행되고 있는 동안 새로운 무역분쟁의 위협을 줄이기 위해 고안된 것이다.[19)]

【 한국 – 쇠고기에 관한 조치 사건 】

1. 사실관계

1999년 2월 1일 미국은 한국이 수입쇠고기에 대한 차별적 제도를 갖고 있다는 이유로 한국에 협의를 요청하였다. 한국은 진열을 제한하거나 수입 쇠고기의 판매 기회를 제한하는 방법으로 전문화된 상점에서만 수입 쇠고기를 판매하도록 제한하고 있다는 것이었다(이중소매제도). 미국은 한국이 수입 쇠고기에 대해 가격인상을 단행하였으며, 수입을 소위 '수퍼 그룹(super-group)'과 축산물유통사업단(LPMO)에게만 허용하며, 한국의 이행계획에 반

17) 농업협정 제10조 제 2 항.
18) 농업협정 제13조.
19) Jeffery Schott, The Uruguay Round (Institute for International Economics, 1994), p. 53.

영된 총보조측정치를 초과하여 축산농가에 보조금을 지원하였다고 주장하였다. 이러한 제한은 수입 쇠고기에만 부여되었으므로 내국민대우 위반이며, 농업협정상의 국내보조금 규정을 위반한 것이라고 주장하였다.

2. 패널 및 항소기구의 결정

LPMO의 도매시장에서 수입 쇠고기를 수입쇠고기전문점에만 공급하고 그 상점들은 '수입쇠고기전문점'으로 명시하도록 하는 것은 GATT 제Ⅲ조 제 4 항 내국민대우 규정을 위반한 것인가. 한국은 국산쇠고기도 수입쇠고기전문점에서 판매되지 않도록 규제하고 있어 국산쇠고기에 대해서도 동등한 규제가 시행되는 것이므로, 내국민대우위반에 해당되지 않는다고 하였다. 패널은 수입 쇠고기와 한국산 쇠고기의 동종상품 여부를 먼저 확인하고, 다음으로 불리한 대우의 존재 여부를 검토하였다. 패널은 GATT 제Ⅲ조의 의미는 보호주의를 차단하는 데 그 목적이 있고, 거래량에 대한 기대보다는 경쟁조건에 대한 기대를 보호하기 위한 원칙이므로, 법규에 의해 수입상품에 보다 불리한 효과가 발생하였는지 여부는 중요하지가 않다고 하였다. 구분판매제도는 수입상품과 국산품간의 차별적 대우를 발생시키게 되므로 내국민대우에 위반된다고 하였다. 또한 구분판매제도가 동등하게 적용되더라도 수입쇠고기의 경쟁조건이 감소된다면 내국민대우에 위반되는 것이라고 판단하였다. 항소기구는 결정 자체에는 동의하였으나, 그 근거와 관련하여서는 패널과 일부 차이를 보이고 있다. 패널이 구분판매제도의 존재 자체가 내국민대우 위반이라고 하였으나, 항소기구는 구분판매제도가 수입쇠고기의 판매에서 불리한 경쟁조건을 제공했는가에 따라 내국민대우 위반 여부를 평가하여야 한다고 하였다.

보조금지급과 관련하여 패널은 1997년과 1998년 한국의 쇠고기 보조금은 적절하게 산정된 것이 아니며, 농업협정 제 6 조 제 4 항의 최소기준을 초과하는 것이고, 농업협정 제 7 조 제 2 항 (a)의 보조총액측정치를 넘어서는 것이라고 하였다. 농업협정 제 6 조 제 4 항 (a)(2)에서는 보조총액측정치에 산입되는 품목불특정보조라도 5%(개발도상국은 10%)를 초과하지 않는 경우 계산하지 않는다고 규정하고 있는데, 한국은 1997년과 1998년에 최소허용치 10%를 초과하는 국내보조금을 지급하였으므로 농업협정 제 6 조를 위반하였고, 그 기간 동안 실제 총보조총액측정치에 축산 산업에 대한 국내보조를 포함하지 않은 것은 농업협정 제 7 조 제 2 항 (a)를 위반한 것이라고 하였다. 이에 대하여 한국은 두 개의 양허표에 기초한 양허약속수준을 평가함에 있어 패널이 오류를 범하였고, 한국의 현 총보조총액측정치에 축산 산업분야의 보조총액측정치 산입과 관련하여 항소하였다. 항소기구는 1996년과 1997년의 국내보조금을 재계산하면서 제 1 항 (a)(ii)와 제 3 부속서에 어긋나는 방법으로 계산하였으므로, 패널의 판단은 옳지 않다고 보았다. 따라서 잘못 재계산된 보조금에 기초하여 내린 패널의 결정, 즉 1997년과 1998년의 국내보조금이 최소기준을 넘었다는 것, 현 총보조총액측정치에 현 보조총액측정치를 산입하지 못한 것은 제 7 조 제 2 항 (a) 위반이라는 것, 1997년과 1998년 국내보조금이 한국의 약속수준을 초과한 것은 제 3 조 제 2 항을 위반한 것이라는 패널의 결정을 파기하였다. 따라서 항소기구는 패널의 판단은 불충분한 것으로, 한국의 국내보조금이 최소기준을 넘는지, 현 총보조총액측정치에 현 보조총액측정치를 산입하지 못한 것이 농업협정 제 7 조 제 2 항 (a)에 반하는 것인지, 1997년과 1998년 한국의 국내보조금 총액이 한국의 양허약속수준을 초과하는지에 대하여 법적 분석을 마무리할 수 없다고 평결하였다.

2. 위생 및 식물위생

(1) 개요

WTO 위생 및 식물위생조치(Sanitary and Phytosanitary Measures, 이하 'SPS조치') 협정(SPS협정)은 특정한 보건상의 위험으로부터 인간, 동물 및 식물의 생명과 건강을 보호하기 위한 국가의 조치를 국제무역 규범에서 어떻게 정당화할 수 있는지를 규율하고 있다. SPS조치는 종종 기술장벽(Technical Barriers to Trade, TBT)의 형태를 띠지만, 기술장벽에 관한 협정(이하 'TBT협정')과는 별도로, 오직 SPS협정의 규율 대상에 해당한다.

SPS조치의 중요성은 무엇보다도 보건 위험에 대한 국가의 규제 자율성이 중대한 사안으로 여겨진다는 데에 있다. 특히 식품 안전이나 농업 관련 위험은 농산물 무역과 밀접하게 연계되어 있으며, 이러한 이슈는 농업협정에서 모두 포섭하기 어려운 민감한 분야이기 때문에 WTO는 별도의 협정으로서 SPS협정을 채택하였다.

회원국들은 식품 안전이나 동·식물 질병 등과 관련된 위험을 예방하기 위해 자주 SPS조치를 이행하고 있으나, 이러한 조치가 무역 제한의 수단으로 악용되는 사례도 빈번히 관찰된다. 이에 따라 SPS협정은 '무역자유화의 실현'과 '공중보건이라는 사회적 가치를 보호하기 위한 국내규제 권한의 존중'사이 균형을 도모하는 규범적 기제로 기능하고 있다.

(2) SPS협정의 적용 범위

SPS협정은 인간, 동물, 식물의 생명 또는 건강을 보호하기 위한 조치 가운데, 국제무역에 직·간접적으로 영향을 미치는 위생 및 식물위생 조치에 적용된다.[20] 따라서 해당 조치가 SPS협정의 규율 대상이 되기 위해서는 (i) 국제무역에 영향을 미치는 조치이며, (ii) 부속서 A에서 정의한 위생 또는 식물위생 조치에 해당하여야 한다.

(가) 국제무역에 영향을 미치는 조치

SPS협정의 적용범위는 국제무역에 영향을 미치는 조치에 한정된다. 다만, 이 요건은 비교적 쉽게 충족되며, 특히 수입상품에 적용되는 조치는 일반적으로 무역에 영향을 미친다고 평가된다. EC-Biotech Products 사건에서의 패널은 제 1 조 제 1 항의 '국제무역에 영향을 미치는'이라는 문언을 근거로, 해당 조치가 실제로 무역에 미치는 효과를 증명할 필요는 없다고 하였다.[21]

(나) 위생 및 식물위생 조치의 정의

SPS협정 부속서 A 제 1 항은 SPS조치를 다음과 같이 정의하고 있다. 즉 다음과 같은 위험을 방지·제한하기 위한 모든 조치는 SPS조치에 해당한다.

- 병해충, 질병매개체 또는 질병원인체로 인한 동·식물의 생명·건강에 대한 위험
- 식품, 음료, 사료 내의 오염물질이나 독소로 인한 인간 및 동물의 건강 위험
- 동·식물 및 그 제품을 매개로 한 질병의 유입으로 인한 인간의 건강 위험

20) SPS협정 제 1 조 제 1 항.

21) Panel Report, European Communities-Measures Affecting the Approval and Marketing of Biotech Products, WT/DS291, 292 & 293/R (Sept. 29, 2006), para. 7.435 [이하, 'EC-Approval and Marketing of Biotech Products 패널 보고서'].

- 해충의 유입 · 정착 · 전파로 인한 다른 피해의 방지 또는 제한

이 정의에 따라 SPS조치는 최종제품의 기준, 가공 및 생산방법, 검사 및 인증 절차, 검역조치, 포장 및 라벨링 등 매우 다양한 규제 수단을 포함할 수 있다. 특히 '다른 피해'는 경제적 피해나 환경적 손해까지 포괄하는 넓은 개념으로 해석된다.[22]

(다) 조치의 판단 기준

어떤 조치가 SPS협정상 조치로 간주되기 위해서는 그 목적이 건강 보호에 있어야 하며, 조치의 형식보다는 그 실질적 목적과 효과에 따라 판단된다. 예컨대 소비자 정보 제공을 위한 유기농 인증표시나, 석면이 포함된 건축자재의 수입금지와 같은 조치는 식품이나 병해충과 무관한 건강 위험을 대상으로 하므로 SPS조치로 간주되지 않는다. WTO 판례는 이러한 목적 판단에 있어 조치의 법적 구조와 효과 등 객관적 요소를 중심으로 삼고 있다. EC-Biotech Products 사건에서는 목적, 법적 형식, 성격을 기준으로 하였고, Australia-Apples 사건에서는 '목적' 요건을 강조하면서, 조치의 전체적인 성격을 종합적으로 고려하였다.[23]

아울러, SPS협정은 해당 조치의 주체에 있어서도 중앙정부만을 전제로 하지 않는다. 제13조에 따르면 지방정부 등 비중앙정부 기관에 의해 시행된 조치 역시 SPS협정의 적용 대상이 된다. 또한, SPS협정의 적용 범위는 자국 영토 내의 조치에 한정되며, 다른 국가의 영토에 대해 규제력을 미치는 역외적 조치는 포함되지 않는다. 이는 협정 부속서 A의 문언 중 '회원국 영토 내의'라는 표현을 통해 확인된다.

SPS협정은 GATT와는 달리, 내국 상품과 외국 상품에 동일하게 적용되는 비차별적 조치도 규율 대상에 포함시킨다. 다시 말해, 형식상 차별이 없는 조치라 할지라도, 그것이 국제무역에 영향을 미친다면 SPS협정상의 검토 대상이 될 수 있는 것이다. 이러한 점에서 SPS협정은 GATT보다 더 넓은 범위의 조치를 포섭한다고 볼 수 있다. SPS협정이 발효되기 이전에 이미 존재하고 있었던 조치라도 협정 발

22) EC-Approval and Marketing of Biotech Products 패널 보고서, paras. 7.197-7.211.

23) Appellate Body Report, Australia-Measures Affecting the Importation of Apples from New Zealand, WT/DS367/AB/R, paras. 172 & 176.

효 후에도 계속 유지되고 있다면, SPS협정의 적용 대상이 된다.[24)]

(3) 다른 WTO협정들과의 관계

SPS협정은 인간, 동물 및 식물의 생명과 건강 보호를 위한 규제를 국제무역과 조화시키기 위해 마련되었다. 그러나 공중보건을 보호하기 위한 규제는 SPS협정 외에도 GATT 및 TBT협정 등 WTO체제 내 다른 규범들과도 중복될 수 있기 때문에, 이들 간의 관계를 명확히 이해하는 것이 중요하다.

(가) TBT협정과의 관계

TBT협정은 기술규정, 표준, 적합판정절차 등 광범위한 분야에서 기술장벽을 다룬다. 그 가운데는 건강 보호를 목적으로 하는 조치도 포함되며, 이는 자칫 SPS협정과 적용 영역이 중첩될 우려를 낳는다. 그러나 WTO협정문은 이러한 중첩을 피하기 위한 명시적 장치를 마련하고 있다.

TBT협정 제 1 조 제 5 항과 SPS협정 제 1 조 제 4 항에 따르면, SPS조치에 해당하는 경우 TBT협정은 적용되지 않으며, 양 협정은 상호 배타적(exclusive) 관계에 놓이게 된다. 즉 특정 조치가 SPS협정상 조치로 인정되면, 그것이 기술규정이나 표준에 해당하더라도 TBT협정은 적용되지 않는다.

따라서 어떤 조치가 SPS조치인지 여부를 먼저 판별하는 것이 분쟁에서의 선결문제이다. 수입 어류의 명칭에 관한 규정은 TBT협정의 적용을 받았던 반면, 과일, 쇠고기, 유전자변형식품(GMO), 가금류와 같이 식품 안전과 질병 위험이 중심이 되는 사안은 SPS협정이 적용되었다.

양 협정의 근본적인 차이는 규율 기준에 있다. TBT협정은 주로 비차별 원칙에 중점을 두는 반면, SPS협정은 조치의 과학적 정당성과 위험평가에 근거를 둔다.

(나) GATT와의 관계

SPS협정과 GATT는 TBT협정과는 달리 상호 배타적인 관계가 아니다. 하나의

---

24) Appellate Body Report, European Communities-Measures Concerning Meat and Meat Products(Hormones), WT/DS26/AB/R (Jan. 16, 1998), para. 128 [이하, 'EC-Hormones 항소기구 보고서'].

조치가 SPS협정과 GATT의 적용 대상이 될 수 있으며, 이 경우 양 협정의 요건을 함께 충족하여야 한다.

GATT 제20조 (b)호는 '인간, 동물 또는 식물의 생명 또는 건강을 보호하기 위하여 필요한 조치'를 예외적으로 허용한다. SPS협정은 이러한 GATT상 일반적 예외 조항을 구체화한 협정으로 이해되며, 제 2 조 제 4 항에 따라, 어떤 조치가 SPS협정에 합치하는 경우에는 GATT에도 합치되는 것으로 추정된다. 다만, 어떤 조치가 GATT에 합치된다고 해서 SPS협정에 합치되는 것은 아니다. 이는 SPS협정이 과학적 정당성, 위험평가, 국제기준과의 조화 등 보다 구체적이고 강화된 요건을 요구하기 때문이다. 실제로 EC-Hormones 사건에서 패널은 SPS협정 위반 여부를 먼저 심사하여야 한다고 하였다.[25)]

(4) SPS협정의 주요 내용

SPS협정은 '무역자유화의 실현'과 '공중보건이라는 사회적 가치를 보호하기 위한 국내규제 권한의 존중'사이의 균형을 이루기 위해 다양한 규범적 장치를 마련하고 있다. SPS협정의 구조와 핵심 조항들을 중심으로 회원국이 어떠한 요건 하에서 SPS조치를 시행할 수 있는지 그 기준을 살펴본다.

(가) 기본 원칙

① SPS조치를 취할 권리

SPS협정 제 2 조 제 1 항은 회원국이 인간, 동물 또는 식물의 생명이나 건강을 보호하기 위해 필요한 범위 내에서 SPS조치를 취할 수 있는 권리를 명시하고 있다. 이는 각국의 공중보건 보호를 위한 주권적 권한을 인정한 것이다. 다만, 이러한 권리는 무제한적인 것이 아니며, 회원국은 자신이 취한 조치가 SPS협정에서 제시하는 과학적 정당성 등의 일정한 요건을 충족해야 한다.

GATT 제20조 (b)호가 예외 조항으로 작용하여 해당 조치의 정당성을 피소국이 입증해야 하는 것과는 달리, SPS협정에서는 조치의 위반 여부를 제소국이 입증해야 한다. 이는 규범적 구조상 중요한 차이점이다.

---

25) Panel Report, European Communities-Measures Concerning Meat and Meat Products (Hormones), WT/DS26/R/USA (Aug. 18, 1997), para. 8.42 [이하, 'EC-Hormones(US) 패널 보고서'].

② **필요성의 원칙**

SPS협정 제 2 조 제 2 항은 회원국이 SPS조치를 도입할 수 있는 범위를 '생명 및 건강 보호에 필요한 범위 내'로 한정한다. 여기 '필요성' 요건을 충족하기 위해서는 해당 목적을 달성하기 위해 덜 무역제한적인 대안이 존재하지 않아야 하고, 조치와 목적 사이에 합리적 연관성이 있어야 하며, 조치와 목적 간 비례성이 있어야 한다. 이는 GATT 제20조 (b)호에서 논의되고 있는 필요성 법리와 맥을 같이하는 것으로 이해할 수 있다.

③ **과학적 근거**

SPS협정 제 2 조 제 2 항은 모든 SPS조치가 과학적 원리에 근거해야 하며, 충분한 과학적 증거 없이 유지되어서는 안 된다고 명시하고 있다. 이는 SPS협정이 다른 WTO협정에 비해 규범의 객관성과 엄격성을 강조하는 가장 중요한 특징 중 하나이다. 과학적 근거에 기초할 의무는 제 5 조 제 1 항의 '위험평가(risk assessment)'와 밀접한 관련이 있으며, 제소국은 해당 조치가 충분한 과학적 근거가 없다는 것을 입증하여야 한다. 이때 '충분한 과학적 증거'란 해당 조치와 과학적 분석 사이에 객관적이고 합리적인 연관성이 있는지를 기준으로 판단되며, 사안별로 구체적인 검토가 필요하다.[26)]

한편, 제 5 조 제 7 항은 과학적 불확실성이 존재하는 경우에도 일정 요건 하에 잠정조치를 허용하고 있다. 이에 따라 제 2 조 제 2 항의 '충분한 과학적 증거' 요건은 예외적으로 면제될 수 있다.

④ **자의적 차별 또는 무역에 대한 위장된 제한의 금지**

SPS협정 제 2 조 제 3 항은 자국 영토와 외국 영토 간, 혹은 동일하거나 유사한 조건에 있는 국가들 간의 자의적이고 부당한 차별적 조치를 금지하며, 이러한 조치가 국제무역에 대한 위장된 제한으로 작용해서는 안 된다고 규정한다.

이 조항은 GATT상의 최혜국대우 및 내국민대우의무와 유사하지만, 적용 범위가 더 넓다. 2000년 Australia-Salmon 사건에서 패널은 '동종상품'뿐 아니라 '이

26) Appellate Body Report, Japan-Measures Affecting Agricultural Products, WT/DS76/AB/R (Feb. 22, 1999), para. 84 [이하, 'Japan-Agricultural Products 항소기구 보고서'].

종 상품' 간에도 동일한 질병 위험이 존재한다면 유사한 조건 하에 있는 것으로 보고, 차별적 조치가 될 수 있음을 인정하였다.[27] 제 5 조 제 5 항에서 이와 같은 비차별 원칙을 보다 구체화하고 있다.

(나) 국제기준과의 조화(Harmonization)

SPS조치는 국가마다 다양한 기후적 · 지리적 조건, 사회적 가치 및 국내 산업의 이해관계에 따라 상이하게 나타날 수 있으며, 이는 수출업자에게 불확실성과 부담을 야기하고 국제무역의 예측가능성을 저해하는 요인으로 작용한다. 특히 개발도상국의 경우, 기술력 및 전문 인력의 부족으로 인한 불이익이 가중될 수 있다.

이러한 문제점을 완화하기 위해 SPS협정은 회원국이 국제기준, 지침 및 권고와 조화를 이루도록 권장하고 있으며, 이를 통해 무역에서의 효율성과 규범의 일관성을 제고하고자 한다. 제 3 조 제 1 항은 회원국이 SPS조치를 채택하거나 유지할 때, 관련 국제기준에 '기초하여(based on)' 조치를 마련할 것을 규정하고 있다. 이때 '기초한다'는 의미는 해당 조치가 국제기준을 그대로 따르지 않더라도, 그 핵심 내용이나 일부 요소를 포함하고 있으면 충족된다고 해석된다.[28]

또한 제 3 조 제 2 항은 국제기준에 '합치하는(conforming)' 조치에 대해서는 그것이 SPS협정뿐 아니라 GATT에도 합치되는 것으로 추정된다고 명시하고 있다. 여기서 '합치'는 국제기준을 완전히 실현하고 이를 국내조치로 전환한 상태를 의미한다.[29]

제 3 조 제 3 항은 회원국이 국제기준보다 높은 수준의 보호를 추구할 수 있는 권리를 명시하고 있다. 다만 이 경우, 해당 조치는 과학적으로 정당화되어야 하며, 협정 제 5 조의 위험평가와 관련 조항에 따라 결정한 보호 수준이어야 한다.

SPS협정에서 언급하는 국제기준은 국제식품규격위원회(Codex Alimentarius Commission), 세계동물보건기구(World Organisation for Animal Health, WOAH), 국제식물보호협약(International Plant Protection Convention, IPPC) 등 세 기구에서 주로 개발된다.[30] SPS위원회는 이러한 기구들이 제정한 기준 중 무역에 중대한 영향을 미치는

27) Panel Report, Australia-Measures Affecting the Importation of Salmon, WT/DS18/R (June 12, 1998), para. 7.112.

28) EC-Hormones 항소기구 보고서, para. 163.

29) EC-Hormones 항소기구 보고서, para. 170.

것들을 모니터링 대상으로 지정하여 그 운영을 감시하고 있다.

(다) 위험평가(Risk Assessment)

위험평가는 SPS조치의 정당성을 뒷받침하는 핵심적 요소로, 제 2 조 제 2 항에서 요구하는 '과학적 근거에 기초할 의무'를 구체화하는 조항이다. 제 5 조 제 1 항은 회원국이 자국의 SPS조치를 과학적 위험평가에 기초하여 마련할 것을 요구하고 있으며, 제 5 조 제 2 항은 위험평가 시 고려해야 할 요소들을 열거하고 있다. SPS조치가 위험평가에 '기초한다(based on)'는 것은 해당 조치와 과학적 분석 사이에 합리적이고 객관적인 관계가 존재함을 의미한다. 중요한 점은 과학적 근거가 반드시 과학계의 다수설을 반영할 필요는 없으며, 소수의 견해에 근거할 수도 있다.[31)]

① 위험평가의 개념

SPS협정 부속서 A 제 4 항은 '음식에 기인한 위험에 대한 평가'와 '해충 또는 질병으로부터의 위험에 대한 평가' 등 두 가지 유형의 위험평가를 규정하고 있다.

'음식에 기인한 위험에 대한 평가'와 관련하여, EC-Hormones 사건에서 패널은 (i) 음식 성분으로부터 발생하는 인간 또는 동물 건강에 대한 악영향(adverse effect)과 (ii) 그러한 악영향이 있다면 그 영향이 발생할 잠재성(potential)을 확인하여야 한다고 하였다.[32)]

'해충 또는 질병으로부터의 위험에 대한 평가'와 관련하여, Australia-Salmon 사건에서의 항소기구는 ① 해충 또는 질병의 존재를 확인하고, ② 해충 또는 질병의 유입, 정착 또는 전파 가능성(likelihood), ③ 적용될 수 있는 SPS조치에 따라 그 유입, 정착 또는 전파 가능성(likelihood) 등을 세 단계로 분석할 것을 요구하였다.[33)] 해충 또는 질병으로부터의 위험에 대한 평가시 경제적 요인을 고려하는데, 음식에 기인한 위험에 대한 평가시에는 이러한 경제적 요인이 검토되지 않는다.[34)]

30) 세계동물보건기구는 이전에 '국제수역사무국(International Office of Epizootics, OIE)으로 불렸다.

31) EC-Hormones 항소기구 보고서, paras. 189-194.

32) EC-Hormones(US) 패널 보고서, para. 8.98.

33) Appellate Body Report, Australia-Measures Affecting the Importation of Salmon, WT/DS18/AB/R (Oct. 20, 1998), para. 121 [이하, 'Australia-Salmon 항소기구 보고서'].

34) Peter Van den Bossche & Werner Zdouc, The Law and Policy of the World Trade Organization (Cambridge, 2022), p. 1042.

② 위험평가 시 고려요소

SPS협정 제 5 조 제 2 항은 회원국이 위험평가를 수행할 때 고려해야 할 구체적인 요소를 제시하고 있다. 구체적으로 위험평가에 있어서 회원국은 이용가능한 과학적 증거, 관련 가공 및 생산 방법, 관련 검사, 표본추출 및 시험방법, 특정 병해충의 발생율, 병해충 안전지역의 존재, 관련 생태학적 및 환경조건, 그리고 검역 또는 다른 처리를 고려하여야 한다.

【 호주 – 연어 사건 】

1995년 10월 5일 캐나다는 호주가 수량규제에 기초한 캐나다산 연어 수입금지가 GATT 제11조와 제13조 및 SPS협정 위반이라고 주장하며 호주에 협의를 요청하였고, 1997년 3월 7일 패널설치를 요청하여 5월 28일 패널이 설치되었다. 패널은 문제의 호주측 조치는 SPS협정을 위반한 것으로, SPS협정상 캐나다의 이익을 무효화하거나 침해한 것으로 판단하였다. 호주는 소비자에 곧바로 판매될 수 있는(consumer ready) 연어 제품만 수입될 수 있고 검역을 통과할 수 있도록 하였는바, 이러한 조치는 위험평가에 기초한 것이 아닌 위생조치로서 SPS협정 제 5 조 제 1 항과 제 2 조 제 2 항에 반하는 것이라고 하였다. 결국 패널은 타스마니아 지방정부가 위험평가에 기초하지도 않고, 충분한 증거도 없이 타스마니아 지역으로 캐나다산 연어제품의 수입을 규제한 것은 SPS협정 제 5 조 제 1 항 및 제 2 조 제 2 항 위반이라고 평결하였다.

패널은 호주의 비활연어의 수입금지가 SPS협정 부속서 A의 제 1 항 ②에서 말하는 위생조치에 해당되는지를 검토하였다. 부속서 A의 제 1 항 ①의 정의가 해충이나 질병으로부터 동물 및 식물의 생명이나 건강의 보호에 초점이 맞추어져 있는 반면, ②는 식품 음료 사료에 포함되어 있는 질병원인체로부터 동물 및 식물의 생명이나 건강을 보호할 목적을 가진 것이다. 패널은 제 1 항 ①의 위생조치는 호주가 제 1 항 ②에 따라 구하고자 하는 범위에도 적용된다고 하였다. 제 1 항 ①과 제 1 항 ②는 공히 질병원인체를 언급하고 있는데, 제 1 항 ②는 식품 음료 사료로부터의 질병원인체라고 하여 제한적으로 규정하고 있다. 호주가 원용한 위생조치의 두가지 정의 모두 당해 분쟁의 조치에 적용될 수 있으나, 해당 조치가 적용된 목적은 제 1 항 ①의 규정 대상이라는 것이 더욱 적절하다고 하고, 이러한 목적은 여러 경우에 호주가 명백히 표현하여 온 것이라고 하였다.

(라) 위험관리(Risk Management)

위험관리는 과학적 위험평가 결과에 근거하여, 회원국이 자국 내에서 유지하고자 하는 보호 수준을 설정하고, 이를 달성하기 위한 적절한 조치를 선택하는 과정이다. 이는 사회적 가치 등 비과학적 요소를 고려한다는 점에서 위험평가와 구분된다.

① 적정 보호수준의 설정

SPS협정 부속서 A 제 5 항에서는 각 회원국이 자국의 환경을 고려하여 스스로 적정 보호수준(appropriate level of protection, ALOP)을 설정할 권리를 인정한다. 이는 국가의 규제 자율성을 존중하는 조항이자, 위험관리의 출발점이다. 위험도 '0'수준을 적정보호수준으로 채택할 수 있다.[35]

SPS협정 제 5 조 제 4 항은 회원국이 보호수준을 설정할 때 무역에 미치는 부정적 영향을 최소화할 것을 '고려하여야 한다'고 규정한다. 비록 이 조항은 'should' 라는 비강제적 문언을 사용하고 있지만, WTO 항소기구는 이를 정책적 목표로서 중시하며, 반드시 고려하여야 하는 의무로 해석하고 있다.[36]

제 5 조 제 5 항은 보호수준의 적용에 있어서의 일관성을 요구한다. 각 회원국은 상이한 상황에서 적절한 것으로 판단하는 수준에서의 구별이 국제무역에 대한 차별적 또는 위장된 제한을 초래하는 경우에는 자의적 또는 부당한 구별을 회피하여야 한다.

② 필요 이상으로 무역제한적이지 않을 것

SPS협정 제 5 조 제 6 항은 회원국이 보호수준을 달성하기 위한 조치를 취함에 있어, 그 조치가 필요한 수준을 초과하여 과도하게 무역을 제한해서는 안 된다

35) Australia-Salmon 항소기구 보고서, para. 125.

36) Appellate Body Report, United States-Continued Suspension of Obligations in the EC-Hormones Dispute, WT/DS320/AB/R (Oct. 16, 2008), fn. 1088 [이하, 'US-Continued Suspension 항소기구 보고서'].

고 규정한다.

SPS조치가 과도하게 무역을 제한하는지 판단하려면, 해당 조치 외에 다른 가능한 수단이 있는지를 먼저 검토해야 한다. 만약 다른 대안 조치가 (i) 기술적 및 경제적 이용가능성을 고려하여 합리적으로 이용가능(reasonably available)하고, (ii) 위생 및 검역 보호의 적정 수준의 달성이 가능하며, (iii) 경합될 수 있는 다른 SPS조치 보다 상당히(significantly) 덜 무역 제한적이라면, 그 문제가 되고 있는 SPS조치는 '필요 이상으로 무역 제한적'인 것으로 간주된다.[37] 이는 GATT 제XX조 (b)호의 '필요성' 법리를 SPS협정의 문맥에 맞게 구체화한 조항으로 이해할 수 있다.

(마) 잠정조치와 사전주의 원칙(Precautionary Principle)

과학적인 증거가 불충분한 경우에도 건강상의 위험을 차단하기 위해 회원국이 SPS조치를 취해야 할 경우가 있다. SPS협정은 제 5 조 제 7 항을 통해 이러한 상황에서 '잠정조치'의 채택을 허용하며, 이를 통해 국제환경법에서 발전해 온 '사전주의 원칙(precautionary principle)'을 일정 부분 수용하고 있다.

Korea-Radionuclides 사건에서의 패널은 제 5 조 제 7 항을 원용하기 위해서는 (i) 위해성 평가를 실시하기 위한 관련된 과학적 정보가 불충분한지 여부, (ii) 잠정조치를 입수 가능한 적절한 정보에 근거하였는지 여부, (iii) 보다 객관적인 위험평가를 위해 필요한 추가적인 정보 수집을 위해 노력하였는지 여부, (iv) 합리적인 기간 내 해당 조치를 재검토하였는지 여부 등을 검토하여야 한다고 하였다.[38]

잠정조치를 입수 가능한 적절한 정보에 근거하였는지 여부와 관련하여, 위험의 존재 가능성에 대한 몇몇(some)의 증거가 있으나 그렇다고 위험평가를 이행하기에 충분하지 않은 상황을 의미하며, '위험 관련 정보'와 '잠정조치' 사이의 합리적이고 객관적인 관계가 요구된다.[39]

합리적인 기간 내에 해당 조치를 재검토하였는지와 관련하여, 위험평가에 필요한 추가적인 정보 획득의 어려움과 잠정조치의 성격 등을 포함한 각 사안별 특정 상황을 고려하여 합리적인 기간을 설정하여야 한다.[40]

37) Australia-Salmon 항소기구 보고서, para. 194.

38) Appellate Body Report, Korea-Import Bans, and Testing and Certification Requirements for Radionuclides, WT/DS495/AB/R (Apr. 11, 2019), paras. 5.107.

39) US-Continued Suspension 항소기구 보고서, para. 678.

40) Japan-Agricultural Products 항소기구 보고서, para. 93.

WTO 분쟁해결기구는 사전주의 원칙을 SPS협정 제 5 조 제 1 항 및 제 2 항의 일반적인 의무에 우선하는 원칙으로 받아들이지는 않는다. EC-Hormones 사건에서 항소기구는 사전주의 원칙이 일반국제법 또는 관습국제법으로 충분히 확립되었다고 단정하기 어렵다고 보았으며, 이 원칙이 SPS협정의 과학적 정당성 요건을 대체할 수 없다고 판단하였다. 요컨대, 사전주의 원칙은 잠정적 · 보조적인 수단으로 SPS협정 내에서 일정 부분 인정되지만, 그 자체로 과학적 증거 요건을 완전히 면제해 주지는 않는다.

【 EC – 호르몬육류 사건 】

1. 사실관계

1987년 EC는 6가지 성장호르몬으로 사육된 동물 및 육류의 수입을 금지하였고, 미국과 캐나다는 이들 호르몬을 검사한 각국에 의해 안전성이 입증되었다는 이유로 이의를 제기하였다. Codex는 그 중 5가지에 대한 안전성을 확인하였고, EC도 동일한 판단을 내린 바 있다. 1989년 1월 1일 미국은 EC산 수입품에 대하여 100% 관세를 부과하였고, 1996년 EC는 WTO에 제소하였다.

2. 패널의 결정

SPS협정의 적용 여부와 관련하여 패널은 EC의 조치는 SPS협정 발효 이전에 취해진 것이지만 계속하여 적용되어 왔기 때문에 조약법에 관한 제네바협약 제28조의 일반적 해석에 따라 동 협약 발효 후의 조치에 대하여는 동 협약이 적용된다고 하였다. 입증책임과 관련하여서는 일차적으로 협정과의 불일치를 제시하여야 하기 때문에 제소국이 입증책임을 부담하고, 사건이 접수된 후에는 피소국이 해당 조치가 SPS협정을 위반하지 않았음을 입증하여야 한다고 하였다.

패널은 SPS협정 제 3 조 제 1 항 국제적 기준의 사용 규정과 관련하여, 제 3 조 제 3 항에 따라 과학적 정당성이나 위험평가 후 적절한 보호수준을 위하여 국제적 기준보다 높은 기준이 적용된다고 하였다. 패널은 전문가의 자문과 EC가 인용한 연구를 검토한 결과 어떠한 과학적 증거도 분쟁의 대상이 된 성장호르몬의 사용으로 인간의 건강에 해를 끼친다는 확인할 수 있는 위험을 발견할 수 없다고 하였다. 따라서 성장호르몬과 관련하여 확인할 수 있는 위험에 대한 과학적 증거가 없기 때문에, EC가 어떤 보호수준을 달성하기 위하여 조치를 취한 것은 SPS협정상 아무런 근거가 없는 것이라고 하였다.

3. 항소기구의 결정

항소기구는 입증책임과 관련하여 피소국의 책임으로 판단한 패널의 결정을 부정하였다. 오히려 제소국이 EC측 조치가 SPS협정상의 관련규정에 합치하지 않는다는 증거와 법적 논거를 제시하여야 한다고 하였다.

EC는 특정의 위생 및 검역조치를 채택할 약간의 과학적 증거가 있는 경우라면 SPS협정에 합치하는 것이라는 사전주의원칙(precautionary principle)에 근거하여 이의를 제기하였다. 항소기구는 사전주의원칙의 국제관습법상 확립 여부는 언급하지 않은 채 SPS협정 제 3 조 제 3 항과 제 5 조 제 7 항에 반영된 것이라는 데 동의하면서, 그러나 사전주의원칙이 위험평가를 규정하고 있는 SPS협정 제 5 조 제 1 항과 제 2 항을 무효로 하지는 못한다고 평결하였다. 이러한 논거와 함께 EC는 적절한 위험평가를 수행하는 데 실패하였다고 하였다.

패널은 EC의 조치가 자의적이고 부당한 것으로서 SPS협정 제 5 조 제 5 항에 반한다고 결정하였으나, 항소기구는 EC측 조치가 암의 위협으로부터 EC 주민을 보호하기 위한 것이 아니라 미국과 캐나다의 호르몬육우를 배제하여 자국산업을 보호하기 위한 것이라고 하였다.

요컨대 항소기구는 호르몬사육 육류는 분쟁대상이 된 호르몬이 안전하다는 모든 과학적 증거를 충족시키지 못하였고, SPS협정상 요구되는 위험평가를 다하지 못하였다는 점을 들어 EC에 잘못이 있음을 지적하였다. 이에 따라 EC가 1999년 7월까지 수입금지조치를 철폐하지 않자, WTO는 미국과 캐나다의 EC산 수입품에 대한 1억 2,450만 달러의 제재조치를 승인하였다.

【 일본 – 농산물에 영향을 미치는 조치 】

일본은 1950년 식물보호법과 식물보호법시행령을 제정하여 일본에서 존재하지 않는 것으로 확인된 해충과 일본에 존재하나 공식적으로 통제받는 해충을 검역해충으로 정의하고, 수입식물 및 식물상품에 관한 검사제도를 확립하였다. 1987년 일본의 농림수산성은 대체적 검역처리의 효능을 확정하기 위하여 사과, 체리, 복숭아, 호두, 살구, 배, 자두, 모과에 대한 품종시험(test-by-variety)방식을 채택하였는데, 1997년 4월 7일 미국은 상품시험(test-by-product)이 아닌 품종시험방법은 SPS협정에 반한다고 협의를 요청하였다. 이에 대하여 일본은 문제의 품종은 코들링나방의 숙주라는 것이 확립된 것이므로, 사전주의원칙하에서 품종시험을 수행하는 것은 정당하다고 하였다.

1998년 10월 27일 항소기구는 보고서에서 일본이 국제적 기준보다 높은 기준을 적용할 수 있으나, 그러기 위해서는 과학적 정당성이 있어야 함을 강조하였다. 과학적 정당성은 문제의 위생 및 검역조치와 이용가능한 과학적 정보 간에 합리적 관계가 있는 경우라고 하였다. 따라서 일본의 사과, 체리, 복숭아, 호두 등에 대한 품종시험방법은 과학적 증거가 결여된 것이라고 하였다. 사전주의원칙과 관련하여서는 SPS협정 제 3 조 제 3 항과 제 5 조 제 7 항에 반영되어 있긴 하나, SPS협정상의 의무에 반하는 조치를 정당화시키는 것으로 명시된 것은 아니라고 하였다. 그리고 살구, 배, 자두, 모과에 대한 품종시험 요구에 대하여는 SPS협정 제 5 조 제 1 항에서 요구되는 위험평가를 수행하지 않았다는 이유로 기각하였다. 위험평가는 방지대상인 질병을 식별하여야 하고, 그러한 질병에 걸릴 가능성을 평가하여야 하며, 적용되어야 하는 위생 및 검역조치에 따라 질병에 걸릴 가능성을 평가하여야 한다고 하였다. 그러나 일본은 위험평가시 세 번째 요소, 즉 어떠한 대체조치가 적용될 수 있는지를 고려하지 못하였기 때문에, 살구, 자두, 배, 모과에 대한 품종시험기준도 잘못이라고 결정하였다.

(바) 기타 주요쟁점

① 동등성의 인정

국제기준에 의한 조화는 효율적인 SPS조치 설정을 가능하게 하나, 개별 국가의 지역적 기후나 특수성까지 반영하기는 어렵다. 이에 따라 회원국 간에는 상이한 SPS조치라 하더라도, 동일한 위생 또는 식물위생 보호 수준을 달성할 수 있다면 이를 '동등한 조치'로 상호 인정할 수 있다.[41]

---

41) SPS협정 제 4 조.

② **지역적 조건의 인정**

회원국은 수출국 내 일부 지역에서 병해충이 발생하였다고 하여, 병해충이 발생하지 않은 다른 지역에서 생산된 상품까지 일률적으로 수입을 금지할 수 없다. 자국 영토 내의 지역이 병해충 안전지역 또는 발생이 적은 지역이라고 주장하는 수출국은 이 사실을 수입국에게 객관적으로 증명하기 위하여 필요한 증거를 제시하여야 한다. 이러한 지역의 결정은 지리, 생태학적 체계, 역학적 감시 및 위생 또는 식물 위생관리의 효과성 등의 요소에 근거하여 판단한다.[42]

③ **협의 및 분쟁해결**

SPS협정상 과학적 또는 기술적 쟁점을 포함한 분쟁에서는 패널은 당사국과의 협의를 통해 전문가의 자문을 구해야 한다. 이를 위해 패널은 자체 판단이나 당사국 요청에 따라 전문가 자문단을 구성하거나, 관련 국제기구와 협의할 수 있다.[43] 패널 및 항소기구는 개별 전문가를 활용할지, 자문단을 구성할지는 재량에 따라 결정할 수 있다.

④ **기술이전**

SPS협정 제 9 조는 회원국 간의 기술협력을 규정하고 있다. 제 9 조 제 1 항은 회원국, 특히 개발도상국에 대해 연구, 가공기술, 규제기관 설치, 위생 · 식물위생 조치에 관한 훈련 및 장비 제공 등을 포함한 기술지원을 장려한다. 제 2 항은 수출국인 개발도상국이 수입국의 요건을 충족하기 위해 상당한 투자가 필요한 경우, 수입국은 개발도상국의 시장접근 확대를 고려하여 기술지원을 제공해야 할 필요가 있음을 강조한다.

【 Korea – Radionuclides 사건 】

1. 사실관계

2011년 3월, 일본 후쿠시마 원전에서 발생한 방사능 유출 사고 이후, 한국은

---

42) SPS협정 제 6 조.
43) SPS협정 제11조.

국민 건강 보호를 목적으로 일본산 식품에 대한 수입규제조치를 시행하였다.

초기에는 후쿠시마를 포함한 8개 현의 수산물 50여 종에 대해 수입을 금지하고, 일본 전역의 식품에서 세슘이 미량이라도 검출될 경우 17개 추가 핵종에 대한 검사증명서를 요구하는 등의 조치를 취하였다.

2013년 도쿄전력이 방사능 오염수 유출 사실을 공개하면서 한국은 조치를 더욱 강화하였다. 이에 대해 일본은 이러한 조치가 SPS협정에 위반된다고 주장하며 2015년 한국을 WTO에 제소하였다.

2. SPS협정 제 2 조 제 3 항 위반 여부(쟁점 1)

일본은 한국이 유사한 조건의 다른 국가와 달리 일본에만 차별적으로 강화된 조치를 적용하였다고 주장하였다. SPS 협정 제 2 조 제 3 항은 회원국이 자의적이거나 부당한 차별을 해서는 안 된다고 규정하고 있으며, 여기서 '유사한 조건'의 의미가 쟁점이 되었다.

패널은 '유사한 조건' 여부를 판단함에 있어 식품에 현존하는 위해성, 즉 방사능 오염 수치에 집중하였다. 이에 따라 일본산 식품이 다른 나라 식품과 유사하게 세슘 기준(100Bq/kg) 이하로 오염될 가능성이 높다고 판단한 패널은 한국의 조치가 일본을 차별하는 결과를 초래하였다고 보아 위반을 인정하였다.

그러나 항소기구는 패널이 식품의 현존 오염 수치만 고려하고, 방사능 환경에 따른 잠재적 위해성 등 다양한 요소를 충분히 분석하지 않았다고 보았다. 항소기구는 SPS협정 제 2 조 제 3 항 해석에 있어 식품 자체의 오염뿐 아니라, 해당 식품이 생산·유통되는 지역(영토)의 조건까지 포괄적으로 고려해야 한다는 입장을 취하면서 패널의 판정을 파기하였다.

3. SPS 제 5 조 제 6 항 위반 여부(쟁점 2)

일본은 세슘 검사만으로도 한국의 적정 보호수준(ALOP)을 달성할 수 있음에도 수산물 전면 금지 및 추가핵종검사를 요구한 것은 필요 이상의 무역제한적 조치라고 주장하였다. SPS협정 제 5 조 제 6 항은 회원국이 필요한 수준을 초과하는 제한적 조치를 취해서는 안 된다고 규정한다.

패널은 한국의 보호수준이 연간 1mSv의 방사능 노출 한도임을 인정하고, 일본이 제안한 대안조치인 세슘 검사만으로도 이 보호수준을 충분히 달성할 수 있다고 보아, 한국의 조치가 필요 이상의 무역제한적인 조치라고 판단하였다.

그러나 항소기구는 한국의 조치가 제 5 조 제 6 항에 위반된다는 패널의 판정을 번복하였다. 항소기구는 패널이 한국의 보호수준의 정성적 기준과 관련하여 일부 검토를 수행하였지만, 그 결과 일본의 대안조치가 '사고 이전 수준'이나 '가능한 낮은 노출' 등 한국의 정성적 보호수준을 어떻게 달성할 수 있는지에 대한 해답을 제시하지 못하였다고 지적하였다.

3. 섬유 및 의류

(1) 쿼터철폐

섬유와 의류 분야의 교역은 지난 30여 년간 '다자간 섬유협정(Multi Fibre Agreement: MFA)'에 의해 발전되어 온 쿼터제도를 따라왔다. 이는 GATT에서 벗어난 대표적 예외질서로서, 쿼터에 의해 수출입이 관리되는 일종의 수량제한조치에 관한 협정이다. 섬유 및 의류협정은 종래의 쿼터 등 수량제한을 철폐하도록 요구함으로써, MFA에 의해 규제되고 있던 섬유와 의류를 WTO체제 내로 수렴하고 차별적 수입규제조치를 금지한다.

섬유 및 의류협정은 의류 및 섬유에 대한 GATT체제로의 점진적 통합을 목적하고 있는데, 이는 두 가지 방법으로 달성되도록 예정하고 있다.[44] 2005년을 목표로 10년간 4단계에 걸쳐 특정 품목에 대한 쿼터를 철폐하는 것과, 3단계까지의 각 단계에서 잔존품목에 대한 쿼터철폐율의 증가가 그것이다. 회원국은 협정 발효시에 1990년을 기준으로 협정 부속서에 기재되어 있는 품목에 대해 총수입 물량의 최소한 16%의 쿼터를 즉각적으로 철폐하여야 한다. 나머지 쿼터는 10년에 걸쳐 3단계로 퇴장시키게 되는데, 3년 후 1990년도 총수입물량의 17%에 해당하는 상품에 관해 추가로 쿼터가 제거되고, 7년 후 추가 18%에 관한 쿼터가 제거되며, 10년 후인 2005년 1월 1일까지 잔존쿼터를 모두 제거하게 된다.[45] 그러나 협정은 과도기간 중 장식품, 방사, 직물, 기성섬유제품, 의류 등 개별 품목을 얼마만큼씩 단계별로 자유화하여야 하는지 특별히 규정하고 있지 않으므로, 회원국은 쿼터자유화

44) K. Kristine Dunn, The Textiles Monitoring Body: Can It Bring Textile Trade into GATT?, 7 Minnesota Journal of Global Trade (1998), p. 128.

45) 섬유 및 의류협정 제 2 조 제 6 항과 제 8 항.

조치를 취함에 있어 실질적인 재량을 갖게 된다.[46] 과도기간 동안 잔존제한제품은 1992년 현재 MFA상의 쿼터 증가율보다 높은 증가율이 보장되어야 한다. 1단계로 1995~1998년 중 최소한 16%가 증가되어야 하고, 2단계인 1999~2002년에는 최소한 25%가 증가되어야 하며, 3단계로 2003~2005년에는 27% 이상의 증가율이 보장되어야 한다.[47] 수출물량이 1991년 12월 31일까지 MFA가 적용되는 수입물량의 1.2%에 미달하는 국가는 과도기간 중 더욱 높은 쿼터 증가율이 인정된다.[48] 결국 기존 쿼터의 절반이 2004년까지 자유화되지만, 이들 대부분의 쿼터가 과도기간 중 실질적으로 확대될 것이다.

(2) 세이프가드

WTO협정 발효일로부터 60일 이내에 회원국은 MFA쿼터 등 섬유 및 의류분야에 대한 제한을 상품교역이사회가 설치하는 새로운 섬유감시기구에 통고하여야 한다.[49] 여기서 말하는 제한은 모든 일방적 수량제한, 양자약정 및 유사한 효과를 갖는 다른 조치를 의미한다. 대표적으로 중국이 실크사나 실크섬유에 대하여 유지하고 있는 수출쿼터는 동 주석에 합치하는 일방적 수량제한에 해당된다. 이들 쿼터는 위에서 언급한 자유화계획에 따르게 된다. GATT하에서 정당화되지 않았던 비MFA제한도 협정발효 후 1년 내에 협정에 맞추거나, WTO협정 발효 후 6월 이내에 섬유감시기구에 자국이 제출한 계획에 따라 점진적으로 철폐한다.[50] 그러나 쿼터가 자유화되어 GATT에 따르게 되면 세이프가드조치를 취할 수 있고, 쿼터 적용과는 관계없이 불공정상품에 대하여는 계속해서 반덤핑조치를 취할 수 있다.

섬유 및 의류협정은 과도기간 중 과도적 세이프가드조치를 규정하고 있다.[51] 과도적 세이프가드조치는 섬유 및 의류협정에 따른 통합과정의 효과적인 이행에 일치할 수 있도록 가능한 한 발동이 자제되어야 한다. 과도적 세이프가드조치는 회원국의 판정에 근거하여, 특정상품이 동종상품 및/또는 직접경쟁관계에 있는 상

---

46) Schott, *op. cit.*, p. 56.
47) 섬유 및 의류협정 제 2 조 제12항과 제13항.
48) 섬유 및 의류협정 제 2 조 제18항.
49) 섬유 및 의류협정 제 3 조 제 1 항.
50) 섬유 및 의류협정 제 3 조 제 2 항 (a), (b).
51) 섬유 및 의류협정 제 6 조.

품을 생산하는 국내산업에 심각한 피해 또는 그러한 피해의 현실적 우려를 야기할 만큼 증가된 수량으로 수입되고 있는 것이 증명될 때 발동될 수 있다. 직접경쟁성의 통상적 의미에 따르면 교체할 수 있거나 특정의 필요나 취향을 만족시킬 수 있는 대안적 방법을 제공할 수 있는 경우 그 상품은 경쟁적 또는 대체가능한 것이라 할 수 있다. 그리고 직접이라는 단어는 잠재적 수요와 잔존 수요의 고려를 배제하는 것이 아니다.[52] 과도적 세이프가드조치는 동종 또는 직접경쟁상품을 생산하는 개별 생산자가 아니라 국내산업을 수입경쟁으로부터 보호하기 위한 것이다. 국내산업의 정의와 관련하여 미국 면사 사건에서 국내산업은 상품지향적인 것이지 생산자 지향은 아니라고 하면서, 동종 및 직접경쟁성이라는 점에서 수입된 상품과 비교되는 국내산업에 의해 생산된 상품에 기초하고 있어야 한다고 하였다. 그리고 심각한 피해는 어디에서 찾을 것인가에 관하여 미국 면사 사건의 패널은 제 6 조 제 2 항 피해의 해석과 관련하여 동종상품이나 직접경쟁상품이 아닌 상품으로 생산을 변경시킨 사실은 관련 국내 산업에 심각한 피해를 야기한 지표로 다루어져야 한다고 하였다. 심각한 피해나 그러한 피해의 현실적 우려는 해당 상품 총수입량의 증가로 인한 것이어야 하며, 기술의 변화나 소비자의 기호변화와 같은 다른 요인에 의한 것이어서는 아니 된다.[53] 섬유 및 의류협정은 언급된 심각한 피해 또는 그러한 피해의 현실적인 우려를 판정하는 요소로서, 생산고, 생산성, 설비가동률, 재고, 시장점유율, 수출, 임금, 고용, 국내가격, 이윤, 투자의 11가지를 특정하고 있다. 다만, 이들 경제적 변수 중 어떤 것도 반드시 결정적 지침을 제공하는 것은 아니다.[54]

섬유 및 의류협정에 따른 과도적 세이프가드는 국가별로 적용되어야 한다. 수입물량의 증가는 현실적인 경우뿐만 아니라 임박한 경우도 포함되는데, 임박한 증가는 측정할 수 있어야 한다. 따라서 수출국의 생산능력을 이유로 하는 주장이나 추측 또는 단순한 가능성을 기초로 하는 경우는 임박성이 존재하는 것으로 판정되지 않는다.[55]

52) Appellate Body Report, Korea–Taxes on Alcoholic Beverages, WT/DS75/AB/R (Jan. 18, 1999), paras. 115 & 116.

53) 섬유 및 의류협정 제 6 조 제 2 항.

54) 섬유 및 의류협정 제 6 조 제 3 항.

55) 섬유 및 의류협정 제 5 조 제 4 항, 주 6.

심각한 피해나 현실적 위협을 결정하는 유효기간은 최초 통지일로부터 90일을 초과할 수 없다. 과도적 세이프가드조치를 발동하려는 국가는 해당 조치로 영향을 받게 될 다른 회원국과 협의를 거쳐야 한다. 협의는 요청일로부터 60일 이내에 개최되어야 하고, 그 결과는 협의 종료일로부터 60일 이내에 섬유감시기구에 통고되어야 한다. 협의 요청일로부터 60일 이내에 합의가 이루어지지 않을 경우, 수입국은 독자적으로 세이프가드조치를 취할 수 있다. 그리고 지연시 회복하기 어려운 심각한 손실이 발생하는 극히 예외적이고 심각한 상황의 경우에는 협의와 섬유감시기구에의 통고가 5일 이내에 취하여질 것을 전제로 잠정적으로 세이프가드조치를 취할 수 있다.[56)]

이와 같은 과도적 세이프가드조치는 특정한 조건에 따라야만 한다. 첫째, 세이프가드조치는 교역물량을 이전 12개월간의 실제 교역수준 이하로 줄여서는 아니 된다. 둘째, 세이프가드조치는 3년간 혹은 쿼터가 자유화될 때까지만 허용되는데, 먼저 도래하는 기간까지 지속될 수 있다. 셋째, 세이프가드조치는 개발도상국의 수직섬유나 농가산업품, 전통민속수공예품에 대해서는 적용되지 않고, 역사적으로 중요한 물량으로 교역되는 섬유, 순수 실크로 만들어진 물품에는 적용되지 않는다.

(3) 섬유감시기구

섬유 및 의류협정은 동 협정의 운용을 감독하기 위하여 준사법적 성격의 섬유감시기구를 설치하였다.[57)] 섬유감시기구는 협정하의 분쟁을 위한 포럼으로서 상설기구로서, 1명의 의장과 10명의 회원으로 구성된다.

WTO협정 발효 전의 MFA에 따라 유지되거나 양자협정 내의 모든 수량제한은 WTO협정 발효 후 60일 이내에 섬유감시기구에 규제수준, 증가율 및 융통성 규정을 포함하여 상세하게 통보되어야 한다. WTO협정 발효일 전날 시행중인 모든 제한은 섬유 및 의류협정의 규정에 의하여 규율된다. 섬유감시기구는 회원국이 참고하도록 모든 회원국에게 통고사항을 배포하고, 회원국은 그로부터 60일 이내

56) 섬유 및 의류협정 제 6 조 제11항.

57) Dunn, *op. cit.*, p. 131. MFA하에서는 섬유감독기구(Textile Surveillance Body)가 있어 이와 유사한 기능을 수행하였다.

에 통고와 관련하여 적절하다고 판단하는 모든 견해에 대하여 섬유감시기구의 주의를 환기시킬 수 있다.

섬유감시기구가 권고나 판정을 하도록 요청받을 경우, 달리 기간이 정하여져 있는 경우를 제외하고는 가급적 30일의 기간 이내에 권고나 판정을 행한다.58) 회원국은 섬유감시기구의 권고를 모두 수용하도록 노력하며, 섬유감시기구는 그러한 권고사항의 이행에 대한 적절한 감시를 한다. 회원국이 섬유감시기구의 권고에 따르는 것이 불가능하다고 판단하는 경우에는 동 권고를 받은 후 1개월 이내에 섬유감시기구에 그 사유를 제시하여야 한다. 제시된 사유를 면밀히 검토한 후 섬유감시기구는 즉시 적절하다고 판단되는 추가 권고를 제시하게 된다. 추가 권고 후에도 사안이 해결되지 아니할 경우, 일방 회원국은 분쟁해결기구에 동 사안을 회부하여 1994년도 GATT 제XXIII조 제 2 항 및 분쟁해결양해의 관련 규정을 원용할 수 있다.59)

그러나 섬유감시기구에 대하여는 투명성의 부족, 공평성의 부족, 분쟁해결능력의 부족을 이유로 적지 않은 비판이 제기되어 왔다. 투명성 부족과 관련하여 절차의 비밀성과 의사일정조차 공개하지 않는 관행을 지적하고 있다. 공평성 부족에 대한 비판은 섬유감시기구의 위원이 개인적 자격으로 활동하여야 하나, 실제로는 그러하지 못한 점이 지적되었다. 그리고 분쟁해결능력의 부족은 섬유감시기구의 컨센서스 방식에서 문제점을 찾고 있다.60)

【 인도산 모직 셔츠 및 블라우스 사건 】

1995년 4월 미국은 섬유 및 의류협정 제 6 조에 따라 모직 셔츠와 블라우스에 대한 쿼터를 부과할 목적으로 인도에 협의를 요청하였다. 양국은 60일 이내에 상호 합의에 이르지 못함으로써, 미국은 수량제한을 부과하였고 이를 섬유감시기구에 통고하였다. 1995년 가을 섬유감시기구는 인도산 모직 셔츠와 블라우스 수출의 중대한 증가는 미국 생산자에게 심각한 피해의 현실적 위협을 야기한다고 결정하였다. 인도가 섬유 및 의류협정 제 8 조 10항에 따라 이

58) 섬유 및 의류협정 제 8 조 제 8 항.
59) 섬유 및 의류협정 제 8 조 제10항.
60) Dunn, *op. cit.*, pp. 145-150.

사안에 대한 자국의 논의를 검토할 것을 섬유감시기구에 요청하였으나, 섬유감시기구는 검토가 종결된 것으로 추가 권고를 행하지 않았다. 미국은 이를 다루기 위한 인도의 패널설치 요청에 반대하였으나, 인도의 재요청에 따라 패널이 설치되었다.

1997년 1월 6일 패널은 이 문제에 대하여 보고서를 제출하였는데, 미국의 수입제한은 섬유 및 의류협정을 위반한 것이라고 평결하였다. 패널은 미국이 심각한 피해의 현실적 위협에 대한 적합한 서류를 제출하지 않았다고 판단하였다. 그러나, 미국은 패널이 미국의 피해를 발견하지는 못하였으나, 이 결정은 사실상 자국의 승리였다고 주장하였다. 즉 패널보고서는 미국 행정부가 자신이 섬유감시기구에 제출한 청원에 더 많은 데이터를 포함시키도록 요구한 것일 뿐이라고 하였다. 패널은 이 평결에서 미국의 관련된 조치에 대한 합법성만을 검토하였을 뿐이고, 이 사안에 대한 섬유감시기구의 대응을 검토한 것은 아님을 분명히 하였다.

4. 기술장벽

(1) TBT조치 개관

WTO TBT협정은 전문(preamble)과 본문 15개 조항, 그리고 3개의 부속서로 구성되어 있다. 협정의 주요 내용은 다음과 같이 구분할 수 있다. 기술규정(technical regulations)과 표준(standards)에 관한 규율은 제 2 조부터 제 4 조 및 부속서 3에 규정되어 있다. 그리고 적합판정절차(conformity assessment procedures)는 제 5 조부터 제 8 조에 걸쳐 다루어진다. 국제적 · 지역적 체제 및 개발도상국에 대한 기술지원은 제 9 조부터 제12조에 명시되어 있고, 무역기술장벽위원회(Committee on Technical Barriers to Trade) 및 분쟁해결 절차에 관해서는 제13조부터 제15조와 부속서 2에 규정되어 있다.

TBT협정은 공산품과 농산물을 포함한 모든 상품에 적용된다.[61] 기술규정은 상품의 특성 또는 관련 제조공정방법(process and production method, PPM)을 규정하고 있는 문서로 그 준수가 강제적인 것을 말한다. 기술규정은 상품, 공정 및 생산방법에 적용되는 용어, 기호, 포장, 표시, 또는 상표부착요건을 포함하거나 전적

61) TBT협정 제 1 조 제 3 항.

으로 이들만을 취급할 수 있다.[62)]

표준은 규칙, 지침 또는 상품의 특성 또는 관련 공정 및 생산방법을 공통적이고 반복적인 사용을 위하여 규정하는 문서로서, 인정된 기관에 의하여 승인되고 그 준수가 강제적이 아닌 문서를 말한다. 이는 또한 상품, 공정 또는 생산방법에 적용되는 용어, 기호, 포장, 표시 또는 상표부착요건을 포함하거나 전적으로 이들만을 취급할 수 있다.[63)] 적합판정절차는 기술규정 또는 표준의 관련 요건이 충족되었는지를 결정하기 위하여 직접적 또는 간접적으로 사용되는 모든 절차를 말한다.[64)] 기술규정과 표준은 모두 상품의 특성 또는 PPM을 규정한다는 점에서 유사하나, 전자는 강제적, 후자는 자발적이라는 점에서 근본적인 차이가 있다.

TBT협정은 단지 제품 자체의 특성뿐만 아니라, 상품의 생산 공정, 포장, 표시, 사용, 재사용, 폐기와 재활용 등에 이르는 모든 단계를 포괄한다. 이와 관련하여, '상품과 직접적 관련이 없는 PPM(non-product-related PPM, NPR-PPM)'의 적용 가능성은 지속적인 논의 대상이다. 예를 들어, 제품을 생산하는 과정에서 '아동노동을 금지하는 기준'을 요구하는 것은 해당 제품의 물리적 특성에 영향을 주지 않는 NPR-PPM에 해당한다.

TBT협정은 부속서 1 제 1 항 첫 문장에서 '상품의 특성 또는 관련 제조공정방법'이라 명시하면서, '관련'이라는 제한을 두고 있다. 따라서 NPR-PPM은 일반적으로 기술규정의 정의에 포함되지 않는다. 하지만, 같은 조항의 두 번째 문장에서 '상품 및 제조공정방법에 적용되는 라벨링 요건'이라 하여 '관련'이라는 표현이 없다. 이는 표시(라벨링) 요건에 대해서는 NPR-PPM도 협정 적용 범위에 포함될 수 있음을 시사한다. 이러한 해석은 US-Tuna Ⅱ(Mexico) 사건에서 확인되었다. 미국의 '돌고래-안전' 표시(라벨링)은 상품의 특성과 무관한 PPM을 전제로 하였으나, 피소국인 미국은 이러한 조치는 TBT협정의 적용 범위에서 벗어난다고 주장하지 않았다.[65)]

62) TBT협정 부속서 1 제 1 항.
63) TBT협정 부속서 1 제 2 항.
64) TBT협정 부속서 1 제 3 항.
65) Peter Van den Bossche & Werner Zdouc, *op. cit.*, p. 969.

(2) TBT협정의 주요 의무

(가) 비차별의무

WTO TBT협정은 기술규제의 준비, 채택, 적용 등 모든 단계에서 비차별 원칙을 적용하고 있다. 이는 모든 기술규정, 표준, 적합판정절차에 적용되며, 중앙정부뿐만 아니라 지방정부, 비정부 기관이 이행해야 하는 핵심적인 의무 사항이라 할 수 있다. 회원국은 기술규정과 관련하여 어떤 회원국의 영토로부터 수입되는 상품이 자기나라 원산의 동종 상품 및 그 밖의 국가를 원산지로 하는 동종 상품보다 불리한 취급을 받지 아니하도록 보장한다.[66] 즉 (i) 문제된 조치의 근거가 되는 규정이 TBT협정 부속서 1.1의 의미상 '기술규정'에 해당하고, (ii) 수입상품이 국내상품 및 다른 원산지 상품과 '동종'이고, (iii) 수입상품에 대한 대우가 동종의 국내상품 및 다른 원산지의 상품에 대한 '대우보다 불리한' 경우, 그 조치는 TBT협정 제 2 조 제 1 항에 규정된 비차별 원칙에 위반된다.

① 기술규정 및 동종상품

TBT협정 부속서 1.1의 의미상, '기술규정'에 해당하기 위해서는 ① '식별가능한(identifiable)' 상품에 적용되어야 하며, ② 한 개 또는 그 이상 상품의 특성을 규정하고 있어야 하고, ③ '의무적(mandatory)'으로 적용되어야 한다.

기술규정의 대상이 되는 국내 상품과 수입상품이 '동종상품'인지 여부는 일반적으로 GATT 제Ⅲ조의 해석 방식과 유사하게 검토된다. 이때 판단 기준으로는 기본적으로 상품의 물리적 특성, 최종 용도, 소비자 기호, 그리고 관세 분류 등이 고려된다.

② 불리한 대우

TBT협정 제 2 조 제 1 항 위반으로 성립되기 위한 세 번째 요건으로 수입상품에 대한 대우가 동종의 국내 상품 및 다른 원산지의 상품에 대한 대우보다 불리하여야 한다.

동 요건과 관련하여 US-Clove Cigarettes 사건에서의 패널은 GATT 제Ⅲ조

---

66) TBT협정 제 2 조 제 1 항. 표준과 적합판정절차에 관한 비차별 원칙은 각각 TBT협정 부속서 3 제 4 항과 제 5 조 제 1 항의 1에서 규정하고 있다.

제 4 항에서 의미하는 '불리한 대우' 요건에 대한 이전 WTO 분쟁해결기구의 해석을 바탕으로 검토되이야 한다고 하였다. 구체적으로 수입상품이 동종의 국내 상품에 비해 '불리한 대우'를 받았는지는 '관련시장에서 수입상품에 유해하게 경쟁조건을 변경하였는지'를 검토하는 것이라고 하였다.[67] 그리고 이러한 수입상품에 대한 '유해한 효과(detrimental effect)'의 발생 여부는 수입상품과 동종의 국내 상품간 대우가 단순히 다르다는 것만으로 입증될 수 있다고 하였다.

US-Clove Cigarettes 사건에서 항소기구는 멘솔담배와 정향담배 모두 맛에 의해 특징지어지는 동종상품임에도 불구하고, 미국산 멘솔담배의 판매를 허용하는 반면, 인도네시아산 정향담배의 판매를 금지하는 것은 인도네시아산 정향담배에 대하여 유해하게 경쟁조건을 변경시킨 것으로 보았다.[68]

둘째, 같은 사건에서의 항소기구는 TBT협정의 목적과 취지는 무역자유화의 목적과 회원국의 국내적 규제의 자치권 사이에 균형을 유지하려는데 있다는 점에서 이러한 협정의 취지에 따라 '수입품에 대한 유해한 효과가 정당한 규제적 구분(legitimate regulatory distinction)으로부터 온전히 기인하는 경우, 차별에 해당한다고 볼 수 없다'고 하였다.[69] 따라서 수입품의 경쟁기회에 대한 '유해한 효과'의 존재만으로 제 2 조 제 1 항에 규정된 '불리한 대우'가 성립되는 것은 아니며, 나아가 수입상품에 대한 그러한 효과가 '정당한 규제적 구분'으로부터 온전히 기인하는지 분석하여야 한다고 하였다. 즉 수입품에 대한 차별에 해당하는지 결정하기 위해 문제된 기술규정의 '형태, 양식, 드러난 구조, 운용과 적용'이라는 사안의 특정한 상황과 기술규정이 '공평(even-handed)'한지를 분석하여야 한다고 하였다.[70]

항소기구는 '멘솔담배를 제외한 맛으로 특징화된 담배의 판매를 금지하는 조치'의 규제 목적은 청소년 흡연을 줄여 인간 건강을 보호하기 위함으로 멘솔담배

67) US-Clove Cigarettes 사건에서 패널은 Korea-Various Measures on Beef 사건에서의 항소기구 보고서를 인용하였다. Panel Report, United States-Measures Affecting the Production and Sale of Clove Cigarettes, WT/DS406/R (Sept. 2, 2011), para. 7.264; Appellate Body Report, Korea-Measures Affecting Imports of Fresh, Chilled and Frozen Beef, WT/DS161/AB/R & WT/DS169/AB/R (Dec. 11, 2000), para. 137.

68) Appellate Body Report, United States-Measures Affecting the Production and Sale of Clove Cigarettes, WT/DS406/AB/R (Apr. 4, 2012), paras. 213-216 [이하 'US-Clove Cigarettes 항소기구 보고서'].

69) US-Clove Cigarettes 항소기구 보고서, paras. 174 & 181.

70) US-Clove Cigarettes 항소기구 보고서, para. 182.

나 정향담배 모두 청소년들에게 담배의 독한 맛을 걸러주어 일반 담배보다 더 쉽게 접근할 수 있도록 하는 맛의 특성을 가지고 있다는 점에서 '규제의 동일한 대상'이 된다고 하였다. 이에 양 담배를 다르게 취급하는 규제적 구분은 정당하다고 볼 수 없다고 하였다.[71)]

【 EC – 석면 및 석면함유 상품에 대한 조치 】

1. 사실관계

1997년 1월 프랑스에서 석면이 함유된 상품의 사용을 금지하는 법령이 발효됨에 따라 캐나다산 상품의 프랑스 내 수입이 금지되었다. 프랑스가 이들에 대한 수입금지를 규정한 것은 석면의 발암물질 때문이었고, 석면제품에 대한 금지는 캐나다산에 대하여만 적용되는 것이 아니라 자국산에도 적용되는 것이었다. 그러나 온석면을 함유하고 있는 일부 제품 등에 대하여 임시적 예외를 허용하고 있었다.

캐나다는 프랑스 조치가 TBT협정상의 규정을 위반한 기술규정이며, GATT의 내국민대우 및 수량제한 위반이라고 주장하였다. 이에 대하여 프랑스를 대신한 EC는 동 조치가 TBT협정의 대상이 아니며, 모든 경우에 TBT협정에 합치하는 법령이라고 항변하였다.

2. 패널의 결정

캐나다는 패널심사에서 당해 조치가 TBT협정 제 2 조 제 1 항, 제 2 항, 제 4 항 및 제 8 항 위반이라고 주장하였는데, 이 규정들은 기술규정에만 적용되므로 패널은 당해 조치가 기술규정인가를 검토하였다. 기술규정은 TBT협정 부속서의 정의에 따라 규정국의 시장에 출하된 제품의 특성을 규정한 것이어야 하고, 이름·기능·분류에 따라 상품을 식별하는 것이어야 한다. 패널은 문제의 법령이 석면 및 석면제품의 사용을 금지하는 것과, 이에 대한 예외를 규정한 것으로, 2원적으로 구성된 것이라고 하였다. 그리고 문제의 법령이 프랑스 시장에 출하될 수 있는 제품의 특성을 특정하지도 않았고, 특정 제품을 식별하지도 않았기 때문에 석면의 금지는 기술규정이 아니라고 하였다. 금지에 대

71) US-Clove Cigarettes 항소기구 보고서, paras. 225-226 & 234.

한 예외가 기술규정의 정의에 포함되기는 하지만, 프랑스 시장에서 출하될 수 있는 특정 제품의 특성을 명시하고 있으므로 금지에만 관련되었다는 캐나다 주장은 기각되었다.

3. 항소기구의 결정

항소기구는 문제의 법령은 전체적으로 검토되어야 한다고 하였다. 동 법령 제 1 조는 석면 및 석면제품에 대한 일반적 금지를 규정하고 있으나, 제한적으로 온석면제품에 대한 사용을 허용하는 예외를 두고 있기 때문에 동 법령을 통합적으로 보아야 한다고 하였다. 동 법령은 석면제품에 대한 전면적 금지를 규정하고 있는 것이 아니므로, 단순히 일반적 금지를 규정하고 있는것으로 판단하는 것은 금지적 요소와 허용적 요소를 갖추고 있는 동 법령의 통합성을 간과하고 있다는 것이다. 뿐만 아니라, 예외 조항들은 금지조항 없이는 아무런 법률적 의미를 갖지 못하므로, 항소기구는 문제의 법령은 하나의 유기적 통합체로서 심사되어야 한다고 하였다. 이러한 논거에 따라 항소기구는 패널의 2원적 해석방식을 뒤집는 결정을 내렸다.

항소기구는 TBT협정상 기술규정의 정의는 몇 가지 요건을 규정하고 있다고 보았다. 첫째, 기술규정은 제품의 특성을 규정하고 있어야 한다. 특성이란 어떤 제품을 특정하거나 명명하지 않은 상태에서, 제품의 식별가능한 특징, 품질, 속성 또는 여타 구별되는 표시를 말한다. 둘째, 제품의 특성은 어떤 제품을 구별하는 데 사용되거나 어떤 제품의 외양이나 모양을 규정하는 데 사용된 관련 특성뿐만 아니라, 해당 제품에 내재된 특징과 품질을 포함한다고 하였다. 셋째 특성은 어떤 제품이 포함하고 있는 특성을 규정하는 긍정적 형식이나, 어떤 제품이 포함하고 있지 않아야 할 특성을 규정하는 부정적 형식으로 규정되어야 한다고 하였다. 이를 기반으로, 항소기구는 프랑스 법령은 전체로서 통합된 것으로 보아 기술규정이 된다고 하였으나, 자연상태의 석면섬유 금지가 기술규정인가에 대하여는 의문을 표시하였다. 약간의 금지는 더 많지만 않다면 석면섬유에 관한 어떤 특성을 규정하거나 부과하지 않겠지만, 문제의 법령은 석면섬유를 함유하는 제품의 금지에까지 확대된 것이라고 해석하였다. 이러한 금지는 모든 제품은 석면섬유를 함유하지 않아야 된다는 요건에 따라 부정적 형식으로 제품의 특성을 규정하고 있다는 것이다. 그리고 그

금지가 특정 제품을 거명하지 않았지만 그 제품은 식별가능한 것이었므로, 기술규정이 된다고 결정하였다.

항소기구의 결정은 문제의 프랑스 법령이 TBT협정에 따라야 한다는 것을 결정한 것이나, 그 법령의 일부 규정이 TBT협정의 일부 규정을 위반하였다는 캐나다의 주장에 대하여는 판단하지 않았다. 항소기구는 캐나다측 주장을 검토할 권한이 없기 때문이라고 하였는데, 그 이유로서 TBT협정에 관한 법률의 부족을 들고, 그 외에 기록상의 미흡과 패널이 사실적 법률적 판단을 하지 않았다는 점을 들었다.

(나) 불필요한 무역장애금지의무

TBT협정은 불필요한 무역장애를 목적으로 혹은 그러한 효과를 가지는 기술규정, 표준, 적합판정절차의 준비, 채택, 적용을 금지한다.[72] TBT협정 제 2 조 제 2 항은 기술규정에 의한 불필요한 무역장애를 금지하고 있다. 이에 따라 회원국은 정당한 목적을 달성하기 위하여 기술규정을 채택할 수 있으나, 해당 규정은 그러한 목적을 달성하는 데 필요한 범위를 초과하여 무역을 제한해서는 안 된다. 이때 규정의 정당성은 기술규정을 준수하지 않을 경우 초래될 수 있는 위험 수준을 고려하여 판단된다.[73]

따라서 제 2 조 제 2 항의 합치성 여부와 관련하여 (1) 문제가 되는 조치가 부속서 1.1의 의미 내에서 '기술 규정'에 해당하는지, (2) 문제가 되는 조치가 '무역 제한적'인지, (3) 문제가 되는 조치가 정당한 목적을 달성하는지 여부, (4) (정당한 목적의) 미이행이 초래할 위험을 고려하여 그 조치가 정당한 목적을 달성하는데 '필요 이상으로 무역 제한적'인지 등을 검토하여야 한다. 아래 첫 번째 검토 요건을 제외한 나머지 검토 요건에 대해 차례대로 살펴보기로 한다.

① 무역 제한성

문제된 조치가 '무역 제한적'인지와 관련하여, US-Tuna Ⅱ(Mexico) 사건에서

72) TBT협정 제 2 조 제 2 항. 무역장애금지의무와 관련한 표준과 적합판정절차는 각각 TBT협정 부속서 3 제 5 항과 제 5 조 제 1 항의 2에서 규정하고 있다.

73) TBT협정 제 2 조 제 2 항.

항소기구는 '무역에 제한적 영향을 미치는' 것으로 정의하였다.[74] 그리고 Australia-Tobacco Plain Packaging 사건에서의 항소기구는 조치의 무역 제한성 정도에 대한 평가는 해당 사안의 특정 상황에 따라 양적 또는 질적 측면에서 적절하게 이루어질 수 있다고 하였다.[75] 물론, 무역 제한성과 관련한 분쟁 당사국 간의 이견은 그 제한성의 정도와 관련이 있기에 앞서 언급한 네 번째 검토 요건과 관련이 있다고 볼 수 있다.

Australia-Tobacco Plain Packaging 사건에서 항소기구는 어떤 조치가 시장의 경쟁 조건을 변경하는 경우, 패널은 해당 조치가 '무역 제한적'이라는 결론을 내리기 위해 그러한 변경이 무역에 제한적인 영향을 미칠 것이라는 점을 확인하여야 한다고 하였다. 이러한 무역 제한적 효과는 '법률상 차별(de jure discrimination)'의 경우 명확하게 드러날 수 있으나 시장 내 경쟁 조건의 비차별적 변경은 무역에 무역 증진 효과와 무역 감소 효과를 모두 가져올 수 있으므로 패널이 해당 조치의 구도와 구조만으로 무역 제한 효과를 반드시 예측할 수는 없다고 하였다.[76] 어떤 조치가 무역에 제한적 영향을 미치는지 여부를 판단하기 위해 패널은 추가적 입장과 증거를 검토하여야 할 수 있다. 즉 이와 같은 맥락에서 항소기구는 패널이 무역 제한성의 수준에 대한 결론을 내리기 전에 당사자들이 제출한 모든 관련 증거를 고려하는 것이 적절하다고 하였다.[77]

② 조치의 정당한 목적 달성

어떤 목적이 '정당한'지를 판단하여야 하는데, US-Tuna Ⅱ(Mexico) 사건에서 항소기구는 '정당한 목적'이라는 용어의 사전적 의미는 합법적이고 정당하거나 적절한 목적 또는 목표를 의미한다고 하였다.[78] TBT협정 제 2 조 제 2 항의 세 번째

---

74) Appellate Body Report, United States-Measures Concerning the Importation, Marketing and Sale of Tuna and Tuna Products, WT/DS381/AB/R (May 16, 2012), para. 319 [이하 'US-Tuna Ⅱ(Mexico) 항소기구 보고서'].

75) Appellate Body Reports, Australia-Certain Measures Concerning Trademarks, Geographical Indications and Other Plain Packaging Requirements Applicable to Tobacco Products and Packaging, WT/DS435/AB/R & WT/DS441/AB/R (June 9, 2020), para. 6.469 [이하, 'Australia-Tobacco Plain Packaging 항소기구 보고서'].

76) Australia-Tobacco Plain Packaging 항소기구 보고서, para. 6.406.

77) Australia-Tobacco Plain Packaging 항소기구 보고서, para. 6.393.

78) US-Tuna Ⅱ (Mexico) 항소기구 보고서, para. 313.

문장은 이러한 '정당한 목적'의 구체적인 예로 (1) 국가안보, (2) 기만적 행위의 방지, (3) 인간의 건강과 안전, 동·식물의 생명 또는 건강 보호, (4) 환경보호 등을 나열하고 있다. 그러나 목록 첫머리의 '특히(inter alia)'라는 단어에서 알 수 있듯이, 이는 합법적인 정책 목표의 완전한 목록이 아니다. 제 2 조 제 2 항에 규정된 정책 목적 이외의 다른 목적들도 정당한 것으로 간주될 수 있다.

US-Tuna Ⅱ(Mexico) 사건에서 항소기구는 제 2 조 제 2 항에 명시적으로 나열된 목적은 '정당한' 것으로 간주될 수 있는 다른 목적에 대한 예시 및 기준점이 된다고 하였고, TBT협정 전문 여섯 번째와 일곱 번째 항목에서 인정된 목적과 다른 WTO협정 조항에 반영된 목적 또한 제 2 조 제 2 항의 '정당한 목적'의 의미를 분석하는데 있어 지침이 된다고 하였다.[79)]

한편, 기술 규정의 목적 '달성(fulfil)'과 관련하여 US-Tuna Ⅱ(Mexico) 사건에서 항소기구는 해당 기술 규정이 정당한 목적을 달성하는 데 '기여하는 정도'와 관련이 있다고 하였다.[80)] 그리고 문제가 된 조치가 추구하는 정당한 목적을 어느 정도 달성했는지에 대해 기술 규정의 구도, 구조 및 운영뿐만 아니라 해당 조치의 적용과 관련된 증거를 통해 추구하는 목적의 달성 정도(즉 목적 달성에 대한 기여도)를 파악할 수 있다고 보았다.[81)]

③ '필요 이상으로 무역 제한적'이지 않은지

US-Tuna Ⅱ (Mexico) 사건에서 항소기구는 문제의 기술 규정이 필요 이상으로 무역제한적인지를 확인하기 위해서는 (i) 해당 조치가 문제가 되는 정당한 목적에 기여하는 정도, (ii) 해당 조치의 무역 제한성, (iii) 해당 조치로 인해 회원국이 추구하는 목적이 달성되지 않을 경우 발생할 수 있는 위험의 성격과 결과의 심각성 등을 검토하여야 한다고 하였다.[82)]

아울러, 문제가 된 조치와 이용가능한 대안 조치와의 비교도 함께 수행되어

79) US-Tuna II (Mexico) 항소기구 보고서, para. 313. 제소국은 TBT협정 제 2 조 제 2 항의 의미 내에서 목적이 정당하지 않다는 것을 입증하여야 한다. Appellate Body Reports, United States-Certain Country of Origin Labelling (COOL) Requirements, WT/DS384/AB/R & WT/DS386/AB/R (June 29, 2012), para. 449.

80) US-Tuna Ⅱ (Mexico) 항소기구 보고서, para. 315.

81) US-Tuna Ⅱ (Mexico) 항소기구 보고서, para. 317.

82) US-Tuna Ⅱ (Mexico) 항소기구 보고서, para. 322.

야 한다고 하였는데, 구체적으로 제안된 대안 조치가 (i) 덜 무역 제한적인지, (ii) 정당한 목적의 미이행으로 인해 발생할 위험을 고려하여 그 목적에 동등한 기여를 하는지, (iii) 합리적으로 이용 가능한지 등을 검토하여야 한다고 하였다.[83] 그리고 상기 요소들을 '비교형량(weighing and balancing)'하여 TBT협정 제 2 조 제 2 항에 따라 기술 규정이 필요 이상으로 무역 제한적인지를 궁극적으로 확인할 수 있다고 하였다.[84]

대안 조치가 합리적으로 이용가능한지는 제소국이 입증하여야 한다. 그러나 대안 조치는 실현되지 않은 가상의 조치이기 때문에, 이를 정확하게 설명하기는 어렵다. 항소기구는 제소국에게 제안된 대안 조치가 피소국에 의해 실제로 어떻게 이행될 것인지에 대한 상세한 정보와 그러한 이행에 수반되는 비용에 대한 정확하고 포괄적인 추정치를 제공하도록 요구하는 것은 적절치 않다고 하였다.[85] 오히려 피소국이 제안된 대안 조치가 합리적으로 이용 가능하지 않다는 점을 입증하는 것이 더 적절하다고 하였다.[86] GATT 제XX조의 맥락에서 볼 때, 대안 조치가 합리적으로 이용 가능한지 여부는 이 조치의 이행과 관련된 비용 및 기술적 어려움에 따라 다르다고 할 수 있다.[87]

(다) 국제표준과의 조화

TBT협정은 무역에 불필요한 장애를 초래하는 기술장벽을 사전에 예방하고 제거하기 위한 수단으로, 국제표준과의 '조화(harmonization)' 원칙을 채택하고 있다. 이는 각 회원국이 상이한 기술규정, 표준, 적합판정절차를 운영함으로써 발생하는 규제 차이를 조정하려는 데 그 목적이 있다. 따라서 협정은 회원국들이 자국의 기술조치를 국제표준에 최대한 부합시키고, 가능하면 상호 공통의 기준으로 수렴할 것을 권장하고 있다.

구체적으로 TBT협정은 관련 국제표준이 존재하거나 그 완성이 임박한 경우

83) US-Tuna Ⅱ (Mexico) 항소기구 보고서, para. 322.
84) US-Tuna Ⅱ (Mexico) 항소기구 보고서, fn. 643 to para. 318.
85) Appellate Body Reports, United States-Certain Country of Origin Labelling (COOL) Requirements, Recourse to Article 21.5 of the DSU by Canada and Mexico, WT/DS384/AB/R & WT/DS386/AB/R (May 18, 2015), para. 5.338.
86) *Ibid.*, para. 5.339.
87) Peter Van den Bossche & Werner Zdouc, *op. cit.*, p. 1003.

그러한 국제표준의 전부 혹은 관련 부분을 회원국의 기술규정, 표준 또는 적합판정절차의 기초로 사용하도록 하고 있다. 다만, 근본적인 기후적·지리적 요소나 기술적 사유로 인해 해당 국제표준이 정당한 목적을 달성하는 데 비효과적이거나 부적절한 경우에는 예외로 할 수 있다.[88] 국제표준을 기초로 사용한 기술규정에 대해서는 불필요한 무역제한을 초래하지 않은 것으로 추정되나 반박이 가능하다.[89]

어떤 표준을 '관련' 국제표준으로 인정할 것인지와 관련하여, EC-Sardines 사건에서 패널은 문제가 되었던 표준 Codex Stan 94가 EC 규정과 관련이 있는 국제표준인지에 대해 검토 기회를 가졌는데, '관련성'이라는 용어의 통상적인 의미를 '당면 문제와 관계있는(bearing upon or relate to)' 그리고 '밀접한(pertinent)'으로 해석하였다.[90] 그리고 이를 바탕으로 EC 규정과 Codex Stan 94가 모두 동일한 제품, 즉 '보존된 정어리'를 다루고 있다는 점에서 Codex Stan 94가 '관련' 국제표준이라고 판단했다.[91] US-Cool 사건에서의 패널도 식품 안전과 관련하여 국제표준, 지침 및 권고가 '국제식품규격위원회(Codex Alimentarius Commission)'에서 제정되었다는 점에서 '국제식품규격위원회'의 관련성을 인정하였다.[92]

국제표준이 추구된 정당한 목적을 달성하는데 있어 비효과적이거나 부적절한 수단인지와 관련하여, EC-Sardines 사건에서의 패널은 '비효과적'이라는 용어는 성취 기능이 없는 것을 의미하고, '부적절'은 '적합'하지 않은 것을 의미한다고 하였다.[93] US-COOL 사건에서의 패널도 이 같은 EC-Sardines 사건에서의 패널 분석에 따라 문제가 된 'CODEX-STAN 1-1985'가 목적을 달성할 수 있는 능력이 있다면 '효과적'이고, 목적 달성에 적합하다면 '적절'할 것이라고 판단했다.[94] 그리고 이러한 분석 결과를 바탕으로 패널은 '동물이 출생, 사육 및 도축된 국가에 대한 정보를 소비자에게 제공한다는 목적을 달성할 수 있는 기능이나 역량을 갖추지 못

88) TBT협정 제2조 제4항, 제5조 제4항, 부속서 3 제6항.

89) TBT협정 제2조 제5항.

90) Panel Report, European Communities-Trade Description of Sardines, WT/DS231/R (May 29, 2002), para. 7.68 [이하, 'EC-Sardines 패널 보고서'].

91) EC-Sardines 패널 보고서, paras. 7.69-7.70.

92) Panel Report, United States-Certain country of origin labelling (cool) requirements, WT/DS384/R & WT/DS386/R (Nov. 18, 2011), para. 7.729 [이하 'US-COOL 패널 보고서'].

93) EC-Sardines 패널 보고서, para. 7.116.

94) US-COOL 패널 보고서, para. 7.732.

했기' 때문에, 'CODEX-STAN 1-1985'가 미국이 정의한 특정 목적을 달성하는 데 비효과적이고 부적절하다고 보았다.[95)]

【 EC - 정어리 사건 】

1. 사실관계

1978년 국제식품규격위원회(The Codex Alimentarius Commission)와 세계보건기구가 정어리 통조림과 정어리 타입의 제품에 관한 규격인 'Codex Stan 94'을 채택하였다. Codex Stan 94에서는 Sardina pilchardus (Walbaum)로만 평가된 것만 Sardines라는 이름을 붙이고, 다른 경우에는 'X sardines'라고 할 수 있다고 규정하고 있다. 이러한 국제식품규격이 존재함에도 EC는 1989년 6월 20일 이사회규칙 No. 2136/89 (EC규칙)을 채택하여 제 2 조에서 가공처리된 정어리는 오직 'Sardina pilchardus Walbaum'으로만 만들어져야 한다고 규정하여 가공된 정어리 판매를 규제하여 왔다.

페루는 Codex Stan 94에 따라 sardinops sagax로 만든 정어리 제품에 대하여 'Pacific Sardines'이라 명명하여 독일 내에서 판매하였으나 EC규칙에 따라 'Sardines'란 이름을 사용하지 못하게 되자, 동 EC규칙은 GATT의 제XI조 제 1 항과 TBT협정 제 2 조와 제12조에 반하며 무역제한적이라는 이유로 2001년 3월 20일 EC에 협의를 요청하였다. 또한 페루는 EC규칙이 비차별원칙과 GATT의 제 I 조와 제Ⅲ조와도 불일치함을 주장하였다. 이에 2001년 5월 31일에 페루와 EC간 협의가 이루어졌으나 상호간 만족할 만한 합의에 도달하지 못하였다.

2. 패널 및 항소기구의 결정

패널은 페루의 입장에 따른 결론에 도달하였으며 이에 EC는 항소기구에 항소를 하게 된다. 그러나 EC가 항소를 철회하고 다시 3일 만에 재항소를 함으로써 이러한 항소가 허용되는지에 관한 절차적 판단이 항소단계에서 추가로 행해지게 된다. 또한 私人과 모로코(WTO 회원국이면서도 제 3 참가자의 자격으로 '의견서'를 제출한 것이 아니라)가 제출한 '법정의 친구 의견서(amicus

95) US-COOL 패널 보고서, paras. 7.734-7.735.

curiae brief, 법정조언자에 의한 의견서)'가 허용되는지 그리고 그것이 항소기구에 도움을 주는지에 관한 절차법상의 문제가 이례적으로 다루어졌다.

(1) 절차적 문제

항소기구는 Rule 제30조 (1)상 철회에 대한 명시적인 허용 또는 금지에 관한 규정은 없다 하더라도 철회에 대한 時限이 없으며, 철회 사유가 제시하거나 다른 참가인에 대한 통지도 필요치 않고 자유로이 행사할 수 있는 항소인의 권리라고 하였다. 이러한 이유로 본 사건에서는 항소 철회 후 3일 만에 신속히 재항소하였으며, 재항소한 사유가 페루의 판단에 대한 오류를 시정하기 위한 것이라는 점에서 건전한 의도를 갖고 있다고 판단하여 항소기구는 EC의 재항소를 허용하였다.

모로코가 WTO회원국이면서도 다른 국가처럼 제 3 참가자의 자격으로서가 아니라, 즉 본 항소와 이해관계가 있는 자로서 아니라 말 그대로 '법정의 친구'로서 '의견서'를 제출한 것은 항소기구의 법적 재량권을 침해한 것이 아니며, '법정의 친구 의견서'의 허용은 사건마다 판단되어야하는 재량적 판단의 문제라고 하였다. 또한 페루가 주장한 '기탁서와 함께' 제출되었어야 한다는 부분에 관해서, 항소기구는 EC-석면 사건, 태국-H-Beams 사건, 그리고 미국-납과 Bismuth Ⅱ 사건과 같은 선례에 비추어 볼 때 기탁서와 함께 의견서가 제출될 필요는 없다고 판단하였다. 그러나 모로코의 의견서는 최종적으로 본 항소에 도움이 되지 않는 것으로 판단되었다.

(2) 본안 문제

항소기구는 EC-석면사건에서 어떤 문서가 기술규정인가 여부를 판단하는 3가지 기준을 제시하였다. 첫째, 그 문서가 식별이 가능한 제품이나 제품군에 적용되어야만 한다. 그러나 식별이 가능한 제품이나 제품군은 문서에 명시적으로 확인될 필요는 없다. 둘째, 그 문서는 제품의 한 가지 또는 그 이상의 특징을 규정해야만 한다. 이들 제품의 특징은 본질적인 것이거나 제품에 관련되어야 한다. 셋째, 그 제품 특징에 따르는 것이 의무적이어야만 한다. EC규칙은 명백히 제품 즉 정어리통조림을 식별하며 EC규칙 제 2 조는 거래되는 정어리 통조림 제품은 Sardina pilchardus 어종으로만 만들어져야 한다고 규정하고 있으므로, 항소기구는 이러한 요건이 정어리통조림에 '본질적인(intrinsic to)' 제품의 특징이라고 판단하였다. 또한 EC규칙이 강제적이라는 점에 대하여는 이의가 없으므로, EC규칙은 EC-석면사건에서 제시된 기술규정의 세 가지 기준을 충족한다고 결정하였다. 그리고 EC가 주장하는 'name'과 'label'의 차이는 본 사건에서 기술규정을 판단함에 있어 관련이 없다고 하였다.

조약법에 관한 비엔나 협약이 소급효를 금지하고 있으나, 항소기구는 TBT협정 제 2 조 제 4 항이 현재시제를 사용하고 있고, '기술규정이 요구되고'라는 문구로 시작되는 점을 고려할 때 제 2 조 제 4 항은 현재 있는 조치들에 대하여 '계속적인 의무(continuing obligation)'를 정하고 있으므로, TBT협정이 발효되고 난 후 준비되거나 채택된 규정들에 한정되는 것은 아니라고 하였다.

항소기구는 TBT협정 부속서 1.2에 규정된 표준의 정의 및 주석을 검토하여 'Codex Stan 94'가 '관련 국제표준'인지를 판단하였다. 즉 주석에서 "… 이 협정은 컨센서스에 기초하지 아니한 문서도 대상으로 한다"는 규정을 근거로 하여 'Codex Stan 94'가 EC 주장대로 컨센서스에 기초한 것이 아니라 할지라도 관련 국제표준이 된다고 하였다. EC는 대상이 되는 제품의 범위가 다르므로, TBT협정 제 2 조 4 항의 관련국제표준이 될 수 없다고 한다. 그러나 항소기구는 EC규칙이 Sardina pilchardus 통조림에만 관련된다고 하더라도 Codex Stan 94는 이를 포괄하고 있으므로 범위가 다르지 않다는 패널의 의견에 동의하였다. TBT협정 제 2 조 제 4 항은 회원국에게 그들 기술규정에 대한 기초로써 '관련 국제표준'을 사용할 것을 요구하고 있다. EC는 EC규칙의 기초로써 Codex Stan 94가 사용되었다고 주장하였다. 그러나 EC규칙은 Codex Stan 94 제 6 조 하에서 인정되는 'X sardines'라고 하는 것을 금지하였으므로 Codex Stan 94를 EC규칙의 기초로써 사용되었다고 볼 수 없다 하였다. 또한 EC-호르몬육류 사건을 근거로 하여 단순히 국제표준과 국내규정 간에 '합리적인 관련'이 있는 것으로는 충분치 않고, 적어도 둘이 모순된다면 Codex Stan 94는 EC행정법규에 대한 기초로써 사용되었다고 할 수 없다고 하였다.

패널이 진술한 것처럼, TBT협정 제 2 조 제 4 항의 문맥상 비효과적인 수단이라는 것은 추구된 정당한 목적을 달성하는 데 필요한 기능을 갖지 못한 수단을 의미하는 데 반하여, 부적절한 수단이라는 것은 추구된 정당한 목적을 달성하는 데 특별히 적합하지 않은 수단을 의미한다. 효과성의 문제는 수단의 결과에 관련되지만, 적절성의 문제는 수단의 본질에 더 관련된다. 항소기구는 이러한 해석을 확인하였다. 항소기구에 따르면, 패널은 제 2 조 제 4 항의 '정당한 목적'이 제 2 조 제 2 항의 문맥에서 해석되어야만 한다고 판단함에 있어서 옳은 결정이었다고 하는데, 이 조항은 명시적으로 '국가안보상 요건', '기만적 관행의 방지', '인간의 건강 또는 안전', '동물 또는 식물의 생명 또는 건강', '환경의 보호'와 같은 정당한 목적을 규정하고 있다. EC행정법규를 제정하는데 있어서 EC의 목적은 '시장 투명성, 소비자 보호, 공정 경쟁'이다. 앞서의 분석에 근거할 때, 항소기구는 Codex Stan 94이 이러한 3가지 목적 모두를 달성하는 데 필요한 역량을 가지고 있다면 효과적일 것이고, 3가지 목적 모두를 달성하는 데 적합하다면 적절할 것이라고 하였다. 패널은 EC의 대부분 국가 소비자들이 '정어리'라는 통칭에 대하여 항상 Sardina pilchardus만을 관련시켜 생각해왔다는 것이 입증되지 않았다고 판단하였다. 나아가 패널은 Sardina pilchardus 이외의 다른 정어리 어종에 대한 Codex Stan 94에 제시된 라벨링 규정의 목적이 시장투명성을 보장하는 것이라는 페루의 주장을 고려하였다. 그러므로 페루가 Codex Stan 94가 EC행정법규의 정당한 목적을 달성하는 데 비효과적이거나 부적절하지 않다는 것을 입증하였다는 패널의 판단을 옳다고 하였다.

EC는 패널이 EC행정법규를 '무역제한적(trade restrictive)'이라고 간주하였다고 항소에서 비난하였으나, EC 또한 Sardina pilchardus에 대해서만 '정어리'라는 라벨링을 할 수 있게 한 것에 관한 EC소비자들의 예상이 EC행정법규에 의해 조성되었다는 것을 인정하였다. 이에 따라 항소기구는 EC의 주장을 각하하였다. 그러나 패널은 사법경제를 고려하여 EC행정법규가 GATT 제Ⅲ조뿐만 아니라 TBT협정의 다른 규정들을 위반하였다는 페루의 주장을 심사하지 않았기 때문에 두 번째 언급은 부적절하였다. 특히 패널은 EC행정법규에 대한 심사에 있어서, EC행정법규는 관련국제표준인 Codex Stan 94보다 더 무역제한적이라고 생각한다고 하였다.

(라) 기타 규정상 의무

① 동등성 인정

회원국들은 타 회원국의 기술규정이나 적합판정 결과를 일정한 조건 하에 자국의 규정 또는 절차와 동등한 것으로 인정하거나 수용할 수 있는 제도를 마련하고 있다. TBT협정 제 2 조 제 7 항에 따르면, 회원국은 비록 타 회원국의 기술규정이 자국의 기술규정과 동일하지 않더라도, 해당 규정이 자국의 정당한 목적을 충분히 달성할 수 있다고 합리적으로 판단되는 경우, 이를 자국 기술규정과 동등한 것으로 수용하는 것을 긍정적으로 고려해야 한다.

예를 들어, A국이 가정용 전기히터의 화재예방을 이유로 자국 시험방식에 따른 인증만을 허용하면서, 다른 기준에 기반해 동일한 수준의 안정성이 입증된 B국 제품의 수입을 자국 시험방식과 다르다는 이유로 거부한 경우, B국은 자국 규정이 화재 예방이라는 동일한 목적과 동등한 보호수준을 달성하고 있음에도 불구하고 A국이 이를 전혀 고려하지 않은 것은 TBT협정 제 2 조 제 7 항 '동등성에 대한 긍정적 고려 의무'를 위반한 것이라고 주장할 수 있다.

TBT협정 제 6 조도 적합판정절차의 상호 인정을 통해 불필요한 절차를 줄이고, 무역을 원활히 할 것을 규정하고 있다. 제 6 조 제 1 항은 회원국 간 절차가 다를지라도 상대국의 절차가 자국 기술규정 및 표준에 부합하는 것으로 판단될 경우, 가능한 한 그 적합판정 결과를 수용해야 한다고 규정하고 있다.

회원국은 자국의 적합판정절차가 상호 인정이 가능하도록 제도적으로 운영되도록 보장해야 한다.[96] 상대국의 요청이 있을 경우에는 상호인정협정 체결을 위한 협상에 응할 수 있도록 노력해야 한다. 이때 협정은 기술적으로 적절하고, 관련 상품의 무역을 실질적으로 촉진할 수 있어야 한다.[97] TBT협정은 회원국이 다른 회원국에 소재한 적합판정기관이 자국의 평가 절차에 동등한 조건으로 참여할 수 있도록 제도를 운영할 것을 장려하고 있다.[98]

② 정보 제공과 기술지원

회원국은 타 회원국의 합리적 질의에 응답할 수 있고, 관련 서류를 제공할 수 있는 질의처를 설치하여야 한다.[99] 기술규정, 표준 또는 적합판정절차와 관련된 문제에 대하여 일국이 타 회원국과 합의하였을 경우 이를 WTO 사무국에 통고하여야 하며, 요청이 있을 경우 타 회원국과도 협의하여야 한다.

96) TBT협정 제 6 조 제 2 항.
97) TBT협정 제 6 조 제 3 항.
98) TBT협정 제 6 조 제 4 항.
99) TBT협정 제10조 제 1 항.

사무국은 TBT협정 규정에 따라 통고를 접수하는 경우 그 통고 사본을 모든 회원국 및 이해관계가 있는 국제표준기관과 적합판정기관에 배포하며, 개발도상회원국의 특별한 관심 품목과 관련 되어있는 모든 통고에 대하여 이들의 주의를 환기하여야 한다. 회원국이 무역에 중대한 영향을 미칠 수 있는 기술규정, 표준 또는 적합판정절차와 관련한 문제에 대하여 타국과 합의한 경우 합의 당사국 중 적어도 한 회원국은 합의 내용의 간단한 설명과 함께 합의의 대상 품목을 사무국을 통하여 다른 회원국에게 통고한다. 요청이 있는 경우 관련 회원국은 유사한 합의를 체결하거나 또는 이러한 합의에 참가할 수 있도록 할 목적으로 다른 회원국과 협의를 개시하는 것이 장려된다.

회원국은 요청이 있는 경우 기술규정의 준비, 국가표준기관의 설립 및 국제표준기관에의 참가에 관하여 다른 회원국 특히 개발도상회원국에게 조언하여야 하며, 상호 합의된 조건에 따라 이들에게 기술지원을 공여하며, 자국의 국가표준기관도 유사하게 행동하도록 장려하여야 한다.[100] 이 규정을 실천할 수 있도록 무역기술장벽위원회는 정보교환과 기술지원을 위한 척도를 제시하고 있다.

5. 선적전 검사

(1) 적용범위

선적전검사협정은 회원국 국내에서 이루어지는 모든 선적전 검사활동에 적용되는 것으로, 회원국에 수출되는 상품의 관세분류 · 환율 · 재정조건 등을 포함하여 상품의 품질 · 물량 · 가격검증 등과 관련된 일체의 활동을 대상으로 한다.[101]

(2) 사용 회원국의 의무

검사활동은 비차별적 방법으로 모든 수출업자에게 객관적이고 공평한 기준과 절차를 적용하여야 한다. 모든 회원국은 선적전 검사기관의 검사원이 통일된 검사를 수행하도록 하여야 한다. 사용 회원국은 자국의 법률과 규정 및 이행요건에 관련된 선적전 검사 과정에서 GATT의 제Ⅲ조 제 4 항 내국민대우 규정을 준수하도록 보장하여야 한다. 물량과 품질 검사는 구매계약상 구매자와 판매자가 결정한

100) TBT협정 제11조.

101) 선적전검사협정 제 1 조 제 1 항과 제 3 항.

기준에 따라 수행되고, 기준이 없는 경우에는 국제적 기준이 적용된다. 사용 회원국은 수출업자에게 검사 요건 구비에 필요한 모든 정보목록을 제공하여야 하는 등, 선적전 검사는 투명한 방법으로 수행되어야 한다.[102)]

사용 회원국은 선적전 검사기관이 제 3 자에게 영업비밀정보를 누설하지 않도록 하여야 한다. 특히 선적전 검사기관이 수출업자에게 특허 · 면허 · 비공개된 가공공정 또는 특허출원 중인 공정과 관련된 생산자료, 공표되지 않은 기술자료, 제조원가를 포함하는 내부자료, 이익수준 및 계약조건 등을 요구하지 않도록 하여야 한다.[103)]

사용 회원국은 선적전 검사기관이 불합리한 검사지연을 하지 않도록 보장하여야 한다. 선적전 검사기관과 수출업자가 검사일에 합의하면 양자간에 재합의가 있거나 천재지변이나 수출업자에 의해 방해되지 않는 한 합의된 날짜에 검사하여야 한다.[104)] 회원국은 검사 후 5일 내에 결과보고서를 발급하거나, 발급하지 않은 이유를 해명서로 제출하여야 한다.[105)]

사용 회원국은 과다청구나 과소청구 또는 사기를 방지하기 위하여 가격비교를 행하여야 한다. 수출가격의 검증을 위한 가격비교시, 사용 회원국은 동일 수출국에서 동일 시기에 수출되는 동일상품이나 유사상품의 가격을 관습적인 상거래 관행에 따라 적용가능한 표준할인액을 차감한 가격을 기준으로 한다.[106)]

부분 선적의 경우를 제외하고, 사용 회원국이 규정한 최소가치 이하의 선적에 대하여는 검사를 면제한다.[107)]

(3) 수출 회원국의 의무

수출 회원국은 선적전 검사활동과 관련된 자국의 법률과 규칙이 비차별적 방법으로 적용될 수 있도록 하여야 한다. 수출 회원국은 자국 법률과 규칙이 다른 정부와 무역업자에게 친숙해질 수 있는 방법으로 선적전 검사활동과 관련된 법률

---

102) 선적전검사협정 제 2 조 제 1 항-제 8 항.
103) 선적전검사협정 제 2 조 제 9 항-제13항.
104) 선적전검사협정 제 2 조 제15항.
105) 선적전검사협정 제 2 조 제16항.
106) 선적전검사협정 제 2 조 제20항.
107) 선적전검사협정 제 2 조 제22항.

과 규칙을 신속히 공표하여야 한다.

수출 회원국은 본 협정의 목적을 달성하기 위하여 상호 합의된 조건으로 사용 회원국에게 기술적 지원을 제공하여야 한다.[108] 1997년 선적전 검사 작업단은 기술적 지원활동은 요청에 의해 집행되는 것으로, 관세행정의 개혁, 체계와 절차의 단순화 및 현대화, 적절한 법적·행정적·물리적 인프라의 발전 등을 포함한다고 하였다.

(4) 절 차

선적전 검사기관과 수출업자간의 분쟁은 상호간에 해결하는 것을 원칙으로 한다. 그러나 고충제출 후 2일 이내에 당사국 중 일방은 해당 분쟁을 독립재검토하도록 부탁할 수 있다. 회원국은 합리적 절차가 제정되고 유지될 수 있도록 합리적 조치를 취하여야 한다. 독립재검토절차는 수출국의 대표 기관과 선적전 검사기관의 대표기관으로 구성된 독립기관이 관리한다.[109]

회원국은 선적전 검사와 관련된 법류과 규칙 외에 본 협정과 관련된 법률 및 규칙의 사본을 WTO 사무국에 제출하여야 한다. 회원국은 요청에 따라 본 협정의 운용에 영향을 끼치는 사항에 대하여 타 회원국과 협의하여야 하고, 이 경우 GATT의 제XXII조의 규정이 적용될 수 있다.

(5) 통고 및 검토

회원국은 선적전 검사협정이 자국에 대하여 발효할 당시 선적전 검사와 관련한 모든 법률 및 규정뿐 아니라 협정을 시행하는 자국 법률과 규정 사본을 사무국에 제출하여야 한다. 선적전 검사와 관련한 법률 및 규정의 어떠한 변경도 공식적으로 공표되기 전에는 시행되지 아니한다. 법률 및 규정이 공표되면 즉시 사무국에 통고되어야 하고, 사무국은 이러한 정보의 입수가능성을 회원국에게 통고하여야 한다.

각료회의는 세계무역기구협정 발효로부터 2년째 되는 연도 말에, 그리고 그 이후 매 3년마다 이 협정의 목적 및 운영 과정에서 얻어진 경험을 감안하여 선적

108) 선적전검사협정 제3조.
109) 선적전검사협정 제4조.

전 검사협정의 규정, 이행 및 운영에 관하여 검토하게 된다. 각료회의는 이러한 검토의 결과에 따라 선적전 검사협정의 규정을 개정할 수 있다.

6. 원 산 지

(1) 적용범위

원산지란 물품을 생산한 나라 또는 물품의 국적을 의미하는 것으로,원산지규정이란 회원국이 상품의 원산지 국가를 결정하는 법률, 규정, 행정결정을 말한다. 따라서 원산지는 원산지규정의 적용을 통해 결정되고, 각종 무역정책수단에 사용되는 법적·행정적 개념으로 이해하여야 한다. 원산지규정은 그 자체로서는 무역에 영향을 끼치지는 않으나, 무역관련 결정을 내림에 있어 원산지의 식별이 필요하므로 무역에 영향을 주게 된다. 지난 50여 년간 GATT은 세계적으로 관세장벽을 자유화하여 왔으나, 많은 국가들이 원산지규정을 이용하여 자국 상품을 보호하는 차선의 통상장벽으로 활용하여 왔다.[110] 그럼에도 불구하고, 1994년 이전까지는 원산지 문제는 잠재적 통상장벽의 문제로 다루어지지 않았으나, 1994년 원산지규정협정이 채택되어 원산지규정을 통일하기 위한 원산지위원회가 설치됨으로써 비로소 다루어지게 되었다.[111] 원산지규정은 특혜규칙과 비특혜규칙으로 구분되는데, 전자는 특혜국으로부터 수입되는 상품인가를 결정하기 위해 사용되고, 후자는 특정국으로부터의 수입을 제한하기 위한 목적 등으로 사용된다.[112] 이와 같이 원산지규정은 특정국에게 무역특혜 또는 무역제한을 적용하는 데 핵심적 역할을 수행함으로써, 기업들의 전략적 계획에 중대한 영향을 끼치게 된다.[113]

원산지규정은 적용목적에 따라 크게 특혜원산지규정과 비특혜원산지규정으로 나뉘어진다. 특혜원산지규정이란 상품이 GATT 제 I 조 제 1 항 최혜국대우규정의 적용을 초월하는 관세특혜대우에 적합한지 여부를 결정하기 위하여 회원국이 적용하는 행정결정을 말한다.[114] 예컨대 EC나 NAFTA 등 특정 국가간 관세 특혜

110) John Coyle, Rules of Origin as Instruments of Foreign Economic Policy, Yale Journal of International Law (2004), p. 549.

111) *Ibid.*, p. 550.

112) Joseph A. LaNasa, Rules of Origin and the Uruguay Round's Effectiveness in Harmonizing and Regulating Them, 90 American Journal of International Law (1996), p. 626.

113) *Ibid.*, p. 628.

114) 원산지협정 제 2 부속서 제 2 항.

를 베푸는 자유무역지대의 운영이나, 일반관세특혜제도 등 특정 국가군을 대상으로 관세특혜를 부여하는 경우에 사용되는 것이다.[115] 즉 특혜관세의 수혜국을 정확히 식별함으로써 비수혜국이 부당한 혜택을 입는 것을 방지하고 특혜프로그램의 실효를 거두기 위한 것으로, 이는 원산지규정협정 제 2 부속서인 특혜원산지규정에 관한 공동선언에 의해 규제된다. 반면 비특혜원산지규정은 무역정책을 실시하는 과정에서 상품의 원산지를 일반적으로 식별할 필요가 있는 경우에 사용되는 것으로, 원산지규정에 관한 협정은 이에 관련된 내용을 담고 있는 것이다. 따라서 원산지규정은 무역목적을 달성하기 위한 수단으로 사용될 수 없고, 국제무역을 제한하거나 왜곡하여서도 아니 된다.

원산지규정은 최혜국대우, 반덤핑 및 상계관세, 세이프가드조치, 원산지표시요건 및 기타 차별적 수량규제나 관세쿼터와 같은 비특혜무역정책수단에 사용된 모든 원산지규정을 포함한다.

(2) 적용원칙

회원국이 일반적으로 적용되는 행정결정을 내리는 경우, 특히 관세분류변경의 기준이 적용되는 경우 원산지규정 및 이에 대한 모든 예외는 이러한 규정이 적용되는 관세분류상의 소제목 또는 제목을 분명하게 명시하여야 한다. 그리고 종가비율기준이 적용되는 경우 비율 산정방법이 명시되어야 하고, 생산 또는 가공공정기준이 규정되는 경우 관련 상품에 원산지를 부여하는 공정이 정확하게 명시되어야 한다.

원산지규정은 무역상의 목적을 직간접으로 추구하기 위한 수단으로 사용되거나, 국제무역을 제한·왜곡·교란시키지 않도록 하여야 한다. 수출입상품의 경우 국내상품 판정에 적용되는 원산지규정보다 엄격할 수 없고, 제조업자간의 제휴에 관계없이 다른 회원국간의 차별을 두지 않아야 한다. 원산지규정은 일관적이고 통일적이며 공정하고 합리적인 방법으로 실시되어야 한다. 원산지규정은 적극적 기준을 기초로 하여야 하며, 적극적인 기준을 명확하게 하기 위하여 또는 원산지의 적극적 판정이 필요하지 아니하는 경우 원산지가 부여되지 아니하는 것을 기술하는 소극적 기준이 허용될 수 있다.

115) 강인수 외, 국제통상론(박영사, 2004), p. 184.

수출입자나 정당한 사유를 가진 자의 요청이 있는 경우 원산지판정은 가능한 한 조속히 하되, 판정요청 후 150일 이내에 내려져야 한다. 원산지규정을 포함하여 판정의 기초가 된 사실과 조건이 비교가능한 상태로 남아있는 경우, 그러한 판정은 3년 동안 유효하다. 원산지규정을 변경하거나 새로운 원산지규정을 도입할 경우 회원국은 자국의 법률이나 규정에 정의된 바에 따라 이러한 변경을 소급 적용하지 않아야 한다. 원산지판정과 관련한 행정조치는 사법, 중재 또는 행정법원이나 절차를 통하여 신속히 재검토될 수 있다.

원산지규정을 변경하거나 새로운 원산지규정을 도입할 경우 이러한 변경을 소급 적용하지 아니한다. 관계당국은 본질상 비밀이거나 비밀을 전제로 제시된 정보는 비밀로 취급하여야 한다. 사법적 절차상 공개될 수 있는 범위 외에, 비밀정보를 제공한 개인이나 정부의 명시적 허락 없이 관계당국은 이를 공개해서는 아니된다.[116)]

(3) 기관 및 절차

원산지협정에 따라 각 회원국의 대표로 구성되는 원산지규정위원회(위원회)와 원산지규정에 관한 기술위원회(기술위원회)가 설치된다. 위원회는 협정의 운영과 관계되거나 협정에 명시된 목적의 증진과 관계되는 사항에 관하여 협의하고, 적어도 1년에 1회 이상 회합한다. 1995년 4월 위원회는 일반이사회가 옵저버 자격으로 위원회에 참가하는 것을 허용하였다. 기술위원회는 제 1 부속서에 기술된 기술적 작업을 수행한다.[117)] 각 회원국은 기술위원회에서 자국을 대표하는 권리를 갖는데, 기술위원회에서 자국을 대표하는 1명의 대표와 1명 또는 그 이상의 교체대표를 지명할 수 있다. 위원회는 원산지규정의 조화를 위한 목적과 원칙을 고려하여 조화작업계획의 결과에 대한 개정안을 검토하고 제안하는 제도를 기술위원회와 협력하여 수립하게 된다.

회원국은 WTO협정이 자국에 대하여 발효하는 날로부터 90일 이내에, 자국의 원산지규정과 관련 사법결정 및 행정결정을 사무국에 제출하여야 한다. 새로운 원산지규정을 도입하는 회원국은 원칙적으로 새로운 규정이 발효하기 60일 이전

116) 원산지협정 제 2 조.
117) 원산지협정 제 4 조.

에 공표하여야 한다.[118]

(4) 원산지 판정 기준

WTO 원산지규정은 특정 상품의 완전생산국 또는 2개국 이상이 생산에 관련된 경우 최종적인 실질적 변형이 이루어진 국가가 원산지가 되도록 하고 있다. 전자를 완전생산(wholly obtained)기준이라 하고, 후자를 실질적 변형(substantial transformation)기준이라 한다.[119] 일국에서 완전히 취득되고 생산된 상품은 원산지를 판정하기가 상대적으로 수월하다. 문제는 타국에서 원재료를 수입하여 가공 또는 조립하는 경우와 같이 생산이 2개국 이상에 걸쳐 이루어지는 경우로서, 이러한 경우는 실질적 변형기준이 적용된다. 실질적 변형 여부와 관련하여 관세분류변경(또는 세번변경; change in tariff classification)기준을 원칙으로 하며, 부가가치기준 또는 특정공정기준을 보완적으로 적용한다.[120]

관세분류변경기준이란 수입되는 원료의 관세분류와 완제품의 관세분류를 비교하여 일정단위 이상으로 변경되는 경우 실질적 변형으로 인정하여 원산지를 부여하는 것을 말한다. 관세분류변경기준은 관세분류인 통일관세분류(HS) 품목번호를 통해 판정하는 방법으로, HS 품목번호는 수출입되는 상품에 대한 국제간 공통되는 물품분류체계로서 어떠한 품목이라도 반드시 하나의 번호에 분류된다. 부가가치기준(ad valorem percentage test)은 특정 상품의 전체 가치 중에서 최종 공정을 수행한 국가에서 일정한 정도의 부가가치를 창출하는 경우, 해당 국가를 원산지로 인정하는 기준이다. 이 기준은 논리적으로는 타당한 기준으로 볼 수 있지만, 세관이나 거래자에게 서류제출 등 추가적 부담을 주기 때문에 예외적으로 사용한다. 특정공정기준(specified process test or technical test)은 제조공정 가운데 특정한 공정을 수행하거나 특정의 부품을 사용한 국가를 원산지로 인정하는 기준이다.[121] 예컨대 TV의 경우 브라운관 생산국이 원산지라고 하는 경우나, 의류는 재단이 된 국

118) 원산지협정 제 5 조.

119) 원산지협정 제 9 조 2(c).

120) 원산지협정 제 9 조 2(c)(iii).

121) Moshe Hirsch, International Trade Law, Political Economy and Rules of Origin-A Plea for a Reform of the WTO Regime on Rules of Origin, 36 Journal World Trade (2002), pp. 171 & 177.

가가 원산지라고 하는 경우 등이 이에 해당된다.

원산지규정에 관해서는 각국이 자국 법으로 규정하고 있기 때문에 WTO는 통일원산지규정을 제정하기 위한 노력을 경주하여 왔다. 그러나 현재까지 WTO에서 합의를 도출하는 데에는 이르지 못하고 있고, 각국은 자국의 원산지규정을 독자적으로 적용하게 되어 동일한 상품에 대한 원산지 부여 기준이 상이하게 나타날 수 있다. 한국에서 재단된 직물을 중국에서 봉제하여 미국에 수출하는 경우를 예로 들어 보면, 한국의 원산지규정은 재단기준을 적용하고 미국의 원산지규정은 봉제기준을 적용하는 까닭에, 미국은 동 의류의 수입시 원산지를 중국으로 판정하게 된다. 뿐만 아니라, 현재는 원산지 판정시 수입국 기준을 적용하여 판정하나, WTO 통일원산지규정 협상이 마무리될 경우 봉제기준으로 통일화하자는 쪽으로 의견이 모아지고 있는 것도 참고할 필요가 있다. 실제로 미국의 마이크론이 한국의 하이닉스전자와 삼성전자를 미국 상무부에 제소한 사례도 참고할 만한 경우이다. 마이크론사는 제소대상 물품의 범위에 한국에서 웨이퍼 가공공정(전공정)과 반도체 조립공정(후공정)을 거친 것과 한국에서 전공정을 거치고 타국에서 후공정을 수행한 것, 타국에서 전공정을 거치고 한국에서 후공정을 수행한 것 모두를 대상으로 제소하였다. 그러나 우리나라는 미국과 WTO의 통일원산지규정을 들어 반도체의 경우 전공정에 원산지가 부여된다고 주장함으로써, 타국에서 전공정을 거친 후 한국에서 후공정을 수행한 것은 제소대상에서 제외시킬 수 있었다. 일본에서 전공정을 거치고 한국의 하이닉스에서 후공정을 마쳐 최종 반도체로 조립한 경우, 원산지는 전공정을 수행한 일본이 되기 때문이었다.

(5) 통일원산지 규정

원산지규정이 이와 같이 비관세장벽으로 통상법상의 문제를 야기할 수 있음이 널리 인식됨에 따라 우루과이라운드에서는 통일원산지규정을 제정하기 위한 협상을 진행하였고, 현재 통일원산지규정 제정을 위한 작업을 진행하고 있다.

(가) 목적 및 원칙

원산지규정은 본 협정 제 1 조에 명시된 모든 목적에 대하여 동등하게 적용되어야 한다. 원산지규정은 객관적이고 이해가능하며 예측가능하여야 하고, 일관성이 있어야 한다.

원산지규정은 특정 상품의 완전생산국 또는 2개국 이상이 생산에 관련된 경우 최종적인 실질적 변형이 이루어진 국가가 원산지가 되도록 규정하여야 한다. 원산지규정은 국제무역을 제한하거나 왜곡 또는 교란시키지 아니하여야 한다. 원산지국 판정을 위하여 지나치게 엄격한 요건을 부과하지 않아야 하고, 제조나 가공과 무관한 특정 조건의 충족을 요구하지 아니하여야 한다.

원산지규정은 일관적이고 통일적이며 공정하고 합리적인 방식으로 운영되어야 한다. 원산지규정은 적극적 기준을 기초로 하여야 하며, 소극적 기준은 적극적인 기준을 명확하게 하기 위하여 사용될 수 있다.[122]

(나) 작업계획

작업계획은 위원회와 기술위원회가 수행하며, WTO협정 발효 후 가능한 한 조속히 개시되어 3년 내에 완결되어야 한다.

관세협력이사회의 세부사항을 규정하기 위하여 위원회는 기술위원회에 원산지통일원칙을 토대로 원산지결정기준 설정작업의 결과에 대한 해석과 의견을 제출하도록 요청하여야 한다. 통일화작업계획을 정해진 시한 내에 완결하기 위하여, 통일관세분류(HS)의 부(chapters) 또는 항(section)의 품목별 분류에 따라 작업하게 된다. 기술위원회는 일국에서 완전 생산된 상품과 원산지를 부여할 수 없는 최소공정과 가공에 대하여 정의하여야 한다. 이러한 작업결과는 위원회의 요청이 접수된 후 3개월 이내에 위원회에 제출하여야 한다.

기술위원회는 실질적 변형기준을 토대로 특정상품이나 상품군에 대한 원산지규정을 만들 경우 관세분류를 사용하게 되는데, 적절한 경우 품목분류체계 내에서 최소한으로 변경할 수 있다. 기술위원회는 HS분류를 감안하여 상기 작업을 품목별로 구분하고, 분기별로 위원회에 결과를 제출하여야 한다. 기술위원회는 위원회의 요청 접수 후 1년 3개월 이내에 상기 작업을 완료하여야 한다.

HS분류만으로는 실질적인 변형을 표시하지 못하는 경우, 기술위원회는 실질적 변형기준을 토대로 종가(ad valorem)비율 또는 생산이나 가공공정 등의 요건을 보완적 또는 배타적 방법으로 사용할 수 있다. 최소한 분기별로 작업결과를 위원

---

122) 원산지협정 제 9 조 제 1 항.

회에 제출하기 위하여, 기술위원회는 상기 작업을 HS분류의 부와 항을 고려하여 품목별로 나누어야 한다. 기술위원회는 위원회의 요청을 받은 후 2년 3개월 이내에 상기 작업을 완료하여야 한다.[123)]

7. 수입허가절차

(1) 일반원칙

수입허가절차는 수입국의 관세지역으로 수입하기 위한 사전 조건으로서, 수입신청서나 관세 목적 이외의 기타 서류를 관련 행정기관에게 제출하도록 요구하는 행정절차를 말한다. 회원국은 수입허가절차가 부적절하게 운영됨으로써 무역왜곡을 발생하지 않도록 하여야 한다. 수입허가절차에 대한 규칙은 중립성·형평성·공정성이 유지되어야 하며, 부당한 운용으로 국제무역의 왜곡을 초래하여서는 아니 된다.

수입허가절차에 관한 규칙과 정보는 가능한 한 발효일 21일 이전에 공표됨으로써, 다른 회원국과 무역업자가 알 수 있도록 하여야 한다.

신청 및 갱신형식, 신청 및 갱신절차는 가능한 한 단순하게 하여야 하며, 사소한 서류상의 실수는 본질적인 데이터를 훼손하지 않는 한 거부되어서는 아니 되고, 가치·수량·중량의 사소한 변경이 있더라도 수입허가 자체를 부정할 수 없다.[124)]

(2) 자동수입허가

자동수입허가란 모든 경우에 신청에 대한 승인이 부여되는 경우를 말하는 것으로, 수입품에 대한 규제효과를 초래하는 방법으로 운영되어서는 아니 된다.

자동허가절차는 다음의 경우를 제외하고 무역제한효과를 가지는 것으로 간주된다. 자동허가품목의 수입에 필요한 수입국의 법적 요건을 충족시킨 개인, 회사 또는 기관은 수입허가의 신청 획득시 동등한 자격을 주어야 한다. 허가신청서는 통관 이전의 어떠한 근무일에도 제출될 수 있어야 한다. 허가신청서가 적절하고 완전한 형태로 제출되었을 때 행정적으로 가능한 한 접수 후 즉시 승인되어야 하

123) 원산지협정 제 9 조 제 2 항.
124) 수입허가절차협정 제 1 조.

는데, 최대한 10근무일을 넘겨서는 아니 된다.

회원국은 다른 적절한 절차가 구비되어 있지 아니한 경우에는 언제나 자동수입허가가 필요한 것으로 인정한다. 자동수입허가는 그 여건이 계속되고, 자동수입을 허가한 행정상의 근본적 목적이 보다 적절한 방법으로 달성될 수 없는 한 유지되어야 한다.125)

(3) 비자동수입허가

비자동허가는 자동수입허가 이외의 경우로서, 수입에 대한 무역제한이나 왜곡효과를 갖지 않아야 한다.

회원국은 관련 품목의 무역에 이해관계가 있는 회원국의 요청시 제한의 시행, 최근기간 동안 부여된 수입허가, 그러한 허가의 공급국간 배분, 실행 가능한 경우 수입허가대상품목에 관한 수입통계에 관한 모든 관련 정보를 제공한다. 허가를 통하여 쿼터를 관리하는 회원국은, 물량이나 금액기준으로 적용되는 쿼터총량과 쿼터의 개시일 및 마감일, 그리고 이에 대한 모든 변경을 발효일로부터 21일 이내에 공표하여야 한다.

신청서는 회원국이 통제할 수 없는 이유로 불가능한 경우를 제외하고는 선착순에 따라 접수 검토된 날로부터 30일 이내에 처리되어야 하고, 모든 신청서가 동시에 검토되는 경우에는 60일 이내에 처리되어야 한다.

회원국은 허가 배분시 신청자의 수입실적을 고려하여야 하고, 신규 수입자에 대해 합리적인 허가 배분이 이루어지도록 하여야 한다. 개발도상회원국, 특히 최빈개도국 상품을 수입하는 수입자는 특별히 고려되어야 한다.126)

(4) 통　　고

회원국의 대표로 구성되는 수입허가위원회가 설치된다. 위원회는 협정의 운영이나 목적의 증진에 관한 모든 사안에 관하여 협의하기 위하여 필요에 따라 회합한다.127)

125) 수입허가절차협정 제 2 조.
126) 수입허가절차협정 제 3 조.
127) 수입허가절차협정 제 4 조.

수입허가절차를 제정하거나 변경한 회원국은 공표 후 60일 이내에 수입허가위원회에 통고하여야 한다.[128] 허가절차대상 상품목록, 자격요건에 관한 정보를 얻을 수 있는 접촉선, 신청서 제출 행정기관, 허가절차가 공표된 경우 발간물의 일자와 명칭, 허가절차가 제 2 조 및 제 3 조에 포함된 정의에 따른 자동 또는 비자동인지의 여부 명시, 자동수입허가절차인 경우 그 행정적 목적, 비자동수입허가절차인 경우 동 허가절차를 통하여 시행되고 있는 조치의 명시, 그리고 허가절차의 예상 소요기간 및 그러한 정보가 제공될 수 없는 이유 등이 통고에 포함된다.[129]

허가절차의 제도화나 그 변경사항에 대하여 통보하지 않았다고 판단하는 이해당사국은 해당 회원국의 주의를 환기시킬 수 있다. 그 후에도 신속하게 통고되지 않는 경우, 그 이해당사국은 적절하고 이용가능한 모든 정보를 포함하여, 스스로 허가절차나 그 변경사항을 통고할 수 있다.[130]

8. 관세평가

(1) 협정의 배경

GATT 제Ⅶ조는 관세평가와 관련하여 ① 체약국은 제Ⅶ조에 규정된 평가의 일반원칙에 대한 타당성 인정과 그 시행을 약속하고, ② 수입상품의 관세평가는 관세가 부과되는 수입상품 또는 동종상품의 실제가격에 따르며, ③ 해당 수입 상품에 면제된 것 또는 상환으로 인한 경감금액의 배제, ④ 환율은 IMF 규정에 의하고, ⑤ 상품가액을 산정하는 기초와 방법의 안정성 및 공표를 규정하고 있다. 그러나 GATT 제Ⅶ조는 평가기준에 대한 구체적 규정이 없고, 실제거래가격 결정이 불가능할 경우 과세가격 산출기준을 각국 법에 따라 임의로 결정할 수 있게 되어 있었다. 이에 따라 동경라운드에서는 공통의 관세평가기준을 확립할 목적으로 GATT 제Ⅶ조 이행에 관한 협정이 채택되었고, UR협상에서는 이를 보완·발전시켜 전문과 본문 24개 조 및 3개의 부속서로 구성된 GATT 제Ⅶ조 이행에 관한 협정, 소위 관세평가협정을 채택하게 되었다.

128) 수입허가절차협정 제 5 조 제 1 항.
129) 수입허가절차협정 제 5 조 제 2 항.
130) 수입허가절차협정 제 5 조 제 5 항.

(2) 관세가격의 산정

관세평가를 하기 위해서는 먼저 수입상품의 관세가격을 설정하여야 한다. 수입상품의 관세가격은 수입상품에 종가관세를 부과하기 위한 목적의 상품가격을 의미한다.[131]

수입상품의 관세가격은 수입국에 수출판매되는 상품에 대하여 실제로 지불했거나 지불할 가격인 거래가격을 관련 규정에 따라 조정한 가격을 말한다. 이러한 지불은 화폐의 전송형태로 이루어져야만 하는 것은 아니고, 신용장 형태나 협상가능한 다른 수단으로도 이루어질 수 있다. 지불은 직접 또는 간접적으로 이루어질 수 있는데, 판매자의 부채를 상계하는 것은 간접적 지불의 한 형태가 될 수 있다.

이 규정에 따라 수입상품의 관세가격이 결정될 수 없는 경우, 평가대상 상품과 동일한 상업적 단계에서 실질적으로 동일한 수량으로 판매되는 동종동질상품(identical goods)의 거래가격이 관세가격을 결정하는 데 사용된다. 동종동질상품이란 물리적 특성, 품질 및 성가를 포함하여 모든 면에서 동일한 상품을 의미하는 것이다.[132] 이러한 판매가 존재하지 아니하는 경우 상이한 상업적 단계 및/또는 상이한 수량으로 판매되는 동종동질상품의 거래가격을 상업적 단계나 수량 차이를 감안하여 조정 사용한다. '및/또는'의 의미는 상이한 상업적 단계이면서 동일한 수량의 경우, 동일한 상업적 단계이면서 상이한 수량의 경우, 상이한 상업적 단계이면서 상이한 수량인 경우 3가지를 탄력적으로 사용하게 하는 것이다. 동종동질상품의 거래가격이 둘 이상 있을 경우 그 중 가장 낮은 가격이 동 수입상품의 관세가격을 결정하는 데 사용된다.

이러한 방법에 따라 수입상품의 관세가격이 결정되지 못할 경우, 관세가격은 평가대상 상품과 동시 또는 거의 동시에 수출되는 유사상품의 거래가격을 기준으로 한다. 유사상품은 모든 면에서 동일하지는 않더라도 동일한 기능을 수행할 수 있게 하고 상업적으로 상호 교환가능할 만큼 유사한 특성과 유사한 구성요소를 갖는 상품을 의미한다.[133] 이러한 판매가 존재하지 아니하는 경우 상이한 상업적 단계 및/또는 상이한 수량으로 판매되는 동종동질상품의 거래가격을 상업적 단계나

131) 관세평가협정 제15조 제 1 항.

132) 관세평가협정 제15조 제 2 항 가.

133) 관세평가협정 제15조 제 2 항 나.

수량 차이를 감안하여 조정 사용한다. 조정의 요건은 그 증감과는 관계없이 상이한 단계 또는 상이한 수량을 언급하고 있는 가격목록 등과 같이 조정의 합리성과 정확성을 명백히 보여주는 입증된 증거에 기초하여야 한다. 상품의 유사성 여부를 결정함에 있어 고려되는 요소로는 상품의 품질, 성가 및 상표의 존재 등을 들고 있다.

상기의 세 가지 방법에 의해 관세가격이 결정될 수 없는 경우에는 수입 후의 판매가격에서 수입자의 이윤과 운송 보험료 등을 포함한 관련 경비를 공제하여 과세가격을 결정하는 제 5 조를 적용한다. 이에 의해서도 관세가격을 결정할 수 없는 경우, 생산비에 생산자의 이윤 및 기타 관련경비 등을 가산한 가격을 기준으로 하는 제 6 조의 규정에 따르게 된다. 단, 수입자의 요청이 있는 경우에는 제 5 조와 제 6 조의 적용순위가 바뀔 수 있다.

수입품의 관세가격이 이상의 방법에 따라 결정될 수 없을 경우, 관세가격은 관세평가협정 및 GATT 제Ⅶ조의 원칙과 일반규정에 부합되는 합리적인 기준에 따라 수입국 내에서 입수가능한 자료를 기초로 결정하게 된다.

이상에서 본 바와 같이 수입상품의 관세평가는 원칙적으로 당해 상품의 실제 거래가격을 기준으로 한다. 여기에 구매수수료를 제외한 수수료 및 중개료, 컨테이너비용, 포장비용 등 구매자에 의하여 부담되나 상품에 대하여 실제 지불했거나 지불할 가격에 포함되어있지 아니한 금액이 부가된다. 그 외에 수입품의 생산 및 수출판매와 관련한 사용을 위하여 구매자에 의하여 무료 또는 인하된 가격으로 직접 또는 간접적으로 공급되는 상품 및 서비스의 가격 중 실제 지불했거나 지불할 가격에 포함되지 아니한 부분으로서 적절히 배분하여 산출한 가격, 구매자가 평가대상 상품의 판매조건의 하나로 직접 또는 간접적으로 지불하여야 하나 실제 지불했거나 지불할 가격에는 포함되어 있지 아니한 경우 평가대상 상품에 관련된 사용료 및 인가비용, 수입품의 추후 재판매, 처분 또는 사용에 따르는 수익금액 중 판매자에게 직접 또는 간접적으로 귀속되는 부분의 가치도 부가된다. 운송관련 비용의 포함 여부는 자국의 관련 법에 따르도록 하고 있다.

(3) 기타 관세평가규칙

관세가격의 결정을 위하여 화폐환산이 필요한 경우, 환율을 적용하게 된다.

사용될 환율은 관련 수입국의 권한있는 당국에 의하여 정식으로 공표된 것이며, 각 공표문서가 대상으로 하고 있는 기간동안 수입국 화폐기준으로 상거래에서 그 화폐의 현행가치를 가능한 한 효과적으로 반영한 것이어야 한다.

성격상 비밀이거나 또는 관세평가 목적을 위해 비밀로 제공되는 모든 정보는 관계당국에 의하여 엄격히 비밀로 취급되며, 관계당국은 사법절차에서 공개가 요구되는 범위 내에서 예외적으로 공개하고, 당해 정보를 제공한 당사자 또는 정부의 명시적인 허락없이는 이를 공개하지 아니한다.

각 회원국의 법률은 수입자 또는 그 밖의 관세지불 의무자에게 벌칙부과 없이 관세가격 결정에 관하여 이의제기를 할 수 있는 권리를 규정하고 있다. 벌칙부과 없는 일차적인 이의제기 권리는 특정 세관당국 내의 기관 또는 독립된 기관을 대상으로 할 수 있으나, 각 회원국의 법률은 벌칙부과 없이 당국에 이의제기를 할 수 있는 권리를 규정하고 있다.

그리고 수입자는 서면요청으로 자신의 상품에 대한 관세가격이 어떠한 방법으로 결정되었는지에 관하여 수입국의 세관당국으로부터 서면으로 설명받을 권리를 가진다.

(4) 기관 및 분쟁해결

관세평가협정에 따라 회원국 대표로 구성되는 관세평가위원회(위원회)가 설치되는데, 위원회는 자체 의장을 선출하게 된다. 위원회는 회원국에게 특정 회원국의 관세평가제도의 시행과 관련된 사항을 협의할 기회를 부여하고, 그 밖의 임무수행을 목적으로 매년 1회 또는 협정 관련규정에 규정된 바에 따라 회합한다. 관세협력이사회의 후원 하에 관세평가에 관한 기술위원회(기술위원회)가 설치된다.

다른 회원국에 의해 직접 또는 간접적으로 자국의 이익이 무효화 또는 침해되거나 이 협정의 목적달성이 저해된다고 간주하는 회원국은 해당 사안의 해결을 위하여 관련 회원국에 대하여 협의를 요청할 수 있다. 기술위원회는 요청이 있는 경우, 협의에 참여하는 회원국에게 조언과 지원을 제공하게 된다. 관련 분쟁을 검토하기 위해 설치된 패널은 분쟁당사자의 요청 또는 자체 결정에 따라 기술위원회에 대해 기술적 고려가 필요한 사안에 대한 검토를 실시할 것을 요청할 수 있다. 패널은 특정 분쟁에 관한 기술위원회의 위임사항을 정하고 기술위원회의 보고서 제출기한을 지정하게 된다. 패널은 기술위원회의 보고서를 고려한다. 이 규정에 따라 회부된 사안에 대하여 기술위원회가 컨센서스에 도달하지 못하는 경우, 패널은 분쟁당사자로 하여금 패널에서 동 사안에 대한 자신의 견해를 제시할 수 있는 기회를 부여한다.

9. 투자조치

(1) 원 칙

무역관련투자조치는 UR협상에서 가장 논란이 많았던 분야 중의 하나였다. 개발도상국들은 투자에 관련한 다자간 규칙은 GATT의 범위를 넘는 것으로, GATT에서 다루기에는 적절치 않은 것이라고 주장하였다. 반면 미국 등 OECD국가들은 투자의 흐름을 왜곡하는 정책은 국제무역의 흐름에도 중요한 영향을 미치므로, 다자간 규칙에 포함되어야 한다고 반박하였다. 이러한 대립의 당연한 결과로서 무역관련투자조치협정(Trade Related Investment Measures: TRIMs)은 타협의 산물로 등장하였다.[134]

TRIMs는 상품무역에 관련된 투자조치에만 적용되는데,[135] GATT 제Ⅲ조 내국민대우 및 제XI조 수량제한의 일반적 금지에 반하는 무역관련투자조치는 금지된다.[136] 인도네시아-자동차 사건에서는 인도네시아의 보조금프로그램과 투자조치협정의 합치성 여부를 검토하였다. 인도네시아는 해당 보조금은 수혜자나 다른 당사자의 투자결정에 간접적으로 영향을 줄 수 있으나 이러한 결정은 보조금의 의도하지 않은 결과일 뿐이라고 하면서, 해당 조치는 무역관련 투자조치가 아니라고 주장하였다. 그리고 TRIMs협정은 기본적으로 외국 투자를 위한 공평한 활동무대를 규율하고 규정하는 것으로, 내국세나 보조금과 관련된 조치는 무역관련 투자조치가 될 수 없다고 하였다. 이에 대하여 패널은 투자조치라는 용어는 외국투자에 특정하게 적용되는 조치에만 국한되는 것은 아니라고 하여 이를 부정하였다. 내국세의 혜택이나 보조금은 TRIMs협정의 중점이 되는 국내부품요건에 연계될 수 있는 다양한 형태의 혜택 중 하나라는 점을 강조하였다. TRIMs협정의 문언에는 회

134) Bernard M. Hoekman, Trade Law and Institutions (The World Bank, 1995), p. 40.
135) 무역관련투자조치협정 제 1 조.
136) 무역관련투자조치협정 제 2 조.

원국이 어떤 조치를 투자라고 정의하지 않았다거나 투자규제로서 명백히 채택된 것이 아니라는 이유에서 해당 조치가 투자조치가 아니라고 밝히는 규정은 어디에도 없다고 하였다. 따라서 자동차 프로그램에 의해 채택된 일부 규정과 결정은 투자기관이 채택한 조치라고 결론을 내리게 되었다.

투자제약조건을 철폐하기 위하여 내국민대우와 수량제한금지에 반하는 조치의 리스트를 부속서에 명시하고 있다. 전자의 경우에 해당되는 것으로, 투자유치국에서 국산품이나 국내에서 조달된 제품의 사용이나 구매를 강요하는 것, 수입물품의 구매나 사용이 투자유치국 국산품의 수출과 연계되어 있는 경우가 있다.[137] 다만 내국민대우의무와 합치하지 아니하는 무역관련 투자조치는 국내법 또는 행정결정에 의하여 의무적이거나 집행가능한 조치, 또는 특혜를 얻기 위하여 준수할 필요가 있는 조치여야 한다. 인도네시아-자동차 사건의 패널은 세금이나 관세 혜택은 특혜에 해당된다고 하였다. TRIMs협정 부속서 리스트의 용어는 국산품 이용조건부의 단순한 특혜는 구속적이지 않다 할지라도 TRIMs협정 제 2 조의 위반으로 간주되는 것이 명백하다고 하였다. 따라서 자동차프로그램 하에서 국내부품요건에 따름으로써 얻게 되는 세금 및 관세 혜택은 특혜를 구성한다고 보는 것이 옳다고 지적하였다. 후자에 해당되는 것으로는 투자유치국 국내에서의 생산에 필요한 물품의 수입 제한, 이들 국내생산제품의 수출물량이나 금액과 연계한 제한, 외환조달의 규제를 통하여 투자유치국 국내생산에 필요한 제품수입의 제한, 투자유치국에서 수출이나 수출을 위한 판매를 특정한 제품·물량·금액으로 제한하거나 국내생산물량 금액과 비례한 제한이 있다.[138] GATT 제 XVIII조, GATT의 국제수지규정에 관한 양해, 1979년 11월 28일 채택된 국제수지목적을 위해 취한 무역조치에 관한 선언상 개발도상회원국에게 인정하는 범위와 방법에 따라 내국민대우 및 수량제한금지원칙으로부터 일시적인 일탈이 허용된다.[139]

(2) 협정의 준수

회원국은 WTO협정 발효 후 90일 이내에 TRIMs협정에 반하는 무역관련 투

137) 무역관련투자조치협정 부속서 제 1 항.
138) 무역관련투자조치협정 부속서 제 2 항.
139) 무역관련투자조치협정 제 3 조.

자조치를 상품교역이사회에 제출하여야 한다. 이러한 조치는 WTO협정 발효일로부터 선진국은 2년 이내, 개발도상국은 5년 이내, 최저개발국은 7년 이내에 철폐하여야 한다. 개발도상회원국이 TRIMs 규정 이행상 특별한 어려움을 입증하여 요청하는 경우, 상품무역이사회는 무역관련투자조치 철폐를 위한 경과기간을 연장할 수 있다. 경과기간 동안 회원국은 TRIMs협정에 따라 통고한 무역관련투자조치의 조건이 WTO협정 발효일 당시 유효한 조건으로부터 변경되어 내국민대우 및 수량제한금지원칙에 반하는 정도를 증대시킬 수 없다. 그리고 WTO협정 발효일 이전 180일 이내에 도입된 무역관련투자조치는 경과조치의 적용을 받지 않는다. 신규투자 상품이 기존기업의 상품과 동종상품인 경우, 신규투자와 기존기업간의 경쟁조건의 왜곡을 피하기 위하여 필요한 경우, 기존의 기업에 불이익을 주지 않도록 하기 위하여 신규투자에 대해서도 경과기간 중 동일한 무역관련투자조치를 적용할 수 있다.[140]

이러한 통고시 회원국은 투명성을 확보하여야 한다. 회원국은 자국의 무역관련투자조치를 사무국에 통보하고, 타 회원국의 정보요청을 호의적으로 고려하고 협의를 위한 적절한 기회를 제공하여야 한다.[141]

상품무역이사회가 부여하는 책임을 수행하고, 회원국에게 TRIMs협정의 운영과 이행에 관련된 사안에 관해 협의할 수 있도록 무역관련투자조치위원회를 설치한다.[142] 상품교역이사회는 WTO협정 발효 후 5년 이내에 협정운용사항을 검토하여 필요한 경우에는 각료회의에 협정문의 개정을 제안할 수 있다. 이러한 검토과정에서 상품무역이사회는 이 협정이 투자정책 및 경쟁정책에 관한 규정에 의하여 보완되어야 할 것인지를 검토한다.[143]

10. 정부조달

(1) 적용범위

정부조달협정은 서명국에 대해서만 발효하는 복수국간무역협정으로, 원래 동경라운드에서 처음 논의된 것이었다.[144] UR을 통하여 채택된 정부조달협정은 협

140) 무역관련투자조치협정 제 5 조.
141) 무역관련투자조치협정 제 6 조.
142) 무역관련투자조치협정 제 7 조.
143) 무역관련투자조치협정 제 9 조.

정의 적용을 받는 모든 조달기관에 의한 조달에 관한 법률, 규정, 절차 또는 관행에 적용된다. 상품 및 서비스의 결합을 포함하여, 구매 · 리스 · 임차 · 할부구매 등 모든 계약형태에 의한 조달에 적용된다.

본 협정이 적용되는 정부조달의 경우 모든 법률, 규칙, 절차, 관행상 국내업자와 타 회원국 공급업자 또는 회원국 공급업자간 차별을 두지 않아야 한다. 이와 같이 정부조달협정은 상품과 서비스의 조달을 위한 공공입찰에서 내국민대우와 최혜국대우 등 개방적이고 비차별적 접근을 확보하기 위한 규칙을 강화하였다.[145)]

(2) 입 찰

회원국은 입찰과 낙찰에 관련된 정보를 공개하여야 하고,[146)] 회원국의 조달 관련 법과 제도의 투명성을 보장하여야 한다.[147)] 정부조달과 관련하여, 품질 · 규격 · 안전 · 성분 · 기호 · 포장 · 생산과정과 방법 등에 관한 기술적 사양이 국제무역에 장벽이 되지 않도록 하여야 한다. 조달기관이 정하는 기술규격은 적절한 경우, 도안 또는 기술된 특징보다는 성능에 관한 것이어야 하며, 국제표준이 존재하는 경우에는 국제표준에 근거하여야 하며, 그렇지 않은 경우 국가 기술 규정이나 인정된 국가표준 또는 건축법규에 근거하여야 한다.[148)]

입찰절차와 입찰자격심사에서 최혜국대우와 내국민대우원칙이 적용되어야 한다. 따라서 조달기관은 특정 공급자에게 경쟁을 방해할 수 있는 정보를 제공하여서는 아니 되며, 외국 공급자를 배제하기 위한 목적으로 공급자에 대한 심사절차 등이 활용되어서는 아니 된다.[149)]

조달기관은 제한입찰의 경우를 제외하고, 모든 조달에 대한 참가초청을 공고하여야 한다. 선택입찰절차상 조달기관은 국내 및 외국 공급자를 최대한 초청하여야 하고, 입찰시간은 충분히 제공되어야 한다. 제한입찰의 경우 경쟁을 피하기 위한 목적이거나 국내공급자와 외국 공급자를 차별하기 위한 수단으로 사용될 수 없

144) Hoekman, *op. cit.*, p. 41.
145) 정부조달협정 제 3 조.
146) 정부조달협정 제 9 조와 제11조.
147) 정부조달협정 제19조.
148) 정부조달협정 제 6 조.
149) 정부조달협정 제 7 조와 제 8 조.

다. 다만, 응찰자가 없거나 담합입찰 또는 입찰요건을 충족시키지 못하는 경우, 예술품이거나 특허 및 저작권보호 또는 기술적 사유로 특정 공급자만이 공급할 수 있는 경우, 극도의 긴급한 사유로 공개입찰이나 선택입찰절차로는 적시에 해당 상품이나 서비스를 입수할 수 없는 경우, 호환성 문제상 기존 상품이나 서비스를 계속 공급하기 위한 경우, 조달기관의 요청에 따라 개발된 시제품이나 상품 및 서비스 조달의 경우는 제한입찰이 허용된다.150)

조달기관은 공급자, 상품 또는 서비스의 자격심사나 선정에 있어서 또는 입찰서의 평가나 낙찰에 있어서 대응구매를 부과하거나 모색하지 말아야 한다. 대응구매란 국산부품 사용, 기술 사용허가, 투자요건, 연계무역, 또는 유사한 요건을 통해 국내 개발을 장려하거나 국제수지 계정을 개선하기 위하여 사용되는 조치를 말한다. 그러나 개발에 관한 정책적 고려를 포함한 일반 정책적인 고려를 감안하여 개발도상국은 가입시 국산부품 통합 요건과 같은 대응구매의 사용조건에 대해 협상할 수 있다.151)

전쟁물자의 조달이나 국가안보 또는 국방목적에 필수적 조달의 경우 자국의 필수적인 안보 이익을 보호하기 위해 필요하다고 간주하는 조치의 실시나 정보는 공개하지 않을 수 있다. 그리고 공공질서 · 공중도덕 · 공중보건 · 지식재산권 보호조치의 강화를 위한 경우, 장애자 · 자선단체 · 죄수가 공급하는 물자나 서비스의 경우에도 본 협정의 적용을 받지 않는다.152)

(3) 적용기준

정부조달협정은 협정에 따라야 하는 중앙정부, 지방정부, 기타 정부적 실체(공익사업) 등의 정부기관을 부속서에 명시하고 있다. 정부조달협정은 중앙정부에 의해 조달되는 130,000 SDR 이상의 상품 및 서비스계약에 적용되나, 지방정부의 경우는 일반적으로 200,000 SDR을 기준으로 하고, 공익사업의 경우는 400,000 SDR이 기준이 된다. 건축서비스의 경우 500만SDR 이상의 조달사업에 협정이 적용된다.153) 이러한 기준은 인플레이션과 무관하게 적용되므로, 해가 바뀜에 따라

150) 정부조달협정 제15조.
151) 정부조달협정 제16조.
152) 정부조달협정 제23조.
153) 제 1 부속서상에 기준가액을 명시하고 있다.

더욱 많은 정부조달이 본 협정의 적용을 받게 된다.

가장 주요한 결점은 복수국간 무역협정인 까닭에 참여가 선택적이라는 것으로, 비서명국은 동 협정의 규제를 받지 않는다. 기존의 GATT조달Code에 서명하지 않은 국가 중, 우리나라만이 정부조달협정상의 의무를 수락하였다.

(4) 분쟁해결

정부조달에 관한 분쟁은 일반적으로 WTO의 분쟁해결절차를 따르나, 몇 가지 점에서 특칙을 규정하고 있다. 패널보고서 제출시한과 관련하여 분쟁해결 규칙 및 절차에 관한 양해각서(DSU)에 규정된 시한보다 2개월 단축되도록 노력하여야 한다. DSU 제21조 제 5 항은 권고 및 결정에 따르기 위해 취해진 조치의 존재 또는 적용협정과의 일치여부에 대해 이견이 있을 경우 패널은 90일 이내에 결정하도록 하고 있으나, 본 협정에 관한 경우 60일 이내에 결정하여야 한다.[154] 그리고 DSU 제22조 제 2 항의 交叉報復도 인정되지 않는다.[155]

제2절 지식재산권무역

1. GATT와 지식재산권

(1) 지식재산권협상

원래의 GATT에는 지식재산권 규정이 거의 없었다.[156] 그러나 상품에 포함된 'know-how'가 상업적 이익이 된다는 인식이 커지면서 지식재산권의 보호를 위한 요청이 잦아지게 되었다.

지식재산권에 대한 논의는 비관세장벽의 철폐를 목적으로 개최된 동경라운드에서 처음으로 다루어지기 시작하였다. 동경라운드에서는 지식재산권의 보호가 부적절한 경우를 비관세장벽의 범주에 포함시켰고, 라운드 후반에는 미국과 유럽공동체가 위조상품문제를 적극적으로 다루었다. 그러나 이러한 시도는 개발도상국의

154) 정부조달협정 제22조 제 6 항.

155) 정부조달협정 제22조 제 7 항.

156) GATT 제Ⅸ조는 원산지표시를 논의하였고, 제20조는 준수 확보를 논의하면서 특허와 저작권을 언급하였을 뿐이다.

지지를 받지 못함으로써, 그 구체적 입법화에는 실패하고 말았다. 1985년에는 GATT 전문가그룹이 위조상품문제를 더욱 심도 있게 다루었고, 향후의 GATT 협상에서는 여타의 지식재산권문제도 포함시킬 수 있도록 기초를 닦아 놓았다.

1986년 9월의 UR 출범선언 이후 1988년까지 11차례에 걸친 공식회의에서 지식재산권의 교역관련 측면, 위조상품 교역문제 및 여타 국제기구와의 관계에 대하여 논의가 있었으나, 실질적인 협상은 매우 부진하였다. 그러다가 1989년 4월의 무역협상위원회에서 일부 주요 사항이 합의되었고, 1990년 11월의 브뤼셀각료회의에서 채택된 협정초안에서는 포괄적인 지식재산권협정이 GATT 구조 내에서 실현되어야 한다는 입장을 정리하였다. 1991년 12월 20일에는 '무역관련지식재산권협정(Trade Related Intellectual Property Rights: TRIPS)' 최종안이 제출되었으나, 농산물을 둘러싼 미국과 유럽공동체간의 이견으로 TRIPS협정의 채택은 후일로 미루어지게 되었고, 1993년 12월 15일에 가서야 TRIPS협정이 채택되기에 이르렀다. 이와 같이 지식재산권의 무역관련측면이 UR의 일정에 놓이게 된 것은 국제통상제도에 있어 근본적인 변화를 일으킬 만큼 중요한 것이었다.[157]

(2) TRIPS협정의 구성

지식재산권의 보호와 관련하여 UR협상의 초점은 기존의 국제조약에서는 수용하지 못하던 것을 포함시키고,[158] 지식재산권의 보호범위를 확장하며,[159] 지식재산권분쟁을 GATT체제 내로 끌어들이는 것이었다. 그렇게 함으로써 TRIPS협정은 국내정책을 위한 적극적 기준을 제시하고 있는 유일한 국제조약이 되었다.[160] 컴퓨터프로그램과 특정의 여타 데이터편집, 상표, 지리적 표시, 산업디자인, 영업비밀, 반도체회로설계 등도 TRIPS협정의 보호대상으로 되었다. 마지막으로 TRIPS

157) Michael Reiterer, Trade-Related Intellectual Property Rights, The New Trading System (OECD, 1994), p. 199.

158) 예컨대 파리협약은 화학물질이나 의약품과 같은 중요한 생산품에 대하여 보호를 부여하지 못하였고, 베른협약은 컴퓨터 소프트웨어나 위성 재전송 같은 저작권의 경우는 보호하지 못하는 한계를 가지고 있었다.

159) 미국의 경우 특허 보호를 등록 후 20년으로 하려던 데 비해, 많은 국가들은 5년간으로 하려는 차이를 보였다.

160) Jagdish N. Bhagwati and Robert Hudec, Fair Trade and Harmonization, Vol. 2 (MIT Press, 1996), p. 42.

협정 당사국은 TRIPS협정하에서 발생하는 분쟁을 DSU에 따라 해결하도록 하고 있다.

TRIPS협정은 전문과 7부 73개의 조문으로 구성되는데, 상기의 내용 외에 협정내용을 규정하는 기본원칙에 관한 규정, 저작권과 특허 등 8개 분야에 있어 구체적인 보호기준에 관한 규정, 지식재산권의 침해시 권리자가 행사할 수 있는 민사적 · 행정적 절차와 구제수단, 가보호절차와 형사절차, 국경조치에 관한 규정, 경과규정 등이 규정되어 있다. TRIPS협정은 WTO협정 발효 후 1년 동안 적용하지 않아도 된다. 개발도상국의 경우 4년의 경과기간을 추가할 수 있고, 물질특허가 없는 개발도상국은 5년의 경과기간을 추가할 수 있다. 최빈개발도상국은 1년의 경과기간 후 추가로 10년의 경과기간을 추가할 수 있다.[161)]

그 외에 TRIPS협정의 주요 목적은 GATT 유형의 분쟁해결절차를 통하여 지식재산권규칙에 실시가능한 조치를 보태는 데 있다.[162)]

2. 지식재산권의 보호

(1) TRIPS협정의 원칙

(가) 국제협약 플러스보호

회원국은 TRIPS협정의 규정에 위배되지 아니하는 경우, 자국 법을 통해 TRIPS협정에 의해 요구되는 것보다 더 광범위한 보호를 실시할 수 있으나, 그렇게 할 의무를 지지는 아니한다.[163)] 이는 TRIPS협정에 규정된 것보다 광범한 보호를 부여하더라도 TRIPS협정 위반이 아님을 규정한 것이다. 그리고 회원국은 자국의 고유한 법제도 및 관행 내에서 지식재산권협정의 제 규정에 대한 적절한 이행방법을 자유로이 결정할 수 있다.

TRIPS협정은 '산업재산권보호에 관한 파리협약'과 1967년의 '스톡홀름의정서', '문학예술작품의 보호에 관한 베른협약'과 1971년의 '파리의정서', 로마조약으로 알려진 '연기자나 음반제작자, 방송사업자를 위한 국제협약', '집적회로에 관한 지식재산권조약'의 대부분 규정을 도입하여, 국제협약 플러스접근방식을 취하고 있

161) 무역관련지식재산권협정 제65조.

162) J. Jackson, W. Davey, and A. Sykes, Legal Problems of International Economic Relations(West Publishing, 1995), p. 291.

163) 무역관련지식재산권협정 제 1 조 제 1 항.

다. 그러나 협정의 어떤 규정도 파리협약, 베른협약, 로마협약, 그리고 집적회로에 관한 지식재산권조약에 따라 회원국 상호간에 존재하는 의무를 면제하는 것은 아니다. TRIPS협정은 우선 저작권 · 특허 · 상표 · 산업디자인 · 영업비밀 · 반도체회로설계 · 지리적 표시의 보호를 위한 포괄적인 세계무역규칙을 설정하고 있다. 보호기준은 현존의 국제지식재산권협약에 내포되어 있는 것보다 높은 것이며, 시행에 관한 규정도 훨씬 강력하다. 지식재산권의 보호와 시행은 기술혁신의 증진과 기술의 이전 및 전파에 기여하고, 기술지식의 생산자와 사용자에게 상호이익이 되고, 사회 및 경제복지에 기여하는 방법으로 권리와 의무의 균형에 기여하여야 한다.

(나) 내국민대우

TRIPS협정은 지식재산권의 보호와 관련하여 자국 국민보다 불리한 대우를 다른 회원국 국민에게 부여하여서는 아니 된다고 하여 내국민대우를 규정하고 있다. 내국민대우원칙은 파리협약, 베른협약, 로마협약, 집적회로에 관한 지식재산권협정으로부터 관련된 일반적 원칙의 도입을 모색하는 제 2 조에 의해 도출된 것이므로, 제 3 조의 내국민대우원칙은 지식재산권보호의 확립된 오랜 원칙임을 강조하는 상징적인 것이다.[164] 보호의 의미는 TRIPS협정에서 구체적으로 언급된 지식재산권의 사용에 영향을 미치는 사항뿐 아니라, 지식재산권의 취득가능성 · 취득 · 범위 · 유지 · 시행에 영향을 미치는 사항을 포함한다.[165]

그러나 내국민대우원칙은 1967년의 파리협약, 1971년의 베른협약, 집적회로에 관한 지식재산권협정 등 기존의 지식재산권조약에서 이미 취해진 예외는 인정된다. 연기자, 음반제작자, 방송사업자에 대하여는 TRIPS협정에 규정되어 있는 권리에 관해서만 적용된다.[166] 파리협약, 베른협약, 로마협약, 집적회로에 관한 지식재산권협정에서 인정된 예외는 서비스를 위한 주소지 지정 또는 다른 회원국 관할권 내의 대리인의 지명을 포함한 사법 및 행정절차와 관련하여서만 이용할 수 있다. 그러한 예외는 TRIPS협정과 일치하는 법률과 규칙의 준수를 확보하기 위하여 필요한 경우와 해당 관행이 위장된 무역제한이 되지 않는 방법으로 적용되는 경우

164) Michael Blakeney, Trade Related Aspects of Intellectual Property Rights: A Concise Guide to the TRIPS Agreement (Sweet & Maxwell, 1996), p. 40.

165) 무역관련지식재산권협정 주 3.

166) 무역관련지식재산권협정 제 3 조 제 1 항.

에만 인정된다.[167)]

그리고 세계지식재산권기구(World Intellectual Property Organization: WIPO)의 주관하에 체결되는 다자조약에서 규정된 절차에는 내국민대우규정이 적용되지 않는다.[168)]

(다) 최혜국대우

어떤 회원국이 지식재산권의 보호와 관련하여 다른 회원국에게 부여한 모든 이익이나 혜택 · 특권 · 면제는 아무런 조건 없이 다른 모든 회원국 국민에게 부여되어야 한다.[169)] 내국민대우의 적용을 통하여 설정된 국제최소기준은 최혜국대우원칙에 의하여 WTO의 모든 회원국에게 적용되게 된다.[170)] 지식재산권협정에 최혜국대우가 규정된 것은 지식재산권의 교역적 측면에서 혁신적인 것이라 할 수 있다.[171)]

지식재산권보호에 한정되지 않고 일반적인 사법공조나 집행공조에 국제협정에 파생되는 대우, 로마협약이나 베른협약의 내국민대우조항에 의하여 부여되는 대우가 아니라 동 협정들의 조항에 근거하여 다른 국가에서 부여되는 대우, 공연자 · 음반제작자 · 방송사업자 등의 권리로서 TRIPS협정에서 규정한 것 이외의 권리에 대한 대우, WTO설립협정 시행 전에 발효된 지식재산권관련 조약으로부터 발생하는 대우는 최혜국대우조항이 적용되지 않는다.

그리고, WIPO의 주관하에 체결되는 다자조약에서 규정된 절차에는 내국민대우와 마찬가지로 최혜국대우규정이 적용되지 않는다.

(라) 권리소진

지식재산권의 권리자가 지식재산권을 사용하여 제조한 상품이나 기술을 일단 양도하면, 해당 상품이나 기술의 재판매 등과 관련하여 권리를 주장할 수 없는가? 이에 관한 논의가 바로 권리소진(exhaustion)의 원칙에 관한 문제이다.

---

167) 무역관련지식재산권협정 제 3 조 제 2 항.

168) 무역관련지식재산권협정 제 5 조.

169) 무역관련지식재산권협정 제 4 조.

170) Reiterer, *op. cit.*, p. 199.

171) Blakeney, *op. cit.*, p. 41.

권리소진의 문제는 특히 상표권과 관련하여 중요한 의미가 있는 것으로, 국제적인 측면에서 권리소진의 원칙이 적용되면 병행수입(parallel import)이 허용된다.

국제상표권협회(INTA)의 부단한 노력에도 불구하고, TRIPS협정에는 권리소진을 다룬 직접적 규정은 없다. TRIPS협정은 분쟁해결목적상 TRIPS협정의 어떠한 규정도 TRIPS협정상의 지식재산권의 소진문제를 다루기 위하여 사용할 수 없다고만 규정하고 있다.[172] 이 또한 내국민대우와 최혜국대우를 따를 것이 조건으로 되어 있다.

(2) TRIPS협정의 내용

(가) 저 작 권

저작권은 원작성이 있는 유형적 창조물을 보호하기 위한 것으로, 지적 저작물의 창조자에게 인정되는 권리이다. UR 협상 동안 저작권 보호와 관련하여서는 베른협약이 적절한 기초적 기준을 제공하는 것이라는 데 인식을 같이함으로써,[173] TRIPS협정상 저작권보호는 베른협약을 따르게 된다. 그러나 베른협약 제 6 조의 2에 의하여 허여된 저작인격권(moral rights)은 적용되지 않는다.[174] 미국-저작권법 제110조 사건에서 패널은 저작권 분야에서 베른협약과 TRIPS협정은 다자간 보호체제의 전체적 틀을 구성한다고 하였다. 상이한 조약 문언을 조절하고 충돌을 피하도록 해석하는 것이 일반적 해석원칙이므로, 명백히 다른 규정이 없는 한 TRIPS협정과 베른협정이 달리 해석되는 것을 방지하여야 한다. TRIPS협정은 컴퓨터프로그램, 데이터베이스, 음성녹음, 연극, 방송에도 적용되는데, 방송은 20년간 보호되고 여타의 것은 50년의 보호를 받는다.[175]

저작권보호는 표현에는 적용되나, 사고 · 절차 · 운용방법 · 수학적 개념에는 적용되지 않는다. 이것은 보호될 수 없는 아이디어와 보호될 수 있는 표현을 구분하는 저작권에 관한 전통적 2분법을 따른 것이다. 컴퓨터프로그램은 베른협약에 따라 문학적 저작물로서 보호된다고 하였다. 그러나 베른협약에는 컴퓨터프로그램에

172) 무역관련지식재산권협정 제 6 조.

173) Sue Ann Mota, TRIPS: Five Years of Disputes at the WTO, 17 Arizona Journal of International and Comparative Law (2000), p. 535.

174) 무역관련지식재산권협정 제 9 조.

175) 무역관련지식재산권협정 제12조와 제14조 제 5 항.

대한 직접적 규정이 없기 때문에, 이 조항에 의해 베른협약의 실질적 개정이 이루어진 셈이다. 데이터나 소재 자체는 보호대상이 될 수 없으나, 내용의 선택 또는 배열로 인해 지적창작물이 되는 데이터나 기타 소재(materials)의 편집물은 보호대상이 된다.[176] 미국 연방대법원은 Feist Publications, Inc. v. Rural Telephone Service Co. 사건에서 전화번호부상의 목록은 최소한의 창작성도 없기 때문에 저작권을 인정할 수 없다고 판결하였는데, TRIPS협정에서 데이터의 선택 또는 배열을 요구하고 있는 것은 Feist 사건의 결정을 따른 것으로 보인다.[177] 따라서 허가 없이 데이터베이스에서 소재를 추출하는 것은 저작권법 위반이 된다.

회원국은 컴퓨터프로그램과 영상저작물의 저작자나 상속인이 저작권 작품의 원본이나 사본을 대중에게 상업적으로 대여하는 것을 허가하거나 금지할 수 있는 권리를 부여하여야 한다. 그러나 영상저작물을 대여하더라도 자국 저작자와 상속인의 복제권을 침해하는 광범한 복제를 초래하지 않는다면, 대여권을 부여하지 않을 수 있다. 컴퓨터프로그램과 관련하여 이러한 의무는 프로그램 자체가 대여의 필수적인 대상이 아닌 경우에는 적용되지 않는다.[178] 이러한 대여권은 음반제작자에게도 인정된다.[179]

실연자는 자신의 고정되지 아니한 실연의 고정과 그러한 고정의 복제행위가 자신의 허가 없이 실시될 경우 이를 금지시킬 수 있다. 또한 실연자는 자신의 연기를 허가 없이 무선으로 방송하거나 대중에게 전달하는 행위를 금지할 수 있다. 음반제작자도 음반에 대한 직간접의 복제를 허가하거나 금지할 권리를 가진다. 방송기관은 방송의 고정, 고정물의 복제, 무선수단에 의한 재방송과 그것의 TV방송을 통한 대중전달 행위가 자신의 승인 없이 실시될 경우, 이를 금지할 수 있는 권리를 가진다.[180]

TRIPS협정은 저작물의 정상적 사용과 저촉되지 아니하고 권리자의 정당한 이익을 불합리하게 저해하지 아니하는 일부 특별한 경우, 배타적 권리에 대한 제한 또는 예외를 인정하고 있다.[181] 이와 관련하여 베른협약은 공정한 관행과 목적에

176) 무역관련지식재산권협정 제10조.
177) Blakeney, *op. cit.*, p. 50.
178) 무역관련지식재산권협정 제11조.
179) 무역관련지식재산권협정 제14조 제 4 항.
180) 무역관련지식재산권협정 제14조 제 1 항, 제 2 항, 제 3 항.
181) 무역관련지식재산권협정 제13조.

부합되는 경우 저작물의 인용을 허용하고 있다. 목적과 공정한 관행에 부합하는 범위에서 출전과 저자를 밝히는 것을 전제로 교육목적으로 문학 및 예술작품을 출판이나 방송 녹음의 방법으로 이용할 수 있음을 규정하고 있다. 그리고 신문이나 정기간행물의 경제 · 정치 · 종교적 시사주제에 관한 기사나 동일한 성격의 방송도 출전을 명백히 할 것을 전제로 전재할 수 있다고 하였다.[182] 실연자, 프로듀서, 음반제작자, 방송기관에 부여된 권리에 관하여는 로마협정에서 허용되는 범위 내에서 조건, 제한, 예외, 유보를 규정할 수 있다.

【 미국 – 저작권법 제110조 사건 】

EC는 미국의 1988년 음악허가법(Music Licensing Act of 1988)의 공정성을 이유로 개정된 1976년 저작권법 제110조 제 5 항이 TRIPS협정 제 9 조 제 1 항을 위반하였다고 제소하였다. 문제가 된 규정은 저작권자에게 배타적 권리의 제한을 두고 있는 것이다. 1999년 1월 EC는 협의를 요청하였고, 상호 합의에 이르지 못하게 되자 패널설치를 요청하였다.

미국의 저작권법 제106조는 저작품의 연주권과 공공 전시권을 포함하는 배타적 권리를 인정하고 있다. 저작권법은 이와 함께 소위 가사형(homestyle)이라 불리는 예외가 규정된 제110조 (5)(A)를 포함하여 배타적 권리의 제한을 규정하고 있다. 그 내용은 공공 장소에서 보통의 라디오 또는 개인적 용도로 대중에게 값싸게 판매된 종류의 수신기를 사용하는 것은 전송량이 매우 적어서 별도의 책임이 부과되지 않아야 하는 것이라는 이유로 저작권 침해로 보지 않는다는 것이었다. 1998년 음악허가법의 공정성에 따라 저작권법 제110조 (5)에 (B)를 추가하였는데, 이는 일정한 여건에서 라디오와 TV방송의 전송이나 재전송 설비에 대하여 면제를 인정하는 것이었다. 소위 영업면제(business exemption)라 불리는 이것은 일정한 규모 이하의 소매상 음식점 음용시설을 보호하기 위한 것으로, 최소규모의 시설을 초과하는 경우에도 그 시설이 사용된 장비에 설정한 규모를 초과하지 않는 경우에도 적용되었다. 가사형면제 또는 영업면제는 무선이나 위성방송, 재방송, 유선전송 및 재전송에 적용되었다. 제110조 (5)는 CD나 카세트 등의 녹음된 음악과 실황공연의 경우에는 적용되

182) 베른협약 제10조.

지 않았다.

EC는 미국 저작권법 제110조 (5)의 가사형면제와 영업면제는 베른협약과 TRIPS협정 제 9 조 제 1 항을 위반하였다고 주장하였다. 이에 대하여 미국은 베른협약을 도입한 TRIPS협정은 회원국에게 저작물의 정상적 사용과 저촉되지 아니하고 권리자의 정당한 이익을 불합리하게 저해하지 아니하는 경우 저작권자의 배타적 권리에 일정한 제한을 허용한다고 하였다.

패널은 미국 저작권법 제110조 (5)는 허가와 로열티 없이 보호되는 저작품의 사용을 허가하는 예외를 규정하고 있는 것이라고 판단하였다. 제110조 (5)(A)의 가사형면제와 관련하여, 그 예외는 권리자의 합법적 이익을 불합리하게 침해하는 것은 아니라고 하였다. 그 예외에 포함되는 소규모 시설에서의 음악연주는 권리자의 주요 수익원이 아니었고, 패널은 권리자가 이러한 송신기를 허가하였다는 것을 제시하는 증거를 받지 못하였다. 따라서 이러한 예외는 TRIPS협정과 베른협약에 합치한다고 하였다. 그러나 영업예외의 경우는 그렇지 않다고 하였다. 제110조 (5)(B)의 영업예외는 해당 저작품의 통상의 이용에 저촉된다고 하였다. 영업예외는 시설운영자로 하여금 무료인 라디오 또는 TV에서 연주되는 음악에서 로열티를 지불해야 하는 녹음음악 또는 실황음악으로 전환하도록 유인할 수 있는 것이라고 하였다. 패널은 미국이 영업예외는 권리자의 합법적 이익을 불합리하게 침해한 것이 아님을 입증하지 못한 것으로 보았다.

(나) 특　　허

모든 기술분야에서 물질 또는 제법에 관하여 신규성, 진보성 및 산업상 이용가능성이 있는 발명이면 특허대상이 된다. 그러나 인간 및 동식물의 생존과 건강을 보호하고 환경오염을 방지하기 위해 필요한 경우, 발명품을 보호대상에서 제외하거나 회원국 국내에서의 영업적 실시를 금지할 수 있다. 진단 · 치료 · 수술은 보호대상에서 제외되며, 미생물 이외의 동식물발명 등도 제외된다.[183]

특허대상이 물질인 경우, 제 3 자가 특허권자의 동의 없이 동 물질을 제조, 사용, 판매를 위한 제공, 판매 또는 이러한 목적을 위하여 수입하는 행위가 금지된

183) 무역관련지식재산권협정 제27조 제 2 항, 제 3 항.

다. 특허대상이 제법인 경우, 제 3 자가 특허권자의 동의 없이 제법사용행위 및 그 제법에 의해 직접적으로 획득되는 상품의 사용, 판매를 위한 제공, 판매 또는 이러한 목적을 위한 수입행위가 금지된다.[184] 특허권의 정상적인 이용에 불합리하게 저촉되지 않고 특허권자의 정당한 이익을 불합리하게 저해하지 않는 경우, 특허의 권리에 대하여 제한적 예외가 허용된다.

합리적 기간 내에 특허권자의 허가를 얻으려 하였으나 허가를 받지 못한 경우 강제실시권이 인정된다. TRIPS협상에서는 강제실시권의 사유를 제한하려는 선진국측과 용이하면서 단순하게 만들려는 77 그룹간의 대립이 심하였고, 이에 따라 TRIPS협정에는 비교적 상세한 규정을 두게 되었다. 강제실시권은 개별적인 사안의 내용에 따라 승인이 고려되고, 사용예정자가 합리적인 상업적 조건하에 권리자로부터 승인을 얻기 위한 노력을 하였으나 합리적 기간 내에 성공하지 못한 경우에만 허용된다. 국가 비상사태, 극도의 긴급상황, 공공의 비상업적 사용의 경우에는 이러한 요건이 면제될 수 있다. 강제실시권의 범위와 기간은 승인된 목적에 국한되며, 반도체기술의 경우 공공의 비상업적 사용이나 사법절차 또는 행정절차의 결과 반경쟁적이라고 판정된 관행을 교정하는 경우에만 허용된다. 강제실시권의 사용은 배타적이지 않아야 하며, 사용을 승인하는 회원국의 국내시장에 대한 공급을 위해서만 승인된다. 그리고 권리자는 각 사안의 상황에 따라 승인의 경제적 가치를 고려하여 적절한 보상을 지급받는다. 이와 같은 요건을 충족한 경우 강제실시권이 인정되는데, 이를 위한 고지 · 보상 · 사법적 심사에 관한 구체적 조건이 규정되어 있다.[185]

제법특허와 관련한 침해소송의 경우 입증책임은 피고에게 있다. 따라서 특허된 제법에 의해 취득된 물질이 신규인 경우, 동일물질이 그 제법에 의해서 만들어졌을 상당한 가능성이 있고 특허권자가 합리적인 노력에 의해서도 실제로 사용된 제법을 판정할 수 없는 경우는 이미 특허된 제법에 의해서 취득된 것으로 간주된다.[186]

특허는 WTO 발족 후의 출원에 대해서 출원일로부터 20년간 보호된다.[187]

184) 무역관련지식재산권협정 제28조.
185) 무역관련지식재산권협정 제31조.
186) 무역관련지식재산권협정 제34조.
187) 무역관련지식재산권협정 제33조.

이 규정은 상이한 기술분야에서 상이한 특허조건이 확산되는 것을 방지하는 것과 전체 특허기간과 관련하여 통일특허법에서 중요한 효과를 가지게 된다.[188]

【 캐나다 – 의약품특허사건 】

EC는 캐나다가 20년의 특허기간이 종료되기 전 6주 동안 특허권자의 동의 없이 의약품 생산과 비축을 허용함으로써 TRIPS협정을 위반하였다고 주장하였다. 그리고 의약품 분야의 특허권자를 다른 특허권자와 달리 취급한 점과, 특허권자의 동의 없이 의약품 판매허가를 얻기 위해 요구되는 정보의 개발과 제출에 관련된 활동을 허가함으로써 TRIPS협정을 위반하였다고 하였다.

패널은 문제가 된 캐나다의 관련 규정인 규제적 재검토 규정을 검토하였다. 이 규정은 특허권자의 잠재적 경쟁자가 특허기간 동안 정부의 판매허가를 얻는 것을 허용하고 있다. 이는 특허기간이 만료되면 경쟁자에게 해당 상품을 판매하는 규제적 허가를 규정하고 있는 것이다. 이러한 예외는 안전과 효능을 확보하기 위하여 그 판매가 정부 규제에 따라야 하는 의약품 같은 특허상품에 적용된다. 비축에 대한 예외는 경쟁자에게 특허기간 만료 전에 특허상품의 생산과 비축을 허용하되, 특허 만료까지 판매는 허용되지 않는 것이다.

패널은 규제적 재검토 규정이 TRIPS협정과 합치한다고 하였다. 패널의 견해로는 특허권자의 배타적 판매권에 대한 TRIPS협정의 제한적 예외에 해당되는 것이라고 보았다. 나아가 캐나다의 규제적 재검토 규정의 법적 범위는 의약품에만 제한되는 것이 아니어서 부작용은 의약품 산업에만 나타나는 제한적인 것이 아니기 때문에 차별이라는 주장은 근거 없는 것이라고 하였다. 비축의 예외와 관련하여 패널은 이 규정이 TRIPS협정에 반한다고 보고, 캐나다로 하여금 TRIPS협정에 일치시키도록 요구하였다. TRIPS협정은 상품의 제조·사용·판매를 포함하는 독점적 권리를 특허권자에게 부여한다고 하였다. 따라서 비축의 예외는 이러한 독점적 권리의 실질적 박탈이며, 실질적 박탈을 야기하는 예외는 TRIPS협정상 허용되는 제한된 예외가 될 수 없다고 하였다.

분쟁해결기구는 2000년 3월 패널보고서를 채택하였고, 캐나다는 패널의 권고를 이행할 합리적 기간을 요청함으로써 사건이 마무리되었다.

188) Blakeney, *op. cit.*, p. 88.

【 캐나다 – 특허보호기간 사건 】

1999년 5월 미국은 1989년 10월 1일 이전에 신청되어 유효기간 중인 특허의 보호기간에 대하여 캐나다와 협의를 요청하였다. TRIPS협정은 제33조에서 특허기간을 최소한 20년으로 명시하고 있으나, 문제가 된 특허는 17년의 기간만 부여한 것을 문제 삼은 것이다. 양국간 합의에 이르지 못하게 되자, 미국은 분쟁해결기구에 패널설치를 요청하였다.

문제가 된 캐나다의 특허법 부분은 1989년 10월 1일 이전에 제출된 특허는 구특허법에 따라 특허 賦與 후 17년의 기간으로 정하고 있다. 1989년 10월 1일 이후로는 신특허법에서 규정된 바에 따라 특허 申請 후 20년의 특허보호기간이 부여된다. 미국은 TRIPS협정이 발효된 시점에 20년의 특허기간을 인정하지 않는 구특허법이 존재하는 것을 지적한 것이다. 캐나다는 구특허법상 특허기간은 부여 후 17년으로 하고 있으나 특허를 취득하는 데 일정한 기간이 소요되기 때문에, 신청 후 20년과 동등하거나 오히려 긴 것이라고 항변하였다. 그러므로 구특허법하에서도 보호의 최소기간이 가능하다고 하였다. 그리고 TRIPS협정은 소급효를 갖지 않으므로, 캐나다의 특허법은 TRIPS협정에 합치하는 것이라고 주장하였다.

패널은 2000년 5월 5일의 보고서에서 미국의 주장에 동의하였다. 패널은 문제의 분쟁은 1989년 10월 이전에 신청된 것으로 신청 후 3년 이내에 특허가 부여된 것만을 포함하는 것이라는 데서 결론을 추출하였다. 패널은 이러한 특허는 완전한 보호기간을 받아야 하는 특허사항을 포함하고 있기 때문에, TRIPS협정은 이러한 특허와 관련하여 적용되어야 하는 것이라고 해석하였다. 캐나다 특허법은 이러한 특허사항에 적용되어야 하는 최소특허기간을 규정하고 있지 않으므로, 캐나다는 해당 조치를 TRIPS협정상의 의무에 합치시킬 것을 권고하였다.

(다) 상표 및 서비스마크

TRIPS협정은 상표를 규정하여, 다른 사업자의 상품이나 서비스로부터 사업자의 상품이나 서비스를 식별시킬 수 있는 표지 또는 표지의 결합이라고 하고 있다. 성명을 포함하는 단어, 문자, 숫자, 도형과 색채의 조합 및 이러한 표지의 결합은 등록가능한 표지가 된다. 표지가 자체적으로 관련 상품이나 서비스를 식별하도록 할 수 없는 경우, 회원국은 사용을 통해 얻어진 현저성(distinctiveness)에 따라 등록을 허용할 수 있다. 이것은 상표등록을 위한 기준으로 현저성을 요구하는 것이다.[189] 그러나 파리협약의 규정을 일탈하지 않는 한, 회원국은 다른 이유로 상표의 등록을 거절할 수 있다.[190] 파리협약도 뚜렷한 특성을 갖지 못한 상표는 등록을 부인한다고 규정하여, 현저성을 그 요건으로 하고 있다. 오늘날 대부분의 국가는 니스조약하의 상표 및 서비스에 관한 국제적 분류를 따르고 있는데, 여기에서는 상품에 관하여 34개의 카테고리와 서비스에 관해 8개의 카테고리를 설정하고 있다.

TRIPS협정은 파리협약의 범위 내에서 등록을 거절할 수 있도록 하였다. 파리협약은 유명상표와 혼동을 일으킬 수 있는 상표, 국가문장 · 기 · 기타 문장 · 공공의 부호 · 인장, 문장학상 모방이라고 인정되는 것은 등록이 거절될 수 있다고 하였다. 그 외에 도덕이나 공공질서에 반하는 표지, 공중을 기만하는 표지도 등록이 거부될 수 있다.

회원국은 사용을 등록요건으로 할 수 있으나, 상표의 실제사용이 등록출원의 조건이 되어서는 아니 된다.[191] 등록을 유지하기 위해 상표의 사용이 요구되는 경우, 3년 이상 계속 사용하지 않은 경우에만 등록이 취소될 수 있다. 그러나 정당한 사유가 제시되면 3년의 요건을 필요로 하지 않는다.[192] 등록된 상표의 상품 또는 서비스와 동일하거나 유사한 상품 또는 서비스에 동일하거나 유사한 표지를 사용함으로써 혼동의 가능성이 있을 경우, 등록된 상표의 소유자는 거래과정에서 그러한 사용을 금지할 수 있는 배타적 권리를 가진다. 이러한 권리는 기존의 권리를 저해할 수 없으며, 회원국이 사용에 기초하여 권리를 획득할 수 있도록 하는 가능성에 영향을 미치지 아니한다.[193] 상표의 유명성 판단에 있어서 회원국은 상표의 홍보 결과 당해 회원국 내에서 얻어진 지명도를 포함하여 관련분야에서 일반인에게 알려진 정도를 고려하여야 한다.[194]

상표와 서비스마크는 7년간 보호되고, 계속해서 7년씩 연장될 수 있다.[195]

189) 무역관련지식재산권협정 제15조 제 1 항.
190) 무역관련지식재산권협정 제15조 제 2 항.
191) 무역관련지식재산권협정 제15조 제 3 항.
192) 무역관련지식재산권협정 제19조 제 1 항.
193) 무역관련지식재산권협정 제16조 제 1 항.
194) 무역관련지식재산권협정 제16조 제 2 항.

TRIPS협정은 소비자에게 상품의 진정한 원산지를 오인하게 할 수 있는 표시의 사용을 금지하고 있다.

TRIPS협정의 이행을 위해 선진국은 1년을 허여받고 있고, 개발도상국 및 과도경제국은 협정상의 여타 의무에 대해서는 추가로 4년의 이행기간이 주어진다. 특히 의약품이나 농업상품에 관해 특허보호규정이 없는 개발도상국은 9년이 허여된다.[196] 그러나 1년의 과도기간이 끝난 후 모든 국가는 내국민대우와 최혜국대우를 수락하여야 한다. TRIPS협정은 그 회원국으로 하여금 지식재산권의 부정사용과 해적행위에 대처하기 위한 적절한 국내법 절차와 구제방법을 유지하도록 요구하고 있다. 세계지식재산권기구는 협정을 시행할 권한을 갖지 못한 데 비하여, 지식재산권리사회는 협정의 운용을 감시하고, 지식재산권에 관한 사안의 협의와 분쟁해결을 촉진하게 될 것이다.[197]

【 미국 - 세출법 제211조 사건 】

1. 사실관계

France's Pernod Ricard S.A(FPR)는 1993년에 쿠바무역부(Cubaexport)와 함께 설립한 Havana Club Holding(HCH)에 50%의 지분을 소유한 회사로 'Havana Club'을 상표로 하여 럼주를 만들어 판매하고 있었다. 본래 'Havana Club'에 대한 상표권은 쿠바정부가 들어서기 전 Arechabalar 가문이 가지고 있었으나, 쿠바정부가 Arechabalar의 재산을 몰수하자 스페인으로 피신하여 Arechabalar는 상표권을 갱신할 수 없었다. 그리고 미국에서도 1973년 상표권의 존속기간이 만료되었다. 이후 쿠바무역부는 1929년 미국과 체결한 미주상표권협약에 따라 1976년 'Havana Club'의 미국 내 상표권을 취득하였다.

FPR은 미국의 쿠바 금수조치가 해제된 후 미국에 럼주를 판매하려고 하였으나, Bacardi가 1997년 Arechabalar와 'Havana Club'의 상표 및 상표권을 포함한 하바나 클럽 럼주의 생산과 판매권을 양도하는 계약을 체결하였음을 근거로 'Havana Club'에 대한 합법적인 권리자라고 주장하였다. 이에 대해 HCH가 Arechabalar는 이미 1973년에 권리를 상실하였다고 주장하자, 피고 Bacardi

195) 무역관련지식재산권협정 제18조.

196) 무역관련지식재산권협정 제65조 제 1 항, 제 2 항, 제 4 항.

197) Schott, *op. cit.*, p. 121.

는 Arechabalar는 쿠바의 몰수로 인하여 미국 상표법이 요구하는 '사용'의 전제조건인 영업활동을 위한 재정적 수단이 없었기 때문에 상표권의 연장이 무의미하였을 뿐이었다고 주장하였다. 소송 진행 도중 미국 의회에서 통과된 Omnibus Appropriations Act of 1998(OAA) 제211조를 근거로 1심법원과 항소법원은 원고인 HCH의 패소판결을 내렸다.

1999년 9월 13일부터 12월 13일까지 EC와 미국간 협의가 진행되었으나 합의에 이르지 못하고, 2000년 6월 EC는 패널설치를 요청하였다. 그리고 미국은 패널의 결정에 불복하여 2001년 10월 항소하였다. 이 사건은 상표권과 상표문제를 다룬 첫 사건으로, TRIPS협정의 최혜국대우와 내국민대우를 분석한 첫 번째 항소기구 사건이다.

2. 패널과 항소기구의 결정

(1) 선결적 문제

항소기구의 재심 범위와 관련하여 미국은 항소기구는 패널이 문제된 조치에 관해 결정을 내린 것에 관한 항소만을 판단해야 하며 패널의 국내법에 대한 판단은 사실의 문제로서 법률적 문제와는 구분되는 것이라는 점을 상기시켰다. 반면 EC는 OAA Section 211을 법률문제로 보았다. 항소기구는 EC-호르몬육류 사건에서 '해당 조약 조항의 요건에 관한 일련의 사실문제는 법률적인 성격의 문제'라고 결정한 것과 인도-특허 사건에서 '국내법은 국제의무에의 일치 또는 불일치를 판단하는 증거를 구성하며, 패널은 단지 국제의무에 일치하는지의 여부만을 판단하기 위한 목적으로 인도의 국내법을 조사할 수 있다는 항소기구의 태도를 기반으로 하여 의무의 일치 · 불일치를 판단하기 위한 목적의 국내법 조사는 법률적 문제로서 항소기구에서 재심하는 것이 허용된다고 하였다.

(2) 본안 결정

파리조약 제 6 조는 동맹국간 상표권의 출원 및 그 보호에 관한 규정으로, EC는 형식적인 것뿐 아니라 실질적으로 상표가 등록된 동맹국과 같은 출원절차 및 보호를 제공하여야 하는 것으로 해석하여야 한다고 하였다. 이에 대하여 패널과 항소기구는 동 조가 다른 동맹국 상표법상의 형식요건을 갖추지 못한 경우에도 출원과 보호를 받아야 한다고 보아, OAA가 파리조약 제 6 조의 5A (1)과 TRIPS협정 제 2 조 제 1 항에 부합한다고 하였다.

패널은 EC의 주장과 달리 문제의 조치가 내국민대우원칙의 위반이 아니라고 결정하였으나, 항소기구는 Section 211 (a)(2)와 (b)는 미국 국민에게는 적용되지 않고, 지정된 국가의 국민인 쿠바인에게만 적용된다는 점에서 문제의 조치는 TRIPS협정의 내국민대우원칙을 위반하였다고 결정하였다. 최혜국대우원칙과 관련하여 패널은 문제의 조치가 최혜국대우원칙 위반이 아니라고 결정하였으나, 항소기구는 문제의 조치가 쿠바 국민에게만 적용되고 다른 외국인에게는 적용되지 않는다는 사실만으로도 해당 조치는 TRIPS협정의 최혜국대우원칙 위반임이 입증되었다고 하여 패널의 결정을 부정하였다.

패널은 TRIPS협정 제15조 제 2 항에 따라 '다른 등록요건'을 규정하고 있는 Section 211 (a)(1)은 TRIPS협정 위반이 아니라고 하였다. 또한 항소기구도 TRIPS협정 제15조를 해석함에 있어 상표등록의 대상이 되는 모든 표지의 등록을 허용할 의무를 부과하는 것은 아니라고 하였다. EC는 OAA Section 211 (a)(1)과 (b)는 TRIPS협정 제16조 제 1 항에 의하여 인정된 상표권을 박탈하는 경우를 초래하므로 TRIPS협정 위반이라고 주장하였다. 이에 대하여 패널과 항소기구는 TRIPS협정과 파리협약 모두 누가 상표의 소유권자인가에 대한 판단규정이 없으므로 각 회원국이 국내법으로 결정할 사안으로, 문제의 Section 211은 TRIPS협정 제16조의 위반이 아니라고 하였다.

항소기구는 상호의 보호는 TRIPS협정의 범위 밖의 문제라는 패널 결정을 반대하고, 상호의 경우도 상표와 마찬가지로 TRIPS협정의 보호범위 내에 있다고 하였다. 항소기구는 패널이 잘못된 결론에 이른 것은 TRIPS협정 제 2 조 제 1 항의 문구를 잘못 해석한 데 있다고 하였다. 즉 패널은 TRIPS협정에 의하여 보호되는 지식재산권의 범위는 동 협정 제1부에 속해 있는 제 1 조 제 2 항에서 정하고 있으므로, 파리조약의 상호 보호를 규정하고 있는 제 8 조는 적용되지 않는다고 결정한 것이다. 이에 대하여 항소기구는 패널이 제 2 부의 7가지 '제목(title)'만을 근거로 하여 제 1 조 제 2 항을 해석한 것은 잘못이며, 제 2 부의 각 조항이 다루고 있는 '주제(subjects)'를 근거로 해석하였어야 옳다고 판단하였다.

(라) 지리적 표시

지리적 표시란 상품의 특정 품질 · 명성 · 기타 특성이 본질적으로 지리적 근원에서 비롯되는 경우, 그 지역이나 지방을 원산지로 하는 상품임을 나타내는 표시를 말한다. TRIPS협정은 제22조에서 지리적 표시의 일반적 보호규정을 두고, 제23조에서 포도주와 주류에 대한 특별규정을 두어 보다 엄격하게 보호하고 있다. 이는 EC가 주장한 광범한 지리적 보호와 미국측 입장을 조정한 결과이다.[198]

회원국은 당해 상품의 지리적 근원에 대해 대중의 오인을 유발하는 방법으로 진정한 원산지가 아닌 지역을 원산지로 표시하거나 암시하는 상품의 명명 또는 소개 수단의 사용을 금지한다. 그리고 파리협약 제10조의 2에 규정된 불공정경쟁행위가 되는 지리적 표시의 사용은 금지된다. 파리협약은 불공정경쟁행위로서 경쟁자의 영업소 · 상품 · 활동과 혼동하게 하는 행위, 이에 관련한 신용을 해치는 허위의 주장, 상품의 성질 · 제법 · 특징 · 용도 · 수량에 대하여 공중을 오도하게 할 표시나 주장을 들고 있다.

회원국은 직권이나 이해관계자의 요청에 따라, 자국 내에서 상품의 지리적 표시사용이 대중에게 진정한 원산지를 오인하게 할 성격인 경우, 그러한 지리적 표시가 포함되거나 동 표시로 구성되는 상표의 등록을 거부하거나 이를 무효화하여야 한다.[199] 그러나 지리적 표시가 이미 일반상품이나 서비스의 명칭으로 관습화된 경우는 보호대상이 되지 않는다.[200]

지리적 표시의 보호와 상표의 보호는 중첩의 가능성이 일부 있다. 지리적 표시와 상표의 관계에 관련하여 EC-지리적 표시 사건의 패널은 특정 상황 하에서 지리적 표시와 기존 상표의 공존을 허용하고 있는 EU의 관련 규정은 TRIPS협정 하에서 정당화될 수 있다고 하였다. 일반적으로 대부분의 상표법은 지리적 표시가 본원적 식별성이 충분하지 못한 것으로 생각하거나, 특정의 지리적 지역 내 생산자가 지리적 표시를 사용하는 경우의 침해는 변호할 수 있는 것으로 생각하고 있다.[201]

진정한 원산지의 표시, 지리적 표시의 번역, 종류 · 유형 · 양식 · 모조품 등의

198) Blakeney, *op. cit.*, pp. 71-72.
199) 무역관련지식재산권협정 제22조 제 3 항.
200) 무역관련지식재산권협정 제24조 제 6 항.
201) Blakeney, *op. cit.*, p. 69.

표현이 있다 할지라도 당해 지리적 표시에 나타난 장소가 원산지가 아닌 포도주나 주류에 그러한 지리적 표시를 사용하는 것은 금지된다.202) 포도주 또는 주류의 산지를 나타내는 지리적 표시를 포함하거나 그러한 표시로 구성되는 포도주 또는 주류 상표의 등록은 그러한 원산지를 갖지 아니하는 포도주 또는 주류라면 회원국의 법이 허용하는 경우 직권으로 또는 이해당사자의 요청에 따라 거부되거나 무효화된다. 그러나 회원국 국민이나 거주자가 1994년 4월 15일 이전의 최소 10년 동안, 또는 그 일자 이전에 선의로 회원국 영토 내에서 상품 또는 서비스에 대해 계속적으로 포도주 또는 주류의 산지를 나타내는 다른 회원국의 특정 지리적 표시를 사용해 왔을 경우, 그 지리적 표시의 계속적 사용 및 유사한 사용을 금지할 수는 없다.

(마) 의 장

TRIPS협정은 새롭거나 독창성 있는 독립적으로 창작된 의장의 보호를 대상으로 한다. TRIPS협정 협상과정에서 의장의 보호에 관한 문제는 EC와 미국의 견해가 뚜렷하게 대립되었던 분야였다. EC는 기능적 의장을 포함한 모든 형태의 의장을 보호하려 하였고, 미국은 자동차 부품과 같은 기능적 의장에 대한 보호는 배제하려고 하였다. 이에 따라 의장의 보호는 본질적으로 기술적 또는 기능적 고려에 의해 요구되는 의장에는 미치지 않는 것으로 하였다. 직물의장의 경우 비용·심사·공고 등의 보호요건이 직물의장으로 보호받을 기회를 부당하게 해치지 않도록 하고, 의장법 외에 저작권법으로도 보호될 수 있게 하였다.203)

의장권자는 제 3 자가 자신의 동의 없이 의장을 복제한 상품 또는 실질적으로 복제한 의장을 포함하거나 화체한 상품을 상업적 목적으로 제조·판매·수입하는 행위를 금지하는 권리를 갖는다. 침해발생 여부는 의장의 본질을 형성하는 특징적 형태를 일반 소비자의 눈을 기준으로 조사한다. 의장의 정상적 이용에 불합리하게 저촉되지 않고, 의장권자의 정당한 이익을 불합리하게 저해하지 않을 것을 전제로, 회원국은 의장의 보호에 대한 제한적인 예외를 규정할 수 있다. 의장의 보호기간은 최소한 10년 이상이어야 한다.204)

202) 무역관련지식재산권협정 제23조.
203) 무역관련지식재산권협정 제25조.
204) 무역관련지식재산권협정 제26조.

(바) 집적회로배치설계

집적회로설계도면, 집적회로 배치설계, 집적회로 배치회로를 사용한 최종상품까지 보호대상이 된다. 보호되는 배치설계, 보호되는 배치설계가 포함된 집적회로 또는 불법적으로 복제된 배치설계를 계속 포함하는 집적회로를 내장한 제품을 상업적 목적으로 수입·판매·유통시키는 행위가 권리자의 허가 없이 행해지는 경우 불법이다.[205] 집적회로 또는 그러한 집적회로를 포함하는 제품의 취득시 불법적으로 복제된 배치설계를 포함하였음을 알지 못하였거나 알 수 있는 합리적인 사유가 없을 경우, 불법으로 간주하지 아니한다.

집적회로배치권의 보호는 등록을 요구하는 국가에서는 출원일로부터 10년이고, 그러한 요구가 없는 국가에서는 최초의 상업적 이용일로부터 10년간 보호된다. 단 보호기간은 창작일로부터 10년을 초과할 수 없다.[206]

(사) 미공개정보의 보호

자연인 및 법인은 합법적으로 자신의 통제하에 있는 정보가 자신의 동의 없이 건전한 상업적 관행에 반하는 방법으로 타인에게 공개되거나, 타인에 의해 획득·사용되는 것을 금지할 수 있다. 건전한 상업적 관행에 반하는 방법이란 적어도 계약위반, 신뢰위반 및 위반의 유도와 같은 관행을 의미하며, 그러한 관행이 정보취득에 관련되어 있음을 알았거나, 중대한 과실로 인해 알지 못한 제 3 자에 의한 미공개정보의 취득을 포함한다.

당해 정보의 종류를 통상적으로 다루고 있는 업계의 사람들에게 일반적으로 알려져 있지 않거나 쉽게 접근될 수 없는 것, 비밀이기 때문에 상업적 가치를 갖는 것, 적법하게 정보를 통제하고 있는 자에 의해서 비밀로 유지하기 위한 합리적인 조치의 대상이 되는 것 등이 TRIPS협정에 의해 보호되는 미공개정보이다.[207]

(아) 지식재산권의 시행절차

회원국은 TRIPS협정상의 지식재산권 침해행위에 대한 효과적인 대응조치가

205) 무역관련지식재산권협정 第36条.
206) 무역관련지식재산권협정 第38条.
207) 무역관련지식재산권협정 第39条.

허용될 수 있도록 시행절차가 자국 법률에 따라 이용가능하도록 보장하여야 한다.[208] 지식재산권 시행절차는 합법적인 무역에 장애가 되지 않아야 하고, 남용에 대한 보호장치를 제공하여야 하며, 공정하고 공평하여야 한다.

사법당국은 지식재산권 침해의 중지를 명령할 수 있고, 지식재산권을 침해한 수입상품이 통관 직후 자신의 관할하에 있는 상거래에 유입되는 것을 금지할 수 있다. 알거나 알 수 있는 자가 침해행위를 한 경우 적절한 손해배상을 명령할 수 있다. 침해에 대한 효과적 억제를 위하여 침해가 있는 것으로 판명된 상품을 보상 없이 상거래 밖에서 처분하거나 폐기할 것을 명령할 수 있다.

지식재산권 침해발생의 방지나 침해의 혐의에 관한 관련증거의 보전을 위하여 잠정조치를 취할 수 있다. 잠정조치는 사법당국에 의해 결정된 합리적 기간 내 또는 20근무일과 31曆日 중 긴 기간 내에 본안 결정을 위한 소송절차가 개시되지 않을 경우, 피고의 요청에 따라 취소되거나 효력이 종료된다.[209]

회원국은 고의로 상표나 저작권을 상업적 규모로 침해한 경우에 적용될 형사절차와 처벌을 규정하여야 한다.[210]

(자) 제도규정 및 최종규정

무역관련지식재산권위원회는 TRIPS협정의 운영과 회원국의 의무이행을 감시하며, 회원국에게 무역관련지식재산권과 관계되는 사안에 관한 협의기회를 제공한다. 그 외에 회원국이 부여하는 다른 임무를 수행하며, 특히 분쟁해결절차와 관련하여 회원국이 요청하는 지원을 제공한다.[211]

TRIPS협정은 당해 회원국에 대하여 본 협정의 적용일 이전에 발생한 행위에 관하여는 의무를 발생시키지 않는다.[212] 본 협정에 달리 규정된 경우를 제외하고, 협정 적용일에 이미 존재하여 보호되고 있거나, 이 협정의 규정에 따른 보호기준을 충족하거나 결과적으로 충족시키게 되는 모든 대상물에 대하여 의무를 발생시킨다.[213] 등록이 보호의 조건인 지식재산권의 경우, 당해 회원국에 대한 이 협정

208) 무역관련지식재산권협정 제42조.
209) 무역관련지식재산권협정 제50조.
210) 무역관련지식재산권협정 제61조.
211) 무역관련지식재산권협정 제68조.
212) 무역관련지식재산권협정 제70조 제 1 항.

적용일 현재 계류중인 출원은 TRIPS협정에 의한 강화된 보호신청을 위해 수정할 수 있다.[214] WTO협정 발효일까지 의약품 및 농약에 대한 특허보호제도가 없는 회원국의 경우, WTO협정 발효일부터 이러한 발명에 관한 특허출원이 가능하도록 하여야 하고, TRIPS협정상의 특허기준을 회원국에 출원된 날짜나 우선권 주장일에 적용한다.[215] 회원국 내에서 물질이 특허출원의 대상이 되는 경우, 판매허가 취득 후 5년간, 또는 물질특허의 부여나 거절시까지 중 짧은 기간까지 독점판매권이 부여된다. 이를 위해서는 WTO협정의 발효 이후, 다른 회원국 내에서 그 물질에 대한 특허가 출원되고, 특허가 부여되고, 그 회원국 내에서 판매허가를 취득한 것이 전제되어야 한다.[216]

【 인도 – 의약품 및 농약 특허 사건 】

인도는 절대빈곤자들에 대하여 저가의 의약품공급을 위하여 제약과 관련하여서는 느슨한 특허법을 갖고 있었다. 1994년 4월 TRIPS협정이 체결되자, 인도는 이에 부합하는 국내적 조치가 필요하게 되었다. 이에 따라 1994년 인도 대통령은 1970년의 특허법을 개정하는 특허령을 공포하였으나, 의회의 심의 지연으로 WTO협정 발효일까지 개정특허법이 발효하지 못하였다. 이러한 상황에서 인도 특허청은 의약품 및 농약에 대한 특허신청을 접수받게 되었다. 1995년 1월 1일부터 1997년 2월 15일까지 1,339건의 신청서가 접수되었고, 그 중 미국은 318건의 신청서를 제출하였다. 1996년 7월 2일 미국은 DSU에 따라 협의를 신청하였으나 실패하였고, 동년 11월 20일 미국의 요청에 따라 패널이 설치되었다. 미국은 인도가 TRIPS협정 제70조 제 8 항 메일박스 시스템과 제70조 제 9 항 독점판매권 규정을 위반하였다고 주장하였다.

패널은 인도가 제70조 제 8 항과 그 대체수단인 제63조 제 1 항과 제 2 항의 의무를 다하지 못하였다고 판단하였다. 인도는 제70조 제 8 항에서 요구되는 의약품 및 농약에 대한 물질특허를 위한 신규성과 우선권을 적절하게 보존하는 제도를 설립하지 못하였고, 독점판매권을 부여할 수 있는 체제를

213) 무역관련지식재산권협정 제70조 제 2 항.
214) 무역관련지식재산권협정 제70조 제 7 항.
215) 무역관련지식재산권협정 제70조 제 8 항.
216) 무역관련지식재산권협정 제70조 제 9 항.

확립하지 못함으로써 제70조 제 9 항의 의무를 위반하였다고 결정한 것이다.

1997년 10월 16일 인도는 항소하였다. TRIPS협정 제70조 제 9 항은 특허권자에게 독점판매권을 부여하고 있는데, 1995년 1월 1일 이후 타 회원국에서 특허가 출원되고 부여되어야 하며, 그 회원국이 특허상품의 판매를 허가한 경우, 인도는 그 상품의 독점판매를 허가할 것이 요구된다. 패널은 이러한 요건을 갖춘 신청자에게 인도는 독점판매권을 부정한 것은 아니라고 판단하였다. 다만, 인도가 독점판매권을 부여하는 제도를 갖추지 못함으로써 제70조 제 9 항을 위반하였다고 판단하였다.

1997년 12월 19일 항소기구는 보고서에서 제63조 제 1 항 및 제 2 항과 관련된 결정은 인정하지 않고, 제70조 제 8 항과 제 9 항에 위반된다는 패널의 결정을 지지하였다.

3. 지식재산권분쟁

(1) 분쟁해결절차

회원국은 분쟁예방을 위하여 투명성을 보장하여야 한다. 각종 법규 및 사법 및 행정 결정을 공개하여야 하고, 무역관련지식재산권위원회에 통고하여야 한다.[217] 회원국은 타 회원국으로부터의 서면요구에 대하여 관련 법규나 결정에 관한 정보를 제공하여야 한다.

지식재산권분쟁도 일반적으로 DSU에 따르게 되는데, 비위반제소인 경우 WTO 협정 발효일로부터 5년간 제소할 수 없다.[218]

(2) WIPO중재규칙

TRIPS협정은 회원국 국민의 지식재산권에 부여되어야 하는 최소보호에 관한 다양한 기준을 포함하고 있다. 그러나 국가간의 상이한 법간에는 여전히 많은 불일치가 남아 있고, TRIPS협정의 제안자들이 달성하려 했던 최소보호조차 피할 수 있는 가능성이 많이 규정되어 있다.[219] 뿐만 아니라, TRIPS협정과 DSU하에서는

---

217) 무역관련지식재산권협정 제63조 제 1 항과 제 2 항.

218) 무역관련지식재산권협정 제64조 제 2 항.

219) Jack Brown, Challenges and Opportunities of International IP Disputes, 7 Computer Lawyer

분쟁해결이 자동적 흐름을 따라야만 하므로, 잘못된 결정을 시정할 수 있는 입법적 여과 기능이 마련되어 있지도 못하다.[220]

TRIPS협정과 DSU에 따르면 당사국은 분쟁의 어떠한 단계에서도 주선, 조정, 중개를 선택할 수 있고,[221] 분쟁의 어떠한 접합점에서도 중재를 선택할 수 있도록 하고 있다.[222] 지식재산권은 다양하고 역동적인 분야로서 전문적 기술사항을 포함하고 있는 특징을 가지는 것이므로, 그에 관한 분쟁의 해결은 전문적 지식이 있는 사람에 의해 이루어지는 것이 가장 바람직하다. 즉 지식재산권분쟁의 해결을 위해 가장 중요한 점은 그 거래와 관계된 권리의 본성을 이해하는 것이 선행적으로 요구되는 것이다. 이러한 점에 비추어 보면, 1967년 창설되어 지식재산권의 이용과 보호를 규제하여 온 WIPO가 지식재산권분쟁을 해결하기에 가장 적합한 기관이 될 수 있다.[223] 그러나 WIPO는 지식재산권에 대한 보호수준이 낮았고, 지식재산권을 강제하기 위한 능력이 부족하였던 탓에, UR협상을 통하여 지식재산권의 국제적 보호를 GATT에서 떠맡기로 한 것이다. 그러나 이러한 WIPO의 구조적 단점을 극복하고, 전문적 특성을 살려 지식재산권 문제를 해결하려는 필요에서 WIPO 중재규칙이 채택되었다.[224] 즉 WIPO절차에 있어 효과적인 분쟁해결의 장이 결여되어 있다는 지적에 따라 TRIPS에서 논의된 것을 거울 삼아 국가간의 지식재산권 분쟁을 해결하기 위한 조약을 작성한 것이다.[225]

지식재산권분쟁을 해결하기 위한 접근에 관하여 WIPO와 TRIPS협정간에는 큰 차이가 있다. TRIPS협정은 제재에 기초를 둔 강제구조를 예정하여 왔으나,[226] WIPO는 강제적인 것으로 만들어진 것이 아니라 분쟁의 초기해결수단으로 협상과 조정을 강조하고 있다.[227] 그리고 WIPO는 상표위조를 국내법 또는 파리협약이나

(1996), p. 12. 특히 무역관련지식재산권협정 제 1 조는 '회원국은 … 협정규정을 이행하는 적절한 방법을 결정함에 있어 자유로워야 한다'고 규정하고 있다.

220) Bal Gophal Das, Intellectual Property Disputes, GATT, WIPO: Of Playing by the Game Rule and Rules of the Game, 35 The Journal of Law and Technology (1994), p. 171.

221) DSU 제 5 조.

222) DSU 제25조.

223) WIPO는 상표등록에 관한 마드리드협정, 산업재산권의 보호에 관한 파리협약, 저작권의 보호에 관한 베른협약 등 16개의 다자조약을 집행하는 UN의 전문기관이다.

224) 1994년 10월 1일 발효.

225) Bal Gophal Das, *op. cit.*, p. 149.

226) *Ibid.*, p. 170.

베른협약 범위 내의 침해문제로 간주하는 반면,[228] TRIPS협정은 국제적 상품의 흐름을 조정하고 위반국 정부에 대해 무역제재를 가함으로써 치유될 수 있는 무역왜곡으로 파악하는 입장이다.[229]

제3절 서비스무역

1. 서비스분야의 협상

(1) 경 과

7년간의 힘든 논의 끝에 UR협정의 일부로서 '서비스무역에 관한 일반협정(General Agreement on Trade in Services: GATS)'이 채택되었다. 서비스와 서비스에 영향을 끼치는 정책은 대부분의 협상 참여국에게 새로운 이슈로서, 협상절차는 대부분 협상하면서 배워나가는 그런 과정이었다.[230] 그 이유는 서비스 분야가 150여 개의 전문영역으로 구성된 매우 복잡한 영역이었기 때문이다. 물론 GATS는 협상 초기의 발상에 완전히 부합하는 그런 모습은 아니었으나, 상당히 긍정적인 성과를 거둔 것으로 평가된다.[231] 이러한 이유에서 GATS 협상이 성공적으로 마무리된 것은 다자간 무역체제의 획기적 사건으로 평가된다.[232]

무역관련서비스분야를 협상함에 있어 수많은 부분에서 개념상의 어려움이 있었다. 첫째, 상품무역에서와 같이 상대적 우위의 개념이 서비스무역에도 존재하는가에 관한 의문이었다.[233] 나타난 상황들을 종합해보면, 상품무역에서와 마찬가지로 서비스공급자들도 효율성을 높이고 단가를 낮추려는 경쟁을 갖고 있다는 점에서 이러한 의문은 부분적으로 해소될 수 있다고 본다. 또 다른 문제점은 상품무역

227) *Ibid.*, pp. 176-178.

228) Clark W. Lackert, International Effort Against Trademark Counterfeiting, Columbia Business Law Review (1988), p. 163.

229) Marshall A. Leaffer, Protecting United States Intellectual Property Abroad: Toward a New Multilateralism, 76 Iowa Law Review (1991), p. 227.

230) Bernard M. Hoekman, General Agreement on Services, The New World Trading System (OECD, 1994), p. 177 [이하 'Hoekman Service'].

231) John Jackson, The World Trading System (The MIT Press, 1998), p. 306.

232) Hoekman Service, *op. cit.*, p. 177.

233) Jackson, *op. cit.*, pp. 306-307.

에서 적용되는 최혜국대우나 내국민대우, 시장접근과 같은 확립된 원칙이 서비스 무역에도 적용될 수 있는가 하는 점이었다.[234] 특히 내국민대우가 문제 되었는데, 금융서비스와 같은 서비스영역에서는 수입으로 인한 위험을 다룰 수 있는 특별한 원칙이 요구되기 때문이다. 이런 까닭에 서비스분야에 내국민대우를 적용하기 위하여 특정 서비스영역의 전문가가 필요하게 되었고, 은행이나 보험 등의 특정 서비스영역과 관련하여 무역자유화와 정부의 규제적 정책을 효과적으로 조절하기 위하여 기본적인 내국민대우개념을 변경시키는 결과를 가져왔다. 이러한 어려움에도 불구하고, UR협상은 서비스무역의 전체적 구도를 위한 골격협정(framework agreement)으로 GATS을 탄생시키는 데 성공하게 되었다.[235]

그러나 GATS는 많은 논의사항을 다음 협의사항으로 남겨두어, GATS 제19조의 구체적 약속에 관한 협상에 따라 지금까지 규범제정을 위한 협의가 진행 중이다. 서비스부문은 2000년 1월부터 당해 부문의 추가자유화를 위한 후속협상이 개시하도록 예정되어 2000년 2월부터 제네바에서 협상이 시작되었다. 2001년 도하개발아젠다(DDA) 발족으로 본격적인 협상이 개시되었으며, 12개 분야 155개 세부업종을 대상으로 각국간 요청(Request)과 양허(Offer)의 교환을 통한 R/O 방식으로 협상이 진행되었다. 그러나 서비스무역관련 국제규범의 제정을 위한 논의는 아직 완료되지 못하고 있고, 이후 시작되는 분야별 양허협상과 병행하게 되었다. 제 4차 WTO 각료회의 선언에서는 서비스분야와 관련하여 협상 참여 회원국에게 2003년 3월 말까지 1차 양허안 제출을 요구하였고, 이후 2005년 5월말로 2차 양허안 제출시한을 재설정하였다.

(2) GATS의 의의

GATS는 최혜국대우나 내국민대우와 같은 전통적 개념과는 상당히 동떨어진 방향으로 나아갔으나, 새로운 영역에도 그 개념들을 분명히 적용하여야 하였다. 다른 분야의 경우 새로운 협상에서 무엇을 논할지 정하고 있지 않은 반면, GATS는 많은 부분을 협상하도록 정해 놓고 있을 뿐 아니라, 현재도 계속해서 협상을 진행하고 있는 분야이다.

---

234) *Ibid*, p. 307.
235) *Ibid*.

GATS는 국방, 치안 등 정부가 제공하는 비상업적 서비스를 제외한 모든 서비스를 대상으로 한다.[236] 서비스무역은 서비스공급의 국경간 이동, 소비자의 공급국가로의 이동, 공급자의 소비자국가로의 이동, 공급자에 의해 고용된 자연인의 소비자국가로의 일시적 이동을 포함한다.[237] 서비스의 공급은 서비스의 생산, 유통, 시장확대, 판매 및 배달을 포함한다.[238]

2. GATS의 구성

GATS는 서비스의 국제적 무역을 대상으로 하는 다자간 협정으로서, 법적으로 구속력을 갖춘 첫 번째 협정이다. GATS도 상품협정과 마찬가지로 세 부분으로 구성되는데, 첫째 일반원칙이나 의무를 규정하고 있는 부분, 둘째 시장접근을 규정하고 있는 개별국가의 구체적 약속을 담고 있는 부분, 셋째 구체적 분야의 규칙을 담고 있는 부속서로 이루어진다.

(1) GATS의 적용 대상

(가) 서비스무역에 영향을 미치는 조치

GATS는 서비스무역에 영향을 미치는 회원국의 조치에 대하여 적용된다.[239] 서비스에 영향을 미치는 조치와 관련하여 어떠한 조치도 선험적으로(a priori) GATS의 범위에서 배제되지 않는 것으로, GATS의 적용범위는 회원국의 어떤 조치라 할지라도 해당 조치가 서비스 공급을 직접 규율하는지 여부나 다른 사항을 규제하는 것이라는 것에 관계없이 서비스공급에 영향을 끼치는 모든 범위에까지 확대된다. 이러한 해석에 기초하여 EC-바나나 사건 Ⅲ의 패널은 EC 바나나 수입허가제도상의 조치를 GATS의 범위에서 배제할 아무런 법적 근거도 없다고 하였고, 캐나다-자동차 사건에서도 GATS의 적용범위에서 어떤 조치를 선험적으로 배제하지 않음을 밝힌 바 있다. EC-바나나 사건 Ⅲ의 항소기구 또한 동일한 논지에 기반하여,

236) 서비스무역에 관한 일반협정 제 1 조 제 3 항 (b).

237) 서비스무역에 관한 일반협정 제 1 조 제 2 항; 이러한 설명은 너무 광범한 것으로 논의되고 있고, 따라서 상품교역에서와 같은 방법으로 서비스교역을 자유화하기 위한 것이라는 것은 서비스가 상품보다 훨씬 對人的이라는 이유에서 이해하기 어렵다는 주장도 있다. M. Van Empel, The Visible Hand of the Invisible Trade, LIEI (1990), pp. 26-27.

238) 서비스무역에 관한 일반협정 제28조 (b).

239) 서비스무역에 관한 일반협정 제 1 조 제 1 항.

GATS의 어떠한 규정도 GATS의 적용범위를 제한하는 것으로 볼 수 없다고 하였다.[240] 캐나다-자동차 사건의 항소기구는 어떤 조치가 GATS의 적용대상인가를 결정하는 것은 해당 조치가 GATS의 실질적 의무와 합치하는가를 평가하기 전에 이루어져야 한다고 하면서, 이러한 해석이 GATS 제 1 조 제 1 항의 근본적 구조나 논리에 합치한다고 하였다. GATS 제 2 조 제 1 항은 최혜국대우가 협정의 대상이 되는 조치에만 부여된다고 규정하고 있는데, 이는 문제의 조치가 제 1 조 제 1 항의 서비스무역에 영향을 끼치는 조치일 것을 전제로 하고 있는 표현임에 비추어 당연한 것이다.

(나) 서비스 거래의 형태

서비스 거래의 정의는 매우 중요하여 세밀한 검토가 필요하다. 서비스에 대한 정의는 WTO 회원국들이 그들의 양허계획에서 약속한 세부적 양허뿐만 아니라, 국제 서비스무역에서 일어나는 규제 문제와 세부적인 문제를 이해하는 데 도움을 준다. 서비스 상품은 생산과 함께 소비가 이루어지는 상품으로, 서비스의 국제적 거래는 공급자와 소비자가 만날 수 있는 상황에서 이루어진다. 주로 생산자의 이동 즉 현지생산이나 현지공급이 서비스 거래의 보편적인 형태를 이룬다. GATS에서는 거래형태를 크게 네 가지로 분류하고 있다.

Mode 1에 해당되는 국경간 공급(Cross border trade)은 상품무역의 일반적 거래 형태와 비슷한 것으로, 서비스무역에서의 직거래 형태이다. 공급자와 소비자간의 지리적인 거리를 유지하면서 서비스 그 자체가 국경을 이동하는 것이다. 한 국가의 소비자가 통신이나 우편을 통하여 외국으로부터 서비스를 받는 것으로, 이러한 공급은 컨설턴트, 원격 진료, 원격 교육 등이 이에 해당한다. 이에 대한 규제는 서비스공급 자체에 대한 규제와(외국영화 프로그램의 방영시간 제한) 서비스 요금의 지급 규제(해외송금 제한)로 나타난다.

Mode 2는 해외소비(Consumption abroad)로서, A국 영역 내에서 B국의 서비스 소비자에게 서비스를 공급하는 형태이다. 일반적으로 서비스 공급국가로 소비자가 해외여행을 하거나 교육시설에 입학하는 것 등이다. 또 다른 예로는 선박의 기국

240) Panel Report, European Communities-Regime for the Importation, Sale and Distribution of Bananas, WT/DS27/AB/R (Sept. 9, 1997), para. 7.286.

밖에서 선박이나 항공기의 수리가 이루어지는 경우이다. 국경간 공급과 같이 문제를 거의 일으키지 않는 직거래 형태인데, 그 이유는 서비스 공급자가 소비국가로 이동하는 일이 없기 때문이다. 이에 대한 규제는 소비행위 자체에 대한 규제와 송금규제가 가능하다.

Mode 3은 상업적 주재(Commercial presence)로, 회원국의 영역에 외국인 서비스 공급자의 상업적 주재를 통한 서비스 공급을 말한다. 서비스 거래의 대부분은 공급자와 소비자가 같은 장소에 있을 것을 요구하므로 대부분의 서비스가 이 형태를 취하는데, 은행, 법률 등의 서비스 공급을 위해 지점이나 대리점을 설치하는 것이 좋은 예이다. 이 거래형태는 주요 국가와 GATS간 협의에서 가장 어려운 문제를 가지는 서비스 공급 형태로서, 상업적 주재를 규율하는 규칙은 원칙적으로 상품무역에 영향을 주는 관세나 다른 국경간 조치와는 매우 다르다. 이에 대한 규제로는 은행법, 보험업법 등의 개별사업법상의 규제와 외국인 투자관련법 및 외환관리법상의 규제가 문제된다.

Mode 4는 자연인의 주재(Presence of natural persons)로서, 상업적 주재가 외국인의 주재를 필수적으로 필요로 하는 것은 아니나, 서비스 공급자는 외국인 경영자나 전문가를 고용할 필요가 있을 수도 있다. 외국인 서비스공급자의 고용인으로서 임직원의 파견이나 회계사, 변호사 같은 독립된 개별서비스공급자로서 방문하는 경우가 이에 해당한다. 그러나 GATS는 회원국의 고용시장에 접근하고자 하는 자연인에게 영향을 미치는 조치에 대해서는 적용되지 아니하며, 또한 영구적인 차원에서의 시민권, 거주 또는 고용에 관한 조치에도 적용되지 아니한다.[241] 회원국 내에서 서비스 공급을 자연인에게 허용하는 양허를 한 경우에도 자연인에 관한 출입국에 대한 규제는 여전히 유지한다. 이에 대한 규제로는 출입국관련법규 및 고용근로관계법상의 규제와 전문서비스 분야에 있어서 자격에 관한 규제가 있다.

(다) 서비스 분류

GATS에서 서비스는 UN종합상품분류(United Nations Central Product Classification: UNCPC) 시스템에 기초한 11개 기본 서비스 분야와 기타 서비스 분야를 포함하여 12개 분야로 구분된다. 12개의 기본 분류는 다시 160개의 세부분야 또는

241) 서비스를 공급하는 자연인의 이동에 관한 부속서 제 2 조.

서비스 활동으로 분류된다. 기본 분류는 비즈니스 서비스, 통신서비스, 건설 및 관련 엔지니어링 서비스, 배포서비스, 교육서비스, 환경서비스, 재정(보험 및 은행) 서비스, 교육관련 및 사회적 서비스, 관광 및 여행관련 서비스, 레크리에이션 문화 스포츠 서비스, 운송서비스, 기타 서비스의 12개로 분류된다.[242]

(2) 일반적 의무

(가) 최혜국대우

최혜국대우에 관한 제 2 조는 GATS의 핵심적 의무이다. 따라서 회원국의 모든 서비스와 서비스공급자는 다른 회원국의 동종 서비스나 서비스공급자보다 불리한 대우를 받지 않아야 한다. 그러나 사법적 · 행정적 지원과 관련된 조치는 최혜국대우원칙의 적용을 받지 않는다. 이는 1995년 3월 1일의 회의에서 서비스무역이사회가 사법적 · 행정적 지원과 관련된 조치는 최혜국대우원칙의 적용을 받지 않는다고 한 서비스분과위원회의 결정을 채택한 데 따른 것이다.[243] 이러한 결정은 사법적 · 행적적 지원에 따라 이루어지는 상이한 회원국의 서비스 공급자간 차별은 서비스공급자간의 경쟁조건에 어떠한 중대 영향도 미치지 않는다는 판단에 기인한 것이다.

최혜국대우원칙의 적용과 관련하여서는 먼저 해당 조치가 제 1 조 제 1 항의 적용대상이 되는지를 검토하고, 그 다음에 제 2 조 제 1 항의 최혜국대우에의 합치 여부를 판단하여야 한다. 따라서 해당 조치가 4가지 모드 중 하나에 속하는 서비스 무역에 해당되어야 하고, 서비스무역에 영향을 끼치는 것이어야 한다. 이어서 제 2 조 제 1 항을 해석하고, 서비스 공급자를 어떻게 대우하였는지에 대한 사실 발견을 행한 다음, 그 사실에 제 2 조 제 1 항의 해석을 적용하여야 한다.

그러나 회원국이 부속서에 명시한 경우 최혜국대우에 대한 일정한 예외와 면제를 허용하고 있다.[244] 이와 같이 예외를 허용하게 된 배경은 선진국들이 최혜국대우를 엄격히 적용하면 현상을 유지하기 위한 제약적 정책을 허용하는 것이 되고, 무임승차(free-ride)의 문제가 발생하기 때문이라고 한 주장을 받아들인 데 있

---

242) Introduction to services trade and the WTO agreement, Introduction to GATS, http://www.wto.org/english/tratop_e/serv_e/serv_e.htm.

243) S/C/M/1, para. 14.

244) 서비스무역에 관한 일반협정 제 2 조.

다. 그러나, 부속서상의 면제는 원칙적으로 시간적 제약이 있는 것으로, 계속되는 무역자유화협상에서 정기적으로 검토되고 협상되어야 한다. 서비스무역이사회는 5년 이상의 기간 동안 부여되는 모든 면제조치를 검토하게 되는데, 이러한 최초의 검토는 WTO협정 발효 후 5년 이내에 이루어진다. 검토과정에서 서비스무역이사회는 면제가 필요한 조건이 여전히 유효한지 여부를 심사하고, 추가검토 일자를 결정하게 된다. 특정조치에 관하여 GATS 제 2 조 제 1 항에 따른 회원국의 의무 면제는 그 면제에 규정된 날 종료된다. 원칙적으로 이러한 면제는 10년의 기간을 초과하여서는 아니되며, 어떠한 경우에도 그러한 면제조치는 후속 무역자유화 협상에서 협상의 대상이 된다. 기본통신분야의 면제는 1996년 서비스무역위원회가 채택한 제 4 의정서에, 그리고 재정서비스의 면제에 관하여는 1997년 11월 재정서비스무역위원회가 채택한 제 5 의정서에 규정되어 있다. 이와 같은 최혜국대우의 예외나 면제들은 GATS의 가치를 약화시킬 수 있고, 특히 도미노 효과를 가져올 우려가 있다는 점에서 문제된다.[245]

(나) 투 명 성

회원국은 자격요건, 절차, 기술기준, 허가요건 등에 관한 국내적 규제의 권리를 가진다. 회원국이 국별 양허표에서 구체적 이행을 약속한 부문에 있어서는 그들의 정책을 합리적이고 객관적이며 공평한 방법으로 집행하도록 하여야 하고, 그들의 기준이나 허가요건이 객관적이고 투명한 기준에 기초하도록 하여야 하며, 서비스의 질을 확보하는 데 필요한 것보다 과중하여서는 아니 된다.

이를 위하여 GATS는 자국의 구체적 약속과 관련하여 서비스무역에 영향을 주는 모든 법률과 규정, 행정지침을 서비스무역이사회에 통고하도록 요구하고 있다.[246] 그러나 공개시 법집행을 방해하거나, 공익에 반하거나, 공기업, 사기업 여부를 불문하고 특정기업의 정당한 상업적인 이익을 저해하는 비밀정보를 제공할 것을 요구하는 것은 아니다.[247] 각 회원국은 WTO설립협정 발효일로부터 2년 이내에 자국 기관 내에 외국 회사나 정부가 필요한 정보를 얻을 수 있는 문의처

245) Hoekman Service, *op. cit.*, p. 178.
246) 서비스무역에 관한 일반협정 제 3 조 제 3 항.
247) 서비스무역에 관한 일반협정 제 3 조의 2.

(inquiry points)를 설치하여야 한다.

(다) 상호인정

구체적 약속이 행하여진 분야에 있어 각 회원국은 서비스무역에 영향을 미치는 모든 조치가 합리적이고 객관적이며 공평한 방식으로 시행되도록 보장하여야 한다. 자격요건과 절차, 기술표준 및 허가요건과 관련된 조치가 서비스무역에 대한 불필요한 장벽이 되지 아니하도록 보장하기 위하여 서비스무역이사회는 자신이 설치할 수 있는 적절한 기관을 통하여 모든 필요한 규율을 정립하여야 한다.[248)]

이러한 목적을 위하여 회원국은 그들의 국가기준을 정하는 데 있어 관련국제기준을 참고하여야 한다. GATS는 서비스공급자의 인증·허가·증명의 기준이나 표준의 상호인정 및 조화를 장려한다. 상이한 국가의 서비스공급자들을 차별하지 않아야 하고, 회원국이 채택하거나 유지해서는 아니 되는 조치가 명시되어 있다.

서비스 공급자의 승인, 면허, 증명에 관한 표준이나 기준의 완전한 또는 부분적인 충족의 목적상 회원국은 특정국 내에서 습득한 교육이나 경험, 충족된 요건, 부여받은 면허나 증명을 인정할 수 있다. 이러한 인정은 관련국가와의 협정이나 약정에 기초하거나, 자율적으로 부여될 수 있다. 회원국은 서비스 공급자에 대한 승인, 면허, 증명에 대한 표준이나 기준을 적용함에 있어서 국가간의 차별수단이나 서비스무역에 대한 위장된 제한이 되는 방식으로 인정을 부여하여서는 아니 된다.[249)]

회원국은 GATS 발효 후 12개월 이내에 자국이 취하고 있는 상호인정제도를 서비스무역이사회에 통보하여야 하며, 변경이 있을 경우 즉시 통보하여야 한다.

(라) 독점 및 배타적 서비스 공급자의 규제

회원국은 자국 영토 내의 독점 서비스 공급자가 관련시장에서 독점 서비스를 제공함에 있어서 최혜국대우 및 구체적 약속에 따른 회원국의 의무에 일치하지 않는 방식으로 행동하지 않도록 보장하여야 한다. 회원국의 독점공급자가 자신의 독점권 범위 밖에 있는 구체적 약속대상 서비스를 공급함에 있어 직접 또는 제휴기

248) 서비스무역에 관한 일반협정 제6조.
249) 서비스무역에 관한 일반협정 제7조.

업을 통하여 경쟁을 할 경우, 회원국은 그러한 공급자가 자신의 독점적인 지위를 남용하여 자국 영토 내에서 그러한 약속에 일치하지 않는 방식으로 행동하지 않도록 보장한다. 독점 서비스 공급자가 이러한 규제에 일치하지 않는 방식으로 행동한다고 믿을만한 사유를 가진 회원국의 요청이 있을 경우, 서비스무역이사회는 그러한 공급자를 설립, 유지, 또는 승인하고 있는 회원국에게 관련된 운영에 관한 구체적인 정보의 제공을 요청할 수 있다.[250] WTO협정의 발효일 이후 회원국이 구체적 약속의 대상이 된 서비스의 공급과 관련한 독점권을 부여할 경우, 그 회원국은 늦어도 독점권 부여의 시행 예정일로부터 3개월 이내에 서비스무역이사회에 그러한 사실을 통보하여야 한다.

회원국은 독점 및 배타적 서비스 공급자의 영업관행을 제외한 서비스 공급자의 특정 영업관행이 경쟁을 제약할 수 있으며, 이러한 관행이 서비스무역을 제한할 수 있다는 것을 인정한다. 회원국은 다른 회원국의 요청이 있을 경우 이러한 영업관행의 폐지를 목표로 협의를 개시한다. 요청을 받은 회원국은 그러한 요청에 대하여 충분한 호의적 고려를 하여야 하며, 당해 사안과 관련되어 공개적으로 입수가능한 비밀이 아닌 정보의 제공을 통하여 협력한다.[251]

(마) 세이프가드조치

세이프가드조치 문제에 관하여 비차별원칙에 기초한 다자간 협상이 있어야 하고, 협상 결과는 WTO협정 발효일로부터 3년 이내에 발효한다. 협상결과가 발효되기 전의 기간 동안 회원국은 자국의 구체적 약속이 발효한 날로부터 1년이 경과한 후 그 약속을 수정하거나 철회할 자국의 의사를 서비스무역이사회에 통보할 수 있다. 이 경우 회원국은 수정이나 철회시 3년의 경과를 기다릴 수 없는 사유를 이사회에 제시하여야 한다. 이러한 규정은 WTO협정의 발효일로부터 3년 후 적용이 중단된다.[252]

250) 서비스무역에 관한 일반협정 제 8 조.
251) 서비스무역에 관한 일반협정 제 9 조.
252) 서비스무역에 관한 일반협정 제10조.

(바) 국제수지 보호를 위한 제한

국제수지와 대외 금융상의 심각한 어려움이 있거나 그러한 우려가 있을 경우, 회원국은 구체적 약속과 관련된 거래를 위한 지불이나 이전에 대한 제한을 포함하여 구체적인 약속이 행하여진 서비스무역에 대하여 제한을 채택하거나 유지할 수 있다. 이러한 제한은 일시적이어야 하고, 회원국간 비차별, 국제통화기금협정조문과의 일치, 다른 회원국의 상업적·경제적·금융상 이익에 대한 불필요한 침해금지, 필요한 제한의 초과금지, 상황개선에 따른 점진적 폐지를 요건으로 한다. 이러한 제한의 범위를 결정함에 있어서 회원국은 자국의 경제 혹은 개발계획에 필수적인 서비스의 공급에 우선권을 부여할 수 있다. 그러나 이러한 제한은 특정서비스분야를 보호하기 위한 목적으로 채택되거나 유지되어서는 아니 된다. 이러한 제한과 관련하여 회원국은 국제수지제한위원회와 신속하게 협의하여야 한다.[253]

(사) 일반적 예외

공중도덕의 보호나 공공질서의 유지, 인간이나 동식물의 생명과 건강보호, 범죄 및 사기의 예방·개인 프라이버시의 보호·안전에 관한 조치를 포함하여 이 협정의 규정과 불일치하지 아니하는 법률이나 규정의 준수를 확보하기 위하여 필요한 조치 등을 위한 경우는 최혜국대우나 내국민대우 등 GATS의 모든 사항에 대하여 일반적 예외가 인정된다. 단 그러한 조치가 유사한 상황에 있는 국가간에 자의적 또는 정당화될 수 없는 차별의 수단이 되거나, 서비스무역에 대한 위장된 제한을 구성하는 방식으로 적용되지 않아야 한다.[254] 공공질서를 위한 예외는 사회의 근본적 이익에 심각한 위협이 되는 경우에만 적용된다.

(아) 정부조달

최혜국대우, 시장접근, 내국민대우 규정은 정부의 목적으로 구매되며, 상업적 판매나 재판매의 목적이 아닌 정부기관의 서비스 조달을 규율하는 법률, 규정 또는 요건에는 적용되지 아니한다.

세계무역기구협정의 발효일로부터 2년 이내에 GATS협정에 따른 정부 서비스

253) 서비스무역에 관한 일반협정 제12조.

254) 서비스무역에 관한 일반협정 제14조.

조달에 관한 다자간 협상을 개최한다.

(자) 안보상의 예외

공개시 국가의 중대한 안보이익에 반하는 것으로 간주하는 정보의 공개는 요구되지 않는다. 그리고 군사시설에 공급할 목적으로 직간접으로 행하여지는 서비스 공급과 관련된 조치, 핵분열과 핵융합물질 또는 이들의 원료가 되는 물질과 관련된 조치, 전시나 국제관계상 긴급상황에서 취해지는 조치 등은 금지되지 않는다. 국제평화와 안전을 유지하기 위하여 UN헌장상의 의무를 준수하기 위한 조치도 금지되지 않는다.[255]

(차) 보 조 금

회원국은 특정 상황에서 보조금이 서비스무역을 왜곡하는 효과를 가질 수 있음을 인정하고, 이러한 무역왜곡효과를 방지하기 위하여 필요한 다자간 규율을 발전시켜 나가기 위한 협상을 개시한다. 이러한 협상은 개발도상국의 개발계획과 관련한 보조금의 역할을 인정하며, 또한 이 분야에서의 탄력성에 대한 회원국, 특히 개발도상회원국의 필요를 고려한다. 이러한 협상의 목적상 회원국은 자국의 국내 서비스 공급자에게 제공하는 서비스무역과 관련된 모든 보조금에 대한 정보를 교환한다.

다른 회원국의 보조금에 의해 부정적인 영향을 받고 있다고 생각하는 회원국은 그 사안에 관해 협의를 요청할 수 있고, 이러한 요청에 대해서는 호의적인 고려가 부여되어야 한다.

(3) 구체적 약속

(가) 시장접근

특정 분야의 시장개방을 위한 개별국가의 약속은 협상의 결과로 나온 것으로, 시장접근은 양허표에 기재된 경우에만 보장된다. 회원국은 서비스공급형태의 시장접근에 대하여 다른 회원국의 서비스 및 서비스공급자에게 양허표에서 구체적으로 합의된 조건보다 불리한 대우를 하여서는 아니 된다.[256]

---

255) 서비스무역에 관한 일반협정 제15조.

시장접근이 양허된 분야에 대하여 양허표상에 규정되지 아니한 경우, 회원국은 서비스공급자의 수, 서비스 총거래액 및 총자산, 총영업 횟수 및 총산출액, 특정 서비스분야에 고용되거나 서비스공급자가 고용하는 자연인의 총수, 외국서비스공급자의 회사형태, 외국인의 자본참여 등을 제한하는 조치를 유지하거나 취하지 않아야 한다.257)

(나) 내국민대우

GATT와는 달리 GATS는 일반적인 내국민대우를 규정하고 있지 않고, 국별 양허표에 기재된 부문에만 내국민대우가 적용된다. 어떤 회원국이 자국의 서비스나 서비스공급자에게 부여한 것과 동일한 대우를 외국의 동종 서비스나 서비스공급자에게 제공하는 것이면 내국민대우를 충족시킨 것이 된다. 자국의 서비스나 서비스공급자에게 경쟁조건을 유리하게 변경하는 것은 내국민대우를 위반한 것으로 간주된다.258)

회원국은 자국의 시장접근에 영향을 끼치는 시장접근, 내국민대우, 자격·기준·허가사안 등에 관하여 구체적 양허표를 GATS에 부속시켜야 한다. 이런 까닭에 내국민대우는 모든 사항에 적용되는 것이 아니라, 양허표에 포함된 부문에만 적용되는 것이다.259) 최혜국대우가 네거티브방식을 취하고 있는 것이라면, 내국민대우는 포지티브방식을 취하고 있는 것이다.260)

(다) 추가적 약속

시장접근과 내국민대우에 관한 사항 외에 자격요건, 표준, 허가에 관련되는 문제를 포함한 서비스무역에 영향을 끼치는 제반 조치에 대한 협상을 할 수 있으며, 이러한 약속은 각 회원국의 양허표에 기재되어야 한다.261)

구체적 약속에 관한 협상은 WTO협정 발효일로부터 5년 이내에 시작하고, 그

256) 서비스무역에 관한 일반협정 제16조 제 1 항.
257) 서비스무역에 관한 일반협정 제14조 제 2 항.
258) 서비스무역에 관한 일반협정 제17조.
259) 서비스무역에 관한 일반협정 제20조.
260) Bernald M. Hoekman and Michael M. Kostechi, The Political Economy of the World Trading System (Oxford, 1995), p. 131.
261) 서비스무역에 관한 일반협정 제18조.

이후에 주기적으로 협상하도록 하였다. 이에 따라 1995년 7월 재정서비스와 자연인의 이동분야에 관한 협상이 마무리되었고, 1997년 4월에는 기초통신분야의 협상이 마감되었다. 금융분야의 경우 추가협상을 통하여 1997년 11월 14일 GATS 제 5 의정서가 채택되었다.[262] 여기에는 70개국이 56개의 양허표를 첨부하고 있다. '금융서비스 약속에 관한 양해'는 자국 금융서비스 양허표에 기존의 독점권을 열거하며, 이를 철폐하거나 혹은 그 범위를 축소하도록 노력할 것을 규정하였다. 자국 영토 내에서 공공기관에 의한 금융서비스의 구매나 취득한 관련하여 자국 영토 내에 설립된 다른 회원국의 금융서비스 공급자에게 최혜국대우와 내국민대우가 부여되도록 보장하여야 한다. 비거주자인 금융서비스 공급자가 해상운송·상업적 항공·우주선 발사 및 화물운송·국제적으로 운송중인 상품과 관련된 위험에 대한 보험, 재보험, 재재보험을 허용하도록 하였다. 그리고 보험보조서비스, 금융정보의 제공 및 이전과 금융자료처리, 은행 및 다른 금융서비스와 관련된 중개를 제외한 자문 및 다른 보조서비스를 제공하는 것을 허용하였다. 다른 회원국의 금융서비스 공급자에게 자국 영토 내의 상업적 주재[263]를 허용하였고, 자국 영토 내에 설립된 다른 회원국의 금융서비스 공급자가 자국 영토 내에 새로운 금융서비스를 제공하는 것을 허용하였다.

해상운송분야는 1996년 완료하도록 예정하였으나, 양허에 합의하지 못함으로써 2000년 이후 시작되는 새로운 서비스라운드에서 재론하기로 하였다. 이와 같이 UR 이후 4개 분야에 걸쳐 협상과 추가적 약속이 이루어졌다. GATS는 2000년 이후 새로운 서비스라운드를 예정하였고,[264] 새로운 서비스라운드는 2005년 1월 1일까지 전체 협상을 마감할 것을 예정하고 있다. 서비스무역에 관한 협상지침 및 절차는 협상의 주된 방법으로 요청-제출 방법(request-offer approach)을 채택하였다. 이에 따라 도하개발아젠다 제15항은 2002년 6월 30일까지 특정 이행에 관한 첫 요청을 제시하고, 2003년 3월 31일까지 첫 제출을 제시하여야 한다고 하고

262) 추가협상을 통한 합의는 의정서(protocol) 명칭으로 채택되었다. 제1의정서는 최빈개발도상국을 위해 유보하여 두었고, 제2의정서(1995. 7. 21)는 재정서비스, 제3의정서(1995. 7. 21)는 자연인이동, 제 4 의정서(1997. 4. 30)는 기초통신에 관한 것이다.

263) '상업적 주재'는 금융서비스의 공급을 위한 회원국 영토 내의 기업을 의미하며, 지분의 전체 혹은 일부를 소유하는 자회사, 합작투자, 합작회사, 개인기업, 프랜차이징 사업, 지사, 대리점, 대표사무소 또는 다른 조직을 포함한다.

264) 서비스무역에 관한 일반협정 제19조 제 1 항.

있다.

(4) 부문별 부속서

상품교역은 상품의 국가간 이전과 같이 매우 단순한 형식을 취하고 있지만, 서비스교역은 전화·은행·항공 분야 등 매우 다양한 형태를 취하고 있어서 서비스형태도 전혀 다른 형식으로 이루어진다. 이러한 다양성 때문에 서비스교역은 부문별 부속서를 통해 분야별로 다루어지고 있다.

부문별 부속서는 협정의 본질적 부분으로서,[265] 8개로 구성되어 있다. 여기에는 제 2 조 면제에 관한 부속서, 협정상의 서비스를 제공하는 자연인의 이동에 관한 부속서, 금융서비스에 관한 부속서, 금융서비스에 관한 제 2 부속서, 항공운송서비스에 관한 부속서, 통신에 관한 부속서, 기초통신협상에 관한 부속서, 해상서비스협상에 관한 부속서가 포함된다.

GATS는 발효 3년 후면 어느 때라도 양허를 철회하거나 수정할 수 있도록 하고 있다. 수정이나 철회는 그 이행 예정일 3개월 전에 고지되어야 하고, 수정이나 철회로 영향을 받은 국가의 요청에 따라 당해 국가는 적절한 보상에 관해 최혜국대우에 따라 협상하여야 한다.[266] 보상의 합의가 이루어지지 못하면, 영향을 받은 국가는 중재를 요청할 수 있다. 중재결정 없이 혹은 결정에 반하여 양허가 변경되면, 그 조치로 영향을 받은 국가는 당해 회원국에 대해서만 실질적으로 동등한 혜택을 수정하거나 철회할 수 있다.

265) 서비스무역에 관한 일반협정 제29조.
266) 서비스무역에 관한 일반협정 제21조.

제6장 새로운 통상의제

제 1 절 지역무역협정

1. 지역무역협정의 의의

지역무역협정은 WTO와 같은 다자간 무역체제를 형성하기 위한 것이라는 주장도 있는 반면 국제통상체제에 심각한 위협이 된다는 주장도 있다. 그러므로 다자간 통상 체제하에서 가장 중요한 점은 지역무역협정의 체결을 WTO와 양립할 수 있는 방법으로 유지하는 문제가 될 것이다.

1957년 EEC를 창설하는 로마조약이 채택된 이후 유럽에서 지역무역협정을 체결하려는 경향이 확대되었고, 1990년 이후로 새로운 지역적 발의가 많이 발생하여 동남아시아자유무역지대(AFTA), 유럽연합, 남미공동시장(MERCOSUR), 북미자유무역지대협정(NAFTA) 등과 같은 지역적 무역블록이 꾸준히 증가하여 왔다. 특히 근년에 들어 지역주의는 아시아 지역에서 새로운 경향으로 나타나고 있다.[1)] 2004년 한국은 칠레와의 자유무역협정(FTA)을 필두로, 2012년 한미FTA, 2015년 한중FTA 등이 발효되었다. 2020년 11월에는 역내포괄적경제동반자협정(RCEP)에 서명함으로써, 다자적으로 역내 교역 장벽 제거와 경제통합체 형성에 참여하게 되었다.

대부분의 지역무역협정은 상품과 서비스무역의 확대, 국경을 넘는 투자 촉진 등의 목적을 가진 시장통합방식을 취하여 왔다. 지역통합은 시장의 경제적 자유화

---

1) Richard Pomfret, Regional Perspectives on International Economic Law, in Perspectives in International Economic Law, Asif Qureshi ed. (Kluwer, 2002), p. 132.

이상을 의미하며, 동시에 세계경제와 연계하는 상황을 조장한다. 뿐만 아니라, 지역통합은 다자주의에 의한 장애를 감소시킨다는 공감대가 형성되어 있고, 역으로 일부 사례에서 비회원국에게 장벽을 높임으로써 무역적 분리현상을 만들 수 있다고 평가되기도 한다. 인접국간의 무역은 그들간의 신뢰를 증진시키고, 충돌가능성을 줄인다. 지역기구의 회원자격은 공통의 인식을 갖춘 국가들에게만 인정되고, 양립할 수 없거나 적대적인 국가는 배제하게 된다. 특히 지역 내에서 국경을 개방하는 협정을 체결하게 되면, 그 구성국은 타국과의 협상력이 높아지게 된다.[2] 그러나 지역적 무역협정과 WTO와 같은 다자적 무역체제가 일치되는 방법에 관하여 새로운 컨센서스가 필요하게 된다.[3]

2. WTO협정상의 규정

GATT 1947이 초안될 당시 체약국들은 관세동맹과 자유무역지역을 위한 일부 형태의 조정이 필요함을 인식하였고, 그 결과 GATT 제XXIV조는 관세동맹 및 자유무역지역에 대한 예외를 인정하고 있다.

제XXIV조 적용영역, 국경무역, 관세동맹 및 자유무역지역

제 4 항 체약국은 자발적인 협정을 통하여 협정 당사국의 경제간에 보다 더 긴밀한 통합을 발전시켜 무역의 자유를 증대하는 것이 요망된다는 점을 인정한다. 체약국은 또한 관세동맹 또는 자유무역지역의 목적이 동 구성영역간의 무역을 촉진하는데 있어야 하며 그와 같은 영역과 기타 체약국간의 무역에 대한 장벽을 높이는 것이 아니어야 한다는 사실을 인정한다.

제 5 항 따라서, 본 협정의 규정은 체약국 영역간 관세동맹 또는 자유무역지역을 형성하거나 또는 관세동맹 또는 자유무역지역의 형성에 필요한 잠정협정의 체결을 방해하지 아니한다. 다만, 이는 다음의 제 규정을 조건으로 한다.

(a) 관세동맹 또는 관세동맹의 협정을 위한 잠정협정에 관하여는, 동 동맹이나 협정의 당사자가 아닌 체약국과의 무역에 대하여 동 동맹의 창립 또는 동 잠정협정의 체결시 부과되는 관세와 기타 통상규칙이 전체적으로 동 관세동맹의 협정이나 동 잠정협정의 채택이전에 동 구성 영역 내에서 적용해온 관세의 일반적 수준과 통상규칙보다 각각 높거나 제한적인 것이어서는 아니된다.

2) Matthew W. Barrier, Regionalization: The Choice of a New Millennium, 9 Current International Trade Law Journal (2000), pp. 25-26.

3) *Ibid.*, p. 30.

제 8 항 본 협정의 적용상 :

(a) 관세동맹은 다음의 결과가 발생할 수 있도록 2개 이상의 관세영역을 단일 관세 영역으로 대체한 것이라고 양해한다.

(i) 관세 및 기타 제한적 통상 규칙(필요한 경우에는 제11조, 제12조, 제13조, 제14조, 제15조 및 제20조에 의하여 허용되는 경우를 제외하고)은 관세동맹의 구성영역간의 실질상 모든 무역에, 또는 최소한 영역의 원산품의 실질상 모든 무역에 관하여 폐지된다.

(ii) 제 9 항의 규정에 따를 것을 조건으로 하여 관세동맹의 구성국은 동 동맹에 포함되지 아니한 영역에 대한 무역에 실질적으로 동일한 관세와 기타 통상규칙이 적용된다.

WTO체제 하에서도 일정한 조건 하에 관세동맹이나 자유무역지역의 형성이 허용된다. 그 구성국 상호간에는 낮은 관세 등의 특혜가 인정되고, 이러한 특혜대우는 관세동맹이나 자유무역협정 비회원국에게는 적용하지 않아도 된다. 제XXIV조 제 5 항 頭文(chapeau)은 GATT 규정에도 불구하고, 일정한 조건 하에 관세동맹이나 자유무역지역협정 체결이 가능함을 명시하고 있다. 동 두문은 일정한 조건 하에 GATT의 여타 조항과 합치하지 않는 조치 채택을 정당화하고, 그러한 불합치에 대한 항변이 가능하도록 원용될 수 있는 규정이다.[4] '일정한 조건 하에'라는 표현은 제XXIV조 제 5 항의 핵심적 요소로, 비구성국과의 관계에서 관세동맹이나 지역무역협정 체결 이전의 일반적 수준(general incidence)에 비해 관세나 통상규칙이 전체적으로 높거나 제한적(on the whole be higher or more restrictive than)이지 않도록 해야 한다. '일반적 수준'의 관세는 가중평균관세율과 징수된 관세의 전체적 평가에 기반하여야 한다.[5] 제 5 항은 '따라서(accordingly)'로 두문을 시작하는데, 이는 제 5 항이 제 4 항과의 연계 속에 해석되어야 함을 전제한다. 관세동맹이나 자유무역지역은 구성국간 무역 촉진을 위한 것이지, 제 3 국과의 무역장벽을 강화시키는 것이어서는 아니된다는 것이다. 제 4 항의 목적은 구성국과 제 3 국간 균형에 있다. 'GATT 1994 제XXIV조 해석에 관한 양해' 서문은 관세동맹이나 자유무역지역의 목적은 관세동맹이나 자유무역지역의 형석과 확대에 있으며, 구성국은 최대한 다

4) Appellate Body Report, Turkey-Restrictions on Imports of Textile and Clothing Products, WT/DS34/AB/R (Oct. 22, 1999), para. 45 [이하 'Turkey-Textiles 항소기구 보고서'].

5) Understanding on the Interpretation of Article XXIV of GATT 1994, Para. 2.

른 회원국에 부정적 효과(adverse effect)를 주지 않도록 할 것을 분명히 하고 있다. 제4항은 별도의 의무를 규정하고 있지 않으나, 제XXIV조 전체를 위한 최우선적이고 포괄적인 목적을 규정한 것이다. 그러므로, 제5항 두문 등에 규정된 항변과 관련된 조건은 제4항의 목적에 비추어 해석되어야 한다.[6] 터키-섬유사건에서 터키는 수량제한 채택이 허용되지 않을 경우 터키와 EC간 관세동맹 형성이 저해되었을 것임을 입증하지 못했고, 결국 터키가 GATT 제XXIV조에 근거하여 제시한 항변은 받아들여지지 않았다.[7]

지역무역협정이 회원국간 무관세를 규정하더라도 비회원국에 대한 관세는 인하되지 않으므로, 지역무역협정의 비회원국은 차별적 대우에 놓이게 된다. 이는 GATT 제XXIV조가 제1조 최혜국대우원칙의 예외가 됨을 의미하는 것으로, 지역무역협정에 의해 최혜국대우는 원칙성을 유지하지 못하게 된다. 관세동맹과 자유무역지역에 특혜를 유지하도록 허용되기 위한 조건은 두 단계(two-tier)로 접근하여야 한다. 첫째 동 규정을 원용하려는 국가는 해당조치가 제XXIV조 제5항과 제8항의 요건을 충족한 관세동맹 또는 자유무역지역 형성에 따라 적용된 것임을 입증하고, 둘째 당사자는 해당 조치 도입이 허용되지 않는다면 관세동맹이나 자유무역지역 형성이 저해될 수 있음을 입증하여야 한다.[8]

관세동맹과 자유무역지역에 특혜를 유지하도록 허용되기 위한 기준으로, 회원국간 관세와 제한적 통상규제를 '실질적으로 모든'(substantially all the trade) 무역에 관련하여 폐지하였는가를 살펴야 한다. '실질적으로 모든'이라는 기준은 그 목적의 중대성을 요구한 것으로, 관세동맹과 자유무역지대의 수를 제한하기 위한 방법으로 사용된 것이다. GATT나 WTO는 이러한 기준을 명확히 하고 있지 못하였다.[9] 그러나 '실질적으로 모든 무역'이란 용어는 모든 무역을 말하는 것이 아니며, 단지 일부 무역을 가리키는 것보다는 큰 개념이다.[10] 그럼에도 EU나 NAFTA 같은 대부분의 중요한 지역협정이 전체적 또는 대부분 이 기준을 충족한 것으로 여

6) Turkey-Textiles 항소기구 보고서, para. 57.
7) *Ibid.*, para. 63.
8) Peter Van den Bossche and Werner Zdouc, The Law and Policy of the World Trade Organization (Cambridge, 2022), pp. 737.
9) Turkey-Textiles 항소기구 보고서, para. 48.
10) *Ibid.*

겨왔다. 이들 주요한 지역경제블록은 다자체제와 양립하는 것으로 주장되어 왔다. 지역무역협정은 보다 개방적인 무역을 추구하는 WTO의 대체물이 아니라 보완물로 인식하고 있는 것이다. 지역무역협정은 일단의 국가들에게 다자적으로 가능한 것을 넘어 통상규칙과 이행을 발전시키는 역할도 한다. 다시 말하면, 지역무역협정은 다자간 무역체제를 보완하는 것이지 위협하는 것은 아니다. 이러한 지역무역협정의 목적은 무역을 촉진하기 위한 것이어야 하며, 다른 체약국에 대하여 새로운 무역장벽을 증가시키지 않는 것이어야 한다. 지역협정에 참여하기로 한 체약국은 즉시 체약국단에 통고하여야 한다.[11)]

GATT하에서 관세동맹과 자유무역지역을 평가하는 제XXIV조의 방법은 많은 비판을 받고 있다. 가장 중요한 비판은 검토절차의 결과가 관세동맹과 자유무역지역의 회원국에 의해 통제되기 때문에 그 자체의 기준과 관련하여서조차 의미 있는 재검토를 받지 못하고 있다는 점이다. GATT의 관습적 관행을 보면 제XXIV조와 같은 사항에 대한 결정은 컨센서스로 이루어지고, 검토대상인 관세동맹이나 자유무역지역의 회원국도 그들의 이행계획을 변경하도록 요구하는 결정을 저지할 수 있다. WTO협정은 'GATT 1994 제XXIV조 해석에 관한 양해'를 추가하였으나, 강제적 검토절차의 결과를 통제하기 위하여 회원국의 권리에 영향을 주는 것은 없다. 양해각서는 관세동맹이나 자유무역지역의 비회원국이 제XXIV조의 적용과 관련하여 분쟁해결을 위하여 제소할 수 있는가를 명백히 하고, 이러한 명백화가 WTO 분쟁해결기관으로부터 관세동맹과 자유무역지대의 현상에 주의를 높일 수 있도록 인도하게 될 수 있다.

서비스무역에 관한 일반협정(GATS)도 지역적 서비스협정의 검토를 위한 방법을 두고 있다. GATS 제 5 조는 지역적 서비스협정의 회원국은 그들간의 무역장벽의 제거를 타국에 적용하지 않고 회원국간에만 적용하는 것을 허용하고 있다. 그러한 협정은 상당한 분야별 대상범위를 가지며, 기존 차별조치의 폐지나 신규 또는 더욱 차별적인 조치의 금지를 통하여 실질적으로 모든 차별조치를 폐지하여야 한다. 이들 협정은 당사국간의 무역을 촉진하기 위한 것이 되어야 하며, 협정의 당사국이 아닌 모든 회원국에 대하여 그러한 협정이 체결되기 이전에 적용가능한 수준과 비교하여 각 서비스분야 및 업종에서의 서비스무역에 대한 전반적인 장벽의

11) GATT 제XXIV조 제 7 항.

수준을 높여서는 아니 된다.

【 인도산 섬유 및 의류제품수입제한 사건 】

1. 사실관계

EC 통합을 위한 단계로서 터키는 EC의 지침에 따라 인도산 섬유 및 의류제품에 대한 수입제한을 부과하였다. 이에 대하여 인도는 터키의 조치가 GATT 제XI조 및 제XIII조를 위반한 것이라고 제소하였다.

2. 패널의 결정

패널은 터키의 인도산 섬유 및 의류제품에 대한 수량제한은 GATT 제XI조 및 제XIII조의 위반임을 확인하고, 제XXIV조 제5항 및 제8항의 위반 여부에 대하여 검토하였다. 제XXIV조 제5항의 '대외적' 요건과 관련하여 패널은 동항은 새롭게 형성된 관세동맹에의 참여자가 제XI조와 제XIII조의 금지에서 벗어나는 것을 허용하는 것은 아니라고 하였다. 마찬가지로 제8항의 내부적 요건과 관련하여 동 규정은 터키가 WTO협정의 다른 규정을 위반한 섬유 및 의류제품의 수입에 대한 제한을 부과하도록 터키에게 의무 지우는 것은 아니라고 하였다.

패널은 인도가 관세동맹 형성의 내부적 특혜를 직접 대상으로 한 것이 아닌 만큼, 제XXIV조 제8항 (a)(i)는 본 사안과 직접 관련이 없는 것으로 보았다. 제8항 (a)(ii)와 관련하여서는 본 사안이 제XXIV조 제8항 (a)(ii)와 GATT 제XI조 및 제XIII조가 상호 충돌하지 않도록 어떻게 해석할 것인가의 문제로 판단하였다. 패널은 조화로운 해석을 허용하는 제8항 (a)(ii) 내에 고유한 유연성이 있다고 판단하여, EC와 터키는 관세동맹 형성으로부터 나타나는 무역전환을 피하기 위해 관련된 행정조치인 원산지증명시스템을 도입할 수 있었다고 보았다. 그러므로, 터키의 제XXIV조 원용은 인정되지 아니하고, 터키의 수량제한은 GATT 제XI조와 제XIII조를 위반한 것이라고 하였다.

3. 항소기구의 결정

항소기구는 패널의 결정과 동일한 결론을 도출하였으나, 그 근거에 대하여는 일부 비판하였다. 항소기구는 제XXIV조 제 5 항의 시작 부분에 있는 '따라서'라는 용어는 제 4 항과 연계하여 검토하여야 한다고 하였다. 그러므로 제 5 항의 전제와 제 5 항에 규정된 조건 및 요건은 제 4 항에 규정된 관세동맹의 목적이라는 관점에서 해석되어야만 한다고 하였다. 최종적으로 항소기구는 패널결정을 지지하면서, 터키는 제XXIV조 제 8 항 (a)(i)의 요건을 충족시키면서, 동시에 가능한 어떤 무역전환과 관련하여 터키와 EC의 관심을 해결할 수 있는 원산지증명제도와 같은 합리적 대체 수단을 채택할 수 있었다고 하였다.

3. WTO협정과 지역무역협정의 관계

일반적으로 관세동맹이나 지역무역협정은 그 회원국이 WTO에 참여함으로써 WTO의 규율을 받게 된다. 관세동맹과 자유무역지대의 회원국은 이들 협정이 WTO에 일치하는 방법으로 이행되도록 보장하여야 한다. GATT 제XXIV조 해석에 관한 양해각서는 관세동맹과 자유무역지대의 회원국은 그들 영토 내에서 취해진 지역기구들의 조치에 대하여 책임이 있다고 규정하고 있다.[12] WTO에서 지역무역협정에 관한 규정인 GATT 제XXIV조와 관련된 첫 번째 사건인 인도산 섬유 및 의류제품수입제한 사건에서, 패널은 지역주의는 세계무역체제의 보완을 위해 존재하는 것이라고 하였다. 즉 지역무역협정은 무역을 증가시키기 위한 것이지, GATT나 WTO의 다른 금지에 대한 보호막으로서 무역장벽을 증대시키기 위한 것이 아님을 강조하였다.[13]

NAFTA와 WTO협정간의 법적 관계는 조약문, 조약체결상황, 동일하거나 유사한 주제사항에 관한 조약간의 관계를 규율하는 국제법규칙을 검토함으로써 결정된다. NAFTA와 WTO는 국제법에 의해 규율되는 국가간의 문서로 된 합의이므로, 조약법에 관한 비엔나협약상 명백한 조약이다. NAFTA의 발효일은 1994년 1월 1일이고 WTO협정의 발효일은 1995년 1월 1이며, NAFTA 당사국은 WTO의 원회원국이다. 조약법에 관한 비엔나협약은 신법우선의 원칙이 적용하도록 하고 있는데, 이에 따라 WTO협정이 우선한다고 할 경우 몇 가지 의문이 발생하게 된다.[14] NAFTA 제103조는 GATT 등 기존 협정상의 권리의무를 확인한다고 하고,

12) GATT 제XXIV조 해석에 관한 양해각서 제13항과 제14항.

13) Turkey-Textiles 항소기구 보고서, paras. 186-187.

양자간 불일치가 있는 경우 본 협정상 달리 규정된 경우를 제외하고 NAFTA가 우선한다고 규정하고 있다. 제104조에서는 바젤협약 등 동조에 열거된 일부 환경협약의 경우 NAFTA에 우선한다고 하였다. 그리고 제301조 제 1 항은 GATT의 내국민대우 부여의무를 확인하면서, 그 주석과 GATT의 후계협정(successor agreements)도 동 협정에 내포된다고 언급하고 있다. 그러나 WTO설립협정 제 2 조 제 4 항은 GATT 1947과 GATT 1994는 법적으로 구별되는 것이라고 하였다. 만약 GATT 1994가 새로운 협정으로서 1995년 1월 1일 이후 발효된 것이라면, NAFTA 제103조의 기존 협약과 관련한 우선권하에 들어가지 않게 된다.

WTO협정은 NAFTA처럼 직접 다른 협정과의 관계를 언급하고 있지 않다. 다만 구성 협정과의 관계와 그 이전 협정의 지위를 밝히고 있을 뿐이다. WTO협정은 회원국에게 구속력이 있음을 규정하고 있고, 각 회원국은 부속협정에 규정된 바와 같이 자국의 법률과 규칙, 행정절차가 자국의 의무와 일치할 것을 보장하여야 한다고 규정하고 있다. WTO협정과 다른 국제협정의 관계가 명백히 정의된 것이 없는 것은 특히 환경협정과 조치와 관련하여 관심과 논란의 진원지가 되어 왔다. 그리고 무역환경위원회에서는 이 문제가 오랫동안 검토되어 왔다. GATT 분쟁해결 패널과 WTO의 항소기구는 WTO협정과 다른 국제협정의 관계 문제가 검토된 몇 개의 결정을 내린 바 있다. 최근까지 WTO 패널은 WTO협정 이외의 법규칙을 검토하는 것을 주저하여 왔으나, 그 가능성은 배제되지 않아 왔다. 미국의 새우수입제한사건에서 WTO 분쟁해결기구는 GATT 1994 핵심 규정의 해석을 위한 보조로서 WTO협정 이외의 협정과 상황을 고려하였다. 비록 새우수입제한 사건에서 WTO 분쟁을 해결하기 위하여 WTO협정 이외의 조약규범적용을 직접 포함하고 있지는 않으나, WTO 이외의 법적 근거에 광범하게 협의한 것은 항소기구가 GATT와 WTO의 자기제한적 견해를 종식하려는 의도를 보인 것으로 판단된다.[15)]

---

14) Frederick M. Abbot, The North American Integration Regime and Its Implications for the World Trading System, in The EU, the WTO, and the NAFTA, J. H. H. Weiler ed. (Oxford, 2000), p. 179.

15) *Ibid.*, p. 190.

제 2 절 디지털 무역

1. '디지털 무역'의 출현

인터넷 발달로 정보와 데이터를 실시간으로 공유·교환할 수 있게 되면서, 디지털 기술을 활용해 상품과 서비스를 구매, 판매, 배송하는 '디지털 무역(digital trade)'이 빠르게 성장하고 있다. 과거에는 소프트웨어, 음악 CD, 책 등이 물리적 매체로 거래되었으나, 이제는 파일, 음원, 전자책 등 디지털 형태로 거래되고 있다. 이러한 변화에 대응하여 윤석열 전 대통령은 프랑스 파리 소르본대에서 열린 '파리 디지털 비전 포럼(Digital Vision Forum in Paris)'에서 디지털 규범 제정을 위한 국제기구를 유엔 산하에 설치하자고 제안하며, 다자 협력의 필요성을 강조하기도 하였다.

디지털 무역에 대한 국제 논의는 WTO에서 시작되었다. 1998년 5월 제2차 WTO 각료회의에서 '세계 전자상거래에 관한 선언'을 채택하며 전자상거래에 대한 무관세 유지와 정기적 검토 필요성을 확인했고, 같은 해 9월 일반이사회는 '전자상거래 작업 프로그램'을 마련해 관련 통상 쟁점을 논의하기 시작했다. 이후 WTO 회원국들은 무관세 조치 외에도 데이터 자유 이동 등 다양한 의제를 논의했으나, 입장 차이로 합의에 이르지 못했다. 2017년 제11차 WTO 각료회의에서는 일부 회원국이 '전자상거래 공동선언'을 채택하며 논의를 재개했으나, 현재까지도 뚜렷한 성과를 내지 못하고 있다.[16)17)]

그러나 WTO 논의의 한계를 보완하기 위해 우리나라를 포함한 미국, 일본 등 주요국은 최근 체결된 지역무역협정에 '전자상거래' 또는 '디지털 무역' 관련 장을 포함하거나 별도의 디지털무역협정을 체결하여 관련 규범을 구체화하고 있다.[18)]

---

16) 구체적인 논의 진행 상황은 WTO Council for Trade in Services, 'The Work Programme on Electronic Commerce' Note by the Secretariat, S/C/W/68 (Nov. 16, 1998); WTO Committee on Trade and Development, Development Implications of Electronic Commerce, WT/COMTD/W/51 (Nov. 23, 1998) 참조.

17) https://www.wto.org/english/news_e/news23_e/jsec_30mar23_e.htm.

18) 정찬모, 디지털 통상법의 형성 과정과 특징 – 한국 관련 FTA를 중심으로, 법학연구 제25집 제2호 (2022) p. 3; 김민정, 디지털통상 규범 발전과 통상법 쟁점 연구, 통상법무정책 제1호 (2021), p. 62.

이로써 블록체인, 클라우드 컴퓨팅, 5G 등 고도화된 네트워크 기반의 디지털 무역이 더욱 활성화되고, 특히 데이터의 국제 이동이 확대될 전망이다.

2. '디지털 무역'의 정의 및 그 적용 범위

디지털 무역'은 온라인을 통한 상품 거래뿐 아니라 소셜미디어, 스트리밍 서비스, 검색엔진 등 인터넷 플랫폼을 통한 데이터의 국제 이동까지 포함하는 개념이다.[19] 과거에는 '전자상거래(e-commerce)'라는 용어가 사용되었으나, 최근에는 '디지털 무역'으로 대체되고 있다. 전자상거래가 거래의 일부만 전자적으로 진행되고 나머지는 물리적으로 이루어지는 경우에 주로 사용되었다면, 디지털 무역은 데이터 등 디지털 제품의 거래까지 포괄한다.[20] 그렇다면 지역무역협정의 디지털 무역 챕터 및 디지털무역협정이 다루는 적용 범위는 무엇인가?

이는 전자상거래, 디지털 제품 거래, 온라인 서비스 등 세 가지로 나눌 수 있다. 이러한 협정은 전자적 수단에 의한 무역에 영향을 미치는 조치에 적용되며, 미국·캐나다·멕시코 협정(Agreement between the United States of America, Mexico, and Canada: USMCA), 한국-싱가포르 디지털동반자협정(Korea-Singapore Digital Partnership Agreement: KSDPA), '미국-일본 디지털무역협정(Agreement Between the United States of America and Japan Concerning Digital Trade: USJDTA)' 등도 이와 유사하게 규정하고 있다.[21] 따라서 인터넷 주문 후 물리적 배송이 이루어지는 상품 거래뿐 아니라, 전자책, 다운로드 가능한 영화·음악 등의 디지털 제품 거래, 온라인으로 제공되는 서비스도 모두 포함된다.[22]

결국 디지털 무역은 거래 방식이 전자적인 경우뿐 아니라, 거래 대상 자체가 디지털 형태인 경우도 포함하는 개념이다.

---

19) 박영훈, 글로벌 디지털 통상규범 논의 동향 및 주요국 입장, Kotra Global Market Report 20-003 (2020), p. 4.

20) 정찬모, *op. cit.*, p. 4.

21) USMCA 제19.2조 제 2 항에서는 다음과 같이 규정하고 있다.
'This Chapter applies to measures adopted or maintained by a Party that affect trade by electronic means.'
KSDPA와 USJDTA도 이와 유사한 형태로 규정하고 있다. KSDPA 제14.2조; USJDTA 제 2 조 제 1 항.

22) 산업통상자원부·산업연구원·KTNET, 디지털 통상 참고자료집(2023년 2월), p. 3; OECD·WTO·IMF, Handbook on Measuring Digital Trade(2020), pp. 33-40.

(1) '디지털 무역'의 주요 거래 대상인 '디지털 제품'에 대한 정의 및 그 특성

앞서 언급한 대로, 앞서 언급했듯이, 전자책, 다운로드 가능한 영화 · 음악 등 '디지털 제품'은 지역무역협정의 디지털 무역 챕터 및 디지털무역협정의 적용 대상이다. 디지털 제품은 비트와 바이트로 구성되며, Kariyawasam은 이를 '전자적 무형물(electronic intangibles)'이자 '이진 코드의 조합'으로 정의한다.[23)][24)] 기존에는 책, DVD, LP, CD 소프트웨어 등 콘텐츠가 물리적 매체로 유통되어 '상품(goods)'으로 분류되었으나, 최근에는 인터넷을 통해 전자적으로 제공되며 일반적으로 '디지털 제품'으로 불린다. USMCA와 KSDPA는 디지털 제품을 '디지털 방식으로 부호화되고 상업적 판매나 배포를 목적으로 제작되어 전자적으로 전송 가능한 컴퓨터 프로그램, 문자열, 동영상, 이미지, 녹음물 등'으로 정의한다.[25)]

(2) '디지털 제품'의 구성요소인 '데이터'의 특성

일반적으로 데이터는 '디지털 형태의 정보'를 말한다. 데이터를 기반으로 가치를 창출할 수 있게 되었고, 그 가치를 극대화하기 위해 데이터의 국경 간 이동은 불가피해졌다. 디지털 기술의 발달로 기존의 유형(tangible)의 물건과 서비스가 디지털화된 형태로 거래되거나 제공되는 등 상품·서비스 무역의 거래 대상과 거래 방식에 근본적 변화가 나타나고 있다. 그리고 유형의 상품 거래를 대상으로 하는 상품 무역과 서비스 무역의 공급 형태에 포함하기 곤란한 거래도 존재하는데, 그 중심에 데이터가 존재한다고 볼 수 있다.[26)]

상품과 데이터는 보유 권리에서 근본적 차이가 있다. 이를 서적 구매 사례로 살펴볼 수 있다. 서적은 서면 형태나 파일 형태(전자책 · 오디오북)로 구매할 수 있는데, 형태에 따라 구매 과정과 보유 권리에 차이가 생긴다. 서면 형태로 구매하면 물리적 실체를 가진 책이 운송수단을 통해 이동하고, 소비자는 이를 배타적으로

---

23) Ines Willemyns, Digital Services in International Trade Law (Cambridge, 2021), p. 11.

24) Rohan Kariyawasam, International Economic Law and the Digital Divide: A New Silk Road? (Edward Elgar Publishing, 2007), pp. 70-71.

25) USMCA 제19.1조와 KSDPA 제14.1조. 한편, '이머니(e-money)'와 같이 디지털화된 금융 상품은 여기에 포함되지 않는다. KSDPA 제14.1조의 각주 14-1.

26) WTO GATS 및 지역무역협정은 '서비스'에 대한 개념을 정의하고 있지 않고, 서비스 공급(제공) 형태(국경 간 서비스의 이동, 서비스 수요자의 이동, 자연인의 주재, 상업적 주재)로 구분하여 정의하는 방식을 택하고 있다.

소유하게 된다. 반면, 파일 형태로 구매하면 온라인상에서 거래계약이 체결되고 전자적 형태로 파일이 전송되나, 구매자가 이를 배타적으로 소유한다고 보기 어렵다. 물건에는 배타적 소유권이 인정되지만, 파일(데이터)은 비가시성, 관리의 어려움, 비배타성 등으로 물건으로 보기 어렵다.[27] 소유권은 본질적으로 '다른 사람을 배제하는 배타성'을 가지지만, 전자적 파일은 동일한 내용·형식으로 복제되어 여러 사람이 동시에 보유할 수 있어 타인의 소유를 배제하기 어렵다.

따라서 '데이터'는 물건으로 보기 어려운 속성을 지녀 상품(물리적 실체를 가진 것)이나 서비스(사람의 용역)와 구별되며, 모든 데이터가 지식재산물로 보호되는 것도 아니므로, '상품', '서비스', '무역 관련 지식재산권'과 같은 기존 국제 통상 규범상의 교역 대상 구분과 별도로 '데이터'를 새로운 구분 기준으로 인정할 필요가 있다. 즉 '무역의 새로운 대상'으로서 데이터를 인정하고, 데이터의 특유한 권리관계를 포함한 통상규범을 마련할 필요가 있다.[28]

[그림 6-1] 디지털 시대의 의료산업에서 나타난 거래의 변화

거래 방법 \ 거래 대상	상품	서비스	데이터
거래 대상의 직접 이동 (실물 수령, 대면 접촉 등)	• 의료서적	• 환자의 이동에 의한 의료서비스 소비(의료관광), 의료인의 이동에 의한 의료서비스 제공	-
디지털 방식을 이용한 주문	• 의료서적	• 소비 및 제공	• 의료 데이터 (분야별 소비성향 분석 데이터 등)
디지털(전자) 형태로 제공	• 의료분야 전자책	• 원격 진료	

※ 전자상거래 + 데이터 무역 = 디지털 무역

※ 원격진료의 경우, 제공 방식에 따라 서비스 무역 및 데이터 무역의 속성을 모두 갖는 것으로 이해된다.

27) 우리나라 「민법」 제98조는 물건을 '유체물 및 전기 기타 관리할 수 있는 자연력'으로 정의하고 있다.

28) 데이터 거래 시 블록체인 기술을 적용하는 경우, 데이터의 원 보유자 및 거래 당사자에 관한 기록이 노드에 남게 되므로 데이터에 대한 권리를 확인할 수 있게 된다는 점에서 데이터의 비배타성

3. 지역무역협정상 '데이터 무역' 규범과 관련한 주요 쟁점

(1) 데이터에 대한 관세(무관세화)

데이터 또는 전자적 전송물에 관세를 부과할 필요성에 대한 국제 논의는 계속되고 있다. 데이터는 무형의 교역 대상으로 수량화가 어려워 기존 상품·서비스 무역의 관세 부과 방식과 차이가 있을 수 있다.

WTO 일반이사회는 데이터에 대해 한시적으로 무관세 조치를 시행하기로 결정했고, 이를 현재까지 유지하고 있다. 1998년 미국이 전자상거래 무관세화를 제안한 이후, 같은 해 제2차 각료회의에서 '글로벌 전자상거래 선언'을 채택하며 무관세 관행이 시작되었다. 이후 2017년 제11차 각료회의, 2019년 제12차 각료회의 등에서 2년마다 무관세 유지 여부를 결정하며 지금까지 이 관행을 이어오고 있다. 물론, 이러한 관행은 국가 간 정치적인 약속으로 WTO체제에서 법적 구속력을 가지지 않는 것으로 이해된다.[29] '뉴질랜드-칠레-싱가포르 디지털경제동반자협정(Digital Economy Partnership Agreement, DEPA)', USJDTA, '포괄적·점진적 환태평양동반자협정(Comprehensive and Progressive Agreement for Trans-Pacific Partnership: CPTPP)' 등 최근 체결된 지역무역협정은 데이터 무역과 관련하여 데이터의 무관세를 핵심 원칙으로 도입하고 있다.[30]

데이터와 관련한 무관세 관행에 대한 국가별 이견이 존재하는 상황에서 국가들이 해당 관행을 보편적으로 받아들이고 궁극적으로 통상규범으로 발전시킬 수 있는지는 다소 불명확하다. 인도와 남아프리카공화국 등 개발도상국은 관세수입 감소를 우려해 데이터 무관세 관행의 재검토를 요구하고 있다.[31]

(2) 디지털세 도입

데이터 무역과 관련하여 공급자는 매출 발생처에 반드시 물리적 사무소를 갖

을 어느 정도 보완할 수 있을 것으로 보인다.

29) Kariyawasam, *op. cit.*, p. 133.

30) CPTPP제14.3조 제 1 항; DEPA 제3.2조 제 1 항; USJDTA 제 7 조. KSDPA 제14.5조 제 1 항 및 USMCA 제19.3조 제 1 항 참조.

31) WTO Work Programme on Electronic Commerce, The E-Commerce Moratorium and Implications for Developing Countries, Communication from India and South Africa, WT/GC/W/774 (June 4, 2019).

고 있지 않아도 된다. 온라인을 통해 발생한 매출(소득)이 실제 구매가 이루어진 국가로 귀속되지 않고, 본사 또는 주된 사무소가 설립된 국가로 귀속될 수 있는데, 이에 매출 발생지에서 과세가 부과되지 않는 경우가 발생할 수 있다. 2022년 구글의 국내 앱마켓 실적은 약 6조 원으로 추산되었으나, 해당 매출은 서비스를 제공한 싱가포르 법인 구글아시아퍼시픽에 귀속되어 우리나라 매출에 포함되지 않았고, 결국 법인세도 징수되지 못했다.[32)]

디지털 무역은 조세회피 문제를 초래할 수 있으며, 이는 국가 재정 악화로 이어질 수 있다. 이를 해결하기 위해 다국적 디지털 기업의 수익에 대해 본사 소재국 세금 외에 실제 매출 발생국에서도 세금을 부과하는 '디지털세(Digital Tax)' 도입 논의가 확대되고 있다. OECD는 G20과 협력하여 2016년 6월 115개국 이상이 참여하는 'OECD 포괄체계(OECD/G20 Inclusive Framework on Base Erosion and Profit Shifting)'를 구성해 국제조세개혁을 추진하고 있다.[33)]

KSDPA, USMCA 등 지역무역협정은 전자적으로 전송되는 '디지털 제품' 또는 콘텐츠에 대한 내국세 또는 기타 부과금을 부과하는 것을 금지하지 않고 있다.[34)] 그러나 이 과정에서 기업이 설립지국의법령에 따라 소득에 대해 법인세를 납부하고, 해당 소득이 발생한 국가에 법인세를 다시 납부하는 이중과세 문제가 발생할 수 있다. 물론, 법인세는 내국세이므로 그 부과 기준 마련 및 부과 여부가 국가의 주권에 해당한다고도 볼 수 있겠으나 국가별 다른 조세제도는 국내기업과 해외기업간 차별적 대우를 초래할 수 있고, 국가 간 법인세 부과 기준의 차이 또는 불투명성은 또 다른 무역장벽을 형성할 수 있음을 유의할 필요가 있다.

(3) 데이터 이전의 자유

지역무역협정상 데이터 무역 규범의 핵심 원칙 중 하나는 데이터 이전의 자유 보장이다. 예를 들어, USMCA는 '사업 수행'을 목적으로 하는 경우 전자적 수단을 통한 개인정보 등 정보의 국경 간 이전을 금지하거나 제한해서는 안 된다고 규정하고 있다.[35)] 이처럼 사업 수행 목적이 해당 규정 합치성 판단의 중요한 기준이

32) 신채연, 김영식 의원 "구글코리아, 매출 실적서 앱마켓 수수료 제외", SBS Biz (2023년 4월 14일).

33) OECD, 138 Countries and Jurisdictions Agree Historic Milestone to Implement Global Tax Deal (Jul. 12, 2023).

34) KSDPA 제14.5조, USMCA 제19.3조 제 2 항.

된다. 다만, 사업 수행 목적의 데이터 이전이라 하더라도, 당사국은 '정당한 공공정책 목적'을 달성하기 위해 필요한 경우 제한을 허용한다. 단, 이러한 조치는 자의적·부당한 차별이나 무역에 대한 위장된 제한 수단으로 적용되어서는 안 되며, 목적 달성에 필요한 범위를 넘어서는 제한도 허용되지 않는다.[36] 이와 같은 요건 충족 여부가 규정 합치성 판단의 기준이 된다.

이러한 기준은 국제경제법상 GATT 제XX조 일반적 예외 및 TBT협정 제 2 조 제 2 항의 불필요한 무역제한 금지의무와 유사하다. GATT 제XX조는 차별이나 위장된 제한으로 적용되지 않는 한 예외조치를 허용하며, TBT협정 제 2 조 제 2 항은 기술규정이 정당한 목적 달성을 위해 필요한 범위를 넘지 않도록 요구한다. TBT협정 제 2 조 제 2 항 위반 판단은 (1) 정당한 목적 달성 여부, (2) 필요 이상으로 무역 제한적인지 여부로 나뉘며, 후자에 대해 EU-Seal Products 사건에서의 패널은 목적 달성 기여 수준과 덜 제한적인 대안 가능성을 검토하였다. 이는 GATT 제XX조 (a), (b), (d)호의 '필요성' 요건 분석과 동일하다. 다만 WTO에서는 GATT 제XX조와 TBT협정 제 2 조 제 2 항 요건 불충족으로 정당화되지 못하는 경우가 대부분이어서 실제 적용은 매우 엄격하다.

한편, 중국 주도의 RCEP은 '정당한 공공정책 목표' 달성을 위해 '당사자가 필요하다고 간주하는' 조치를 금지할 수 없다고 규정하며, 주 14에서 그 필요성 판단이 당사자에 의해 결정됨을 확인하고 있다.[37] 이는 당사국에 자기 판단권을 부여하여 예외 인정 범위를 넓히려는 취지로 보인다. 하지만, 이러한 폭넓은 인정은 규범 실효성을 약화시킬 우려가 있다.

(4) 컴퓨터 설비의 위치: '데이터 현지화' 금지

'데이터 현지화(data localization)' 조치는 정보 처리 및 저장을 위한 컴퓨터 설비를 특정 국가 내에 두거나, 해당 국가의 설비 이용을 강제하는 것을 말한다. 중

35) USMCA 제19.11조 제 1 항. KSDPA 제14.14조 제 2 항; USJDTA 제11.1조; RCEP 제12.15조 제 2 항; CPTPP 제14.11조 제 2 항 참조. 그리고 DEPA 제4.3조 제 2 항에서는 이와 유사하거나 사실상 동일한 규정을 도입하고 있다.

36) USMCA 제19.11조 제 2 항; KSDPA 제14.14조 제 3 항; CPTPP 제14.11.3조; USJDTA 제11.2조; DEPA 제4.3.3조.

37) RCEP 제12.15조 제 3 항.

국, 프랑스, 독일 등은 핵심 정보 기반 시설 등 중요 데이터 시설을 자국 내 설치하도록 의무화하고 있다. 예를 들어, 프랑스는 2021년 5월 발표한 '국가 클라우드 전략'에서 개인정보 보호와 보안을 위해 클라우드 공급자가 유럽 내에 기반 시설을 두고 시스템을 운영하도록 요구하고 있다. 그러나 국가마다 별도의 데이터 저장 센터 등을 구축해야 한다면 기업에 상당한 비용 부담이 발생하고, 이는 또 다른 무역장벽이 될 수 있다. 이에 따라 CPTPP, USMCA 등 지역무역협정에서는 데이터 현지화 조치를 원칙적으로 금지하는 조항을 두고 있다.[38)]

미국 주도의 USMCA와 USJDTA는 데이터 현지화 금지 원칙에 대한 예외 규정을 도입하고 있지 않는 반면, 중국 주도의 RCEP에서는 당사국에게 정당한 공공정책 이행의 필요성에 대한 자기 판단을 허용하고 있어 데이터 현지화 금지 원칙에 합치되지 않는 조치의 정당성을 최대한 확보하고자 하는 것으로 보인다.[39)]

(5) 데이터의 보호

(가) 개인정보 보호

개인정보는 거래 상대방을 확인하고 계약이행을 위해 필수적으로 제공되는 정보이며, 빅데이터 및 인공지능 기술의 발전, 맞춤형 정보의 제공 등 서비스의 질적 향상 등을 위한 주요 자료로서 그 자체로 거래 대상이 될 수 있다. USMCA 등 지역무역협정에서는 사업 수행을 위한 경우 개인정보의 국경 간 이전을 제한하거나 금지하지 않고 있다.[40)]

개인정보를 보호 수준이 높은 국가에서 낮은 국가로 이전하면 보호 약화 문제가 발생할 수 있고, 반대로 낮은 국가에서 높은 국가로 이전할 경우 보호 수준 차이가 무역장벽이 될 수 있다. 이에 USMCA 등 지역무역협정에서는 디지털 무역에서의 소비자 신뢰 보장 및 디지털 무역 이용자의 개인정보 보호를 위한 국내 법

---

38) CPTPP 제14.13조, USMCA 제19.12조. KSDPA 제14.15조 제 2 항, RCEP 제12.14조 제 2 항, USJDTA 제12조 제 1 항, DEPA 제4.4조 제 2 항 참조. USJDTA의 경우, 컴퓨터 설비 현지화 금지 원칙을 금융 분야에까지 확대 적용하고 있다. USJDTA 제13조.

39) USMCA 제19.12조; USJDTA 제12조. 한편, USJDTA의 경우, 제 3 조 일반적 예외와 제 4 조 안보 예외, 제 5 조 금융·환율 정책 예외 및 제 6 조 조세 예외 규정에 따라 현지화 금지 원칙에 대한 예외를 주장할 수 있을 것으로 보인다.

40) USMCA 제19.11조. KSDPA 제14.14조, RCEP 제12.8조, USJDTA 제11조, DEPA 제4.3조 참조.

제 마련 또는 유지 의무를 부과하고 있다.[41] 지역무역협정 당사국들이 아시아태평양 경제협력체(Asia-Pacific Economic Cooperation: APEC) 회원국인 경우, '국경 간 개인정보 보호 규칙'(Cross Border Privacy Rules: CBPR) 및 이와 유사한 방안을 채택하는 것을 장려하고 있다.[42] 다만, 지역무역협정상 개인정보 보호 규정은 '디지털 무역 이용자' 또는 '전자거래를 수행하는 자'의 개인정보를 보호 대상으로 하고 있는데, 거래의 목적물인 데이터에 개인정보가 포함된 경우에 대해서도 해당 규정이 적용되는지는 불명확하다.

(나) 소스코드 등 요구 금지

소스코드(source code)는 공개되지 않은 '인간이 판독 가능한 프로그램 명령어'로, 독립적 경제적 가치를 지닌 영업비밀에 해당한다. 과거 중국이 정보기술 제품 강제 인증제도를 통해 외국 기업에 소스코드 제공을 요구하면서 기술 유출 우려가 제기되었다.[43] 이에 우리나라는 WTO TBT위원회 협의를 통해 중국으로부터 소스코드 요구 철회를 이끌어냈다. 소스코드 요구는 기업의 해외 진출을 저해하고 무역장벽이 될 수 있다.[44]

지역무역협정은 소프트웨어의 수입 · 유통 · 판매 · 이용을 조건으로 소스코드와 알고리즘의 이전이나 접근 요구를 금지한다.[45] 다만, 수사나 사법 · 행정 절차 등을 위해 소스코드를 요구하는 것은 허용된다.

소스코드 요구 금지는 2010년 TPP 전자상거래 논의에서 처음 다뤄졌고, 2013년 일본-몽골 경제동반자협정에서 처음 명시되었다.[46] 소스코드는 저작권 ·

---

41) KSDPA 제14.14조 및 제14.17조, USMCA 제19.8조, USJDTA 제15조, DEPA 제4.2조.

42) APEC은 2011년 호놀룰루 제23차 APEC 합동 각료회의에서 전자상거래 활성화, 통상 및 경제 성장, 소비자 프라이버시 강화, 정보 흐름 원활화를 위해 기업을 적용 대상으로 하는 CBPR을 마련하였다. 기업이 CBPR 인증(APEC 기준의 개인정보 보호 체계를 갖춤을 인증)을 받아 무역을 하기 위해서는 국가가 CBPR에 참여해야 한다. 현재 최초 참여국인 미국 외에 멕시코, 일본, 캐나다, 싱가포르, 오스트리아, 대만, 우리나라 등이 참여 중이며, 우리나라에서는 현재 10개 기업이 CBPR 인증을 받았다. https://www.apec.org/About-Us/About-APEC/Fact-Sheets/What-is-the-Cross- Border-Privacy-Rules-System.

43) 최한성, 중국 소스코드 공개제, 대응책 마련해야, 보안뉴스 (2009년 4월 27일); 김수현, 중국, IT 기업 소스코드 제출 의무화 … '노골적 검열' 논란, 조선일보 (2015년 2월 1일).

44) 변상근, "中, 우리 기업에 소스코드 요구 안 한다" … WTO TBT위원회서 15건 규제 개선, 전자신문 (2019년 11월 17일).

45) KSDPA 제14.19조, USMCA 제19.16조 등.

특허권과 달리 공개 없이 자산으로 보호받는 성격이 강하다.

4. 디지털 무역의 확산과 다자 협력의 필요성

오늘날 인공지능, 가상자산, 블록체인, 클라우드의 발전으로 데이터 형태의 제품 거래가 더욱 활발해지고 있다. 인터넷 주문 후 배송되는 상품(전자상거래)은 물론, 다운로드 가능한 영화·음악 등 디지털 제품과 온라인 서비스까지 국제교역 대상이 확대되면서 디지털 무역과 데이터 개념 및 특성에 대한 이해가 절실하다.

우리나라는 디지털 기술 강국으로서 지역무역협정 내 디지털 무역 규범 형성에 적극 참여할 필요가 있다.[47] 다만, 여러 국가와의 동시다발적 협정 체결은 절차와 규정의 복잡성으로 활용률이 저하되는 '스파게티볼 효과'를 초래할 수 있다. 이에 따라 WTO 논의 활성화 등 다자적이고 통합된 네트워크 구축 방안이 필요하다.

제 3 절 수출통제제도

1. 기술에 대한 수출통제의 개념과 목적

(1) 기술에 대한 수출통제의 개념

기술에 대한 수출통제는 국가가 보유한 첨단 전략기술의 국외 이전을 통제함으로써 자국의 안보와 경제 이익을 보호하고자 하는 제도이다. 과거의 수출통제가 주로 무기나 대량살상무기 등 군수품에 국한되었다면, 현대에는 인공지능(AI), 반도체, 클라우드, 바이오기술 등 민간 분야에서 개발된 기술들이 군사적 용도로 전용될 수 있는 이중용도(dual-use)성을 갖게 됨에 따라, 기술 자체가 통제 대상이 되고 있다.

기술의 이전은 단순한 물리적 물품 수출뿐 아니라, 이메일, 온라인 전송, 클

46) 일본-몽골 경제동반자협정 제9.11조.

47) 우리나라는 2023년 OECD 및 UN 전자정부(디지털 정부) 순위에서 1위를 하였고, 공공데이터 개방 순위에서도 1위를 차지하였다. 또한, 인공지능 거대언어모델을 보유하고 있는 세계 4대 국가 중 하나에 해당하는 등 공공 및 민간 부분에서 높은 디지털 수준을 보이고 있다. 특히, 2011년 「개인정보 보호법」, 2010년 「공공데이터법」, 2020년 「데이터 기반 행정 활성화법」, 2021년 「데이터 산업진흥 및 이용 촉진에 관한 기본법」 등을 제정하는 등 데이터 중심의 법제도 및 관련 정책을 적극 추진하고 있다.

라우드 저장, 공동연구, 기술 교육 등을 통해서도 이뤄질 수 있기 때문에 기존의 물리적 통제를 넘어서는 광범위한 관리 체계가 필요해지고 있다. 오늘날 미국은 중국의 급격한 과학기술 성장을 국가안보 및 기술 패권에 대한 위협으로 간주하고, 기술에 대한 수출통제를 강화하고 있다.

(2) 기술에 대한 수출통제의 목적

오늘날 기술에 대한 수출통제를 강화하는 미국을 통해 그 통제의 목적을 확인할 수 있다. 첫째는 국가안보의 확보이고, 둘째는 첨단기술 분야에서의 패권 유지 및 경제적 우위 확보이며, 셋째는 외교적 제재 수단으로의 활용이다.

첫째, 기술 수출통제는 본질적으로 자국의 안보를 지키기 위한 수단으로 기능한다. 특히 군사적으로 전용될 수 있는 이중용도 기술은 적대국의 무기체계 개발 및 군사력 증강으로 직결될 수 있으므로 통제의 주요 대상이 된다. 미국은 이러한 수출통제 조치의 국제법적 정당성을 확보하기 위해 GATT 제XXI조의 국가안보 예외 조항을 근거로 제시하고 있다.

둘째, 미국은 반도체, 인공지능(AI), 우주항공, 로봇 등 핵심기술 분야에서의 기술격차를 유지하고, 이를 통해 세계 시장에서 지배적인 위치를 확보하려는 전략적 목표를 지닌다. 이러한 목표는 단순한 경제적 이익의 차원을 넘어, 국제 산업 질서에서 주도권을 지속적으로 유지하려는 의도를 내포하고 있다. 특히 중국이 이러한 기술 분야에서 미국의 위상을 위협하는 전략적 경쟁자로 부상하면서, 미국은 기술 수출통제를 자국 기술우위의 핵심 방어 수단으로 삼고 있다.

셋째, 기술 수출통제는 미국의 대외정책에서 외교적 제재의 수단으로 활용되기도 한다. 예컨대 2022년 러시아가 우크라이나를 침공한 이후, 미국은 러시아에 대해 대규모 기술 수출 제한 조치를 발동하였다.[48] 이러한 조치는 러시아의 산업 기반과 군사적 역량을 약화시키기 위한 전략적 선택으로서, 기술 수출통제가 단순한 경제적 조치를 넘어 외교정책의 연장선에서 기능하고 있음을 보여준다.

---

48) Paresh Dave & Jeffrey Dastin, Explainer: The New U.S. Export Rules Designed to Freeze Russian Tech, Reuters (Feb. 25, 2022).

(3) 통제 대상: 상품이 아닌 '기술'

기술 수출통제의 가장 큰 특징은 통제 대상이 물리적 상품(product)이 아니라 무형의 '기술(technology)'이라는 점이다. 이는 설계도, 소스코드, 제조공정, 알고리즘 등 비물질적 형태를 지닌 정보를 포함하며, 전자적 전송이나 구두 설명 등 다양한 방식으로 전달될 수 있다. 미국 '수출관리규정(Export Administration Regulation, EAR)은 기술이란 특정 제품의 개발, 생산, 사용에 필수적인 구체적인 정보를 의미하며, 이 정보는 기술 데이터(technical data) 또는 기술 지원(technical assistance)의 형태로 존재할 수 있다고 정의하고 있다.[49)]

이러한 기술이 민간용으로 개발되었더라도 군사적 용도로 전용될 가능성이 있다면, 이중용도 기술로 분류되어 수출이 제한될 수 있다. 상무부 관리 품목에 분류된 대표적인 예가 반도체, 고감도 적외선 카메라, 암호화 통신장비 등이며, 이들 기술은 경제성뿐 아니라 전략적 가치가 크기 때문에 주요 통제 대상이 되고 있다.

2. 미국의 기술 수출통제 제도

(1) 트럼프 1기 행정부

트럼프 1기 행정부는 수출통제 정책의 기틀을 마련한 정부로 평가된다. 2018년에는 수출통제개혁법(Export Control Reform Act, ECRA)을 제정하여, 대통령에게 수출통제 관련 권한을 영구적으로 위임하였고, 통제 대상 기술을 '신흥·기반기술(emerging and foundational technology)'로 확대하였다. 이에는 인공지능, 극초음속 기술, 바이오 기술 등 전략적 중요성이 높은 14개 분야가 포함되었다.

2018년 트럼프 행정부는 Huawei와 ZTE 등 중국 기업들을 미국의 국가안보를 위협하는 대상으로 지정하고, 연방정부 및 정부 계약업체가 해당 기업의 장비를 사용하는 것을 금지하는 조치를 도입하며 이들 기업에 대한 미국 기술의 제공을 제한하였다.[50)] 2020년 5월 미국 상무부는 외국직접생산품규칙(Foreign Direct Product Rule: FDPR)을 개정하여 화웨이 제재를 더욱더 강화하였다.[51)] FDPR은 외국

49) U.S. Department of Commerce, Export Administration Regulations (EAR), Part 772 - Definitions of Terms.

50) Lily Kuo & Sabrina Siddiqui, Huawei Hits Back over Trump's National Emergency on Telecoms 'Threat', The Guardian (May 16, 2019).

51) 이효영, 트럼프 2기 행정부의 기술통상 정책 전망과 시사점, Institute of Foreign Affairs &

기업이 미국의 기술, 소프트웨어, 장비 등을 이용해 미국 외에서 생산한 품목이라 하더라도, 해당 품목이 '우려거래자목록(Entity List)'에 등재된 기업과 거래되지 못하도록 금지하는 규정이다.[52] 즉 미국 기술을 활용하여 만든 제3국 기업의 제품인 경우에도 미국 수출통제의 적용을 받도록 하는 '역외적용 조치(extraterritorial application)'가 가능해졌다. 제3국 기업의 공급망까지 규율함으로써 미국의 기술 패권을 강화하게 된 것이다. 이 시기의 정책은 독자적인 미국 중심의 통제를 강화하려는 성격이 강했으며, 기술의 해외 유출을 차단하기 위한 선제적 차단 전략에 기반하였다.

(2) 바이든 행정부

바이든 행정부는 트럼프 행정부의 정책 기조를 유지하면서도 더욱 정교하고 강력한 수출통제 체계를 구축하였다. 2022년 이후 바이든 행정부도 EAR을 개정하고, 중국의 첨단 반도체 생산능력을 제한하기 위해 반도체 제조 장비에 대한 수출통제 강화 조치를 시행하였다.[53] 그리고 FDPR이 중국 전체 기업 및 기관, 특히 AI 및 고성능 컴퓨팅 관련 산업 전반에 확대 적용되었다.

바이든 행정부는 무기 거래 중지 국가들(이른바 D:5 국가군)에 대해서는 미국산 기술이나 제품의 수출을 원칙적으로 허가하지 않는다는 기준을 적용하였다. 이들 국가에 다른 나라를 거쳐 우회적으로 수출하는 것을 막기 위해, HBM 반도체와 관련된 장비에 대해서는 미국 기술이 조금이라도 들어갔다면 미국 수출규제의 적용을 받도록 하였다.[54] 즉 제3국을 통한 반도체 제조 장비의 중국 우회수출을 원칙적으로 봉쇄하였다.

한편, 동맹국에게는 '수출통제시행국(Implemented Export Control, IEC)'이라는 지위를 부여함으로써, 미국과 유사한 수준의 통제 체계를 갖춘 국가에는 FDPR의 적용을 면제해 주는 방식을 도입하였다.[55] 그리고 IEC로 인정받지 못해 FDPR 적

National Security 주요국제문제분석 2025-7 (2025년 3월 26일), pp. 4-5.

52) 트럼프 1기 행정부는 수출통제를 효과적으로 집행하기 위해 다수의 중국 기업을 '우려거래자목록(Entity List)'에 등재하였다.

53) Stephen Nellis, Karen Freifeld & Alexandra Alper, U.S. Aims to Hobble China's Chip Industry with Sweeping New Export Rules, Reuters (Oct. 10, 2022).

54) 이효영, *op. cit.*, p. 7.

55) Department of Commerce, Bureau of Industry and Security, 15 CFR Part 740 [Docket No.

용의 면제 대상이 아니더라도, 한국 등 국가그룹 A에 속한 국가의 경우에는 미국 정부에 수출 허가를 신청하면 '승인추정 원칙'에 따라 수출이 허가될 수 있도록 하였다.

2025년 1월에는 AI 반도체 수출을 차등적으로 제한하는 '임시최종규칙(Interim Final Rule, IFR)' 이른바 'AI Diffusion Rule'을 발표하였다. 미국은 전 세계 국가를 3개 등급(tiered system)으로 나누고, 중국을 포함한 Tier 3 국가에는 수출을 전면 금지하였으며, 한국 등 동맹국인 Tier 1 국가에는 제한 없이 반도체 수출을 허용하였다.[56)]

(3) 트럼프 2기 행정부

2025년 출범한 트럼프 2기 행정부는 바이든 행정부 시기의 강경한 대중국 기술 수출통제 정책을 대부분 계승하면서도, 상황에 따라 일부 조치를 완화하는 유연한 전략을 채택하고 있다. 특히, AI 반도체 및 고성능 연산 장치에 대해 선택적으로 수출을 허용하거나 통제를 유예하는 움직임을 보이고 있다. 엔비디아(Nvidia)의 고성능 AI 칩인 H20의 경우, 이전에는 수출 승인이 지연되었으나, 트럼프 행정부는 이와 관련한 중국을 대상으로 하는 수출제한을 완화하였다.[57)]

이러한 조치는 단순한 규제 후퇴가 아니라, 국가안보와 산업경쟁력 간 균형을 고려한 전략적 접근으로 보아야 한다. 트럼프 정부는 AI 기술이 핵심 산업인 동시에 안보 자산이라는 점을 인식하고, 기술기업의 해외 진출을 지원하면서도 핵심 기술의 중국 이전은 차단하려는 기조를 유지하고 있다. 이와 같은 흐름은 트럼프 행정부가 바이든 행정부의 'AI Diffusion Rule'을 폐지하고, 정부 간 직접 협정을 통해 지원하는 글로벌 라이선싱(licensing) 체계에 중점을 두는 새로운 글로벌 전략을 구상하고 있음을 보여준다.[58)]

동시에, 무역 협상의 지렛대로 기술 수출통제를 활용하는 경향도 강화되고

240917-0241], RIN 0694-AJ89.

56) 이효영, *op. cit.*, p. 8.

57) Liam Mo, Brenda Goh and Karen Freifeld, Exclusive: Nvidia Orders 300,000 H20 Chips from TSMC due to Robust China Demand, Sources Say, Reuters (Jul. 29, 2025).

58) Trump Admin Scraps Biden-era AI Chip Export Curbs, Vows New Global Strategy to Counter China, The Economic Times (May 14, 2025).

있다. 미국은 중국과의 무역 협상에서 희토류 수출 허용과 같은 양보를 이끌어내기 위해 AI 칩 수출 제한을 유예하거나 조정하는 등 실리 중심의 접근을 하고 있다. 이는 기술 수출통제가 단순한 안보 수단을 넘어 외교 및 경제 협상의 수단으로 기능하고 있음을 보여준다.59)

한편, 트럼프 행정부는 불법 반출에 대한 형사 대응도 강화하고 있다. 최근에는 미국에 거주 중이던 중국 국적자들이 엔비디아의 고성능 AI 칩을 싱가포르, 말레이시아 등을 거쳐 중국으로 밀수하려다 기소된 사건이 발생하였다. 이는 기술통제가 실제 범죄 수사와 처벌로도 이어지고 있음을 보여준다.60)

결론적으로, 트럼프 행정부 2기의 기술 수출통제 정책은 기존의 안보 중심 통제를 유지하면서도, 일부 유연한 조정을 통해 산업계의 요구를 반영하고 외교 협상력을 강화하려는 특징을 가진다. 그러나 정책의 일관성과 국제법적 정당성 측면에서는 여전히 많은 과제가 남아 있다.

3. 미국의 기술 수출통제와 WTO 규범

(1) WTO 규범과의 합치성

최근 US-Semiconductor 사건에서 중국은 미국의 반도체 관련 수출통제조치가 GATT와 TRIPS협정에 위반된다며 WTO에 제소하였는데, 여러 가지 법적 쟁점을 야기한다.61) 우선 FDPR이 중국 기업에만 광범위하게 적용되고, 나아가 제3국 기업과의 거래까지 제한하는 구조는 GATT 제 I 조(최혜국대우) 원칙과의 충돌 소지가 있다. 특정 회원국에만 불리한 대우를 부여하는 것은 원칙적으로 금지되며, 미국이 이를 국가안보 예외로 정당화하지 못한다면 위반이 될 가능성이 높다. 또한, FDPR은 상품의 수출을 전면적으로 제한하는 효과를 가지므로, 모든 형태의 수출금지 · 제한을 금지하는 GATT 제XI조 제 1 항과의 합치 여부도 문제된다. 더 나아가, FDPR은 교역 대상이 유형의 상품이 아니라 무형의 '기술'이라는 점에서 TRIPS

59) Demetri Sevastopulo, Donald Trump Freezes Export Controls to Secure Trade Deal with China, Financial Times (Jul. 28, 2025).

60) Taylor Herzlich, Chinese Nationals Living in US Charged with Smuggling Millions Worth of Nvidia's Powerful AI Chips to Beijing, New York Post (Aug. 5, 2025).

61) Request for Consultation by China, United States–Measures on Certain Semiconductor and Other Products, and Related Services and Technologies WT/DS615/1/Rev.1/Add.2 (Jan. 10, 2025).

협정 제28조와의 관계도 논란이 될 수 있다. 제28조는 특허권자에게 해당 기술의 생산·사용·판매·수출을 독점적으로 허용할 권리를 보장하므로, FDPR로 인해 특허권자가 중국으로 기술을 수출할 권리가 제한된다면 이는 제28조의 침해에 해당될 수 있다.

한편, 미국은 자국의 조치가 국가안보를 위한 것이라며 GATT 제XXI조 (b)호를 원용하여 예외 적용을 주장하고 있다.[62] 미국의 입장은 기존의 Russia-Transit 사건과 Saudi Arabia-IP Rights 사건 등에서 인정된 바와 같이, 국가안보 예외는 자의적 판단(self-judging)의 여지가 있으며, WTO 분쟁해결기구는 이에 대해 실질적 심사를 할 수 없다는 입장을 고수하고 있다.[63]

미국의 EAR과 FDPR은 미국 국내법의 역외적용을 통해 외국에서 생산된 제품에도 영향을 미치며, 특정 기술 분야 전체를 포괄적으로 통제하고 있다. 또한, 교역 대상이 전통적인 상품이 아니라 '기술'이라는 점에서, 이에 대해 WTO 분쟁해결기구가 어떠한 법적 판단과 접근 방식을 취할지가 주목된다.

(2) 중국의 대응조치

2025년 중국은 미국이 부과한 고율 관세에 대응하여 희토류 원소 및 영구자석에 대한 수출통제조치를 강구하였다.[64] 사실 WTO 분쟁해결기구에 중국의 광물자원에 대한 수출통제조치와 관련하여 China-Raw Materials 사건과 China- Rare Earths 사건 등 두 건의 분쟁이 제소된 바 있다.[65] 하지만, 두 사건에서 모두 해당 조치가 WTO협정과 합치되지 않는다는 판정을 받았다.

China-Raw Materials 사건에서 WTO 패널과 항소기구는 중국이 보크사이트,

---

62) Warren Maruyama & Alan Wm. Wolff, Saving the WTO from the National Security Exception, Peterson Institute for International Economics WP 23-2 (May 2023), p. 6.

63) Panel Report, Russia－Measures Concerning Traffic in Transit, WT/DS512/R (Apr. 5, 2019); Panel Report, Saudi Arabia－Measures Concerning the Protection of Intellectual Property Rights, WT/DS567/R (June 16, 2020).

64) Jon Emont, Heather Somerville & Alistair MacDonald, China Is Choking Supply of Critical Minerals to Western Defense Companies, The Wall Street Journal (Aug. 3, 2025).

65) Panel Report, China-Measure Related to the Exportation of Various Raw Materials, WT/DS394/R, WT/DS395/R & WT/DS398/R (Jul. 5, 2011); Panel Report, China－Measures Related to the Exportation of Rare Earths, Tungsten and Molybdenum, WT/DS431/R, WT/DS432/R & WT/DS433/R (Mar. 26, 2014).

코크스, 형석, 마그네슘 등 9종 원자재에 부과한 수출세, 수출쿼터, 수출허가제, 최저수출가격 등의 조치가 중국의 WTO 가입의정서상 의무를 위반한다고 보았다. 중국은 이러한 조치가 GATT 제XX조 (b)호의 '인간·동식물의 생명과 건강 보호' 및 (g)호의 '고갈될 수 있는 천연자원의 보존'에 해당한다고 주장하며 일반적 예외의 적용을 요구하였으나, 패널과 항소기구는 이를 인정하지 않았다. 그 이유로, 중국 국내 법령 어디에도 해당 수출규제 조치의 도입 목적이 환경보호나 국민 건강 보호라는 점이 명시되어 있지 않으며, 해당 조치가 이러한 목적 달성에 실질적으로 기여한다는 점이 입증되지 않았다고 판단하였다. 또한, 중국이 제시한 수출규제가 무역제한적 성격을 가진 데 비해, 친환경 기술 투자, 재활용 장려, 환경기준 강화 등과 같이 덜 무역제한적인 대안이 존재함에도 이를 채택하지 않은 이유를 설명하지 못했다고 지적하였다. 나아가, 이러한 수출규제 조치는 국제무역질서를 왜곡하고 전 세계 공급망 안정에 부정적 영향을 미칠 수 있다는 점에서 정당화될 수 없다고 판정하였다.

4. 바세나르체제와 WTO 규범과의 관계

(1) 바세나르체제의 구조 및 운영

냉전 시기, 미국은 소련을 비롯한 공산권 국가로의 전략물자 이전을 방지하기 위해 '대공산권 전략물자 수출통제 협의회(Coordinating Committee for Multilateral Export Controls, COCOM)'를 주도하였다. 이 체제는 1996년 바세나르체제(The Wassenaar Arrangement on Export Controls for Conventional Arms and Dual-Use Goods and Technologies)로 대체되었다.[66)]

바세나르체제는 냉전 종식 이후 등장한 새로운 안보 위협에 대응하기 위해 출범한 다자간 협의체로, 재래식 무기와 군사적으로 사용될 수 있는 '이중용도 품목과 기술(dual-use goods and technologies)'의 불안정 지역 이전을 방지하는 것을 목표로 한다. 법적 구속력은 없지만, 참가국 간의 정보 공유, 수출통제 원칙 합의, 공동목록 작성 등을 통해 국제적 협력체제로 기능하고 있다.

바세나르체제는 총 42개국이며 러시아 및 구 동구권 국가 등이 다수 포함되

66) The Wassenaar Arrangement on Export Controls for Conventional Arms and Dual-Use Goods and Technologies, July 1996.

어 있으나 중국은 포함되어 있지 않다. 해당 체제는 두 가지 목록을 기반으로 운용된다. 첫째, 재래식 무기 리스트(conventional arms list)는 전통적 무기류를 포함하고 있으며, 둘째, 이중용도 품목 리스트는 민간용으로도 활용가능한 기술 중 군사적 전용 가능성이 높은 항목들을 담고 있다.[67] 후자의 경우, 정보통신기술, 항공우주, 전자제품, 컴퓨터 등 광범위한 기술이 포함되어 있다. 이들 품목은 대부분 국제표준과 기술적 세부 사항에 따라 분류되고, 각국은 이를 참고하여 자국의 수출통제 목록을 조정한다. 바세나르체제는 참가국에게 목록에 기재된 품목의 수출을 사전허가제도로 관리할 것을 권고하며, 각국은 이 체제의 가이드라인에 따라 자국의 수출통제 법령을 운용한다.

바세나르체제는 통제 품목 지정은 회원국 간 합의에 따르되, 그 이행은 각국의 자율적 판단에 맡기는 자율규범적 성격을 가진다. 이 같은 점에서 바세나르체제는 국제적으로 구속력 있는 의무를 부과하는 WTO체제와는 구조적으로 상당한 차이를 보인다.

(2) WTO 규범과의 합치성 여부

바세나르체제 기반의 수출통제 조치는 WTO체제하의 규범과 충돌할 가능성을 내포하고 있다. GATT 제 I 조는 최혜국대우 원칙을 규정하고 있어, 특정국에만 차별적으로 수출을 제한하는 것은 위반 소지가 있다. 아울러, GATT 제XI조는 원칙적으로 수량제한조치를 금지하고 있으므로, 수출허가제의 보호무역주의적 운영은 위법할 수 있다. 특히 미국의 경우, 바세나르체제를 활용한 기술 통제를 중국에 집중적으로 적용하면서, 자국 안보를 이유로 한 일방적 수출통제가 GATT규범과 정면 충돌하는지 여부가 쟁점이 되고 있다.

물론 WTO협정은 GATT 제XXI조에서 국가안보를 위한 조치를 예외적으로 허용하고 있다. 앞서 언급한 대로 미국은 이 조항을 원용하여 반도체 및 이중용도 기술에 대한 통제를 정당화하고 있다. 그러나 이 조항은 남용 가능성이 높아, WTO 분쟁해결기구는 최근 몇 건의 판결에서 해당 예외를 엄격하게 해석하고 있으며,

---

67) '이중용도 품목'이란, 본래는 민간 목적으로 사용되지만 동시에 군사적 무기 개발이나 군사 작전에 활용될 수 있는 잠재적 용도를 가진 품목을 의미한다. 이중용도 품목과 기술 목록은 Wassenaar Arrangement Secretariat, List of Dual-Use Goods and Technologies and Munitions List, Public Documents, Vol. II (Dec. 2021)에서 확인이 가능하다.

‘신의칙(good faith)’의 원칙 등을 충족해야 한다고 보고 있다. 실제 바세나르체제에 기반한 수출통제가 단순히 참가국의 재량이나 정치적 목적에 근거한 경우 WTO 규범과 충돌할 가능성이 높다.

바세나르체제와 WTO 규범 간의 정합성을 확보하기 위해서는, 바세나르체제의 수출통제 조치가 비차별, 투명성 등 WTO에서 제시되는 기본원칙에 부합하는 방식으로 설계되고 집행되어야 할 것이다.

결론적으로, 바세나르체제는 전략물자의 비확산과 안보 강화를 위한 다자협의체로서 중요한 기능을 수행하고 있지만, WTO체제와의 규범적 긴장관계를 해소하기 위해서는 그 운영 방식과 목적의 정당성이 더욱 명확히 확보되어야 할 것이다. 특히, 특정국을 대상으로 한 포괄적 수출통제가 WTO 규범과 충돌하지 않도록, 각국은 안보 예외조항의 적용에 있어 신중한 접근이 필요하다.

제7장 WTO 분쟁해결제도

제 1 절 GATT 분쟁해결제도

1. GATT 1947

(1) 협 의

원래 GATT는 ITO의 기구적 틀 속에 위치하도록 의도되었고, ITO헌장 초안은 중재의 효과적 사용을 예상한 엄격한 분쟁해결절차를 요구하였다. 심지어 특정의 경우에는 세계법원에까지 항소할 수 있도록 하려고 하였다.[1] 이와 같이 ITO는 정교한 분쟁해결절차를 확립하려고 하였으나, 국제기구가 아닌 GATT는 분쟁해결과 관련하여 몇 가지 조항만을 두고 있다.[2] 그 중 가장 중요한 분쟁해결절차는 GATT 제XXII조와 제XXIII조에 규정되어 있다. 이에 따르면, 분쟁당사국은 먼저 당사국간의 양자간의 협의에 의하는 것을 기본으로 하고, 협의로 해결되지 않는 경우에 제소국은 체약국단(CONTRACTING PARTIES)의 조치에 회부할 수 있다. 이와 같이 GATT의 분쟁해결은 2단계로 되어 있다.[3]

협의신청대상은 제한이 없고, 회원국은 GATT의 운용에 관한 것이라면 어떠한 사항도 관계국에 대하여 협의를 신청할 수 있다. 협의를 요청받은 국가는 신청국의 요청을 호의적으로 고려(sympathetic consideration)하거나, 협의를 위하여 적당

1) ITO헌장 제 3 장 제92조-97조; John H. Jackson, The World Trading System (The MIT Press, 1998), p. 113.

2) William J. Davey, Dispute Settlement in GATT, 11 Fordham International Law Journal (1987), p. 51.

3) Petros C. Mavroidis, The General Agreement on Tariffs and Trade (Oxford, 2005), p. 26.

한 기회를 부여하여야 한다.[4] 그러나, 이 의무는 법률적 의미를 갖지 않는 것으로 이해된다. 당사국간 협의를 통하여 만족할 만한 해결이 이루어지지 않는 경우, 체약국단과의 다자적 차원에서 협의를 진행하게 된다.[5]

(2) 체약국단의 조치

체약국단에 일정한 조치를 요청하기 위해서는 자국이 GATT에 따라 직접 간접으로 취득한 이익이 무효화(nullification) 또는 침해(impairment)되었다고 생각하거나, GATT의 목적달성이 저해된다고 인정되는 경우여야 한다.

GATT는 여기에 해당되는 경우를 세 가지로 규정하고 있다.[6] 첫째는 다른 체약국이 GATT 의무를 위반한 경우이다. 가장 보편적인 제소사유에 해당되는 것으로, 피소국이 GATT나 기타 관련 협정상의 의무를 위반하였음을 근거로 제소하는 경우이다. 둘째는 소위 '비위반'제소(non-violation complaint)에 해당하는 것으로, GATT 규정에는 반하지 않으나 이미 부여된 양허를 침해하는 조치의 경우이다. 비위반제소는 정부의 조치를 대상으로 하는 것으로, 당해 조치가 합의된 관세율에 의해 확립된 경쟁조건을 변경하는 것이면서, 양허 협상시에는 합리적으로 기대할 수 없었던 예측할 수 없는 경우여야 한다. 비위반제소의 대표적 사례는 1952년의 호주 질산염 사건에서 찾아볼 수 있다. 셋째는 소위 '상황적' 제소(situation complaint)에 해당하는 것으로, 첫 번째와 두 번째의 부류에 해당하지는 않으나 협상의 이익이 무효화되거나 침해되는 경우이다.[7] GATT에서는 가끔씩 상황적 제소가 언급된 적이 있었으나, 이에 근거하여 결정된 패널 보고서는 없었다.[8] 합리적인 기간 내에 관계 체약국간에 만족할 만한 조정이 이루어지지 않거나, 당해 다툼이 상황적 제소에 해당되는 경우, 그 사항은 체약국단에 위임될 수 있다. 체약국단은 위임된 사항을 신속히 조사하여야 하며, 관련체약국에게 적절한 권고나 결정을 행하여야 한다.

GATT 분쟁해결은 위반제소가 주로 발생하는 것으로, 비위반제소가 원용되는

4) GATT 제XXII조 제 1 항.
5) GATT 제XXII조 제 2 항.
6) GATT 제XXIII조 제 1 항.
7) Bernald M. Hoekman and Michel. M. Kostechi, The Political Economy of the World Trading System (Oxford, 1995), p. 46.
8) Andreas F. Lowenfeld, International Economic Law (Oxford, 2002), p. 176.

경우는 일반적으로 2선 논의로서 이용되었고, 패널이 이를 다룬 경우도 매우 적었다.[9] 1995년까지 GATT 1947에 따라 제기된 250여건의 사안 중 비위반제소 및 상황적 제소에 관한 것은 14건에 불과하였다. 그 중 4건에서만 청구가 인정되어 예견할 수 없었던 무역조치로 해당 이익이 무효화 또는 침해되었다고 결정되었다.[10] 비위반제소는 일부 사례에서 보조적 청구로 제기되었는데, 원래의 청구가 받아들여졌기 때문에 추가적으로 비위반제소를 검토할 필요가 없었다. 이와 같이 GATT 분쟁해결 관행은 비위반제소와 상황적 제소에 대하여 주의를 기울여 좁게 사용하여 왔음을 보여주고 있다.[11]

【 호주 – 질산염 사건 】

제 2 차세계대전 중 호주는 전시 자국 농부에 대한 판매가격조절을 위해 질산염비료에 대한 보조금을 지급하였다. 이 보조금은 칠레산 질산나트륨 비료와 호주산 황산암모늄 비료에도 지급되었다. 1947년 호주는 칠레에 대하여 질산나트륨 비료에 대한 관세양허를 부과하였고, 앞서의 두 가지 비료 구입에 대한 보조금을 계속 지급하였다. 1949년에 와서 호주는 질산나트륨 비료에 대한 보조금 지급은 폐지하였으나, 황산암모늄 비료에 대한 보조금은 그대로 유지하였다. 수입상품에 대한 관세가 변경되지 않았기 때문에 양허위반은 발생하지 않았으나, 보조금 폐지는 칠레산 비료에 비해 호주산 비료가 25% 정도의 가격경쟁력을 높이는 결과를 낳게 되었다. 칠레는 두 가지 비료에 대한 경쟁조건의 변경은 양허의 무효화 또는 침해를 구성한다고 주장하였다. 호주는 두 가지 비료에 대하여 모두 보조금을 지급하여야 할 의무가 있는 것은 아니므로 GATT 의무를 위반한 것은 아니었다. 그러나, 칠레는 두 가지 비료간의 경쟁관계를 뒤바꾸는 호주정부의 조치를 합리적으로 예견할 수 없었다. 따라서 작업단은 호주가 칠레산 비료에 대한 보조금 폐지와 호주산 비료에 대한 보조금 유지로부터 야기되는 경쟁적 불평등을 시정하여야 한다고 권고하였다.

9) Ernst-Ulrich Petersmann, International Trade Law and the GATT/WTO Dispute Settlement System(Kluwer, 1997), p. 158.

10) 호주 질산암모늄 사건, 독일 정어리 수입사건, 종자유 사건 등이 있다. J. Jackson, W. Davey, and A. Sykes, Legal Problems of International Economic Relations (West Publishing, 1995), p. 362.

11) Ernst-Ulrich Petersmann, The GATT/WTO Dispute Settlement System (Kluwer, 1997), p. 150.

초기에는 1년에 두 차례 개최되는 체약국단의 전체회의에서 분쟁이 다루어졌으나, 그 후 국가가 파견한 대표로 구성되는 작업단(working parties)에서 분쟁이 다루어졌다. 작업단은 조정적 또는 중개적 기관처럼 운용된 것으로, GATT 규정의 해석에 기초하여 해결책을 부과하기보다는 모두가 수락할 수 있는 중개를 행하는 것이었다. 1952년에는 작업단을 패널로 변경함으로써, GATT의 분쟁해결절차는 재결적 성격을 갖게 되었다.

패널구성에 사무국이 간여하게 됨에 따라 사무국의 위상이 높아지게 되었고, 분쟁당사국은 자국의 견해를 밝힐 기회가 증가하게 되었다. 패널보고서는 협상된 타협이 아니라, 중재결정과 유사한 것이었다.[12] 이러한 변화는 다자간 외교를 통한 협상적 분위기에서 진정한 사실관계에 합치시키고 최선의 법해석에 이를 수 있도록 하는 중재적 또는 사법적 절차로 변환시킨 것이라고 말할 수 있다.[13] 이러한 측면에서 혹자는 1950년대에서 1960년대 초까지 GATT의 분쟁해결절차가 법적·재결적이었다는 측면에서 'GATT의 황금기'라고 부르기도 한다.[14]

체약국단은 해당 사안을 심의하기 위하여 3인 또는 5인으로 구성되는 패널을 설치하게 된다. 패널은 GATT에 기초한 양허나 기타 의무의 적용을 정지하도록 결정할 수 있다. 그러나 체약국단의 결정을 위해서는 컨센서스가 필요하므로, 불리한 결정에 직면한 국가가 해당 결정을 반대하게 되면 보복결정은 무산되어 버리고 만다. GATT의 역사상 양허를 정지하겠다는 위협은 여러 차례 있었으나, 실제로 적용된 경우는 단 1차례에 불과하였다.[15] 제재의 대상이 된 체약국은 조치가 취해진 날로부터 60일 이내에 사무총장에게 탈퇴를 통보할 수 있고, 그 통보가 접수된 날로부터 60일이 경과하면 GATT로부터 탈퇴가 이루어진다.[16]

12) Michael K. Young, Dispute Resolution in the Uruguay Round: Layers Triumph over Diplomats, 29 International Lawyer (1995), p. 393.

13) Jackson, *op. cit.*, pp. 115-116.

14) Erwin P. Eichmann, Procedural Aspects of GATT Dispute Settlement: Moving Toward Legalism, 8 International Tax & Business Law (1990), p. 38.

15) Robert E. Hudec, The GATT Legal System and World Trade Diplomacy (Butterworth Legal Publishers, 1990), pp. 165-184.

16) GATT 제XXIII조 제2항.

2. GATT 분쟁해결제도의 변화

(1) 동경라운드

1960년대 들어 체약국단은 양허정지와 같은 내용을 포함하고 있는 패널보고서를 채택하기가 점점 어려워지게 되었다. 더욱이 체약국의 수가 늘어감에 따라 컨센서스를 도출하는 것이 훨씬 어렵게 되었다. 1970년대 들어서는 유럽국가들처럼 정치적 또는 외교적 방법으로 문제를 풀어가려는 국가와 미국과 같이 법적 또는 재결적인 방법으로 문제를 접근하려는 국가간의 골이 깊어짐에 따라, 패널에서 다루게 되는 사건의 수가 늘어감에도 불구하고, 해결에는 더욱 많은 시간이 필요하게 되었고, 결과에 대한 불만이 더욱 고조되었다.17) 이에 따라 GATT의 분쟁해결절차는 원래의 기능을 다하지 못하게 되었다.

이러한 문제점에 따라 동경라운드에서는 GATT 분쟁해결절차의 개선을 위한 검토가 이루어졌고, 그 결과 1979년 12월 '고지 · 협의 · 분쟁해결 · 감시에 관한 량해각서'18)가 채택되었다. 동 양해각서는 GATT의 분쟁해결절차를 상세히 설명한 것으로, WTO 설립 이전까지 GATT 분쟁해결절차의 본질적 구조를 이루게 되었다.19) 양해각서에는 당사국이 체약국단에 대하여 분쟁해결을 구하는 제23조 제 2 항의 권리를 재확인하고, 제소에서 패널설치까지의 시한을 설정하였다. 패널보고서가 합리적인 기간 내에 채택될 것을 규정하였으며, 보고서는 당사국에 대하여 구속력을 가진다는 등의 내용이 포함되었다.20) 그러나 위반국이 보고서 채택에 반대하는 경우 이를 뿌리치고 패널보고서를 채택할 방법이 들어 있지 않았고, 패널의 권고를 실시하기 위한 실질적 강제력을 갖추고 있지 않은 등의 문제가 남아 있었다. 이러한 문제점에 관하여 1982년의 각료회의선언은 패널보고서 채택시 의무위반국으로 지목된 국가는 이를 거부할 수 없도록 하여, 컨센서스 도출을 용이하게 하였다.21)

---

17) Young, *op. cit.*, p. 394.

18) 1979 Understanding Regarding Notification, Consultation, Dispute Settlement and Surveillance, BISD, 26th Supplement, p. 210.

19) Jackson, *op. cit.*, p. 116.

20) Miquel Montana Mora, A GATT with Teeth: Law Wins over Politics in the Resolution within the GATT, 31 Columbia Journal of Transnational Law (1993), p. 123.

21) 1982 Ministerial Declaration on Dispute Settlement Procedures, BISD, 29th Supplement, p. 13;

(2) 우루과이라운드

GATT 체약국들이 UR을 개최하였을 때, GATT의 분쟁해결절차를 개선하자는 데 합의가 이루어졌다. 그러나 이러한 목적에는 한 목소리였지만, 그 방법에는 상당한 차이가 있었다. 특히 유럽공동체국가는 GATT 규칙 자체의 불명료성과 무역분쟁의 정치적 민감성을 이유로, GATT의 분쟁해결은 형식적 · 법적 · 재결적이어서는 아니 된다고 주장하였다. 반면에 미국을 중심으로 이러한 입장에 반대하는 국가들은 GATT의 분쟁해결이 재결적 과정을 통해 규칙을 토대로 결정이 이루어진다면 GATT 규칙이 더욱 명백해질 것이고 예측가능해질 것이라는 주장을 전개하였다.[22] 분쟁해결에 관한 UR의 최종 결과는 불완전한 것이기는 하나, 훨씬 법적 · 재결적인 방향으로 다가서게 된 것으로 평가되고 있다.[23]

1989년 몬트리올에서 개최된 중간평가회기에서는 'GATT紛爭解決規則 및 節次에 대한 改善'이 채택되었다.[24] 구체적으로는 협의 요청일로부터 60일 이내에 당사국간 협의로 문제해결이 불가능한 경우 패널설치를 요구할 수 있고, 패널설치 결정으로부터 30일 이내에 패널구성을 완료하며, 패널은 6개월 이내에 이사회에 보고서를 제출하며, 이사회는 보고서를 30일 이내에 검토하여 권고나 결정을 행하고, 권고나 결정이 6개월이 경과하여도 이행되지 않으면 이사회에서 다룬다는 것 등이 합의되었다.

UR이 종결된 후 WTO체제하의 분쟁해결은 '분쟁해결규칙 및 절차에 관한 양해각서(Understanding on Rules and Procedures Governing the Settlement of Disputes: DSU)'에 규정된 바에 따른다. DSU의 일부 규정은 1989년 4월 12일 UR 중간검토회기의 결정으로 1989년에 이미 발효된 것이었다.[25]

그러나 이후에도 그다지 많이 개선되지는 못하는 실태였다. Jackson, *op. cit.*, p. 117.

22) Young, *op. cit.*, pp. 389-391.

23) *Ibid.*, p. 396.

24) 1989 Improvement to the GATT Dispute Settlement Rules and Procedures, BISD, 36th Supplement, p. 61.

25) Ashif H. Qureshi, The World Trade Organization (Manchester, 1996), p. 97.

제 2 절 WTO 분쟁해결제도

1. 개 관

(1) DSU의 의의

DSU는 전체 27개의 조문과 4개의 부속서(Appendix)로 구성된 조약이다. 그다지 많지 않은 조문이지만, DSU는 매우 체계적이고 합리적인 구조를 갖추고 있다. DSU가 예정하고 있는 분쟁해결방식은 기본적으로 당사국간의 협의, 패널절차, 그리고 항소절차의 3단계로 구성되어 있다. 이러한 구조는 지난 40년간 GATT의 분쟁해결방식이 외교적 방식과 재결적 방식간의 일진일퇴적 선택에 의해 이루어져 왔으나, WTO에서는 재결적 방식이 우세하게 되었음을 보여주는 것이다.[26]

DSU는 WTO체제하에서 통상관련 분쟁을 해결하기 위한 포괄적 구조를 예정한 것이다. DSU는 상품무역에 관한 다자협정상의 분쟁을 다루는 것일 뿐만 아니라, 지식재산권협정과 서비스무역협정에 관련된 분쟁을 해결하기 위한 기초적인 구조를 확립하는 것이다. DSU에 따른 분쟁해결제도는 WTO협정에 규정된 회원국의 권리의무를 보존하기 위한 것이며, 국제관습법상의 해석규칙에 따라 협정규정을 명백히 하기 위한 것이다.[27] 이와 같이 협정의 해석을 국제법에 부합시킬 것을 요구하는 규범지향적 접근은 분쟁해결절차의 안정성과 확실성 및 예측가능성을 높이게 된다는 점에서 높이 평가할 만하다.[28]

WTO의 분쟁해결제도는 기존의 GATT 분쟁해결제도를 발전시킨 것이다.[29] 초기단계에는 GATT분쟁해결은 그 자체의 외교적 뿌리를 반영하고 있었다. 대다수의 패널위원은 외교관들로서, 분쟁해결절차의 궁극적 목표는 사안의 법적 판단에 있다기보다 상호간 수락할 수 있는 해결책으로 사건을 종결짓는 것이었다. GATT의 분쟁해결제도는 단 2개의 조문 위에 비공식적이고 실용적인 협정의 형태

26) Andreas F. Lowenfeld, Remedies Along with Rights: Institutional Reform in New GATT, 88 American Journal of International Law (1994), p. 479.

27) DSU 제 3 조.

28) John H. Jackson, Governmental Disputes in International Trade Relations: A Proposal in the Context of GATT, 13 Journal of World Trade (1979), p. 29.

29) Paolo Mengozzi, The Marrakesh DSU and Its Implications on the International and European Level, The Uruguay Round Results (European Interuniversity Press, 1995), p. 116.

로 발전하여 왔으나, WTO의 분쟁해결규칙 및 절차에 관한 양해각서는 27개의 조문과 4개의 부속서로 이루어진 정교한 조약으로 이루어져 있다. GATT 1947과 비교하면 시간적 적절성이 확보되었으며, 자동적인 것이며, 그 구속력이 더욱 강해졌다. 특히 WTO 분쟁해결제도는 2가지 혁신적 개선이 이루어졌는데, 하나는 상설항소기관에 의한 패널 결정의 항소제도이고, 다른 하나는 피고측의 위반에 대한 보상 및 보복절차를 규정한 점이다.[30] 그 외에 분쟁국의 일방에 의해 패널설치나 패널보고서의 채택이 저지되던 문제가 해소된 점, 중재의 기회가 확대된 점, 패널절차상의 각 단계에서 시한을 설정하여 제약을 두고 있는 점, 패널에 대한 표준적 위임조건을 제시하고 있는 점, 패널보고서 이행을 위한 개선된 감시제도를 두고 있는 점 등을 발전된 모습으로 꼽을 수 있다.[31] 이와 같은 개선책은 그동안의 경험을 토대로 문제점이 있었던 부분을 보완한 것으로, WTO의 분쟁해결제도는 GATT 1947에 비하여 훨씬 효율적인 것으로 평가될 수 있다. 나아가 국제무역에 관한 규칙을 시행함에 있어 분쟁해결제도는 WTO의 성공에 가장 중요한 역할을 하는 것으로, 많은 학자들은 WTO의 분쟁해결제도를 '왕관의 보석'이라 하여 왔다.[32]

(2) 관 할 권

DSU에 따른 분쟁해결제도의 이용은 WTO회원국에게만 허용된다. DSU의 규칙과 절차를 집행하기 위하여 분쟁해결기구(Dispute Settlement Body: DSB)를 설치하게 되는데, DSB의 관할권은 WTO의 모든 협정에 적용된다.[33] 회원국간 또는 회원국과 WTO간의 분쟁은 WTO로 수렴되어 되어 DSU에 따라 해결되어야 한다.

DSB의 관할권과 관련하여 다음과 같은 점이 유의되어야 한다. 첫째, DSU의 규칙과 절차는 대상 협정상 분쟁해결과 관련하여 특정 규정이 있을 경우 이에 종속된다.[34] 둘째, DSB는 당사국의 요청이 있는 경우에만 해당 사안을 심리한다. 동

---

30) Lowenfeld, *op. cit.*, p. 479.

31) Hoekman and Kostechi, *op. cit.*, p. 46.

32) Mary E. Footer, An Institutional and Normative Analysis of the World Trade Organization (Martinus Nijhoff, 2006), p. 1.

33) DSU 제 1 조.

34) DSU 제2부속서 제 1 조 제 2 항.

일한 맥락에서 DSB는 스스로 제소할 권한을 갖고 있지 못하다.[35] 국가가 아닌 사인은 제소권이 없고, 자신이 입은 피해에 대하여 WTO의 구제를 받기 위해서는 자국 정부에 제소할 것을 요청할 수 있을 뿐이다. 회원국이 다른 회원국을 상대로 제소할 것인가의 여부는 회원국의 재량적 사항이다. 이는 어떤 회원국이 자국 기업의 피해를 이유로 다른 회원국에 대하여 구제를 요청하는, 일종의 외교적 보호라고 볼 수 있다.

마지막으로 문제가 되는 것은, 패널은 해당 분쟁과 관련된 협정에 관하여 해석권한이 있는가 하는 점이다. 이러한 의문이 생기는 이유는 WTO설립협정이 동 협정과 다자간 무역협정의 해석을 채택하는 배타적인 권한(exclusive authority)을 각료회의와 일반이사회에게 부여하고 있기 때문이다.[36] 그러나 이 문제는 두 가지 점에서 해결될 수 있다. 첫째, DSU는 항소와 관련하여 패널보고서에 담겨 있는 법적 쟁점과 패널의 법률해석만을 항소할 수 있다고 규정하고 있는바, 동 규정의 의미로 보면 당연히 패널은 해석권한을 가진다고 볼 수 있다. 둘째, 각료회의나 일반이사회의 배타적 권한은 해석을 채택하는 배타적 권한(exclusive authority to adopt interpretation)이라고 규정하고 있는바, 이는 패널이 해석을 통하여 제출한 보고서 채택이 DSB에 있다는 것과 관련하여서도 당연한 것이다. 왜냐하면, DSB의 모태는 바로 일반이사회이기 때문이다. 만약 패널이 해석권한을 갖지 않는다고 한다면, 불리한 입장의 국가는 패널결정이 사실상 협정해석이라거나 해석문제를 포함하고 있다는 이유로 DSB에서 패널보고서를 채택하는 것을 방지할 수 있을 것이다. 문제는 해석문제에 관한 DSB에 의한 패널보고서의 결정과 일반이사회나 각료회의 결정간의 차이에 관한 것이다. 여기에는 두 가지 차이점이 있다. 첫째, 일반이사회와 각료회의는 형식적으로 정치적 기관이다. 그러나 실제로 DSB도 그 성격에 있어 정치적이다. 둘째, 해석적 기능과 관련하여 일반이사회의 결정은 컨센서스를 취하게 되어 있는 DSB와는 달리 3/4 다수결에 의해 결정된다. WTO협정을 적용하는 과정과 WTO협정을 해석하는 것 간의 차이는 명백하지 않고, WTO협정상에도 정의되어 있지 않다.

35) Qureshi, *op. cit.*, p. 98.

36) WTO설립협정 제 9 조 제 2 항.

(3) 제소사유

WTO 분쟁해결제도는 GATT가 50년에 걸쳐 발전시켜온 관행 위에 구축된 것으로,[37] GATT 제XXII조와 제XXIII조에 기초하고 있다. 그 중 제XXIII조 제1항은 제소 요건과 관련한 규정으로, (a) 다른 체약국이 GATT에 따른 의무의 이행을 태만히 한 결과, (b) 다른 체약국이 GATT 조항의 저촉여부와 관계없이 어떤 조치를 적용한 결과, (c) 기타 다른 어떤 사태가 존재하는 결과로서 GATT에 따라 직접 또는 간접으로 자국에 부여된 모든 이익이 무효화 또는 침해되거나, GATT의 목적 달성이 저해되고 있다고 인정할 경우 체약국은 분쟁해결절차에 호소할 수 있다고 규정하고 있다. 따라서 협정상의 이익이 무효화 또는 침해되거나, GATT의 목적 달성이 저해되는 경우에 제소할 수 있다.

GATT 제XXIII조 제1항 (a)는 회원국이 GATT상의 의무이행을 실패한 경우 제소사유를 밝힌 것으로, 회원국이 GATT 규정과 일치하지 않게 행동하였다고 주장되는 경우 제소된다. 제XXIII조 제1항 (b)는 별도의 제소사유를 규정한 것으로, 그 조치가 GATT 규정 저촉 여부와는 관계없이 어떤 회원국이 다른 회원국에게 속하는 이익을 무효화하거나 침해하는 경우를 규정한 것이다. 따라서 제XXIII조 제1항 (b)의 경우 문제의 조치가 GATT 규정에 합치하지 않거나 위반되었음을 입증할 필요가 없다. 이러한 이유로 제XXIII조 제1항 (b)에 따른 제소를 '비위반제소'라 부른다. 그러나 '비위반' 이라는 용어는 동 조문 어디에도 나타나 있지 않다. 제XXIII조 제1항 (a)의 위반제소의 경우 위반이 있다는 사실만으로 무효화 또는 침해가 있다는 가정이 존재하나, 비위반제소의 경우는 그러하지 아니하다. 비위반 규정을 원용하는 당사자는 특정하여 주장하여야 하고, 일견 무효화 또는 침해가 있음을 보여 주어야 한다.[38]

위반제소는 WTO협정상의 규정을 위반한 경우를 말한다. 회원국이 양허계획에 따른 관세수준보다 높은 관세를 부과하는 것이 그 좋은 예가 된다. DSU는 대상 협정상 부과된 의무가 위반된 경우에 그 의무위반 조치는 일견(prima facie) 무효화 또는 침해의 경우를 구성하는 것으로 간주된다고 규정하고 있다.[39] 이것은

37) Lowenfeld, *op. cit.*, p. 152.

38) Ernst-Ulrich Petersmann, International Trade Law and the GATT/WTO Dispute Settlement System (Kluwer, 1997), p. 162.

39) WTO DSU 제3조 제8항.

규칙위반으로 제소국에게 불리한 영향을 주었다는 가정은 피소국이 반박할 책임이 있음을 규정하고 있는 것이다. 규칙위반이 실제로 무역에 어떤 영향이 미쳤는지를 구체적으로 입증하는 데에는 상당한 어려움이 있으므로, GATT 패널은 규칙위반이 존재하는 경우 그로 인한 불리한 영향이 발생하였다고 사실상 추정하고, 이를 판단에서 결정적인 요소로 삼는 경향을 보였다.[40]

소위 비위반제소(non-violation complaints)는 협정문의 명백한 위반 없이 이익의 무효화 또는 침해가 발생하는 경우를 말한다. 일본-사진필름 사건에서 패널은 제XXIII조 제1항 (b)에 합치하는 제소가 되기 위해서는 첫째 회원국에 의한 조치의 적용, 둘째 관련 협정에 의한 이익, 셋째 해당 조치의 적용 결과로서 이익의 무효화 또는 침해가 필요하다고 하였다. 이익의 무효화 또는 침해는 당사자의 경쟁적 관계에 나타나는 변화를 의미하는 것으로, 패널은 좁은 견해를 견지하여 왔다. 예컨대 경쟁조건의 예견되지 않은 변경에 의해 관세양허에 대한 사실상의(de facto) 철회가 그러한 상황에 해당된다. 이러한 균형의 변화는 작위 또는 부작위로부터 발생된다. 호주-질산암모늄 사건에서 보듯이 관세의 변경이나 보조금의 제거가 그런 것이다.[41] 침해는 제소국의 불이익에 국한되지 않고, 피소국의 이익으로 나타나는 경우도 포함된다.[42] 일본-사진필름 사건의 패널은 '이익의 무효화 또는 침해'와 관련하여, 이익이란 관련 관세양허로부터 도출되는 개선된 시장접근기회의 합법적 기대를 말하고, 무효화 또는 침해의 의미와 관련하여서는 국내적 상품과 수입상품간의 경쟁적 관계를 훼손하는 것과 같은 의미로 보았다. 이익의 무효화 또는 침해를 야기하는 '조치'(measure)는 정부의 정책이나 행동을 말하는 것으로, 민간당사자의 행위는 포함하지 않는다고 하였다. 혹자는 이익(benefits)이라는 표현 대신 협정상의 권리와 의무 또는 양허와 이행 간의 균형이라고 말하기도 한다.[43]

GATT체제하에서는 주로 관세양허와 관련하여 비위반제소가 발생하였다. 회원국이 자국 생산자에게 보조금을 지급함으로써 타국에 대한 관세양허의 효과를 상쇄시켜 버리는 경우가 대표적인 예이다. 비위반제소는 협정위반에 따른 제소에

40) Christoper Arup, The New World Trade Organization Agreements (Cambridge, 2001), p. 72.
41) Ernst-Ulrich Petersmann, *op. cit.*, pp. 160-161.
42) *Ibid.*
43) *Ibid.*, p. 71.

비해 실증하기가 매우 어려운 것으로, 협정 규정의 위반이라기보다 협정의 정신을 위반한 것이라고 볼 수 있다.[44] 이러한 배경에서 비위반제소는 위반제소와 달리 제소측이 입증책임을 진다. DSU도 제소국이 관련대상협정에 저촉되지 않는 조치에 관한 제소를 옹호하기 위하여 상세한 정당화사유를 제시할 것을 요구하고 있다.[45] 비위반제소가 인정되기 위해서는 앞서 살핀 호주 보조금사건에서 나타난 바와 같이 합리적 기대나 정당화시킬 수 있는 예외, 예측할 수 없는 여건 등이 제시되어야만 한다. 위반제소와 달리 의무침해가 없는 사건은 제소국이 구체적 정당화사유를 제시하여야 한다. 일반적으로 교역상의 손실을 밝혀야 할 뿐 아니라, 피소국 정부의 결정으로 발생한 결과가 그러한 결정이 없었다면 발생하지 않았을 것이라는 정당한 근거를 제시하여야 하는 것이다.[46] 이러한 측면은 일본의 필름 및 인화지에 관한 조치 사건에서 명백히 확인되었고, EC 석면사건에서도 비위반제소의 구체적 정당화사유를 제시하는 입증책임은 캐나다가 부담한다고 하여 제소국 책임을 확인하였다.

비위반제소의 가장 중요한 요소는 예견할 수 없었다는 점이다. 이익의 무효화 또는 침해를 이유로 제소하는 경우 시장접근의 특정 권리 의무가 협상되던 시점에서는 합리적으로 예견될 수 없었어야 한다. 호주-질산염 사건에서 패널은 이익의 무효화나 침해는 경쟁관계를 전복시켜 버리는 결과를 낳는 행동이 협상시점에서 제소국이 모든 관련 요소와 GATT 규정을 고려하여서도 예견될 수 없었던 경우 발생한다고 하였다.

위반제소와 비위반제소에 해당되지는 않으나, 협상의 이익이 무효화되거나 침해되는 경우를 소위 상황적 제소라 한다. 앞서 살펴보았듯이 GATT체제하에서 상황적 제소가 언급된 적은 있으나, 이에 근거하여 결정된 패널 보고서는 없다.

【 일본 – 사진필름 및 인화지에 관한 조치 】

1996년 6월 13일 미국은 소비자용 사진필름 및 인화지 수입품의 국내에서의 판매, 판매를 위한 제공, 분배에 영향을 미치는 일본의 특정법률과 규칙 및

44) *Ibid.*, p. 72.
45) DSU 제26조 제 1 항.
46) Lowenfeld, *op. cit.*, p. 179.

요건들에 관하여 DSU 제 4 조 제 4 항과 GATT 1994 제XXIII조 제 1 항에 의해 일본과 협의할 것을 요청하였다. 일본의 이 조치들은 GATT 제III조와 제X조의 의무를 위반한 것이고, 제XXIII조 제 1 항 (a)와 (b)의 의미에서 볼 때, 일본의 조치들은 미국의 이익을 직·간접적으로 무효화시키거나 침해하였다고 주장하였다.

일본과의 협의가 실패하자, 미국은 1996년 9월 20일 DSU 제 4 조와 제 6 조에 따라 패널설치를 요청하였고, 1996년 10월 16일 분쟁해결기구에 의해 패널이 설치되었다. 양국이 위임사항을 합의하는 데 실패함에 따라, DSU 제 7조 제 1 항에 의해 표준위임사항이 적용되었다.

문제는 일본이 취하고 있는 배포대응조치, 대형소매상점법(Large Scale Retail Store Law), 포상금법(Premiums Law) 등의 촉진대응조치가 미국산 필름과 인화지의 판매를 제한하는지가 쟁점이었다.

즉 이러한 조치들이 GATT 제III조 내국민대우를 위반하였는지, 그리고 이러한 위반으로 미국의 이익이 무효화되거나 침해되었는지의 여부가 쟁점이 되었다.

패널은 미국이 주장한 일본의 배포대응조치들을 검토한 결과, 그들 조치는 강제적인 명령이나 규칙이 아니라, 단순한 정책성명이거나 권고적인 것으로, 미국이 주장하는 바와 같이 일본산 필름 및 인화지에 대하여 부여하는 대우보다 불리하게 한다는 것을 입증하지 못하였다고 판단하였다. 대형소매상점법에서 대형소매상점의 신설을 제한하는 일본조치는 도매시장에서 열세를 면치 못하는 미국산 필름의 활로를 봉쇄하는 것이라는 미국측 주장에 대하여, 1990년 이후 일본에서는 대형소매상점의 신설이 실질적으로 자유화되었음 등을 이유로 미국의 주장을 부인하였다. 마지막으로 포상금법이나 일본공정거래위원회 고시 등을 통하여 미국의 광고캠페인 등은 제한하는 반면 국내 제조업자에게는 촉진조치를 가능하도록 하고 있다고 하였다. 미국의 주장은 일본조치의 한 단면만을 적시한 것이고, 일본 공정거래위원회 고시 등은 광고나 가격경쟁을 제한하지 않는다고 판단함으로써, 이 점 또한 미국의 주장을 받아들이지 않았다.

미국은 일본의 조치들이 GATT 제XXIII조 제 1 항 (b)의 의미에서 볼 때 개별적·집합적으로 미국의 이익을 무효화시키거나 침해하였다는 것을 입증하지 못한 것으로 판정하였다.

2. WTO 분쟁해결제도의 특징

(1) 통 합 성

GATT상에는 분쟁해결과 관련된 30여 개의 규정이 산만하게 흩어져 있었다.[47] 더욱이 GATT체제하에서는 GATT와 개별 협정들이 별개로 다루어졌기 때문에, 각각의 협정이 저마다의 분쟁해결절차를 갖추고 있었다. 따라서 GATT에 따라 설치된 패널은 다른 개별협정(Code)에 관한 해석을 내릴 수 없었고, 어떤 Code에 따라 설치된 패널은 다른 Code를 해석할 수 없었다. 미국이 보조금Code에 따라 유럽의 에어버스에 대한 보조금 지급문제를 제기하였을 때, 유럽공동체는 항공기 Code에 근거한 방어론을 제시할 수 없었다. 보조금Code에 따라 설치된 패널은 보조금Code에 관한 논리만을 받아들일 수 있었기 때문이었다.

그러나 WTO협정하의 모든 분쟁은 DSU에 따라 해결하게 되는데, 이것은 GATT체제하에서 특정 협정하에 구성된 패널은 다른 협정의 해석에는 전혀 권한이 없었던 것을 극복하기 위한 것이다.[48] 이와 같이 WTO의 분쟁해결제도는 DSU로 단일화되었을 뿐 아니라, 분쟁해결절차의 구성을 체계화하였다. 나아가 WTO 협정과 그 부속서에 관한 분쟁을 동일한 패널에서 다루게 함으로써, GATT와는 달리 통합된 분쟁해결제도를 갖추고 있다. 이와 같이 WTO에서는 모든 협정들이 분쟁의 해결과 관련하여서는 DSU로 연결되어 있어, 모든 협정을 총괄하는 단일화된 분쟁해결제도를 가질 수 있게 되었다.

WTO분쟁해결절차의 통합성은 DSU에서 정한 방법에 호소하지 않고 WTO협정에 반하는 결정을 내릴 수 없다는 규정을 통하여 더욱 강화되었다.[49] 즉 미국의 통상법 301조와 같은 일방적 조치의 사용을 금지함으로써, WTO협정에 관계되는 모든 분쟁은 DSU상의 제도적 방법으로 수렴하고 있다.

---

47) 분쟁해결과 관련된 규정은 제 2 조 제 5 항, 제 6 조 제 7 항, 제 7 조 제 1 항, 제 8 조 제 2 항, 제 9 조 제 6 항, 제12조 제 4 항, 제13조 제 4 항, 제16조 제 4 항, 제18조 제 7 항, 제12항, 제16항, 제22항, 제19조 제 2 항, 제22조, 제23조, 제24조 제 7 항, 제25조 제 1 항, 제27조, 제28조 제 1 항, 제 4 항, 제37조 제 2 항 등이다. 최승환, "WTO체제하의 분쟁해결절차," 국제법학회논총, 제39권 제 2 호 (1994), p. 92.

48) Hans Van Houtte, The Law of International Trade (Sweet & Maxwell, 1995), p. 56.

49) DSU 제23조 제 2 항 (a).

(2) 배 타 성

DSU는 다자간 무역체제의 강화를 목적으로 하는 것이다. 따라서 WTO 회원국간 WTO협정의 위반, 무효화 및 침해 등에 관련된 모든 분쟁은 DSU의 규칙과 절차에 따라서만 해결할 것을 규정하고 있다. 나아가 DSU에 따른 분쟁해결에 의하지 않고 위반이 발생하였다는 결정을 내려서는 아니 된다고 하고 있다.[50] 이것은 DSU에 따른 분쟁해결이 선택적인 것이 아님을 명백히 하고 있는 것이다. 이러한 이용의 배타성은 GATT상의 분쟁해결제도와 뚜렷이 구별되는 새로운 특징이다. DSU에서 배타적 이용을 명시한 까닭은 절차상의 왜곡을 제한하고, 경제적 정치적인 위상이 심히 다른 국가들간 합의가 이루어지지 못하는 경우의 실체적 왜곡을 제한하기 위한 것이다.[51]

그러나 DSU는 패널 이외의 수단으로 분쟁을 해결하는 것을 금지하는 것은 아니다. DSU는 협상이나 협의를 이용할 수 있음을 규정하고, 패널설치의 대안으로서 구속력 있는 중재에 분쟁을 제출할 수 있음을 밝히고 있다. GATT 1947에서는 중재를 이용할 수 있음을 명시할 필요가 없었으나, DSU에서는 동 양해각서에 포함되어 있지 않은 분쟁해결절차를 금지하고 있기 때문에 중재의 이용가능성을 명백히 밝히고 있는 것이다.[52]

(3) 신 속 성

협의기간 이후 분쟁해결에 실제로 호소하는 시작에서부터 패널이나 항소기구의 결정 및 권고를 이행하기 위한 합리적 기간의 최대치에 이르기까지 DSU에는 절차상의 모든 주요 단계마다 명백한 최종기한을 설정하고 있다. 이러한 시한의 도입은 각 단계별 최대한의 기한을 넘기지 못하도록 함으로써, 절차의 신속한 진행을 담보할 수 있게 되어 분쟁당사국의 예측이 가능하게 되었다.

절차상의 모든 단계에는 일정한 시한이 정해져 있다. 패널의 설치 및 구성, 그리고 패널보고서의 채택과 같은 절차는 원칙적으로 진행되며, 패널이 일단 설치되고 나면 이후 절차는 분쟁당사국 중 한 국가가 반대하더라도 중단되기 어렵다.

---

50) DSU 제23조 제 1 항.

51) Young, *op. cit.*, p. 401.

52) *Ibid.*

패널작업의 연장은 제소국만이 요청할 수 있다.[53] 이 모든 것은 각각의 패널결정에 대하여 9개월 또는 12개월의 기간을 정한 DSU 제20조에 의하여 재차 강조되어 왔다. 15개월간의 최대한 이행기간은 2년 6개월 이내에 이행하도록 담보하는 것이다. 흥미로운 것은 미국의 통상법 301조상의 절차는 보조금사건의 절차에 정해진 기한 외에는 DSU와 합치하도록 하기 위하여 변경할 필요가 없다는 것이다.

(4) 사 법 성

WTO 분쟁해결절차는 당사국간의 협의와 패널심의, 그리고 상설항소기구에 의한 항소절차로 이루어진다. 그 중 상설항소기구는 GATT체제하에서는 없던 제도로, 사법적 심사의 강화라는 측면에서 큰 의미를 가지는 것이다.

패널보고서에 이의가 있는 국가는 패널보고서 회람 후 60일 이내에 항소기구에 항소할 수 있다. 패널에서 심의된 모든 쟁점을 모두 항소할 수 있는 것이 아니라, 패널보고서에 포함된 법률문제와 패널이 밝힌 법률해석에 관해서만 항소할 수 있다. 이는 패널과정에서 법률적 오류가 있다고 생각되는 경우, 법률적 재심의 기회를 주기 위한 것이다. 패널보고서에 법적 잘못이 있는 경우, 이를 재검토할 가능성을 열어 놓은 것으로, 분쟁해결절차의 사법화라고 하는 측면에서 평가할 수 있는 점이다. 분쟁해결절차는 국제소송분야의 탁월한 실례가 되었다.[54]

(5) 자 동 성

GATT 1947하에서 가장 어려운 점은 패널보고서의 채택이었다. 패널결정에 대하여 하나의 국가만이라도 패널보고서채택을 반대하면, 채택이 불가능하였기 때문이다. 요컨대 패널보고서는 이를 준수해야 할 국가들에 대하여 구속력 있는 결정이 되지 못하고, 논의 상태에서 벗어나지 못하였다.[55]

DSU에서는 패널보고서나 항소기구의 보고서 채택을 봉쇄하기 위하여, 패소국이 다수의 국가를 움직일 수는 있을 것이다. 그러나, 모든 회원국을 움직이는 것은 불가능한 것으로 보이기 때문에, 패널이나 항소기구의 권고 및 결정은 자동적

53) DSU 제12조 제12항.

54) Curtis Reitz, Enforcement of the General Agreement on Tariff and Trade, 17 University of Pennsylvania Journal of International Economic Law (1996), p. 557.

55) Young, *op. cit.*, p. 402.

으로 채택될 확률이 높다. 왜냐하면 최소한 패널이나 항소기구에서 유리한 결정을 받은 국가는 그 보고서에 반대하지 않을 것이기 때문이다. 이러한 방법은 종전 제도의 장애를 제거한 것일 뿐 아니라, 종래 체약국에 있던 영향력을 패널과 항소기구로 옮겨 놓은 것으로, 패널절차의 사법적 성격을 강화한 것이다.[56)]

(6) 구 속 성

DSU에 따라 패널이나 항소기구가 행한 최종 결정과 권고는 당사국을 구속한다. 이러한 근거는 분쟁당사국은 항소기구보고서를 조건 없이 수락하여야 한다는 규정에서 찾을 수 있다.[57)]

WTO의 분쟁해결제도는 이러한 구속력을 담보하기 위하여 패널의 권고나 결정의 이행을 감시하는 구체적 규칙을 도입하고 있다. 첫째, 관련국은 패널 및 항소기구의 보고서 채택일로부터 60일 이내에 DSB의 권고와 결정의 이행에 관한 자국의 의지를 표명하도록 요구하고 있다. 둘째, DSU는 이행조치를 잘 준수하고 있는지 평가하고 감시하는 규정을 두고 있다. 셋째, 제소국이 패소국의 준수조치가 적절하지 않다고 생각하는 경우 상호 수락할 만한 보상을 발전시키기 위한 협상을 요청할 수 있도록 하였다. 마지막으로, DSU는 DSB로 하여금 이행상황을 감시하고 정기적으로 재검토할 것을 규정하고 있다. 이와 같이 DSU는 패널이나 항소기구 결정의 실질적 준수를 증가시키기 위한 것이다.

제 3 절 WTO 분쟁해결절차

1. 협 의

(1) 협의제도의 의의

WTO는 DSU에서 협의절차의 효율성을 강화하고 향상하려는 결의를 확인한다고 규정하여,[58)] 협의제도를 GATT체제에 비해 강화하려는 취지를 밝히고 있다.

56) Mora, *op. cit.*, p. 150.
57) DSU 제17조 제14항.
58) DSU 제 4 조 제 1 항.

협의는 국내 행정소송사건에 있어 요구되는 전심절차에 해당하는 것이라 할 수 있는 것으로, WTO 회원국간 분쟁해결을 위한 가장 우선적인 방법이 된다. 협의가 분쟁해결절차의 우선적 요건인지에 관해서는 명백한 규정이 없다. 그러나 GATT 1947의 체약국단 및 GATT 1947의 구조 내에서 설립된 기구의 결정·절차·통상적 관행을 따라야 한다고 되어 있는 규정[59]의 해석으로 미루어, 협의는 다음 단계로 가기 위한 선결요건에 해당한다고 볼 수 있다. 이는 앞서 언급한 바와 같이 WTO의 분쟁해결제도가 재결적 방식이 우세해진 것이기는 하나, 여전히 외교적 방식에 의한 분쟁해결을 전적으로 부인하는 것이 아님을 보여 주는 것이다. 즉 협의제도의 동비은 규범지향적 접근법 위에 GATT의 전통적인 실용주의적 접근법을 접목한 것으로 평가될 수 있다.[60]

패널절차 이전에 협의절차를 규정한 까닭은, 대상협정에 관련된 통상문제를 객관적·제 3 자적 기관에 의뢰하기 전에 당사국간의 원만한 합의를 도출할 수 있는 기회를 제공함으로써, 통상분쟁을 확대하지 않고 해결하려는 데 그 주된 목적이 있다. 다만 분쟁당사국간의 절차이기 때문에 협의가 가지는 본질적인 한계를 극복하기에는 어려움이 있다. 즉 당사국간 국력의 차이가 심하거나, 어느 측이 다른 측에 대하여 의존적 관계에 있는 경우, 합리적인 해결책을 기대하기에는 어려운 단점이 있다.

(2) 협의절차

협의를 요청받은 회원국은 상호간에 다른 합의가 없는 경우 요청수령 후 10일 이내에 요청에 응답하여야 하고, 요청받은 후 30일 이내에 협의를 개시하도록 하고 있다. 이 기간 내에 응답하지 않거나 협의를 시작하지 않는 경우, 요청국은 패널설치를 요구할 수 있다.[61] 다만 부패성 상품의 경우를 포함하여 긴급한 사유가 있을 때에는 요청받은 후 10일 이내에 협의를 시작하고, 20일 이내에 협의가 실패한 경우 패널설치를 요구할 수 있게 하였다.[62] 모든 협의는 문제가 된 조치와 법적 근거를 기재하여 서면으로 요청하여야 하며, 협의를 요청한 국가는 그 사실

59) WTO설립협정 제16조 제 1 항.
60) Jackson, *op. cit.*, p. 29.
61) DSU 제 4 조 제 3 항.
62) DSU 제 4 조 제 8 항.

을 DSB와 관련 이사회 및 위원회에 통지하여야 한다.[63] 당해 문제의 당사국이 아니라 할지라도 그 협의에 관해 실질적인 이해관계가 있는 WTO 회원국도 협의절차에 참여할 수 있는데, 협의요청의 회람일로부터 10일 이내에 협의당사국이나 분쟁해결기구에 협의참여 의사표시를 고지하고 협의에 참여할 수 있다.[64]

협의요청을 받은 후 60일 이내에 협의에 의한 분쟁해결이 실패하면, 제소국은 패널설치를 요청할 수 있다. 당사국 모두가 협의에 의한 분쟁해결이 실패하였음을 판단한 경우라면, 제소국은 60일 이전이라도 패널설치를 요구할 수 있다.[65] 협의절차는 비공개로 진행되며, 협의결과는 차후의 절차에 영향을 끼치지 아니한다.[66]

(3) 주선 · 조정 · 중개

DSU는 협의에 이어, 주선 · 조정 · 중개를 규정하고 있다. 주선 · 조정 · 중개절차는 분쟁당사국의 합의에 의해 자발적으로 수행되며, 비공개로 진행되어야 한다는 점에서 협의와 동일한 특성을 가진다.[67] 그러나, 협의가 당사국간에 합의되어 당사국간에만 진행되는 것이지만, 주선 · 조정 · 중개는 제 3 국의 개입이 이루어진다는 점에서 차이가 있다. 그 외에도 사무총장의 직권에 의해서도 주선 · 조정 · 중개가 이루어질 수 있다는 점과, 패널절차가 진행되는 동안에도 분쟁당사국들이 합의하면 이를 계속할 수 있다는 점에서 협의와 차이가 있다.[68]

주선 · 조정 · 중개는 분쟁당사국의 요청에 의해 언제든지 시작되고 종료될 수 있는데, 주선 · 조정 · 중개절차가 마무리되면 패널설치를 요청할 수 있다.[69] 협의요청을 받은 후 60일 이내에 주선 · 조정 · 중개가 시작되면, 제소국은 협의요청을 받은 날로부터 60일간을 허용한 다음이라야 패널설치를 요청할 수 있다. 이 경우에도 주선 · 조정 · 중개가 실패하였다고 인정되면, 60일 이내라도 패널설치를 요청할 수 있다.[70]

---

63) DSU 제 4 조 제 4 항.
64) DSU 제 4 조 제11항.
65) DSU 제 4 조 제 7 항.
66) DSU 제 4 조 제 6 항.
67) DSU 제 5 조 제 1 항, 제 2 항.
68) DSU 제 5 조 제 5 항.
69) DSU 제 5 조 제 3 항.

2. 패 널

(1) 패널의 구성

패널은 DSB를 보조하는 기능을 가지는 것이다. 패널에 회부된 사항을 객관적으로 평가하고, 조사결과를 DSB에 서면으로 보고하는 기능을 가진다.

WTO 개별 협정에 관해 운용상의 이의를 가진 회원국이 협의절차를 거쳐 분쟁해결기구에 패널설치를 요청하게 되면, 그 요청을 다루는 분쟁해결기구회의에서 패널설치를 반대하는 컨센서스가 이루어지지 않는 한, 늦어도 다음번 분쟁해결기구회의까지는 패널이 설치되어야 한다.[71] 패널설치 요청은 당사국간 협의여부, 문제를 명백히 보여주기에 충분한 제소의 법적 근거에 대한 개요를 서면으로 작성하여 제출하여야 한다. 회원국이 표준위임조건(standard terms of reference)과 다르게 패널설치를 요청하는 경우, 특별위임조건이 제시된 문안이 패널설치요청서에 기재되어 있어야 한다.[72]

패널은 정부인사뿐만 아니라, 비정부인사도 패널에 구성될 수 있도록 하였다. 여기에는 패널리스트로 일한 경험이 있는 사람, 패널에 분쟁을 제기한 경험이 있는 사람, 회원국 또는 GATT 체약국의 대표, 대상 협정상의 이사회나 위원회의 대표, 사무국에서 근무한 경험이 있는 사람, 국제통상법 또는 국제통상정책을 가르치거나 저술이 있는 사람, 회원국의 무역정책을 담당하는 고위급관리가 포함된다.[73] 정부인사가 패널리스트로 지명된다 하더라도, 정부대표가 아닌 개인적 자격에서 임무를 수행하여야 한다. 국제무역분야에 전문적 지식이 있는 사람들이 패널에 참여할 수 있도록 그 폭을 넓혀 놓은 것이다.

패널리스트의 선정은 사무국이 보유하고 있는 정부 및 비정부인사의 명부에서 이루어진다.[74] GATT의 관행상 패널리스트는 정부 인사로 구성되는 것이 전통

---

70) DSU 제5조 제4항.

71) DSU 제6조 제1항.

72) DSU 제6조 제2항. 당사국이 패널설치요청일로부터 20일 이내에 달리 합의하지 않는 한 다음의 표준위임조건에 따른다. "(분쟁당사국들이 인용한 대상협정)상의 관련규정에 비추어, (당사국X)가 XX문서에서 DSB에 위임한 사항을 검토하고, DSB가 동 협정에서 규정된 권고나 결정을 행하는 데 도움이 되는 평결을 내리기 위한 것임." DSU 제7조 제1항.

73) DSU 제8조 제1항.

74) DSU 제8조 제4항.

이었는데, 개인적 자격에서 정부의 영향을 받지 않고 판단하는 것이 원칙이었으나 실제로는 법적 측면보다는 정치적 판단에 치중하는 경향이 있었다. 그런 이유에서 1980년대에는 사무국 스스로 패널리스트 명부를 두고 패널을 구성하는 방식으로 수정되었고, 그러한 방식이 WTO에서도 계속되었다. 패널은 패널 설치일로부터 10일 이내에 구성된다. 보통 3인의 패널리스트로 구성되는데, 당사국이 합의하는 경우 5인의 패널리스트로 구성할 수도 있다.[75] 패널구성원 후보는 사무국이 분쟁당사국들에게 제안하고, 당사국의 입장에서 불가피한 사유(compelling reason)가 없는 한 이를 받아들여야 한다.[76] 패널리스트 지명자가 해당 분쟁의 기업과 재정적 연계가 있는 경우로서, 법률고문이라든가 의뢰인 또는 주주의 지위에 있는 경우는 불가피한 사유에 해당된다 할 것이다. 패널설치로부터 20일 이내에 패널구성에 대한 합의를 도출하지 못할 경우에는, 당사국의 요청에 따라 사무총장이 분쟁해결기구의 장, 관련 이사회나 위원회의 의장, 분쟁당사국들과 협의하여 패널구성원을 임명한다.[77] 이러한 방식을 도입한 배경은 1970년대와 1980년대 GATT 분쟁해결 과정에서 횡행했던 패널리스트 선정 반대를 통한 지연전술을 피하기 위한 것이었다.[78] 분쟁당사국의 국민은 분쟁당사국들이 합의하지 않는 한 해당 분쟁을 다루는 패널의 패널리스트가 될 수 없다.[79] 그러나 개발도상국의 이익을 고려하여, 개발도상국과 선진국간의 분쟁 시에 개발도상국이 요청하는 경우 최소한 1인의 패널리스트를 개발도상국 출신으로 지명하여야 한다.[80] 패널에 회부된 사안에 실질적인 이해관계를 가지는 제 3 국은 패널로부터 청문 및 서면제출의 기회를 가진다.[81]

동일한 사안에 대하여 회원국 둘 이상이 패널설치를 요청하는 경우 가능한 한 단일패널을 구성한다. 만일 동일한 사안에 대하여 둘 이상의 패널이 설치되는 경우에는 최대한 동일한 인사들이 각각의 패널리스트로 활동하도록 한다.[82] EC-Beef Hormones 사건에서 두 개의 패널이 동일 3인으로 구성된 것은 좋은 예이다.

75) DSU 제 8 조 제 5 항.
76) DSU 제 8 조 제 6 항.
77) DSU 제 8 조 제 7 항.
78) Lowenfeld, *op. cit.*, p. 161.
79) DSU 제 8 조 제 3 항.
80) DSU 제 8 조 제10항.
81) DSU 제10조 제 2 항.
82) DSU 제 9 조 제 1 항과 제 3 항.

이 두 개의 패널은 미국과 캐나다가 각각 요청한 별도의 패널로서, 패널 보고서는 유사하나 동일한 것은 아니다.

(2) 패널의 진행

패널리스트는 당사국과 협의 후 최대한 신속하게, 그리고 패널의 구성 및 위임사항에 관하여 합의된 후 1주 이내에 일정을 확정하여야 한다.[83] 패널구성과 위임사항에 관한 합의가 이루어진 날로부터 6개월 이내에 최종보고서가 제출되도록 함으로써, 신속한 일정을 요구하고 있다. 예외적으로 부패성 물품과 같은 긴급한 상황하에서는 원칙적으로 3개월을 시한으로 설정하고 있다.[84] 부득이한 경우 그 기간이 연장될 수 있으나, 어떠한 경우에도 패널설치로부터 회원국에 대한 보고서의 회람까지 9개월을 초과할 수 없다.[85] 캐나다산 침엽수목재 사건에서 패널은 6개월의 시한 내에 작업을 완료할 수 없다고 판단하여 두 차례에 걸쳐 패널 작업기간을 연장한 바 있다.[86] 다만 개발도상국을 상대로 하는 제소를 검토할 때에는 해당 개발도상국이 자국의 주장을 준비하고 제출하기에 충분한 시간을 주어야 한다. 그리고, 패널은 제소국의 요청에 따라 12개월을 넘지 않는 범위에서 검토작업을 정지할 수 있다.[87] 이와 같이 각각의 절차마다 명백한 기한을 설정함으로써, 전체 패널절차의 신속성을 거듭 확보하도록 요구하고 있다.

패널절차는 비공개로 진행되며, 보고서에 포함된 개별 패널리스트의 의견은 익명으로 처리된다. UR 협상 동안 패널 심리의 공개 여부에 대한 찬반 입장이 갈렸었다. 비공개를 비판하는 측은 비공개로 행해지는 결정이 자국의 이익을 침해할까 걱정하는 데서 비롯되었다. 공개를 비판하는 측은 심리과정의 정치화나 로비 및 시위에 대한 우려, 그리고 사실관계와 법에 기초한 객관적인 결정의 기회가 훼

---

83) DSU 제12조 제 3 항.

84) DSU 제12조 제 8 항.

85) DSU 제12조 제 9 항.

86) 동 사건을 다룬 항소기구도 60일의 기한 내에 작업을 마칠 수 없다고 판단하여 작업기간을 연장한 바 있다.

87) 정지된 기간은 패널작업기간에 산입하지 아니하나, 패널이 12개월 이상 정지한 때에는 그 패널은 소멸된다. DSU 제12조 제12항; 실제로 인도가 미국을 상대로 소녀 및 여성용 모직코트수입에 영향을 미치는 조치를 이유로 제소한 사건에서 패널이 12개월 이상 정지됨으로써 당 패널은 소멸되었다.

손되는 데 대한 우려에서 비롯되었다. 이러한 입장의 대립은 GATT의 관행에서와 같이 비공개로 귀결되어, 심리과정에는 패널리스트 외에 참가가 허락된 당사국 대표와 해당 사건을 담당하는 담당 직원만이 참가할 수 있다.

패널은 적절한 것으로 생각되는 개인이나 기관으로부터 정보나 기술적 조언을 구할 권리를 가진다. 이러한 요청에 대하여 WTO 회원국은 신속하고 완전하게 응답하여야 한다.[88] 이러한 정보에 대하여 비공개 원칙을 유지하여야 한다. 그 외에도 사안의 특정 측면에 대한 의견을 구하기 위하여 전문가와 협의할 수 있다. EC-Beef Hormones 사건에서 동물사육상 호르몬의 사용증가가 소비자의 건강을 해치는가에 대한 의문에 대하여 패널은 전문가의 조언을 구한 바 있다.

(3) 패널보고서의 채택

패널보고서가 제출되면 이를 회원국에게 회람시키고, 회람일로부터 20일이 경과되어야만 보고서 채택을 위한 분쟁해결기구의 논의가 시작된다.[89] 패널보고서에 이의가 있는 회원국은 분쟁해결기구회의가 시작되기 10일 이전에 그 사유를 서면으로 제출하여야 한다.[90]

패널보고서가 회원국에게 회람된 날로부터 60일 이내에 분쟁당사국이 공식적으로 항소하지 않거나, 분쟁해결기구에서 거부하기로 컨센서스가 이루어지지 않는 한 보고서는 채택된다.[91] 패널보고서는 당사국에 대한 회람 후 수일 내에 공표된다. 패널 구성원간 이견이 있는 경우라도 보고서에는 다수 의견에 따른 결론만이 게재되고, 반대의견 및 개별 의견은 공개되지 않는다. 분쟁당사국의 일방이 항소하겠다는 결정을 통고한 경우, 패널보고서는 항소절차가 마무리될 때까지 DSB에서 검토될 수 없다. 만약 거부를 위한 컨센서스가 아니고 동의를 위한 컨센서스가 있어야 통과된다면, 패소국의 거부만으로도 결정이 불가능해지는 것을 의미한다. 이는 결과적으로 패널지명단계에서부터 일방 회원국에 의해 진행이 차단되거나 지체될 가능성이 농후하다. 그런 까닭에 UR 동안 분쟁의 양당사국을 제외한 컨센서스방식(consensus minus two)으로 하자는 논의도 있었으나 채택되지 않았고, 결

88) DSU 제13조.
89) DSU 제16조 제 1 항.
90) DSU 제16조 제 2 항.
91) DSU 제16조 제 4 항.

국 상기와 같은 '逆컨센서스방식(reverse consensus)'이 도입되었다.[92]

3. 항 소

(1) 상설항소기구

패널에서 항소된 분쟁은 상설항소기구(Standing Appellate Body: SAB)에서 심리하게 된다. 항소기관은 패널보고서가 사실상 방해나 거부로부터 면제되어 있으므로, 필수적인 보완절차에 해당된다. 그리고 항소기관은 해당 협정의 계속성과 일관성을 확보하도록 기대될 뿐만 아니라, WTO체제를 구성하는 협정과 결정 상호간의 계속성과 일관성을 확보하도록 기대된다. 이와 같이 패널결정을 재심하기 위한 상설항소기관의 설치는 GATT 분쟁해결에 있어 가장 혁신적인 것으로, 다자간 무역체제에 안정성과 예측가능성을 제공하는 중요한 요소로 간주된다.[93]

상설항소기구는 법, 국제무역 및 대상협정의 주제 전반에 관하여 전문성을 갖춘 인정된 권위자(person of recognized authority) 7인으로 구성된다. 위원의 임기는 4년이며, 1회에 한하여 재임명될 수 있다.[94] 처음 임명된 7인 중 3인은 상설항소기관의 연속성을 확보하기 위하여 2년 임기로 임명된다.[95] 항소된 사안은 3인이 심리하게 되는데, 3인의 위원은 해당 항소 사안을 검토하기 위한 部(division)로서 기능하며 무작위로 선정된다. DSU는 해당 사안의 당사국 출신 위원에 대한 제척을 언급하고 있지 않은데, 1996년 발효된 '작업절차(Working Procedures)'에서 국적은 문제되지 않는다고 하였다.

(2) 항소절차

패널보고서에 대한 항소는 분쟁당사국만이 할 수 있다. 제 3 국의 경우 패널의 사안에 대하여 상당한 이익을 갖고 있음을 DSB에 통고한 경우, 항소기구에 서면입장을 제출하고, 의견을 진술할 기회를 가질 수 있다.[96] 항소기구의 절차 또한

---

92) Lowenfeld, *op. cit.*, p. 486.

93) *Ibid.*, p. 482.

94) DSU 제17조 제 1 항, 제 2 항, 제 3 항.

95) 첫 번째 위원 선임은 1995년 11월에 이루어졌는데, 7인 모두 법률 전공자였다. 뉴질랜드와 우루과이 출신의 외교관 경력자, 유럽공동체 고위관리, 필리핀 대법관, 학자 출신의 이집트인과 일본인, 의회경력이 있는 미국 변호사로 구성되었다.

96) DSU 제17조 제 4 항.

비공개로 진행되며, 개별 위원의 의견은 익명으로 처리된다. 항소절차는 일반적으로 항소제기 후 60일을 초과할 수 없으며, 60일 이내에 보고서를 작성할 수 없는 경우에도 90일을 넘을 수 없도록 하고 있다.97) 항소국은 항소의사를 밝힌 후 10일 이내에 서면 입장을 제출하여야 하고, 피고측은 그로부터 15일 이내에 서면입장을 제출하여야 한다. 항소의사를 통지한 후로부터 30일 이내에 구두변론이 이루어져야 한다.

항소할 수 있는 사항은 패널보고서에 포함된 법률문제와 패널이 밝힌 법률해석에 국한된다.98) 이는 상설항소기구가 법률적 오류가 있는 경우에만 개입할 수 있으며, 그러한 오류에 대한 교정에 있어 최종적 권한을 가진다는 것을 보여준다. 그러나 GATT의 관행이나 WTO 분쟁해결제도는 항소대상이 아닌 사실문제와 항소대상인 법률문제를 명백히 구별하는 것이 쉽지 않음을 보여준다. 따라서 사실관계와 법률관계가 복합된 사안의 경우 법률해석의 문제로 다루어져야 하며, 항소기관은 이를 기각하지 않아야 한다.99) 항소는 소의 이익에 관한 측면에서 수락되거나 기각되어야 하며, 관할권을 이유로 거부되어서는 아니 된다.100)

항소기구는 패널이 발견한 법률적 사실이나 결론을 지지하거나, 수정 또는 파기할 수 있다. 항소기구의 보고서가 회원국에게 회람된 후 30일 이내에 DSB가 이를 거부하기로 컨센서스를 도출하지 못하는 한 DSB는 그 보고서를 채택하여야 하며, 분쟁당사국은 이를 반드시 따라야 한다.101)

4. 중 재

DSU는 분쟁해결방법으로 중재를 선택할 수 있음을 규정하고 있다. 즉 분쟁해결을 위한 대안으로써 신속한 중재를 제시하고 있는데, 특정 분쟁이 분쟁당사국들에 의해 명백하게 밝혀진 쟁점과 관련된 경우 중재를 행하게 되면 그 해결을 용이하게 할 수 있다.102) 중재의 목적은 법규에 근거한 판결을 내리기보다 타협을

97) DSU 제17조 제5항.
98) DSU 제17조 제6항.
99) Lowenfeld, *op. cit.*, pp. 169-170.
100) *Ibid.*, p. 171.
101) DSU 제17조 제14항.
102) DSU 제25조 제1항.

도출하는 데 있는 것으로,[103] 조약의 적용과 해석을 엄격하게 추구하는 DSU의 전형적 분쟁해결방법에 비하여 훨씬 탄력적인 제도이다. 중재는 사법적 분쟁해결방식의 하나로, 그 결정은 법적 구속력을 갖는다는 점에서 WTO 분쟁해결제도의 사법적 성격에 힘을 보태고 있는 것이다.

중재를 이용하기 위해서는 DSU에서 달리 규정하고 있는 경우를 제외하고 당사국간의 합의가 있어야 하고, 중재절차에 대해서도 합의하여야 한다. 중재회부에 관한 당사국간의 합의사항은 중재절차가 개시되기 이전에 충분한 시간을 두고 모든 회원국에게 통보되어야 한다.[104] 다른 회원국은 중재의 사용을 합의한 당사국들의 동의에 따라서만 중재절차의 당사국이 될 수 있다. 중재절차의 당사국들은 중재 재정(award)을 준수하기로 합의하여야 한다. 중재결정의 내용은 DSB와 관련 협정의 이사회나 위원회에 통고되어야 하며, 회원국은 이들 기관에서 중재 재정에 관한 어떠한 문제도 제기할 수 있다.[105] 중재결정은 DSU 제22조의 권고 및 결정의 이행에 관한 감시규정과 제23조의 보상 및 양허정지 규정이 준용된다.

5. 결정의 이행

아무리 좋은 기구를 설치하고, 훌륭한 자격을 갖춘 자에 의해 해결책이 논의되더라도, 그 결정을 이행할 수 있는 방안이 강구되지 않으면 무의미한 것이다. 특히 국제법에서는 이러한 이행의 담보를 위한 제도적 장치가 가장 중요한 과제에 해당한다. WTO는 GATT체제하에서 이행준수확보가 미진했던 부분을 보완하여, 패널이나 항소기관의 권고 및 결정을 이행할 수 있는 감시제도를 명백히 하는 데에도 소홀하지 않고 있다.

패널 또는 항소기구가 회원국의 조치가 협정을 위반한 것으로 결론 내릴 경우, DSB는 관련 회원국이 그 조치를 해당 협정에 따르도록 권고하여야 한다. 권고 이외에 관련 회원국이 이행할 수 있는 권고방법을 제시할 수 있다.[106] 분쟁해결의 대상이 되는 조치와 관련하여 개발도상 회원국의 이해에 영향을 끼치는 사항에는

103) Houtte, *op. cit.*, p. 56.
104) DSU 제25조 제 2 항.
105) DSU 제25조 제 2 항과 제 3 항.
106) DSU 제19조 제 1 항.

특별한 주의가 기울여져야 한다.[107)]

패널이나 항소기구에서 보고서가 채택된 후 30일 이내에 개최되는 DSB회의에서, 관련 회원국은 DSB의 권고나 결정의 이행과 관련하여 자국의 의사를 통고하여야 한다. 권고나 결정을 즉각 이행할 수 없는 경우, 해당 회원국에게 그 이행을 위한 합리적 기간(reasonable period of time)이 부여된다. 합리적인 기간은 ① 해당 회원국이 제안하고 DSB가 승인한 기간, ② DSB의 승인이 없는 경우에는 권고나 결정의 채택 후 45일 이내에 분쟁당사국들이 합의한 기간, ③ 그러한 합의가 없는 경우에는 권고나 결정의 채택 후 90일 이내에 기속적인 중재를 통하여 결정된 기간이다.[108)] 패널 설치일로부터 합리적 기간이 결정된 날까지의 기간은 분쟁당사국들이 달리 합의하지 않는 한 15개월을 초과할 수 없다. 패널 또는 항소기구가 보고서 제출시한을 연장한 경우, 연장된 시간은 15개월의 기간에 추가된다. 그러나 분쟁당사국들이 예외적 상황이 존재한다고 합의하지 않는 한, 총 기간은 18개월을 초과할 수 없다.[109)] DSB는 채택된 권고나 결정의 이행을 지속적으로 감독하여야 한다. 회원국은 권고나 결정이 채택된 후 언제라도 DSB에서 그 이행문제를 제기할 수 있다. DSB가 달리 결정하지 않는 한 권고나 결정의 이행문제는 합리적 기간이 설정된 후 6개월 후에 DSB 회의의 의제로 상정되고, 그 문제가 해결될 때까지 DSB의 의제로 유지된다.

합리적 기간 내에 권고 및 결정이 이행되지 않는 경우, 임시조치로서 보상이나 양허 또는 다른 의무의 정지를 취할 수 있다.[110)] 그러나 보상이나 양허 또는 다른 의무의 정지보다 해당 조치를 대상 협정에 합치시키는 권고의 완전한 이행이 우선한다. 보상은 자발적이어야 하며, 보상이 주어지는 경우 대상 협정과 일치하여야 한다. 관련 회원국이 합리적 기간 내에 대상협정에 위반된다고 판정된 조치를 동 협정에 합치시키지 아니하거나 권고 및 결정을 이행하지 못한 경우, 그 회원국은 제소국의 요청에 따라 합리적 기간의 종료 전에 관련당사국과 상호 수용할 수 있는 보상안을 마련하기 위한 협상을 개시하여야 한다. 합리적 기간의 종료 후 20일 이내에 만족스러운 보상에 합의하지 못하는 경우, 분쟁해결절차에 제소한 당

107) DSU 제21조 제 2 항.
108) DSU 제21조 제 3 항.
109) DSU 제21조 제 4 항.
110) DSU 제22조 제 1 항.

사국은 관련 회원국에 대한 대상협정상의 양허 또는 다른 의무의 적용을 정지할 수 있도록 DSB의 승인을 요청할 수 있다.[111] 이 요청에 대하여 DSB는 컨센서스로 거부할 것을 결정하지 않는 한, 합리적 기간의 경과 후 30일 이내에 승인하여야 한다. 어떤 양허 또는 다른 의무를 정지시킬 것인지를 고려할 때 제소국은 가장 먼저 양허나 분쟁의 대상이 된 해당 분야에 영향을 끼치는 의무를 중단하고, 동일한 분야에서의 양허나 다른 의무를 정지하는 것이 비현실적이거나 비효과적이라고 판단하는 경우 동일협정상의 다른 분야에서 양허나 의무를 중단시킬 수 있다. 이것이 만족스럽지 않으면 다른 협정상의 양허나 의무를 중단시키게 되는 교차보복이 허용된다.[112] 여기에서 DSB가 승인한 양허나 다른 의무의 정지는 무효화 또는 침해의 수준에 비례하는 것이어야 한다.[113]

제소국이 대상협정상의 다른 분야나 다른 협정상의 양허 및 의무 정지를 요청한 경우, 관련회원국이 제안된 정지 수준에 반대하거나 분쟁해결규칙 및 절차에 관한 양해각서 제22조 제 3 항의 원칙과 절차가 준수되지 않았다고 주장한다면 동 사안은 중재에 회부되어야 한다. 이러한 중재는 패널구성원의 동원이 가능한 경우에 원래의 패널 또는 사무총장이 임명한 중재관에 의하여 수행되며, 합리적 기간의 만료 후 60일 이내에 완료되어야 한다. 양허 또는 다른 의무는 중재 중에는 정지되지 아니한다.[114] 이에 따라 활동하는 중재관은 정지되어야 할 양허나 다른 의무의 성격을 검토하는 것이 아니라, 그러한 정지수준이 무효화 또는 침해의 수준에 동등한지를 결정하고, 제안된 양허 또는 다른 의무의 정지가 대상협정하에서 허용되는지를 결정한다. 그러나 중재에 회부된 사안이 제22조 제 3 항의 원칙과 절차가 준수되지 않았다는 주장을 포함하는 경우 중재관은 그 주장을 검토한다. 중재관이 그러한 원칙과 절차가 준수되지 않았다고 결정한 경우 제소국은 제22조 제 3 항에 합치하도록 동 원칙과 절차를 적용하여야 한다. 당사국들은 중재관의 결정을 최종적인 것으로 수락하여야 하며, 관련당사국들은 2차적인 중재를 요구할 수 없다. DSB는 중재관의 결정을 신속히 통고받아야 하며, 컨센서스로써 그 요청

111) DSU 제22조 제 2 항.
112) DSU 제22조 제 3 항.
113) DSB 제22조 제 4 항.
114) DSB 제22조 제 6 항.

을 거부하기로 결정하지 않는 한 요청에 따라 그 요청이 중재관의 결정과 합치하는 경우에 양허 또는 다른 의무의 정지를 허가하여야 한다.[115)]

이상과 같이 협정위반에 따른 배상이나 보상의 합의가 이루어지지 않을 경우, 양허나 분쟁의 대상이 된 부문에 영향을 끼치는 의무의 중단을 포함하여 보복조치를 가능하게 함으로써, 협정위반에 대한 제재를 강화하였다. 특히 DSU는 WTO협정의 분쟁해결절차를 하나로 통합하고 있는 까닭에, 다른 분야에 대한 교차보복(cross retaliation)을 허용하고 있다. 분쟁해결절차의 통합으로 동경라운드 이후 다양한 협정들이 저마다의 분쟁해결절차를 가지고 있었던 까닭에 문제가 되었던 'forum shopping'을 배제할 수 있게 된 것이다.[116)] 이러한 양허나 의무의 정지는 일시적인 것으로, 대상협정에 위반되는 조치가 철폐되거나, 조치대상이 된 국가가 이익의 무효화나 침해에 대한 해결책을 제시하거나, 상호간 만족스러운 해결이 이루어질 때까지만 적용되어야 한다.[117)]

이러한 명백한 절차의 확립을 통해 회원국은 스스로 자국 이익이 침해되었다는 일방적인 판단을 내리지 못하게 하였으며, 그러한 판단은 반드시 WTO의 분쟁해결기구를 통해서만 하도록 하였다. 분쟁해결기구의 결정이 자국에 불리하다는 이유로 그 결정을 받아들이지 않음으로써 WTO체제를 위태롭게 하거나 WTO의 중요사항을 침해하는 경우, 일정한 기간을 정하여 결정의 수락을 요구하고, 그 기간 내에 수락하지 않는다면 WTO에서의 탈퇴를 결정할 수 있다.

제 4 절 WTO 항소기구 기능의 정지와 '다자간 임시항소중재약정(MPIA)'의 도입

1. 항소기구 기능의 정지

트럼프 행정부 1기 시기 WTO 분쟁해결제도의 위기는 심화되었다. 미국은 2017년 6월부터 2019년 12월 사이 항소기구 위원의 임명 또는 재임명을 지속적으

115) DSB 제22조 제 7 항.

116) Jackson, Davey, and Sykes, *op. cit.*, p. 340.

117) DSU 제22조 제 8 항.

로 거부하였다.118) 미국은 항소기구의 운영과 관련하여 심각한 우려를 표명하였으며, 항소기구가 '사법적 월권행위(judicial overreach)'를 범하고 특정 절차 및 제도적 규칙을 노골적으로 무시한다고 비판하였다. 구체적으로 미국은 항소기구가 ① 사법 적극주의(judicial activism)를 통해 WTO 규정을 잘못 해석하여 미국이 동의하지 않은 의무를 창출하는 행위, ② 불필요한 사항에 관해 판단을 내리는 '권고적 의견(advisory opinions)'의 제공, ③ 패널의 사실적 판단을 재검토하고, 국내법의 의미에 대한 판단을 다루는 행위(DSU 제17조 제 6 항 위반), 그리고 ④ 이전 항소기구 판결을 구속력 있는 선례로 간주하는 행위 등과 같은 문제를 야기한다고 주장하였다.119)

2018년 12월, WTO 일반이사회는 뉴질랜드의 데이비드 워커(David Walker) 대사를 '조정자(facilitator)'로 임명하여 항소기구 운영과 관련된 회원국 간의 의견 차이를 해소하고 임명 절차를 원활히 진행하고자 하였다. 수개월의 논의 끝에 2019년 10월 15일, 워커 대사는 일반이사회에 항소기구 운영에 관한 '초안 결정(Draft Decision)'을 제출하였다.120) 초안 결정은 (1) DSU 제 3 조 제 2 항 및 제19조 제 2 항에 따라 항소기구 판결이 WTO협정상의 권리와 의무를 추가하거나 감소시켜서는 안 된다는 점을 명확히 하여 미국의 '사법 적극주의' 우려를 해소하고, (2) WTO 분쟁해결절차를 통해 선례가 창출되는 것이 아니라 일관성과 예측 가능성이 중요한 가치임을 명시하여 선례 문제를 해결하고자 하였다. 또한, (3) 항소기구가 분쟁 해결에 반드시 필요한 사항만 다루도록 하여 권고적 의견 문제를 해결하고, (4) 국내법의 의미 해석은 사실 문제로 간주되므로 DSU 제17조 제 6 항에 따라 항소 심리의 대상이 될 수 없음을 확인하였다. (5) DSU 제17조 제 5 항에 따라 항소기구는 90일 이내에 보고서를 제출해야 하며, 제출 기한을 연장하기 위해서는 당사국 합의가 필요하다는 점을 명확히 하였고, (6) 작업 절차 규칙(Rule 15)에 따라 항소기구 위원의 임기가 만료된 후 당사국 합의가 있는 경우에 한하여 진행 중인 항소 절차를 마무리하도록 하였다.

118) Tom Miles, U.S. Blocks WTO Judge Reappointment as Dispute Settlement Crisis Looms, Reuters (Aug. 28, 2018).

119) Peter Van den Bossche & Werner Zdouc, The Law and Policy of the World Trade Organization (Cambridge, 2022), pp. 318-319.

120) General Council, Informal Process on Matters related to the Functioning of the Appellate Body Report by the Facilitator, H. E. Dr. David Wallker (New Zealand), JOB/GC/222 (Oct. 15, 2019).

그러나 같은 날 미국은 초안 결정의 대부분을 거부하였고, 2019년 12월 11일 항소기구의 기능 정지는 피할 수 없게 되었다.[121] 결국, 항소기구 위원의 수는 항소 심리를 진행하는 데 필요한 최소 인원인 3명 미만으로 줄어들었다. 총 7명의 항소기구 위원 중 중국의 자오 홍(Zhao Hong)만 남았으며, 인도의 우잘 바티아 싱(Ujal Bhatia Singh)과 미국의 토마스 그레이엄(Thomas Graham)의 임기가 종료되었다. 이로써 새로운 항소 사건을 심리할 수 없게 되었으며, 당시 계류 중이던 13건의 항소 사건 중 단 3건만 작업 절차 규칙 Rule 15에 따라 마무리되었다. 당시, 단 한 건을 제외한 모든 패널 보고서가 그 기능이 정지된 항소기구에 항소되었으며, 이는 '공백 속 항소(appealing into the void)'로 불리게 되었다.[122]

2. '다자간 임시항소중재약정(MPIA)'의 도입

EU는 WTO 항소기구의 기능 정지에 대응하기 위해 이를 대체할 새로운 메커니즘을 마련하였다. 2019년 5월 16일, EU는 '임시항소중재(Interim Appeal Arbitration)' 절차 초안을 회람하였으며, 한시적으로 항소기구를 대체할 방안을 공식화하였다.[123] 이는 분쟁당사국들이 사전에 양자적으로 임시항소중재약정을 체결하여 DSU 제25조의 중재 절차를 항소심 대용으로 활용하는 방식으로 의도되었다. 2019년 7월 25일과 10월 21일 각각 EU와 캐나다 그리고 EU와 노르웨이가 임시항소중재약정을 체결하면서 관련 논의가 본격화되었다.[124]

2020년 1월 24일 스위스 다보스에서 개최된 세계경제포럼에서 17개 WTO 회원국의 무역·경제 장관들은 항소기구 위기 해결을 위한 논의를 지속하면서도,

---

121) Stephanie Nebehay, U.S. Seals Demise of WTO Appeals Bench−Trade Officials, Reuters (Dec. 10, 2019).

122) 항소되지 않은 한 건의 패널 보고서는 회원국에게 2019년 12월 4일 회람되었으며, DSB에서 2020년 1월 27일 채택되었다. Panel Report, Australia−Anti-Dumping Measures on A4 Copy Paper, WT/DS529/R (Dec. 4, 2019).

123) Interim Appeal Arbitration pursuant to Article 25 of the DSU−Draft, JOB/DSB/1/Add.11 (May. 16, 2019).

124) Directorate-General for Trade and Economic Security, Joint Statement by the European Union and Canada on an Interim Appeal Arbitration Arrangement, EU Commission (Jul. 25, 2019); Permanent Mission of the European Union to the World Trade Organization (WTO), TRADE: The EU and Norway agree on an interim appeal system in wake of the World Trade Organization Appellate Body blockage, 21 October 2019 (Oct. 21, 2019).

WTO 패널보고서에 대한 항소가 가능하도록 하는 비상조치를 마련할 필요성을 확인하였다.[125] 이에 DSU 제25조에 따른 '다자간 임시항소중재약정(Multi-Party Interim Appeal Arbitration Arrangement: MPIA)' 마련에 대한 논의를 구체화하였다. 2020년 3월 27일 16개 WTO 회원국은 DSU 제25조에 근거한 MPIA에 합의하였으며, 4월 30일 19개 회원국이 WTO DSB에 이를 공식적으로 통보하면서 해당 제도가 채택되었다.[126]

MPIA는 기존의 양자적 임시항소중재약정을 다자적 형태로 확장한 것이며, 참여를 희망하는 WTO 회원국은 언제든지 가입할 수 있도록 설계되었다.[127] MPIA 참가국 간의 모든 무역분쟁에 적용되며, 참가국들은 그 기능이 정지된 항소기구에 패널의 결정을 항소하지 않고 DSU 제25조에 따른 항소중재절차를 활용하게 되어 있다.[128] 해당 절차를 이용하기 위해서는 참가국들이 '항소중재합의(appeal arbitration agreement)'를 체결할 의사를 표명하고, 패널이 설립된 날로부터 60일 이내에 DSU 제25조 제 2 항에 따라 해당 합의를 통보하여야 한다.[129] 패널에 회부된 사안에 대해 중대한 이해관계를 WTO DSB에 통보한 제3국은 중재절차에 참여할 기회를 부여받는다.[130] 항소중재는 10명의 항소중재인 명단에서 무작위로 선정된 3명의 중재인이 담당하게 된다.[131] 항소중재인의 역할은 엄격히 제한되는데, 항소중재인은 법적 쟁점만을 심리하고, 분쟁 해결에 필수적인 사항만을 다루며 WTO 협정에서 규정한 권리와 의무를 변경할 수 없다.[132] MPIA는 항소기구가 정상적으로 운영될 때까지 WTO의 양심제 유지가 가능하도록 한시적으로 운영된다.[133]

2025년 4월 현재, 호주, 일본, 캐나다, 중국 등을 포함한 27개국이 MPIA에 가

125) 정경록, 다보스와 WTO 개혁, 정책과이슈, 산업연구원(2019년 3월), p. 76.

126) Statement on a Mechanism for Developing, Documenting and Sharing Practices and Procedures in the Conduct of WTO Disputes, Addendum, JOB/DSB/1/Add.12 (Apr. 30, 2020) [이하 'MPIA Statement'].

127) MPIA Statement, para. 12.

128) MPIA Statement, para. 1.

129) MPIA Statement, para. 10.

130) MPIA Statement, Annex 1, para. 16.

131) Statement on a Mechanism_for Developing, Documenting and Sharing Practices and Procedures in the conduct of WTO Disputes, Supplement, JOB/DSB/1/Add.12/Suppl.5 (Aug. 3, 2020).

132) MPIA Statement paras. Annex 1, paras. 9-10.

133) MPIA Statement paras. 1, 15 & Annex 1, para. 2.

입하여 활동하고 있으나, 한국과 미국은 참여하지 않고 있다.[134] 미국은 MPIA가 항소기구의 문제점을 그대로 답습하고 있어 실질적인 WTO 개혁 노력으로 보기 어렵다고 비판하며, 이를 지원하기 위한 WTO 예산과 인력 사용에 반대하는 입장을 밝히고 있다.[135]

MPIA의 참가국 수는 앞으로 더욱 증가할 것으로 예상되나 그 효과와 활용 빈도는 좀 더 지켜보아야 할 것이다. 미국이 항소기구 운영에 대해 정당한 우려를 가지고 있더라도, 이를 이유로 위원 임명을 막고 항소기구 기능을 정지시키는 것은 정당화될 수 없다. 항소기구를 포함한 WTO 분쟁해결제도의 개혁 논의에 WTO 회원국들의 적극적인 관심과 참여가 필요한 시점이다.[136]

134) 한국은 2018년 11월 23일 DSU 개정의견서 제출과 2020년 1월 24일 스위스 다보스 포럼에서의 공동성명에 참여하였으나, 2020년 3월 27일 MPIA 체결 시부터는 논의에 불참하고 있다.

135) Bryce Baschuk, US Pledges to Block Funding for EU's WTO Appellate Body Proxy, Bloomberg Law (Jun. 12, 2020).

136) Ministerial Decision, Dispute Settlement Reform, Ministerial Conference Thirteenth Session, WT/MIN(24)/37 & WT/L/1192 (Mar. 4, 2024) 참조.

사항색인

공저자약력

성 재 호

성균관대학교 법과대학(법학사)
성균관대학교 법과대학(법학박사)
미국 Georgetown Law Center 수학(S.J.D. 과정)
미국 Georgetown Law Center 조교수
변시 · 사시 · 행시 · 외시 · 입시 등 국가고시 출제위원
한국국제경제법학회 회장
대한국제법학회 회장
세계국제법협회 한국본부 회장
외교부, 통일부 자문위, 규제개혁위원회 위원
대한적십자사 인도법자문위원회 위원장
성균관대학교 학생처장, 입학처장, 기획조정처장
성균관대학교 법학전문대학원 교수
성균관대학교 미래정책대학원 원장(현)

저 서

환경보호와 국제법질서(공편)(아시아사회과학연구원, 1997)
국제통상법개론(성균관대학교 출판부, 1998)
과학기술의 정치경제학(공편)(도서출판 오름, 1998)
국제판례연구 제 1 집(공편)(서울국제법연구원, 1999)
국제기구와 국제법(한울아카데미, 2002)
국제법(공저)(박영사, 2006)

이 길 원

성균관대학교 법과대학(법학사)
성균관대학교 법과대학(법학석사)
미국 University of Illinois at Urbana-Champaign(법학석사, LL.M.)
미국 University of Illinois at Urbana-Champaign(법학박사, J.S.D.)
미국 Columbia University Law School Research Fellow
충남대학교 법학전문대학원 전임강사, 조교수, 부교수
미국 University of California Berkeley School of Law Visiting Scholar
사시 · 행시 · 외교관후보자 선발시험 등 각종 국가고시 출제위원
세계국제법협회 한국본부 사무총장
대한국제법학회 이사
한국국제경제법학회 이사
성균관대학교 법학전문대학원 부교수(현)

국제경제법

초판 발행 2026년 3월 1일

지은이 성재호 · 이길원
펴낸이 안종만 · 안상준

편 집 김선민
기획/마케팅 조성호
표지디자인 벤스토리
제 작 고철민 · 김원표

펴낸곳 (주) 박영사
서울특별시 금천구 가산디지털2로 53, 210호(가산동, 한라시그마밸리)
등록 1959. 3. 11. 제300-1959-1호(倫)
전 화 02)733-6771
f a x 02)736-4818
e-mail pys@pybook.co.kr
homepage www.pybook.co.kr
ISBN 979-11-303-9926-3 93360

정 가 30,000원